KB259777

스무살, 인문학을 만나다

스무살, 인문학을 만나다

초판 1쇄 발행 _ 2010년 5월 10일
초판 7쇄 발행 _ 2017년 3월 20일

기 획 _ 서울대학교 인문대학
지은이 _ 김주원 외 서울대학교 인문대학 교수 23인

펴낸곳 _ (주)그린비출판사 | 신고번호 · 제25100-2015-000097호
주 소 _ 서울시 은평구 증산로 1길 6, 2층
전 화 _ 702-2717 · 702-4791 | 팩 스 _ 703-0272

Copyright ⓒ 2010 서울대학교 인문대학
저작권자와의 협의에 따라 인지는 생략했습니다.
이 책은 저작권자와 (주)그린비출판사의 독점계약에 의해 출간되었으므로
무단전재와 무단복제를 금합니다.
책값은 뒤표지에 있습니다. 잘못 만들어진 책은 서점에서 바꿔 드립니다.

ISBN 978-89-7682-108-9 03100
이 도서의 국립중앙도서관 출판시 도서목록(CIP)은 e-CIP 홈페이지
(http://www.nl.go.kr/ecip)에서 이용하실 수 있습니다.(CIP제어번호: 2010001496)

그린비출판사 나를 바꾸는 책, 세상을 바꾸는 책
홈페이지 · www.greenbee.co.kr | 전자우편 · editor@greenbee.co.kr

스무살, 인문학을 만나다

서울대학교 인문대학 편

그린비

'인문학'은 늘 우리 사회의 주요 관심사 가운데 하나였습니다. 한때는 인문학을 모르면서 인생을 논하지 말라며 하늘을 찌르는 자부심을 내보이던 시절이 있었는가 하면, 어느 순간 인문학이 위기에 처해 있다는 다소 실체가 모호한 현실이 논의의 중심을 이루던 때도 있었습니다. 근래에는 인문학은 여전히 모든 학문과 실생활의 기초가 된다는, 한편으로는 당연하나 또 다른 한편으로는 인문학의 실용성만을 강조하는 흐름을 종종 접하게 되기도 합니다. 인문학에 관한 다양한 사회적 논의는 인문학의 성격에 대한 탐구와 그 사회적 위치 또는 역할에 대한 성찰을 토대로 하며, 인문학을 연구하며 교육하는 위치에 있는 저와 같은 인문학자들에게 학문 내적, 외적으로 많은 고민과 반성을 하게 합니다. 이 책은 서울대학교 인문대학이 지난 몇 년간 이러한 성찰을 토대로 마련한 여러 시도 가운데 하나입니다.

『스무살, 인문학을 만나다』라는 제목에서 알 수 있듯이, 이 책은 인문학에 대해 초보적인 관심을 갖고 탐구를 시작하려는 스무 살 전후의 젊은이들에게 인문학의 성격과 내용을 소개하려는 목적으로 기획되었습니다. 인문학을 소개하는 방법에는 다양한 길이 있습니다. 인문학이 무엇인지, 인문학에는 어떠한 분야가 있는지, 인문학의 특성은 무엇이고 왜 인문학이 중요한지를 살펴보고 설명하는 인문학 개설서가 가장 기본적이고 직설적인 길일 것입니다. 이 책은 이러한 직접 화법 대신 실제 인문학을 연구하고 교육하고 있는 인문학자들의 다양한 연구 사례를 쉽게 풀어 소개하는 방법을 통해, 독자들이 인문학의 다양한 모습을 직접 접하고 그 답을 찾아갈 수 있도록 기획하였습니다.

이러한 기획 방향은 서울대학교 인문대학에 소속된 170여 명의 교수들이 연구하고 교육하는 모습을 서로 지켜보는 가운데 자연스럽게 마련된 것입니다. 전통적으로 인문학은 크게 문(文)·사(史)·철(哲)의 세 분야로 나누어 보는데, 실제 인문대학에 소속된 교수들이 연구하고 가르치는 분야는 매우 다양하고 다채로우며 때로는 학문의 성격을 쉽게 규정하기 어려울 정도로 경계를 넘나드는 경우도 많습니다. 인문학 내 다른 분야 간은 물론, 사회과학, 자연과학, 공학, 의학 등 다른 학문과의 교류와 통섭도 자연스럽게 이루어지고 있습니다. 이처럼 다채롭고 활기차게 살아 숨쉬는 인문학의 생동적인 모습을, 특히 스무 살 전후의 젊은이들에게 생생하게 전달하고 싶다는 생각에서 이 책을 기획하게 되었습니다.

이 책은 이러한 기획 의도에 따라 인문학의 다양한 분야를 고르게 소개하고자 편성되었습니다. 이 책에 실린 24편의 글 가운데는 인문학의 기본이라 할 수 있는 문학, 역사학, 철학의 중심 내용을 접할 수 있는 글들이 있는가 하면, 문학과 역사, 역사학과 과학, 언어학과 컴퓨터공학, 디지털기술과 예술, 예술과 문학 등 서로 다른 학문 분야를 넘나드는 인문학의 새로운 시도와 확장된 영역을 소개하는 글들도 포함되어 있습니다. 교양서라는 이 책의 성격상 다른 분야에 비해 비교적 쉽게 다가설 수 있는 문학 분야의 글이 가장 많이 수록되었는데, 동·서양 여러 지역의 고전 및 현대문학을 소설, 시, 시조, 희곡 등 다양한 장르를 통해 접할 수 있도록 배려하였습니다. 그럼에도 불구하고 24편의 글을 통해서는 인문학의 풍성한 품새를 모두 껴안을 수 없었다는 아쉬움이 남습니다. 서울대학교 인문대학에서는 이 책을 시작으로 앞으로 인문학을 소개하는 다채로운 기회를 마련하고자 합니다.

이 책은 〈포토 프롤로그〉를 통해 인문학의 기본 질문이라 할 수 있는 "사람은 무엇인가?", 그리고 "인문은 무엇인가?"에 대해 동·서양의 다양한 유물과 예술 작품을 통해 답을 제시하는 동시에 또 다른 물음을 던지는 것으로 시작합니다. 본문은 세 부분으로 구성되었는데, 각각 '생성하는 만남', '너머의 만남', '공명하는 만남'을 표방합니다. 〈1부 생성하는 만남: 以文會友 인문학으로 친구를 만나다〉에 수록된 글 속에서 여러분은 인문학을 통해 낯선 타인과 새로운 세계를 친숙한 벗으로 만나는 경험을 하게 될 것입니다. 〈2부 너머의 만남: 博境以文 텍스트로써 경계를 넓히다〉에서는 학문의 경계를 넘어 확장되는 인문학의 새로운 모습을 접하게 될 것입니다. 〈3부 공명하는 만남: 和人成文 함께 어울려 사람의 무늬를 이루다〉에 수록된 글을 통해서는, 궁극적으로 함께 소통하며 어울려 살아가는 삶에 대해 반추하는 기회를 갖게 되리라 생각합니다.

이 책에 수록된 24편의 글은 필자들이 자신의 전공 분야에서 탐구해 온 연구 결과를 토대로 한 것입니다. 인문학적 소양이 어느 정도 갖추어진 고등학생 정도면 쉽게 이해할 수 있도록 기획하였으나, 학문의 성격상 전문성이 강한 글들도 적지 않습니다. 쉽고 흥미롭게 읽히는 글로부터 전문적인 내용의 각주를 수반하는 글에 이르기까지 다양한 눈높이의 글 가운데, 독자 여러분을 사로잡는 인문학의 한 분야를 만날 수 있으리라 기대합니다. 각 글의 마지막 부분에는 해당 주제에 대한 대표적인 논저 몇 편을 간략한 설명과 함께 소개하여, 더 깊은 탐구를 원하는 독자들이 참고할 수 있도록 하였습니다.

이 책을 통해 독자들은 다양한 인물과 다양한 세계를 만나게 될 것입니다. 기억 속에서조차 사라져 가는 자신의 언어를 안타깝게 되살려 내는 네기달인 할머니와 만나게 될 것이며, 제자의 게으름을 한탄하는 공자의 인간적인 모습과 조우하게 될 것입니다. 항우와 우미인의 안타까운 최후를 박진감 넘치는 경극의 한 장면 속에서 접하게 될 것입니다. 최근 대지진의 참사를 통해서 비로소 관심을 갖게 된 아이티의 현실을, 인류 역사상 가장 '불행한 만남' 속에서 싹튼 혁명으로부터 이해하는 시간을 갖게 될 것입니다.

또한 독자들은 이 책에 실린 글 속에서, 짧게는 20여 년 길게는 40여 년 동안 때로는 고뇌하며 때로는 흥분하며 인문학을 탐구해 온 필자 24분의 인생과 학문의 길을 만나게 될 것입니다. 인생의 의미를 분석철학을 탐구하는 가운데 새롭게 발견한 철학자, 미국 국립문서관 문서철 속에서 한국현대사를 새롭게 조명할 의외의 자료를 찾아내고 감회에 젖어드는 역사학자, 역사기록과 문학 작품을 꼼꼼히 비교하며 과거의 진실에 한발 더 다가서는 고전문학연구가, 그리고 그림 작품 가운데 숨겨진 미스터리를 신중히 밝혀 나가는 미술사학자를 비롯하여 24분 인문학자들의 면면을 접할 수 있을 것입니다.

이처럼 시공을 초월하며 풍성한 '만남'의 장을 제공해 줄 이 책은 많은 분들의 노고로 완성되었습니다. 먼저, 이 책에 수록된 24편의 글을 저술해 주신 24분의 필자 선생님들께 무한한 감사를 드립니다. 교육과 연구, 그리고 날로 늘어나는 소소한 일들로 바쁘신 가운데 이 책을 기획한 의도에 적극 동감하시고 학술적인 연구결과를 쉽게 풀어쓰는 결코 만만치 않은 작업을 기꺼이 이루어 주셔서 정말 고맙습니다.

이 책이 출간되기까지 그 누구보다도 편집위원 다섯 분께서 많은 수고를 아끼지 않으셨습니다. 책의 기본 틀을 기획하고, 필자를 섭외하고, 원고를 편집하는 고된 과정을 담당해 주었을 뿐만 아니라, 책의 서문을 〈포토 프롤로그〉라는 새로운 시도로 완성하고 각 부 제목의 사자성어 풀이 수록에 이르기까지 수고를 마다하지 않은 이준정, 김성규, 김월회, 이해완, 최윤영 선생님께 깊이 감사드립니다. 특히 이 책의 기획, 편집, 출판 과정을 총괄하고 이끌어 주신 이준정 교수님께 감사드립니다. 다른 편집위원 네 분과 함께 이준정 선생님의 열정과 소명의식이 없었다면 이처럼 알찬 결실을 맺을 수 없었을 것입니다. 아울러 책을 편집하는 과정에서 소소한 일들을 챙기고 도와준 서울대학교 대학원 국어국문학과 석사과정 최보람 조교, 고고미술사학과 석사과정 이나경 조교에게도 고마운 마음을 전합니다.

이 책은 그린비 출판사가 아니었다면 이처럼 알찬 모양새로 출간하기 어려웠을 것입니다. 그동안 좋은 인문학 서적을 기획하고 출판한 경험을 토대로, 24편의 글이 하나의 책으로 깔끔하게 엮일 수 있도록 애써 준 그린비 출판사의 여러분들의 수고에 깊이 감사드립니다.

이 책 속에서 시간과 공간을 넘나들며 만나게 될 한 명의 인물, 한 권의 책, 한 편의 시, 한 줄의 글귀, 한 점의 그림이, 스무 살 언저리의 젊은이가 자신이 지금 어디에 있는지를 돌아보고자 잠시 가던 길을 멈추게 할 수 있기를, 또는 머뭇거리며 쉽게 발걸음을 떼어 놓지 못하던 길을 힘차게 나아갈 수 있게 하기를 소망합니다.

2010년 4월
서울대학교 인문대학 학장 변창구

『스무살, 인문학을 만나다』

차례

人 생성하는 만남

포토 프롤로그

사람과 인문을 묻는다

김월회 이해완 최윤영 김성규 이준정

I
"사람은 무엇인가?"

알브레히트 뒤러 〈멜랑코리아 1〉 1514년

1.

인문학은 사람에 대한 학문이고, 사람은 사유하는 존재이다. 사유는 이성
능력을 기반으로 하는 합리성을 추구한다. 질서와 조화, 명료함과 정확함은
언제나 뛰어난 인간적 덕목이며, 사람은 언어와 논리, 정교한 상징체계를
동원하여 이를 추구한다. 세계와 인간 자신에 관해 알게 된 방대한 지식과
문화는 다시 인문학으로 회귀한다.

카스파 다비트 프리드리히 〈안개바다 위의 방랑자〉 1817–18년

2.

사람은 초월을 꿈꾼다. 유한 속에서 그것을 넘어 영원과 무한을 상상한다.
인문학은 사람에게 주어진 사유의 한계를 천착하여 우리가 무엇을 할 수 있
고 무엇을 할 수 없으며 무엇을 기대해도 좋은지를 묻는다. 때로는 의연하
게, 때로는 좌절하면서, 진리가 가능하게 해 줄 자유를 꿈꾼다.

3.

합리적 이성만이 사람을 이루는 것은 아니다. 사람은 상상력을 통해서도 사유하며, 감성으로 진리를 포착하기도 한다. 인간의 비합리적인 영역이면서도 인간을 이처럼 오묘한 존재로 만들어 주는 감성이야말로 우리의 소중한 능력이다. 이로 인해 인문학은 더욱 풍성해지고, 섬세한 감수성과 공감의 지원 아래 소통의 길로 나아간다.

르네 마그리트 〈향수(Homesickness)〉 1940년

루시앙 프로이트 〈녹색 소파 위의 리(Leigh)〉 1993년

4.

인간의 비합리성에 대한 자각은 인간의 동물적 측면, 꿈과 욕망, 충동과 본능, 그리고 그러한 것들이 깃드는 장소로서의 '몸' 과 '살' 에 주목하게 한다. 천형(天刑)이 되기도 하고 축제가 되기도 하는 어둡고 달콤한 사람의 양면성에 대한 주목을 통해 인문학은 또 다른 차원의 담론의 장을 개척하고, 인간 이해의 폭과 깊이를 더해간다.

II
"인문은 무엇인가?"

주먹도끼, 파주 가월리 유적
(서울대학교 박물관 소장)

1.

도구는 양날의 칼이다. 그것은 인간 능력의 확장이자 또한 감퇴이다. 사람은 도구를 만나 문명인이 되었다. 사회를 형성하며 더불어 살 줄 알게 되었고, 지혜를 사랑하며 교양을 귀히 여길 줄 알게 되었다. 동시에 사람은 자신의 능력을 '도구에게' 넘겨주었다. 사람이 하던 일들은 기계로 대체됐으며, 디지털 계기 없는 일상은 작동되지 않는다. 약이면서 독인 사람과 도구의 만남! 사람다움의 무늬[人文]는 그 만남에서 피어난다.

<퇴수시서>(退修詩書, 물러나 시경과 서경을 강학하다)
(공부자성적도(孔夫子聖蹟圖) 수록)

2.

사람은 인문이 발신(發信)되는 통로이다. 어른의 삶은 아이와 만나 지혜가 되고, 스승의 학식은 제자를 만나 교양이 된다. 아이는 다시 누군가의 어른이 되어 또 다른 아이와 만나고, 제자는 다시 누군가의 스승이 되어 또 다른 제자와 만난다. 인문은 그렇게 쌓이면서 횡으로 또 종으로 확산되고 전수된다. 개체로서의 사람은 유한하지만 군체(群體)로서의 사람이 무한하기에, 인문은 영원을 추구하며 무한을 횡단한다.

모든 것을 알고 있을 수는 없지만, 알고 있는 모든 것을 모을 수는 있다. 바벨탑을 쌓아 신의 속살까지 엿보고자 했던 사람, 앎의 저장고를 지어 인문의 바다를 축조한다. 말이 흘러들고 글이 모이며 생각이 집적되어 거대한 흐름을 형성한다. 그리고 만물을 촉촉하게 적시는 비처럼 다시 사람들에게 스며들어 도도히 흐른다. 인문이 저장될 수 있는 두 존재의 유기적 결합! 처음부터 사람이 곧 인문이었음이니….

김홍도 〈규장각도〉(부분) 1776년

숫자 '0'과 '1'은 세계를 재편하고 있다. 디지털은 아날로그를 단순히 재현하는 데서 만족치 않고, 아날로그와 자신을 가르고 있는 경계를 적극적으로 지운다. 자연과 인공의 구분을 흐리게 하고, 사람과 기계의 경계를 모호케 한다. 그것은 "어디까지가 현실이고, 무엇이 실재하는 것인가?" 따위의 물음에는 관심이 없다. 인문도 '0'과 '1'에 의해 도전받고 있다. 그렇게 우리는 인문의 코페르니쿠스적 전회(轉回)의 한복판에 서 있다.

왕지원 〈Buddha-Z〉 2009년

人

1부

以文會友

인문학으로 친구를 만나다

생성하는 만남

以文會友

선현의 말은 식상한 듯 늘 새롭다.
낯선 타인들이 인문학文을 통해 벗友이 될 수 있다는 2,400여 년 전의 선언!
이는 일점일획의 가감 없이 그대로 '지금-여기'의 우리 삶에도 찬연한 빛을 던진다.
'벗'은 '나'의 확산이요 '우리'의 확장이다.
그들이 있어 '우리'의 삶이 비롯되고 쑥쑥 커갈 수 있나니,
인문학은 그렇게 우리 삶에 생명을 공급하는 선홍빛 피가 된다.

* "以文會友"는 『논어』「안연」편에 나오는 말이다. 전문은 다음과 같다.
"문文으로 친구를 만나고, 친구로 인仁을 보완한다(以文會友, 以友輔仁)."

알타이 민족과의 만남

김주원

'알타이어족'은 우리에게 꽤 익숙한 말이다. 한국어의 뿌리나 계통을 묻는 질문을 받으면 '알타이어족에 속한다'는 답이 바로 떠오를 정도이다. 한국어를 비롯한 여러 언어의 역사를 연구하고 친족 연관성을 찾는 학문 분야를 역사비교언어학이라고 하는데, 이 글에서는 넓게는 언어학, 좁게는 역사비교언어학의 한 측면을 알타이계 언어를 사용하는 알타이계 여러 민족과의 현지면담조사 경험을 중심으로 해서 이야기하고자 한다.

외국어라고 하면 영어·불어·독어나, 이웃의 중국어·일본어부터 먼저 떠올리는 이들에게 아래에서 나올 언어명은 매우 생소할 것이다. 그러나 크게 보면 이들 언어야말로 오늘날의 한국어와 직간접 관련이 있었을 가능성이 매우 큰 이웃언어이다. 오랫동안 소식이 끊겼던 육촌이나 팔촌 형제를 만나는 기분으로 편안히 대해 주기 바란다.

* 김주원 | 서울대학교 인문대학 언어학과 교수. 서울대학교 언어학과를 졸업하고 동 대학원에서 석사 학위와 박사 학위를 받았다. 주된 연구 분야는 역사비교언어학이며 국어사, 알타이언어학을 연구하고 있다. 저서로는 『몽골어와 퉁구스어』(공저), 『조선왕조실록의 여진족 족명과 인명』, 『사라져 가는 알타이언어를 찾아서』(공저) 등이 있으며, 논문으로는 「모음조화와 설축」, 「알타이언어의 새로운 연구방향에 대하여」 등이 있다.

알타이족과의 만남

러시아 서부시베리아의 중심지 노보시비르스크Novosibirsk에서 남쪽으로 자동차로 6시간을 달리면 알타이공화국의 수도인 고르노알타이스크Gorno-Altaysk에 도착한다. 우리가 구한 차는 한국산 9인승 차량이었다. 눈이 많이 내렸지만 도로에는 말끔히 치워져 있어서 주행에 아무런 지장이 없었다. 그곳에 가는 동안 차창을 통해 갖가지의 숲을 볼 수 있어서 지겨운 줄 모른다. 침엽수림과 백화수림이 번갈아 나타나는데 특히 하늘로 죽죽 뻗은 백화수白樺樹 즉 자작나무의 순백색 줄기는 보는 사람을 황홀하게 한다. 끝없이 넓은 평야를 지나 산이 여기저기에 나타나기 시작하면 알타이공화국에 들어선 것이다.

2004년 2월 18일. 우리 조사단은 알타이방송국의 한 사무실을 빌려서 미하일 씨(43세)를 자료제공인consultant(지금까지 국내 학계에서는 언어조사 시에 언어자료를 제공하는 분들을 제보자informant라고 했지만 요즘에는 이들의 격을 높여서 이렇게 칭한다)으로 하여 알타이어를 조사하게 되었다. 알타이어라는 명칭은 튀르크계의 한 언어의 명칭이며 알타이산맥의 산록에서 살기 때문에 이러한 이름이 붙여진 것이다.

알타이어는 2002년 통계 자료에 의하면 약 7만 명이 쓰는 언어이다. 이 정도의 화자가 있으면 이 언어는 절멸위기에 처해 있다고 보지는 않는다. 다만 우세언어인 러시아어에 밀려서 자신들의 언어를 말하지 않으려는 경향이 있기 때문에 잠재적 절멸위기에 있다고 볼 수는 있다. 따라서 이 언어는 시급하게 조사해야 할 언어는 아니지만 '알타이어'라는 명칭에 이끌려서 여기까지 오게 된 것이다.

한국 사람들에게 '알타이'란 명칭이 매우 친숙하기 때문에 두어

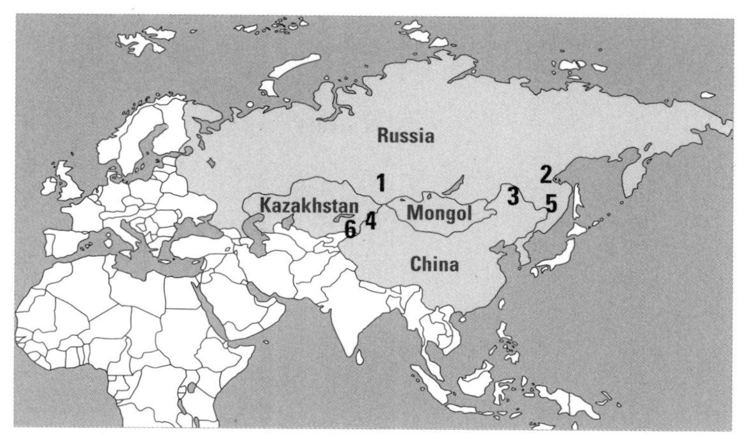

언어사용지역 : 1. 알타이어, 2. 네기달어, 3. 푸위키르기스어, 4. 시버어, 5. 나나이어, 6. 고려말

가지 사실을 언급하고 넘어가기로 한다. 첫째 '알타이'라는 말은 이들의 언어로 '황금'이라는 의미를 지닌다. 예로부터 황금을 귀하게 여겼으며 가장 존귀한 데에 그 이름을 사용하기도 하였다. 일례로 몽골 칭기즈칸의 가족을 '황금 가족'이라고 부르며 이들의 역사를 기록한 책을 '황금사'라고 부른다. 그 이유로 그들이 숭상하는 산에 알타이산 또는 알타이산맥이라는 이름을 붙여서 부르게 된 것으로 보인다. 둘째 알타이어족이라는 명칭은, 마치 우랄어족이라는 명칭이 우랄산맥에서 유래했듯이, 이 산맥의 명칭에서 유래한 것이다. 그리하여 많은 사람들은 알타이산맥을 중심으로 한 일대가 알타이어족의 원주지일 것이라고 믿고 있다. 이러한 생각에서 알타이 지역은 한국의 언어·민속·역사를 연구하는 사람들이 꼭 가보고 싶어 하는 지역이기도 하다. 실제로 이 지역으로 꽤 많은 한국 사람들이 여행을 온다고 한다.

디지털 녹음기와 캠코더가 설치되었고 미리 준비된 질문지의 어휘를 조사하기 시작하였다. 긴장이 흘렀다. 조사는 질문지의 러시아어형을 보고 그것에 해당하는 알타이어를 말해 주는 형식으로 진행되었다. 좋은 음질의 자료를 얻기 위하여 자료제공인 외에는 지켜보고만 있다. "손체(태양) 군, 군", "모례(바다) 달라이, 달라이", "첼로벡(사람) 기지, 기지". 어휘는 전형적인 튀르크어계의 특징을 보인다. 20분 정도 거침없이 대답하던 미하일 씨가 고개를 들고 안경 너머로 갑자기 묻는다. "지금까지 대답한 것 중 당신들의 한국어와 비슷한 것이 있습니까?"

우리는 사실 한국어 어휘와 유사한 어휘를 찾기 위해서 여기에 온 것은 아니다. 그 정도는 이미 간행된 사전을 통해서 해결할 수 있기 때문이다. 우리로서는 이 언어에 대하여 정확하게 기술하는 것을 제일의 목표로 삼는다. 그러나 자신의 일도 제쳐둔 채 면담에 응해 준 미하일 씨를 실망시킬 수 없었다. "예. 아직은 없습니다만 좀더 하다 보면 비슷한 말이 나올 것입니다"라고 대답해 드리고는 면담조사를 계속하였다.

조사가 끝나고 안내인에게 물어보았다. "알타이산을 보고 싶은데요." "예, 여기에서 차로 4시간을 더 가야 합니다." 그때 못 본 알타이산은 수년 후 중국 측에서 볼 수 있었다.

네기달인 우디 할머니와의 만남

러시아 하바롭스크Khabarovsk에서 어렵사리 만난 우디 할머니는 뭔가 기가 죽은 듯 다소곳이 앉아 계셨다. 마이크를 가슴에 달아드리자

더욱 불안한 듯 보였다. 우리가 준비해 간 질문지는 자연물부터 시작한다. 태양, 달 등등 순서대로 질문을 하고 답을 해 나간다. 별로 어렵지 않은 단어일 텐데도 선뜻 대답을 하지 못한다. 70세인 할머니는 실로 60여년 만에 자신의 언어인 네기달어를 처음 말하는 것이었다. 아직까지 적지 않은 수의 네기달인을 찾을 수 있음에도 불구하고 우디 할머니를 자료제공인으로 모신 데는 이유가 있다. 그가 이 언어 즉 네기달어를 구사하는 유일한 분이기 때문이다.

네기달인은 2002년의 통계 자료에 의하면 567명이 있으며 이들 가운데 모어母語 사용자는 9명이라고 한다. 그런데 이들의 원주지인 아무르강(중국에서는 헤이룽장 즉 흑룡강이라고 한다) 하류에 살고 있는 사람들의 언어는 주위에서 사용되는 다수 민족의 언어인 어웡키어에 동화되어 버렸다고 한다. 즉 그들의 언어는 순수한 네기달어가 아니라 어웡키어화한 네기달어인 것이다. 우디 할머니는 10세 때에 고향을 떠나서 하바롭스크로 온 분이다. 대도시로 온 후에 그는 러시아어를 쓰면서 생활을 해왔다. 고향의 네기달어가 순수성을 잃어버린 지금 순수한 네기달어, 즉 영향을 받지 않은 네기달어는 우디 할머니의 기억 속에만 갇혀 있는 것이다. 우리 면담팀은 우디 할머니와 협력하여 10세 이전의 언어 기억을 되살리려 안간힘을 쓰고 있는 것이다. 이틀 정도 이런저런 이야기를 하다 보면 본인도 신기해할 정도로 어릴 적 기억과 함께 단어가 떠오르기 시작한다. 그러나 이러한 면담에는 한계가 있다. 고령인 데다가 지병이 있어서 오래 앉아 있을 수 없기 때문이다. 그렇긴 해도 네기달어의 특징을 지닌 단어들이 할머니 입을 통해서 나오면 그 기쁨은 한량없다.

할머니가 면담 도중에 갑자기 질문을 한다. "왜 하느님은 우리

같은 소수민족에게도 독자적인 언어를 주었을까요?” 이런 유의 질문을 처음 들은 나로서는 잠시 머뭇거릴 수밖에 없었다. “원래는 이웃의 언어와 같은 언어였는데 세월이 흐르면서 달라졌다”라고 사실대로 대답하려다가 “하느님은 모든 민족에게 골고루 언어를 하나씩 나누어 주셨다”는 대답을 해드렸다. 사흘간의 면담에서 약 300개의 어휘와 200여 문장 정도밖에 얻어 내지 못했지만 보람 있는 면담이었다. 6개월 뒤에 다시 올 테니 그 사이에 생각을 많이 해두시라는 부탁을 드리면서 후일을 기약한 채 헤어졌다.

(후기: 2008년 12월, 나는 동행하지 못하였지만 우리 팀은 다시 하바롭스크로 가서 우디 할머니를 만났다. 그 사이에 아들을 교통사고로 잃었다고 한다. 6개월 사이에 한층 노쇠해진 할머니에게서 새로운 언어 자료는 별로 얻지 못한 채 발길을 돌려야 했다고 한다.)

푸위키르기스인들과의 만남

중국 헤이룽장黑龍江성 치치하얼齊齊哈爾시 푸위富裕현의 오가자촌五家子村에는 키르기스Kirgiz인이라고 불리는 소수민족이 살고 있다. 이들이 거주하는 지역의 행정 명칭은 우의다고르족만족키르기스족향友誼達斡爾族滿族柯爾克孜族鄉 오가자촌이다. 즉 몽골어파 언어를 사용하는 다고르족과 만주퉁구스어파 언어를 쓰는 만주족, 튀르크어파의 언어를 쓰는 키르기스족이 모여 사는 지역이다. 일찍이 이 지역은 그 사용 언어의 특이성 때문에 세계 언어학자들의 주목을 받던 지역이다. 만주족의 언어가 한어漢語, 중국어에 동화되어 사라져 간 것은 잘 알고 있을 것이다. 그런데 조사에 의하면 만주말을 할 수 있는 노인이 약 10

명이 있는데 그 중 5명 정도가 인근 지역인 삼가자촌三家子村에 살고 있다. 지면의 제약이 있어서 이들의 언어생활에 대해서는 생략한다.

푸위키르기스인들의 원주지는 지금의 중국 신장위구르자치구 지역이다. 18세기 중엽 이 지역에는 몽골계의 오이라트Oirat인들의 세력이 강하였다. 17세기 중엽에 중원을 장악하고 청淸을 세운 만주족은 차차 세력을 넓혀 나갔으나 서쪽 지역의 오이라트인의 세력이 쉽게 꺾이지 않아서 청조에게는 위협적인 존재였다. 18세기 중엽에 청의 건륭제가 직접 출병하여 오이라트 세력을 무너뜨린다. 이때 오이라트군과 연합해서 청에 대항했던 민족이 이들 키르기스족이었다. 포로가 된 이들을 원주지에서 멀리 떨어뜨려서 반란을 일으키지 못하게 하기 위해서 오이라트족 포로와 함께 동쪽으로 집단 이주시켰는데 그들이 이주한 곳이 이곳 헤이룽장성의 넌嫩강 지류인 우위르烏裕爾 강변이었다. 포로의 신분이었으며 반역자의 후손이었던 만큼 이들의 생활이 순탄치 않았을 것이나 그들은 자신의 언어와 문화를 면면히 이어 왔다. 우리 면담팀이 이들을 찾은 때는 사스SARS, 비전형성 급성폐렴가 잦아들었던 2003년 9월이었다.

약속 시간이 되자 60세 후반의 할아버지 한 분과 할머니 두 분이 촌 인민정부 회의실로 들어왔다. 보통은 한 분의 자료제공인을 대상으로 면담을 하기 때문에 예외적인 상황이 벌어진 것이다. 이들의 언어는 이미 기억상의 언어이므로 절멸한 것으로 간주된다. 즉 20세기 중반까지 면면히 이어 오던 이들의 언어가 중화인민공화국 정부의 수립으로 일대 타격을 받게 된다. 초등학교 교육이 의무화되고 초등학교에서 한어漢語 교육을 체계적으로 시행하면서 이들은 너도나도 자신의 언어를 버리고 사회의 통용언어인 한어를 쓰기 시작한 것이다. 이러한 현상은 사회의 변화에 적응하는 것일 뿐 누구의 잘못이라고 탓할 수 없다. 그 결과 그들의 언어는 기억 속에 갇혀 버린 것이다.

이들이 혼자 오지 않고 세 분이 온 이유가 곧 드러났다. 우리가 질문을 하자 서로 토론을 한 후 올바르다고 생각하는 단어를 찾아 주는 것이었다. 그 중에서 전직 교장 선생님이었던 분은 연신 몽골어형을 기억해 내어서 우리를 혼란스럽게 만들기도 했다. 힘든 면담조사가 사흘 만에 끝이 났다. 그들은 치열한 토론을 통해서 150여 개의 어휘와 인칭변화가 제대로 반영되지 않은 100여 개의 문장을 우리에게 제공하였다. 자료제공인 중 한 분인 한수전韓淑珍 할머니(69세)는 젊었을 때에 이름을 떨치던 가수였다고 한다. 유목민의 후예답게 '고향을 생각하는 노래'와 '말을 사랑하는 노래'를 키르기스어로 구성진 가락으로 불러 주었다. 조금 전까지 애써 기억을 더듬던 모습과는 달리 유창한 언어로 노래를 부르는 것을 보니 '언어는 짧고 예술은 길다'는 말이 되뇌어졌다.

(참고로 일반적으로 잘 알려진 중앙아시아의 키르기스공화국에서 사용되는 언어인 키르기스어와 이 언어는 관계가 없다. 오히려 러시아의 하카스공화국에서 사용되는 하카스어와 이들의 언어가 매우 유사하다. 그러나 언어의 명칭 탓인지 키르기스공화국의 학자들이 이곳을 자주 방문한다고 한다. 그들로서도 형제 언어의 절멸이 안타까웠던 것이었을까?)

시버인과 나나이인의 만남

필자가 관계하는 학회 중에 한국알타이학회가 있다. 알타이 민족의 언어, 문화, 역사, 민속 등을 연구하기 위해서 세워진 학회이다. 격년으로 국제학술대회를 개최하는데 이 학술회의에 참가하는 외국인들 중에는 알타이계 말을 사용하는 알타이계 민족이 많이 있다. 지금까지 어웡키인, 어원인, 야쿠트인, 하카스인, 만주인 등등이 학회에 참가하여 논문 발표와 토론을 하는 등 상호교류를 해왔다. 2009년의 국제학술대회에는 진객珍客이 찾아왔다. 길리야크Gilyak인(알타이계 민족이 아님, 아무르강 하류에서 만주퉁구스계 민족과 같이 거주함)을 비롯하여 시버錫伯인, 나나이Nanai인이 초청되어 온 것이다.

시버인 우유엔펑吳元豊 선생은 베이징北京의 제일역사당안관第一歷史檔案館에서 만주어 문서를 연구·번역하는 학자이며, 또 다른 시버인 허룽웨이何榮偉 선생은 선양瀋陽 역사당안관에서 같은 일을 하는 분이다. 우 선생은 중국 서북 신장위구르자치구 시버족 자치현 출신이고, 허 선생은 중국 동북 랴오닝遼寧성 의현 출신이다. 두 분 모두 시버어를 구사하지만 우 선생은 원어민 수준이고 허 선생은 성장한 후에 배운 시버어이다. 시버인의 원주지는 중국 동북지역이므로 이들의 언어 구사 정도를 두고 보자면 예상과는 뒤바뀌었음을 알 수가 있다.

한편 안토니나 교수는 따님인 샤벨니코바 여사와 함께 한국을 찾아왔다. 나나이인인 안토니나 씨가 길리야크인 남편과 결혼하였으므로 그 딸인 샤벨니코바 씨는 길리야크인이 된 것이다. 두 분은 각각의 모어인 나나이어와 길리야크어를 구사하는 외에, 안토니나 씨는 남편과 딸의 말인 길리야크어를 어느 정도 이해하고 딸인 샤벨니코바 씨는 어머니의 말인 나나이어를 이해하고 있었다. 아마도 한국알타이학회에서 주관하는 이런 유의 국제학술회의가 없었으면 이들이 만날 수 있는 장이 없었을 것이다. 시버인과 나나이인이 만난 것이다. 정리하자면 중국인인 시버족의 우유엔펑 선생과 러시아인인 나나이족의 안토니나 교수가 한국 땅 순천에서 첫만남을 가진 것이다.

　　이쯤에서 시버인의 운명을 언급해야겠다. 위에서 보았듯이 푸위 키르기스족은 전쟁 포로가 되어 고향을 등진 채 만 리나 떨어진 헤이룽장성으로 끌려왔지만, 이들 시버족은 원거주지인 중국 동북지방을 등지고 만 리 떨어진 서북 지역 신장위구르자치구로 이주한 사람들의 후손이다. 역사는 이러하다. 시버인들은 만주인들이 후금後金을 세울 무렵에(1616년) 누르하치의 후금군에 대항하여 명明을 중심으로 하여 형성한 연합부대인 구부九部연합군에 소속되어 후금과 전투를 벌였지만 패퇴하였다. 이후 청淸이 군사조직인 팔기군八旗軍을 만들자 이들 시버족은 몽고팔기蒙古八旗에 소속되면서 청에 예속되었다. 그런데 이들의 언어와 문화가 몽골족보다는 만주족에 훨씬 가깝다는 사실이 알려지면서 다시 만주팔기로 소속을 바꾸게 된다. 18세기 중엽에 러시아가 시베리아 전역에 걸쳐 동진을 하면서 지금의 알타이산맥 부근에서 청과 부딪히게 된다. 한족에 비해서 극소수의 인구밖에 없던 만주족으로서는 시급한 군사적 방위를 위하여 정예군을 보내야 했지만 만주족을 보낼 수는 없는 형편이었다. 여기에 적절한 대안으로 떠오른 것이 시버족이었다. 건륭황제는 시버족의 우두머리를 불러서 조용히 권유한다. "너희들 시버족은 우리 만주족과 피를 나눈 형제 민족이다. 조국의 방위를 위하여 서북쪽으로 갈 수 있겠느냐"는 회유였다. 말의 형식은 부드러웠으나 황제의 한마디는 명령이었다. 1764년 4월 15일 선양의 시버족 가묘家廟 앞에서 한 끼의 식사를 배불리 나누어 먹고 다시 만날 기약 없는 행군을 시작하였다. 이들이 몽골고원에서 겨울을 난 후에 목표로 한 주둔지에 도착한 것은 이듬해 가을이었다. 2천여 명의 군인과 군인 가족으로 구성된 이들의 이

전통 복장을 한 나나이인

선양에 있는 시버족 가묘(家廟)

주민의 후손은 오늘날 약 4만 명이 되었다. 아이러니하게도 원주지에 남아 있던 시버인들은 만주족이 그러했듯이 그들의 언어를 완전히 잃어버리고 말았지만 고향을 등지고 이역만리 떨어진 곳에서 이민족에 둘러싸여 살아가던 이들 이주 시버족은 그들의 언어·문화·전통을 고스란히 유지하고 있다. 오늘날에도 이들이 재배하고 키운 야채나 양, 소를 사가기 위해서 이들 마을에 들어오는 한족, 카자흐족, 위구르족 장사꾼들은 시버말로 장사를 해야 한다고 한다. 시버어를 원어민 수준으로 잘 구사하는 우 선생은 이곳 출신이고 허 선생은 30대 나이에 이곳을 방문하여 6개월을 거주하면서 잃어버렸던 자신의 조상의 언어를 배운 후 쓰게 된 것이다.

이에 비해서 나나이인은 조상 대대로 쑹화강, 우수리강, 헤이룽강 즉 아무르강 유역에서 살던 만주퉁구스계 민족이다. 우리 역사에서 해서여진海西女眞으로 불리던 이들의 후손이다. 나나이인은 러시아에 약 1만 2천 명, 중국에 4천여 명이 있으며, 나나이어는 이들의 약 40%만 모어로서 사용하는 절멸위기에 처한 언어이다.

학술대회 전야 만찬에서 처음 만난 이들은 각각 러시아인, 중국인이므로 공통된 언어가 없어서 통역에 의존하며 겨우 어색한 웃음을 주고받을 뿐이었다. 러시아어와 중국어로 된 서로의 이름도 낯설었다. 다음날 논문 발표를 하면서도 두 명의 통역을 통해서 어렵사리 질문을 주고받았다. 알타이학회에서 러시아인과 중국인이 소통하는 방법은 다음과 같다. 러시아인의 말을 러시아어 통역이 한국말로 번역하면 이를 받아서 중국어 통역이 중국말로 전해 준다. 다시 중국인이 중국어로 하면 이를 한국말로 번역하고 이를 다시 러시아말로 전해 준다. 중국어와 러시아어를 동시에 구사하는 유능한 통역자가 있다 하더라도 학회의 참가자 대다수가 한국인이기 때문에 한국어 통역이 필수적이므로 세 언어가 항상 사용되어야 하는 것이다. 휴식시간에 봤더니 발표장에서 질문을 주고받는 것으로 부족했던지 커피잔을 든 두 사람이 웃음을 띤 채 이야기를 나누고 있었다. '아니 서로 말이 통하지 않아 대화하기 어려울 텐데' 하는 생각으로 내 눈을 의심하며 그들에게 다가갔다. 서툰 중국어로 우 선생에게 지금 무슨 말로 대화를 하느냐고 물었다. 우 선생이 자신은 시버어로 말하고 있고 안토니나 교수는 자신의 언어인 나나이어로 말하고 있다고 대답했다. 그럼에도 불구하고 서로의 말을 이해할 수 있다면서 놀라워했다.

언어와 방언의 구별은 언어학적인 개념만으로 정의하기가 쉽지 않다. 보통 상호이해가능성mutual intelligibility을 그 기준으로 삼지만 학자에 따라서 동일한 언어의 하위 방언을 서로 다른 언어로 분류하기도 하고 서로 다른 언어를 동일한 언어의 방언으로 분류하기도 한다. 그러다 보니 서로 다른 언어임에도 불구하고 상호이해가 가능한 언어들이 많이 있다. 덴마크어와 스웨덴어가, 이란어 즉 페르시아어와 힌디어가, 그리고 카자흐어와 키르기스어가 이해 정도에는 차이가 있으나 서로 통한다는 사실은 잘 알려져 있다. 그러므로 동일한 만주퉁구스어파의 남퉁구스어군에 속하는 두 언어가 서로 이해가능하다는 점이 그렇게 신기할 것은 없다.

이후 두 사람 아니 네 사람은 같이 몰려 다녔다. 이들의 언어를 어느 정도 이해하고 있는 허 선생과 샤벨니코바 여사도 합류한 것이다. 이들은 순천만 갈대밭에서도, 선암사 다회시간에도, 낙안 읍성 여기저기를 구경하면서도 물명物名 맞추기에 여념이 없었다. 같거나 유사하면 감탄사가 나오고, 다르면 또 다른 단어를 대면서 맞추기 작업을 하는 것이었다. 이들에게는 전혀 기대하지 않았던 상대방과의 대화가 가능하게끔, 말이 통하는 상대방을 만나게 해준 한국알타이학회의 2009년 국제학술대회가 잊히지 않는 학술행사로 기억에 남아 있을 것이다.

고려인과의 만남

위의 경우와는 달리 20세기의 민족 이동이기는 하지만 고려인의 이동도 언어학상으로는 중요한 사건이었다. 중앙아시아에 한국어의 한 방언이 역사의 한순간 유입된 것이다.

1937년에 소련의 스탈린은 민족주의를 표방하면서 연해주의 고려인(한반도로부터 러시아로 이주한 한국인)이 일본군의 스파이로 이용당할 가능성이 있다는 것을 이유로 하여 모든 고려인을 중앙아시아로 강제이주시켰다. 상당수의 지식인은 약 한 달간의 열차 이주 기간에 사라지거나 살해되었으며 현지에 도착한 이후에도 이런 일이 계속되었다. 중앙아시아의 혹독한 겨울을 견디기 위하여 땅을 파서 움집을 짓고 주위에 난 갈대를 엮어서 깔고 덮으며 겨울을 났다. 병약한 노인과 유아의 많은 수는 그해 겨울을 나지 못하고 숨졌다.

1999년에 카자흐스탄 알마티Almaty에서 만난 한글라피라 할머니(당시 75세)는 이들과는 다른 경력을 가진 분이었다. 한 할머니는 1937년에 블라고슬라벤노예촌에 거주하고 있었다. 흔히 사말리라고 하는 곳이다. 이곳에 모여 사는 고려인들은 조선반도로부터 러시아로 이주하기 시작한 1864년 무렵에 육진지역으로부터 온 사람들이며 이들은 다시 1871년에 러시아 당국의 이주 정책으로 이곳 아무르강 중류까지 와서 농사를 지으면서 살게 된 사람들이다. 이들은 다른 고려인들뿐만 아니라 주위의 민족들과는 접촉이 없이 자기네들끼리 살아온 사람들이다. 이 마을의 대부분의 고려인들은 서로 친척 관계에 있었다고 한다.

1937년에 이 마을 고려인들도 예외는 아니어서 강제이주 열차를 타게 되었다. 당시 한글라피라 할머니는 열세 살이었으며 이들 가족도 열차를 타기 위하여 준비를 하고 있었으나 부친이 금광업을 하면서 객지로 나가 있어서 열차를 타지 못하였다. 그 이후 한 할머니 가족은 부친을 따라서 야쿠티아Yakutia 등지로 이주하였고, 여기저기에서 약 15년을 보낸 후에 친척을 찾아서 카자흐스탄의 타라즈Taraz로 옮겨 왔으며, 다시 딸의 대학 공부를 위하여 알마티로 이사 온 후 지금까지 살고 있다고 한다. 할머니는 약간의 연금과 알마티 근교에 있는 다차(주말 별장)에 채소류를 가꾸어서 거기에서 나오는 소출을 팔아서 생계를 유지하고 있었다.

육진지역 출신으로 블라고슬라벤노예(한어명 사말리) 거주의 고려인들은 특별히 사말리치라고 불린다. 이들의 언어는 중앙아시아에서 사용되는 한국어 방언 중에서도 가장 고형古形을 유지하고 있는 점에서 매우 귀한 방언이다. 대부분 중앙아시아에 거주하는 한인들도 그들의 고려말을 쓰지 않고 러시아말을 쓰기는 하지만, 한글라피라 할머니는 특히 중앙아시아 고려인들이 사말리치의 말을 잘못 배운 엉터리 고려말이라고 생각하는 경향이 있기 때문에 고려말을 사용하지 않는다고 한다. 1999년 이래 세 차례 만나는 동안 할머니는 고려말로 많은 말씀을 해주었다. 만날 때마다 고려말이 유창해졌으며 일생 살아온 이야기를 점점 구체적으로 하셨다. '빵'을 '떡'이라고 하고,

'교회'를 '절당'으로 말하는가 하면, 책에서만 보던 어휘가 할머니 입을 통해서 나오면 내가 꿈을 꾸는 것인가 하는 생각이 들 정도였다. '손톱'을 '소톱'으로, '그집 딸'을 '그짓 딸'로, '배꼽'을 '배뿌기'로, '우습지요'를 '웃브지야' 등으로 말하는 것은 고어의 형태가 그대로 남아 있는 것이다.

그러나 할머니의 다섯 살 아래 여동생은 유창도가 떨어지는 고려말을 구사했으며, 할머니의 딸이나 외손자는 고려말을 한마디도 할 수가 없다고 한다. 사회적으로 쓸모없는 말이기 때문이다. 현지의 고려말 방송을 하는 방송국에는 러시아어를 알면서도 한국 표준어를 구사할 수 있는 사할린 출신의 고려인들이 차지하고 있어서 고유의 고려말은 더욱 빠른 속도로 사라져 갔다. 모국어를 유창하게 구사할 수 있는 열두 살까지 연해주 지방에 살았다면 그들의 언어는 비록 러시아 사회에 편입되었다고 할지라도 굳건하게 유지될 수가 있다. 산술적으로 보면 1937년 강제이주 당시에 열두 살이었다면 2010년 지금은 나이가 85세에 달한다. 85세 이상의 노인이 유창하게 고려말을 구사할 수 있다는 것이다. 그렇다면 앞으로 5년 이내에 대부분의 유창한 고려말 구사자는 사라진다는 계산이다. 이들의 언어에 대한 채록과 연구가 절박한 이유이다.

절멸위기의 언어 연구

지금까지 알타이계 여러 민족, 특히 그들의 언어가 사라질 위기에 처해 있는 소수민족과의 만남을 주선하였다. 전 세계에서 약 7천만 명이 왕성하게 사용하고 있는 언어인 한국어를 쓰는 우리로서는 어떤 언어가 사라질 수 있다는 사실이 믿어지지 않을지도 모른다. 그러나 유네스코에서 발표한 자료에 의하면 현재의 상태가 지속된다고 볼 때 금세기 말이 되면 현재 지구상에서 사용되는 6천여 개의 언어 중에서 반은 사라지고 말 것이라고 한다.

지금 세계의 언어학계는 절멸위기에 처한 언어가 사라져 버리지 않도록 보존하고 더 나아가 절멸위기로부터 구해 내려 노력하고 있다. 이러한 작업을 통틀어서 절멸위기 언어의 문서화Documentation of Endangered Languages라고 하는데, 20세기에 이르러 유례없는 소수민족어의 절멸을 겪은 후, 생물다양성이 지구의 지속가능성sustainability을 높이듯이 언어·문화의 다양성이 인류가 직면하고 직면할 수 있는 문제점들을 해결하는 데 도움을 준다고 판단하여 지각 있는 언어학자들이 중심이 되어 이 작업에 나선 것이다. 언어학에 여러 분야가 있지만 그 중에서도 언어의 문서화 작업은 인류의 문화를 보전하는, 의무를 다하는 언어학자의 가장 소중한 책무이다. 소수민족어와 대언어가 공존·공영하여 다문화가 잘 어울리는 지구의 미래 모습을 만드는 일에 뛰어드는 것은 어떨까?

| 추천도서 |

김주원 외, 『사라져 가는 알타이언어를 찾아서』, 태학사, 2008.
세계 언어학계의 '절멸위기 언어의 문서화' 연구 동향을 소개하고 있다. 특히 한국의 언어조사팀이 2003년부터 2006년까지 현지조사를 통해서 수집한 알타이언어의 조사 분석에 대해서 소개하고 있으며 알타이 여러 민족의 사진이 실려 있다. 제4장에서는 언어 현지조사의 방법과 과정에 대해서 자세히 설명하고 있다. 조사 준비과정, 녹음기와 캠코더, 마이크 등의 종류와 사용법, 면담조사 방법, 조사 내용과 질문지 등에 대해서 상세히 설명하고 있어서 언어조사를 처음 하려고 하는 사람들에게 길잡이 구실을 한다.

David Crystal, *Language Death*, Cambridge University Press, 2000.
저자는 영어가 국제어로 되는 과정을 연구하던 언어학자였는데 소수민족언어가 절멸위기에 처한 상황을 목도한 후 연구방향을 바꾸어 언어 절멸의 심각성을 세계 언어학계에 알리는 선봉장이 되었다. 이 책에서는 언어학자, 문화인류학자뿐만 아니라 세계화 시대에 문화정체성의 문제에 관심 있는 모든 이들에게 언어 절멸위기의 심각성을 알리고 있다. 그리하여 현재 맞닥뜨린 위기의 원인과 이러한 위기를 최소화하기 위해서 무엇을 해야 할지에 대하여 논의하였다.

한국알타이학회, 『알타이언어들을 찾아서』, 태학사, 1999.
한국알타이학회의 언어문화연구시리즈 제1권으로 나온 책인데 알타이언어를 사용하는 민족을 방문한 연구자들의 기행문을 모아 놓은 책이다. 한국이 1990년대에 비로소 공산국가들과 수교하였으며 그 이후에 알타이언어 사용 현장에 방문하는 것이 가능하였다는 점에서 볼 때 최초의 알타이언어 사용지역 방문기라고 할 수 있다. 내용은 중국 헤이룽장성 구어만주어 사용지역 답사기, 중국 신장위구르자치구에서 사용되는 시버족 언어 사용지역 답사기, 중국 네이멍구(內蒙古)자치구의 후룬베이얼 지역에서 사용되는 어웡키어 사용지역과 오로챈어 사용지역 답사기, 러시아어 동부시베리아 지역의 알타이언어 사용지역 답사기 등이 사진과 함께 실려 있다.

배우와 관객의 만남, 연극의 즐거움

양승국

연극의 의사소통 구조

흔히 연극의 4요소로 희곡, 배우, 무대, 관객을 일컫는다. 이때 '요소'란 없어서 안 될 구성 분자를 말하는 것으로, 이에 따르면 무엇보다도 먼저 희곡은 연극을 만드는 데에 필수적인 요소가 아닐 수 없다. 희곡은 공연을 위한 문학이다. 희곡은 무대 위에서 형상화되어야만 생명을 얻는 미완의 텍스트이다. 이러한 미완성의 희곡에 생명을 불어넣어 그것을 완성시키는 존재가 바로 연출가director, producer이다. 이때 완성된 형태는 연극performance으로, 희곡과는 전혀 차원이 다른 별개의 예술 장르가 된다. 이 별개의 장르는 문학과는 다른 종합예술이고, 시간·공간적인 예술이다. 이렇게 문학으로서의 희곡은

* 양승국 │ 서울대학교 인문대학 국어국문학과 교수. 서울대학교 국어국문학과 및 동 대학원을 졸업하였다. 한국 현대희곡 연구로 문학박사 학위를 받았으며, 1990년『경향신문』신춘문예 희곡 부문에 당선된 바 있다. 한국 현대희곡과 드라마에 대해서 연구하고 있으며 연극평론가로도 활동하고 있다. 주요 저서로는『한국근대연극비평사연구』,『희곡의 이해』,『김우진, 그의 삶과 문학』,『한국신연극연구』,『한국 현대시 500선』(전3권),『한국 현대극의 주름과 틈』,『한국 근대극의 존재형식과 사유구조』등이 있다.
** 이 글은 양승국 저『희곡의 이해』(연극과 인간, 2002)의 1장과 5장을 바탕으로 고치고 보탠 것이다.

연극이라는 종합예술로 질적 전환을 하게 되는데, 그 매개가 되는 것이 대본script이다. 대본은 비단 연극에만 필요한 것이 아니다. 무용 대본, 오페라 대본, 무언극 대본에 이르기까지 공연의 얼개가 되는 지시적 기호는 모두 대본이 된다. 연극의 4요소로 희곡을 언급할 때의 희곡은 바로 잠재적 대본으로서의 희곡을 의미하는 것이다.

하나의 희곡은 연출가에 의해서 대본으로 전환한다. 극작가가 창작한 한 편의 희곡은 연출가에 의해 채택되었을 때 비로소 대본이 된다. 경우에 따라서는 희곡보다도 먼저 대본이 짜이고 공연을 통해서 그 대본이 수정·보완되어 사후事後에 희곡으로 발표되기도 한다. 또한 한 사람이 극작가와 연출가를 겸하여 연극을 완성하는 경우에는 희곡과 대본의 개념이 모호해지기도 한다. 그렇더라도 그 대본은 지상紙上에 발표됨으로써 희곡이 된다. 달리 말하면 문자로써 고정된 실체가 희곡인 것이다. 따라서 하나의 희곡은 고정불변의 존재이다.

고정불변의 희곡은 수많은 대본을 거느린다. 훌륭한 희곡일수록 그 대본의 가짓수가 많은 것이 당연하다. 엄밀하게는 한 작품의 공연에서도, 매회 공연 때마다 대본은 달라질 수밖에 없다. 따라서 이렇게 달라지는 수많은 대본의 정본이 희곡인 셈이 된다. 그러나 한 편의 희곡이 당연히 공연 전체는 아니다. 희곡은 공연을 위하여 있고, 공연은 희곡이 없으면 실체가 없다. 따라서 한 편의 희곡은 공연적 측면, 즉 대본의 관점에서 분석되어야 하고 극작가와 연출가의 시각을 동시에 검토할 수 있어야 한다.

연출가는 서양 연극사에서 극작가-연출가, 배우-연출가, 또는 배우-극작가-연출가로 존재하여 왔다. 이후 사실주의 연극 단계에서 배우와 극작가와 연출가의 영역이 분리되고 각자의 지위가 확립되어 오늘에 이른다. 연극은 배우와 관객 간의 의사소통이지만, 배우의 존재는 극작가와 연출가에 의해 규정된다. 이런 점에서 연극의 의사소통은 '극작가 → 연출가 → 배우 → 관객'의 과정을 거치는 것이라고 할 수 있다.

이때 연출가의 역할은 극작가의 의도를 정확히 해석하는 것으로 그치는 것인가, 아니면 극작가의 희곡을 한 요소로 하여 자신의 독창적 예술을 재창조해 내는 것인가. 이 중 어느 관점을 취할 것인가는 극작가와 연출가의 관계를 문제 삼아야 하는 것이지만, 오늘날에는 공연예술을 완성시키는 모든 협력자 — 극작가, 연출가, 배우, 무대 장치가, 조명 기사, 무대 음악가 등 모두가 독립적인 예술가로서의 지위와 전문성을 확보하고 있는 만큼, 연출가도 당연히 창조적 예술가로 간주된다. 이러한 의미에서 오늘날의 연극의 의사소통은 과거의 '극작가 → 연출가 → 배우 → 관객'의 단선적인 과정이라기보다는 한 공연 속에 극작가, 연출가, 배우가 함께 존재하는 복선적인 과정이라고 할 수 있다. 이를 그림으로 보이면 다음과 같다.

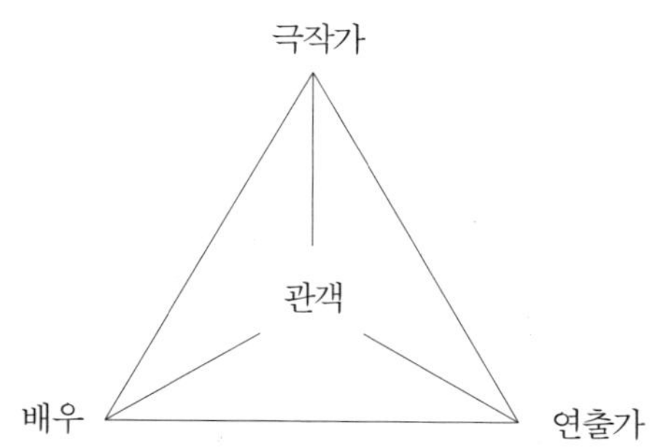

모든 예술은 작가인 생산자가 독자, 관객 등의 수요자에게 작품을 전달하는 의사소통의 작업이라고 할 수 있다. 연극의 경우에는 작

가인 극작가가 배우를 통하여 관객에게 의사를 전달하는 작업이며, 이 전체의 과정을 통일하고 조정하는 전문가가 연출가라고 할 수 있다. 이때 '살아 있는' 배우가 작가의 의도를 해석하여야 하며, 관객은 그 배우의 연기에 '직접적으로' 반응하여 배우에게 영향을 미칠 수 있다는 점이 연극만의 독자적인 의사소통의 구조라고 할 수 있다. 이 과정을 그림으로 보이면 아래와 같다.

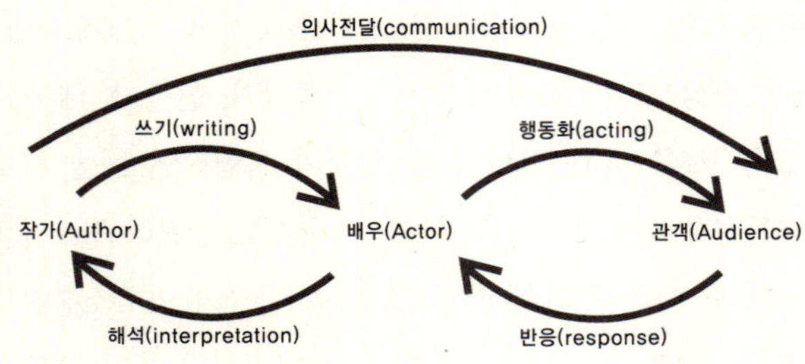

따라서 연극을 이해하는 길은 이 의사소통의 의미를 이해하는 것이기도 하다. 결국 연극은 배우와 관객의 만남의 작업이며, 이 만남이 이루어지는 공간이 바로 극장인 것이다.

배우와 관객의 만남의 의미

희곡을 읽는 독자는 시나 소설의 독자와는 달리 무대라는 특수한 그림을 머릿속에 그리고 있어야만 작품에 대한 이해가 쉽기 마련이다. 이는 달리 말하자면, 희곡의 독자는 잠재적인 관객으로서의 자세를 한편으로 견지하고 있어야 하며, 개인에 따라서는 배우나 연출가의 입장에서 희곡을 읽기도 함을 의미하는 것이다. 독자reader에서 관객 spectator-auditor으로의 전환은 단독성solitariness에서 집단경험group experience으로의 질적 전환을 의미한다. 그것은 바로 희곡을 읽는 것과 연극을 보는 것의 근본적인 차이점을 의미하는 것이기도 하다. 또한 연극에서 관객의 중요성을 강조하는 것은 바로 이러한 관객의 본질인 집단경험을 강조하는 것이기도 하다.

관객은 왜 중요한가. 관객은 연극에 있어서 어떠한 역할을 수행하는 것일까. 우선 생각할 수 있는 것은 관객은 연극의 원조자sponsor라는 점이다. 일정한 금액을 관람료로 지불하여 연극을 만들기 위한 물질적인 원조를 제공하는 것은 무시할 수 없는 관객의 역할이다. 이때 관객은 연극이라는 상품의 구매자가 되는 것이다.

그러나 이 점만으로는, 연극의 관객과 영화의 관객, 아니면 화랑畵廊의 관객과의 차이점을 설명할 수 없다.

월드컵 축구 중계방송을 TV로 시청하고 있다고 하자. 한국 대표팀이 1:0으로 지고 있다가 후반전 종료 휘슬이 울리기 불과 2, 3분 전에 박치성 선수가 연속으로 두 골을 넣어 역전에 성공했다. 드디어 한국 축구사상 처음으로 월드컵 결승에 진출한 것이다. 이 얼마나 신나는 일이겠는가. 그런데 이때 TV를 시청하고 있는 사람이 나 외에는 없다고 하면, 나의 감동은 박수 몇 번으로 그치고 말 것이다. 그러나 내가 TV를 시청하고 있는 장소가 서울역 대합실이라든가, 고속버스 터미널이라든가, 아니면 손님 많은 술집이기라도 하다면, 분명히 장내는 떠나갈 듯한 박수 소리와 왁자지껄한 감동의 찬사로 가득해질 것이다. 이 모두가 바로 단독성과 집단경험의 차이점을 보여 주는 것이다.

수업시간에 선생님이 우스운 농담을 했을 때, 강의를 듣는 학생이 나를 포함하여 서너 명밖에 되지 않는다면, 나는 감히 큰 소리로 웃을 수가 없다. 그러나 교실 내에 학생들이 가득하다면, 그리하여 나의 웃음소리가 내 귀에조차 들리지 않을 정도라면 나는 사소한 농담에도 자신 있게 껄껄 웃을 수 있을 것이다.

이러한 사실에서 우리는 단독성과 다른 집단경험을 확인할 수 있다. 그리고 이러한 집단경험이 연극의 관객과 어떠한 관계가 있다는 것도 어렴풋이나마 알아차릴 수 있다. 그렇다면 이러한 집단경험의 실체는 무엇일까. 집단경험이라고 할 때, 집단이란 단순히 거기에 동참하는 인원수가 많다는 것을 의미할 뿐일까. 만약 어떤 연극에서 관객의 구성이 유치원생에서부터 대학생에 이르기까지 다양한 학력과 연령층으로 이루어져서 극장을 가득 메우고 있다고 한다면, 동일한 수준의 관객으로 극장을 가득 메운 경우와 그 집단의 성격이 같다고 할 수 있을까.

따라서 집단경험이라고 할 때의 집단이란 그 수의 많고 적음을 의미하는 것이 아니라, 그 집단을 구성하고 있는 개개인의 총화적인 의사소통을 의미하는 것이 된다. 위에서 웃음을 들어 집단경험을 설명하였지만, 그때 내가 웃을 수 있는 것은 단순히 주위에 사람들이 있어서가 아니라, 내가 웃을 때 다른 사람들도 웃을 것이라는 묵시적인 약속이 그 집단의 구성원들 간에 이미 설정되어 있기 때문에 가능한 것이다. 즉 그 구성원들 간에는 이미 보이지 않는 의사소통이 성립되어 있는 것이다. 만약 우습다고 하여 큰 소리로 웃음을 터뜨렸는데 웃고 있는 사람은 정작 나 혼자라고 하는 사실을 조금 후에야 알아차렸다고 한다면, 그럴 경우 그 사람은 그 뒤에는 감히 웃을 수 없게 된다. 왜냐하면 비로소 자신과 다른 사람들 간에 의사소통이 이루어지지 않고 있음을 깨달았기 때문이다. 다시 말하자면, 집단이란 곧 의사소통의 총화를 의미한다. 이러한 의미의 집단은 흔히 정치연설 현장에서 선동당하는 우중愚衆으로서의 군중 심리의 폐단을 드러내기도 하는 것인데, 연극에서의 집단경험은 이와도 다르다. 바로 이 다른 점에 연극만의 독자성이 놓인다.

　TV 중계를 보면서 열광하는 집단경험은 어디까지나 시청자의 입장에 국한될 뿐이다. 즉, 그러한 열광이 TV 속에 반영될 수 없다. 이 점은 영화에서도 당연히 마찬가지이다. 그러나 위에서 말한 수업 시간을 생각하여 보자. 선생님이 모처럼 우스운 농담을 꺼냈는데 아무도 웃지 않았다고 하자. 그러면 선생님으로서는 참으로 낭패가 아닐 수 없다. 이제는 거꾸로 학생들이 선생님의 반응을 보고 있다. 선생님은 자신의 농담이 학생들에게 먹혀들지 못했다는 것을 깨닫는 순간, 마음속으로 재빨리 그 원인을 분석할 것이다. 자신의 의도가 잘 전달되지 않았다든가, 학생들이 이미 잘 알고 있는 내용을 다시 반복해서 신선함이 떨어졌다든가, 아니면 학생들과의 감각 차이 때문에 자신의 농담은 학생들에겐 더 이상 농담으로 받아들여지지 않는다든가 하는 분석이 그것이다. 이러한 나름대로의 원인 분석이 끝난 뒤, 현명한 선생님이라면, 그 분석에 의거하여 당황하지 않고 다음의 화제로 나아갈 것이다. 그러나 이 모든 것은 순간적으로 이루어져야만 한다.

　이러한 교실의 분위기를 그대로 연극 공연으로 옮겨 가보자. 무대 위에서 배우가 열연하고 있다. 그러나 관객들이 무대에 열중하기보다는 옆사람과 귓속말을 계속 주고받거나, 하품을 거침없이 해 대거나 심지어 졸고 있기까지 한다면, 연극 제작자들〔배우와 스태프〕은 자신의 작업이 관객에게 전혀 감동을 주지 못하고 있다는 것을 재빨리 알아차릴 것이다. 이때 현명한 배우들 같으면 나름대로의 연기력을 동원하여 관객의 시선을 모으려 할 것이고, 스태프들은 당연히 다음 공연에서 그 결함을 보완하려 노력할 것이다. 물론 이때 공연을 잘못 선택한 관객의 수준이 문제가 될 수도 있다.

이와는 반대로 객석은 긴장으로 가득하고 어둠 속에서도 관객의 두 눈은 불을 켠 듯 빛나고 배우의 일거수일투족을 따라 관객의 시선이 집중되고 있다면, 무대와 관객은 완전히 일치된 감정이입의 감흥을 맛보게 될 것이다. 이럴 때면 공연히 배우들의 연기는 과잉되어 오버액션이 나오기 쉽고 감정도 쉽게 흥분되는 경향이 있어 오히려 연출가는 무대의 흐름을 진정시키려고 애쓸 것이다.

이렇듯 연극에서의 집단경험이란, 단순히 관객들 사이의 의사소통으로만 끝나는 것이 아니라, 그것이 곧바로 무대 위로 다시금 반영된다는 데에 그 독자적 특성이 존재한다. 즉, 연극의 관객은 일방적인 수동적 존재가 아니라 자신들이 무대로부터 받은 각종의 정보를 종합하여 그것을 다시금 무대 위에 되돌려 주는 능동적인 존재인 것이다. 이것을 조금 더 구체적으로 말한다면, 관객은 무대에서 제공되는 다양한 정보를 분류, 선택하여 관객들 상호간에 집단적인 무언의 의사소통을 교환하면서 무대로 재발신하며, 이 과정에서 얻어지는 모든 무대 기호들의 형상소를 총체적으로 재구성하는 것이다. 이러한 작업 속에서 관객은 무대와의 자기 동일화identification와 거리 두기distance를 반복하면서 연극을 최종적으로 완성시켜 가는 것이다. 이러한 점에서 연극이란 무대와 관객 간의 종합적인 의사소통이라고 할 수 있는 것이다.

무대와 관객 간의 상호적인 의사소통, 이것이야말로 연극만이 지니고 있는 살아 있는 예술로서의 특징인 바, 이러한 특성을 스타이언J. L. Styan은 다음과 같은 도식으로 설명하고 있다(*The Elements of Drama*, Cambridge University Press, 1982, p. 68).

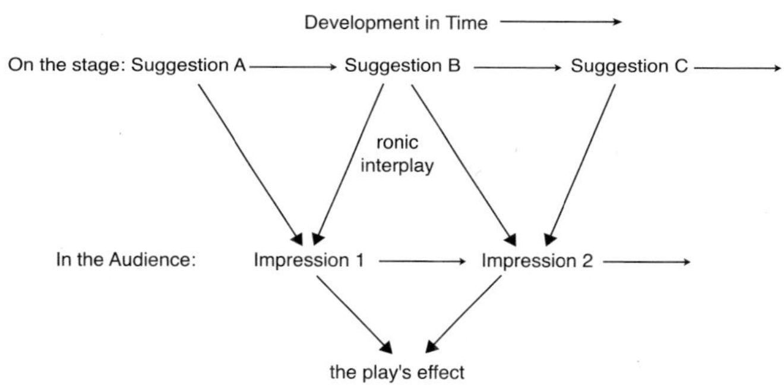

시간이 흐름에 따라 무대 위에서는 사건이 A 이하 계속하여 관객에게 제시suggestion된다. 그러면 관객은 그로부터 계속 어떤 인상impression을 받게 되고, 그 인상이 모여 극의 효과play's effect를 이루게 된다. 그런데 연극에서의 관객은 이때 무대로부터 받은 인상을 거꾸로 무대 위에 되돌려 주게 되는데, 이러한 관객의 역할을 영화의 경우와 비교하여 스타이언은 아이러니한 상호작용ironic interplay이라고 규정하고 있는 것이다. 이와 같이 연극에서의 관객은 단순한 경제적 원조자에 그치지 않고 연극을 최종적으로 완성시키는 필수적인 역할을 담당한다.

관객의 경험과 '극적'인 사건

우리는 일상생활에서 '극적'이라는 말을 아주 자연스럽게 사용하고 있다. "극적인 승부였어" "극적으로 다시 만났지 뭐니" "극적으로 구조됐어" 등. 심지어는 영화를 보고 나서도 "아주 극적인 영화였어" 하는 표현을 쓰기도 한다. 이렇게 무심히 사용하는 '극적'이란 단어 속에는 '예기하지 못한 일', '특별한 방법' 또는 '획기적인 사건' 등의 의미가 담겨 있는 것이 보통이다. 그런 중에서도 '극적'이란 말이 가장 잘 어울리는 경우는 아마도 운동 경기에서일 것이다. 그리고 운동 경기 중에서도 권투나 야구 경기에서 일반적으로 '극적'인 특성이 더 두드러지는 것은 우리가 이미 익숙하게 경험한 사실일 것이다.

이렇게 우리가 일상생활에서 흔히 경험하는 '극적'인 순간들은 어째서 그렇게 느껴지는 것일까. 홈팀이 4:1로 지고 있던 프로야구의 승부가 9회말 2사후 투 쓰리 풀 카운트에서 만루 홈런 한 방으로 순식간에 4:5의 역전승으로 끝났을 때, 왜 우리는 별다른 의심 없이 '극적'인 승부였다는 표현을 쓰는 것일까. 프리 녹다운 시스템의 프로권투 세계챔피언 타이틀전에서, 4번 다운된 후 겨우 일어나서는 단 한 차례의 다운으로 상대를 케이오시킴으로써 타이틀을 획득했을 때, 왜 우리는 거침없이 '극적'이라는 단어를 사용할 수 있는 것인가.

앞에서 우리는 연극이란 무대와 관객 간의 의사소통이며, 시간의 경과에 따라 무대에서 제시되는 사건에 대한 관객의 인상이 종합하여 극의 효과를 만들어 낸다는 도식을 살펴본 바 있었다. 이제 그 도식을 다시 상기하면서 '극적'인 것의 진정한 의미를 살펴보자.

무대 위에서 한 사건이 제시되었을 때, 관객은 그로부터 나름대로의 정보를 획득한다. 그러나 그 정보의 진위는 아직 확실하지 않다. 그런 상황이지만 무대 위에서는 끊임없이 사건이 연속되면서 계속하여 다양한 정보를 쏟아낸다. 이제 처음 얻은 정보는 뒤에 계속되는 정보에 의해서 확인되거나, 수정되거나, 아니면 폐기된다. 그렇게 하면서 관객의 머릿속에는 더욱 많고 다양한 정보가 축적되어 간다.

이렇게 정보를 축적하여 가는 동안 관객은 자연스럽게 다음과 같이 반응하게 된다. 처음에는 무슨 사건인지 모른다. 그러나 조금 후에야 바로 전의 사건의 의미를 깨닫게 된다. 그러면 관객은 "다음에는 무슨 일이 일어날까?"를 기대한다. 이때, 예민한 관객은 다음에 무슨 일이 일어날지를 거의 정확하게 예측할 수 있다. 그럴 경우 그 관객은 "나는 무슨 일이 일어날지 안다. 그런데 어떻게 일어날까?" 하고 진전된 기대감을 지니게 되는 것이다. 여기에까지 확신이 선 관객이라면 다음과 같은 정보를 기대하여도 좋을 것이다. "나는 무슨 일이 일어날지, 어떤 식으로 일어날지를 안다. 그럴 때 ○○는 어떻게 반응할까?" 하고.

이러한 반응과 함께 관객은 나름의 정보를 확인하여 가는데, 연극은 결국 이러한 확인의 연속이라고도 볼 수 있는 것이다. 그리고 관객은 이러한 확인 속에서 어긋남의 좌절과 적중의 만족을 적절하게 맛볼 것이다. 그런데 자신의 예측이 늘 빗나가거나, 아니면 거의 그대로 맞아떨어진다면 그 감동은 어떨까. "무슨 말인지 도무지 모르겠다"든가 아니면 "너무 시시하다"가 될 것이다. 그리고 이 양 극단의 경우에 관객은 '극적'인 감흥을 거의 느낄 수 없을 것이다.

전혀 모르거나 완전히 다 아는 경우에는 공통적으로 '긴장' suspense이 포함되어 있지 않다. 긴장이란 다음에 무슨 일이 일어날지

를 모르지만, 그러나 다음에 무슨 일이 일어날지를 알고 싶어 하는
강한 욕구에 의해 생겨난다. 그리고 이 욕구는 바로 먼저의 사건에
자극받아 발생하는 것이다. 다시 말하자면 긴장이란 주어진 정보에
의해 그 다음의 정보를 알고 싶어 하는 욕구에 의해 생겨나는 마음의
흥분 상태인 것이다. 그런데 대개의 경우 관객은 자신의 정보 분석이
적절히 어긋남을 즐기면서 극중 사건에 반응하게 되는데, 자신의 정
보가 맞아떨어지는 것에 대한 기쁨과 자신의 예측을 뛰어넘는 돌연
한 사건의 변화 양쪽을 모두 즐기고 있는 것이다. 이렇듯 '긴장'은
'극적'인 것의 필수 요건이라 할 수 있는 것이며, 따라서 이러한 긴장
이 포함되어 있지 않은 연극에서는 관객은 전혀 '극적'인 감흥을 느
낄 수 없는 것이다.

　　다시 위에서 예로 든 프로야구 경기를 상기해 보자. 9회말 2사
후 4:3 스코어의 만루 순간이다. 마지막 공격 기회를 맞아 그 유명한
4번 타자 추신주 선수가 타석에 들어섰다. 상대 투수는 무명의 고졸
신인. 첫 구는 볼. 둘째 구는 스트라이크. 셋째 구에서 타자는 방망이
를 휘둘렀다. 그냥 두었으면 볼인데 좋아하는 코스라서 마음먹고 휘
두른 것이다. 공은 날아가서 관중석 담장을 넘겼다. 그러나 아쉽게도
(또는 다행히도) 파울 볼이었다. 다시 넷째, 다섯째 구는 연속 볼이었
다. 드디어 투 쓰리 풀 카운트. 투수는 신인답지 않게 당황하지 않고
여섯째 구를 던졌다. 주특기인 몸쪽 슬라이더. 여기에서 타자는 자신
도 모르게 방망이를 휘둘렀다. 헛스윙. 결국 스트라이크 아웃으로 경
기는 끝났다. 그냥 두었으면 볼넷으로 밀어내기 동점이 가능한 상황
이었지만, 그렇게 지고 (또는 힘들게 이기고) 말았다. 이 경우는 앞에
서 예를 들어 보인 경우와는 판이하게 다른 상황이지만 분명히 '극

적'인 승부이다. 이렇듯 보는 입장에 따라 '극적'인 요소는 얼마든지 다양해질 수 있다.

그런데 우리는 흔히, 위에서 든 야구 경기의 승부에 따르자면 홈런 한 방으로 승부를 결정짓는, 무엇인가 획기적인 사건만을 특히 '극적'인 것으로 한정지으려는 경향을 지니고 있다. 그렇기 때문에 '극적'이라 하면 '무인도에 표류한 수녀와 병사'나 '탄광에 갇힌 광부들'과 같은 무엇인가 자극적인sensational 사건만을 연상하게 되는 것이다. 물론 이와 같은 사건이 극적인 것일 수도 있지만, 중요한 것은 그렇게 겉으로 드러난 충격적인 면에 '극적'인 것이 놓여 있는 것이 아니라, 사건 전개의 이면에 담겨 있는 내면적인 긴장의 요인이 더욱 중요한 극적 요건이라는 점이다.

물론 긴장을 느끼게 하는 것만으로 완전하게 '극적'인 것이 되지는 못한다. 당연히 그 긴장을 어떻게 해소시켜야 하는가 하는 점에 보다 중요한 '극적'인 특성이 있다. 그리고 이렇게 그 긴장을 해소시키는 방법에 따라 연극만의 '극적'인 성격이 결정되는 것이다. 아울러 일상생활에서 '극적'이라는 말을 쓰는 경우와 연극의 '극적인 성격'은 이 점에서 구분되는 것이기도 하다.

공연의 성취와 '만남'의 즐거움

공연의 준비는 희곡의 선택으로부터 시작한다. 이때 기존에 발표된 수많은 희곡 중에서 연출가가 한 편을 선택할 수도 있고, 특정한 극단의 공연을 위하여 의도적으로 희곡이 창작될 수도 있다. 이 중 공연의 성패에 더 큰 영향을 미치는 것은 어느 한 편의 희곡을 선택하는 경우이다. 특정한 공연을 위하여 희곡이 창작될 때는 그 극단의 사정과 연습의 경과에 따라서 얼마든지 희곡이 달라질 수 있다. 즉 이때는 희곡이 아닌 대본의 개념으로, 공연의 과정에서 대본이 만들어지고 있는 것이 된다.

그렇다면 어떠한 희곡을 선택해야 하는가. 당연히 그것은 좋은 희곡이어야 한다. 좋은 희곡은 플롯, 인물, 언어, 주제 면에서 우선 문학적 가치가 있는가의 기준이 고려되어야 한다. 그 다음에 공연할 만한가의 기준, 즉 관객이 몰입할 만한 볼거리, 음악의 조건, 스펙터클한 장면 등이 갖추어져 있는가의 요소들이 검토되어야 한다. 결국 좋은 희곡이란 당연히 문학성과 연극성을 동시에 갖추고 있는 작품이 된다.

다음으로 중요한 기준은 무대화에 적합한가의 여부이다. 우선 관객이나 제작 참여자에 공동으로 알맞은 작품이어야 한다. 이것은 극단의 기획의도에 맞는 작품이어야 함을 의미하는 것으로, 공연의 취지, 관객의 수준, 극단의 실정, 무대 장치의 가능성, 그리고 제작비 등이 중요한 판단의 근거가 된다. 다음으로는 공연의 가능성 여부이다. 희곡의 내용과 공연 환경 간에 문화적 여건의 차이는 없는가, 정치적·도덕적·윤리적·종교적 편견으로 공공성公共性을 저해하지는 않는가의 판단이 서야만 한다. 이러한 판단은 공연 이전에 극단 기획자들에 의해 자율적으로 시행되어야만 할 사항이다. 이와 함께 희곡의 저작권 문제도 반드시 해결해야만 한다.

이렇게 하여 희곡이 채택되고 나면 대본이 준비되어야 한다. 우선 원본대로 극작가의 의도에 충실할 것인가, 연출가의 재해석에 의지할 것인가의 기준을 세워야 한다. 이것은 특히 원본이 외국 작품이

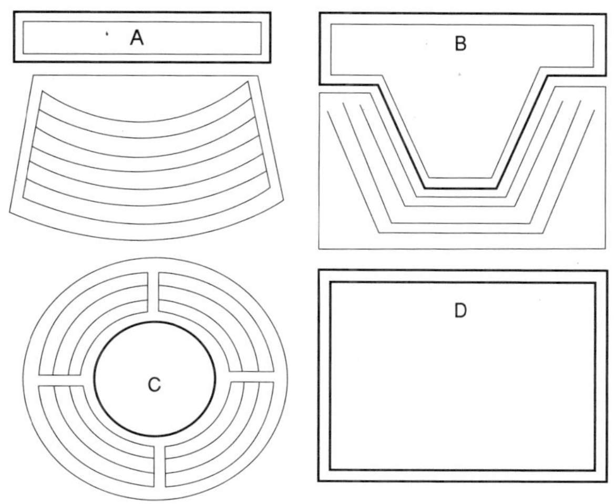

무대의 4가지 기본 형태(A: 프로시니엄 무대, B: 돌출무대, C: 원형무대, D: 다변형무대)

거나 고전일 때 더 심각한 문제가 된다. 이와 함께 무대 여건에 맞게 어떻게 변개할 것인가의 문제도 중요하다. 이것은 주로 극단과 극장의 현실에 따라 달라질 수 있는 것이다. 즉 극단의 배우의 실정과, 극단 자체의 소극장에서 공연할 것인지 아니면 대극장을 대관하여 공연할 것인지에 따라 그 변개의 정도가 달라질 수 있다.

이와 관련하여 공연 형식이 결정된다. 즉 사실주의 작품으로 유지할 것인지, 표현주의 또는 서사극적 요소를 가미할 것인지 등의 여부와 어떠한 무대를 선택할 것인가가 결정되어야 한다. 특히 무대의 형식은 극장의 조건과 배우들의 능력, 그리고 제작비 등 그 밖의 제작 여건을 고려하여, 소극장 무대에서 흔히 볼 수 있는 비교적 자유로운 형식의 원형 무대arena stage나 돌출 무대thrust stage로 할 것인지, 무대와 객석이 분리되어 있는 대극장의 프로시니엄 무대proscenium arch로 할 것인지, 아니면 그 어떤 특별한 형식의 무대로 할 것인지를 결정해야 한다.

이렇게 하여 희곡과 공연 형식이 결정되면 배우들은 연기 훈련에 돌입하고, 무대 감독은 연출가와 협의하여 그 밖의 공연 조건들을 점검하고 조직한다. 그것은 구체적으로 극장 선정, 조명 플랜 작성, 음향 효과 제작, 무대 디자인, 의상 준비에서부터 연습 일정표 마련, 포스터 제작과 광고·판촉까지의 일체의 활동을 말한다. 그렇게 하여 관객과 약속한 시간에 막幕이 올라가게 되는 것이다.

*   *   *

흔히 연극 무대는 인생의 축소판이며, 우리 삶은 한 편의 연극이라고 말한다. 이렇게 말하는 이유는 아마도 무대라는 '세상'에서 '살아 있는' 배우들이 보여 주는 삶이 관객 누구나 공감할 수 있는 그들의 삶을 닮아 있기 때문일 것이다. 다시 말하면 배우들이 보여 주는 삶과 관객이 실제 경험하는 삶이 무대에서 겹쳐지는 것이라고 할 수 있다. 결국 배우와 관객들의 만남이란 연극이라는 다른 사람들의 삶과 자신의 삶의 만남이라고 할 수 있다. 관객들은 자신이 이미 경험하였거나 경험할지도 모르는 사건들이 무대 위에서 재현representation되는, 배우와의 만남을 통하여 자신의 삶을 되돌아보고 예측해 보기도 하며, 인생의 참된 의미를 되새겨 보기도 하는 것이다. 연극을 보는 즐거움은 바로 이 '만남'의 즐거움인 것이다.

양승국, 『희곡의 이해』, 연극과 인간, 2002.

이 책은 저자가 10여 년간 대학 강단에서 희곡론을 가르쳐 온 경험을 살려 희곡과 연극을 쉽게 이해할 수 있도록 꾸민 개설서이다. 이 책은 대학의 학부 과정 학생뿐 아니라 수준 높은 대입 수험생, 그리고 일반 교양인도 희곡과 연극을 보다 쉽게 접하고 한국의 현대희곡사에 대해서도 친근하게 이해할 수 있게 해준다. 이를 위해 이 책에서는 되도록 쉬운 용어와 일상적인 실례를 들어 개념을 설명하고 있고 한국의 창작극을 통하여 이러한 원리를 이해할 수 있도록 하였다.

이 책에서는 먼저 함세덕의 희곡 「동승」을 첫머리에 실어 놓아서 예비적 고찰로서 한 편의 희곡을 감상할 수 있도록 배려하였다. 이와 함께 본문 중간중간에 읽을 만한 한국의 창작 희곡을 실어 놓아서 독자들은 이 책을 읽으면서 자연스럽게 희곡의 제반 특성을 더욱 자세히 이해할 수 있게 된다. 마지막 장에는 개화기부터 현재까지의 한국 현대희곡의 흐름을 간략히 정리하여 한국 현대희곡사에 대한 이해를 돕고 있다. 부록으로는 첫머리에서 읽은 희곡 「동승」에 대하여 분석해 볼 수 있도록 저자의 논문 한 편을 수록하였다. 이 논문을 통해서 독자들은 이 책에서 서술된 여러 개념을 현실적으로 적용해 볼 수 있는 기회를 갖게 된다.

일반적으로 사람들은 연극보다 영화, 영화보다는 텔레비전 드라마에 익숙하여 연극을 감상할 기회도 적고 연극의 가장 중요한 요소인 희곡을 읽는 경우는 거의 없다. 문학작품이면서 연극의 한 요소인 희곡을 읽는 것은 분명히 시나 소설 읽기보다 어렵고 재미없는 일이다. 그러나 독자에 따라서는 희곡 읽기가 훨씬 더 상상력을 자극하고 창의력을 북돋아 주는 흥미진진한 일임을 깨달을 수도 있다. 이 책은 이러한 진취적인 독자들을 위한 지침서가 되기에 충분하다.

밀리 S. 배린저, 『연극이해의 길』, 이재명 옮김, 평민사, 2010.

미국 노스캐롤라이나대학교 연극학과 교수인 배린저 교수의 저서 *Theatre: A Way of Seeing*을 명지대학교 국어국문학과의 이재명 교수가 번역한 책이다. 이 책은 저자가 대학교재로 사용하기 위해 출판한 것으로 고전적인 틀에 얽매이지 않고 공연예술로서의 연극적 특질과 문학으로서의 희곡을 읽는 방법 등을 알기 쉽게 설명하고 있다. 이 책은 자칫 어려울 수 있는 전문적인 내용을 자세하고 쉽게 풀이하고 있어 일반인도 읽기에 알맞다. 이 책은 연극 혹은 극장을 통해서 우리가 어떻게 인생을 이해하고 살아가는지를 제시하려는 의도에서 책 제목을 '보는 방법으로서의 연극'으로 붙였다고 할 수 있다. 이 책의 주제는 연극 이해에 이르는 방법이다. 이를 위하여 이 책에서는 누가 보고, 무엇을 보고, 언제 어떻게 보여지는지와 같은 연극적 경험의 본성에 대하여 논하고 있다. 구체적으로는 인물과 장소, 언어, 이야기, 동작, 디자인, 음향, 형식 등으로 나누어 인생의 경험으로서의 연극의 특성을 이해하도록 하고 있다. 이 책은 전체 11장으로 나뉘어져 있다. 이 중 8장의 분량은 연극의 공간과 연극 관련 예술가 그리고 연극의 형식을, 2장은 극문학의 독서법과 연극 언어를 다루며, 마지막 장은 연극 비평과 평론에 대하여 설명하고 있다. 이러한 내용을 보다 쉽게 전달하기 위하여 이 책은 많은 사진과 도표를 싣고 있으며, 연극에 생소한 사람들을 위하여 14편의 희곡 작품을 통해서 연극의 경향과 스타일을 설명하고 있다. 이를 통하여 이 책은 연극 제작이나 연극의 역사, 문학성에 대한 이해뿐 아니라 연극을 하나의 훌륭한 예술로서, 인간적인 행사로서 경험할 수 있도록 의도하고 있다.

밀리 S. 배린저, 『서양 연극사 이야기』, 우수진 옮김, 평민사, 2008.

이 책은 미국 노스캐롤라이나대학교 연극학과 교수인 배린저 교수의 저서 *Theatre Past and Present an Introduction*을 연세대학교에서 연극론과 희곡론을 강의하고 있는 우수진 교수가 번역한 책이다. 이 책은 제목처럼 그리스연극부터 현대연극까지 서양 연극사를 쉽게 풀어 설명하고 있다. 각 시대별로 공연의 조건과 극적 관습과 극작 양식 등의 역사적 발전을 연대기적으로 서술하고, 대표적인 작품을 사진과 함께 설명하고 있어 서양 연극사를 재미있게 이해할 수 있다. 구체적으로는 각 시대를 고대 그리스와 중세 유럽, 엘리자베스 시대의 영국, 르네상스 이탈리아, 신고전주의 프랑스, 왕정복고기의 18세기의 영국, 그리고 19~20세기의 유럽 등의 시대 순으로 서양 연극의 발전 경로를 따라서 연극사를 서술하고 있다.

이 책에서 강조하고 있는 것은 서양 연극의 발전 속에 내재해 있는 전통과 연속성, 그리고 변화의 모습이다. 이를 위해 특정한 연극 공간과 축제, 또는 극장 건물을 선별하여 각각의 시대가 거두었던 연극의 대표적인 성과를 보여 주고 있으며, 다양한 시대마다 독자적인 연극 활동을 가능하게 했던 여러 물리적 조건들과 공연의 요건들을 살피고 있다. 또한 이 책은 각 시대에서 활동했던 주요 극작가들의 작품에 대한 설명과 함께 주요 예술가들의 전기와 연극 용어에 대한 정의, 연극사의 주요 사건들과 인물에 대한 연대표와 지도 등을 통하여 연극사의 이해를 돕고 있다. 저자는 독자들이 이러한 이해를 통하여 연극이라는 공연예술을 인간이 보여 주는 상상력의 탁월한 행위로 파악하기를 기대하고 있다.

프랑스 고전극에서 보는 만남 혹은 거리두기

신은영

만남, 그 치명적 사랑의 시작

페드르 에게의 아들과 맺어지고 난 지 얼마 안 돼,

나의 평안과 행복이 굳건해진 것 같았건만,

아테네는 나에게 오만한 적을 보여 주더구나.

나는 그를 보았고, 그를 보자 얼굴이 붉어지고 창백해졌어.

넋이 나간 내 영혼 속에서 혼란이 일었다.

눈은 더 이상 볼 수 없었고, 더 이상 말도 할 수 없었어.

내 몸이 온통 타오르고 얼어붙는 게 느껴졌다.

(『페드르』[1], 1막 3장)

* 신은영 | 서울대학교 인문대학 불어불문학과 교수. 서울대학교 불어불문학과와 동 대학원을 졸업하고 프랑스 파리 4대학교에서 문학박사 학위를 받았다. 17세기 고전주의, 특히 프랑스연극을 주로 연구하고 있다. 저서로는 『프랑스, 하나 그리고 여럿』(공저), 『라신을 어떻게 읽을 것인가』(공저) 등이 있고, 논문으로는 「『프랑시옹』에 나타난 여성의 육체」, 「프랑스 17세기 문학 속에서의 예절에 관한 연구: 샤를르 소렐의 『프랑시옹의 희극적 이야기』」, 「사랑, 리베르티나주적 육체와 정신의 반항: 『소녀들의 학교』」, 「육체와 정신의 관계를 통해 본 몰리에르의 인간관에 대한 고찰」, 「사랑의 변모를 통해 본 이성과 비이성의 역동적 상호관계: 라신 비극 속에서」 등이 있다.

　　17세기 프랑스 고전주의 문학을 대표하는 작가 라신Jean-Baptiste Racine의 『페드르』에서 여주인공은 자신의 의붓아들 이폴리트와의 만남, 그 치명적 사랑의 시작을 이렇게 묘사하고 있다. 모든 것은 단 한 번의 시선으로 시작된다. 자신의 평안과 행복을 보장해 주리라 믿었던 영웅 테제와의 결혼, 그리고 그의 아들 이폴리트와의 첫 대면. 그런데 여기서 여주인공은 한눈에 이유를 알 수 없는 정념에 사로잡혀 버린다.

　　로마황제 네로와 그의 의붓형제 브리타니쿠스의 이야기를 다룬 라신의 또 다른 작품 『브리타니쿠스』[2]에서도 선황제의 적자였던 브리타니쿠스를 제어하려는 정치적 의도에서 그의 연인 쥐니를 납치한 네로는 한밤중 궁에 도착한 그녀를 보고 한눈에 사랑에 빠져 버린다.

네로　나르시스, 마침내 네로가 사랑에 빠졌네.

나르시스　폐하께서요?

네로　얼마 전부터, 그러나 영원히

쥐니를 사랑하네, 아니 숭배하네.

---

1) 그리스 비극작가 에우리피데스의 『히폴리토스』를 모델로 한 작품. 크레타의 왕녀로 미궁의 괴물을 퇴치한 아테네의 영웅 테제(테세우스)와 결혼한 페드르(파에드라)는 자신의 의붓아들 이폴리트(히폴리토스)에 대한 치명적인 사랑에 빠진다. 테제가 죽었다는 소식에 자신의 사랑을 고백했다가 거절 당한 페드르는 이 위기에서 벗어나기 위해 유모 외논의 입을 빌려 이폴리트가 자신에게 불륜의 사랑을 품었노라 거짓으로 고변(告變)하고 이에 격노한 테제는 포세이돈에게 기원하여 무고한 아들 이폴리트를 죽음으로 몰아간다. 이폴리트 사후에 페드르는 이 모든 진실을 테제 앞에서 털어놓은 다음 자결한다. (인명은 프랑스어의 표기를 따르고 그리스 원전상의 인명은 괄호 안에 병기하기로 한다.)

2) 로마 역사에서 소재를 취한 라신의 작품. 모후 아그리핀의 계략으로 선황제의 적자 브리타니쿠스를 제치고 왕위에 오른 네로는 섭정인 모후가 자신의 권력을 유지하기 위해 은밀히 브리타니쿠스를 지원하는 것을 알고는 그의 연인 쥐니를 납치했다가 한눈에 그녀에 대한 사랑에 빠져 버린다. 성군으로서의 길을 계속 걷기를 충고하는 뷔뤼스와 자신의 욕망대로 할 것을 종용하는 나르시스 사이에서 갈등하던 네로는 마침내 브리타니쿠스를 독살하고 폭군의 길로 들어서게 된다.

나르시스 사랑하시다니요?

네로 야릇한 욕망에 사로잡혀

지난밤 이곳에 도착한 그녀를 보았네.

슬픔으로 눈물 젖은 눈이 하늘을 향하며

횃불과 무기들 틈에서 빛나고 있었지. 〔……〕

어쨌든 그리도 아름다운 모습에 황홀하여

말을 걸고 싶었지만 목소리가 나오지 않았어.

오래도록 놀라움에 사로잡혀 꼼짝 못하고,

처소로 들어가도록 그냥 두었네.

(『브리타니쿠스』, 2막 2장)

사실 라신은 이성을 근간으로 하는 고전주의 미학을 가장 완벽히 실현한 작가로 간주되고 있다. 그러나 걷잡을 수 없는 사랑에 사로잡혀 파멸로 치달아 가는 라신 극의 주인공들은 전혀 '이성적'인 존재로 보이지 않는다. 그들의 사랑에는 이유가 없다. 사랑은 단 한 번의 시선으로 느닷없이 찾아와 즉각적으로 존재를 사로잡아 버리는 본능적이고 비이성적인 정념이다. 그것은 존재를 사랑에 굴종시킴으로써 자유를 앗아가 버리고 이성을 뒤흔들어 놓는 광기에 가까운 정념이다.

그러나 라신 주인공들에게 있어 이 사랑은 근본적으로 실현 불가능한 것이다. 무엇보다 자신을 사랑하지 않는, 아니 오히려 증오하는 자들에 대한 일방적인 사랑이기 때문이다. 또한 사회적 도덕, 윤리의 차원에서도 비록 피는 나누지 않았으되 혼인으로 모자 관계가 된 페드르와 이폴리트의 사랑이 어찌 이루어질 수 있겠는가. 사실 견잡을 수 없는 사랑의 정념에 빠지는 라신의 인물들 자신도 그것이 가당치 않은 것임을 누구보다 잘 알고 있다. 자신이 한눈에 사랑에 빠지는 순간을 묘사한 페드르의 위 대사에서 그녀가 갑자기 끓어오른 사랑의 정념에 얼굴이 붉어지고 온몸이 불타오르지만 동시에 얼굴이 창백해지고 온몸이 얼어붙어 버리는 것은 그것이 해서는 안 될 사랑임을 누구보다도 잘 알고 있기 때문이다.

여기서 라신의 주인공들은 자신들의 의지로써 이 사랑을 극복하기 위해 필사적인 노력을 기울인다. 페드르는 자신의 가문에 대한 비너스 여신의 복수를 떠올리며 이 여신에게 신전을 지어 바치고 밤낮없이 기도를 드린다. 그녀의 조상신 아폴로가 제우스신에게 자신의 사랑을 고해 바친 일로 노여움을 품은 이 여신이, 그녀의 어머니 파지파에를 황소와 사랑에 빠지게 했었기 때문이다. 또한 이폴리트를 자신의 눈앞에서 멀어지게 하기 위해 못된 계모의 역할을 자처하여 그를 트레젠으로 추방시켜 버린다.

> 페드르 열심히 기도를 바치면 이 고통에서 벗어날 수가 있다고 믿었다.
> 여신을 받드는 신전을 세우고 정성들여 그것을 치장했다. 〔……〕
> 치유할 길 없는 사랑에 무력한 치유책들이여!
> 제단 위에 내 손으로 향을 피웠으나 헛일이었다.
> 입으로는 여신의 이름을 부르면서도
> 내가 우러러 받드는 것은 이폴리트였다. 〔……〕
> 내가 우상처럼 사랑하고 있는 그 적수를 몰아내기 위해
> 나는 부당한 계모의 비애를 가장해 내보였다.

나는 그의 추방을 졸라댔고 끊임없는 외침으로
그를 부친의 품에서 떼어 놓았다. 〔……〕
바로 남편 손에 이끌려 트레젠에 와서
내가 멀리했던 상대를 다시 보았고
내 너무도 깊은 상처에서는 바로 피가 솟아올랐다.
(『페드르』, 1막 3장)

그러나 이 사랑은 인간의 의지로써 제어할 수 없는 것이다. 이폴리트를 추방시켜 '보지 않음'으로써 이 광기어린 사랑에서 벗어나고자 했던 페드르는 남편 테제의 손에 이끌려와 애써 멀리했던 상대를 '보자' 마자 다시 걷잡을 수 없는 정념에 사로잡힌다. 그것은 작품의 결말이 보여 주듯 오로지 죽음으로써만 벗어날 수 있는 것이다.

이러한 사랑의 모습은 한 세대 전의 작가 코르네유Pierre Corneille가 보여 주었던 사랑의 모습과는 상반되는 것이다. 코르네유 극 인물들의 사랑에는 합당한 이유들이 있다. 상대에게 이끌리는 본능적인 감정의 측면이 배제된 것은 아니지만, 동시에 그것은 상대방에 대한 존경과 경탄에 근거한 것이며, 표면적으로는 이 사랑의 희생 같아 보이는 것도 사실은 이 사랑에 합당한 자가 되기 위한 이성적 판단과 의지에 따른 것이다. 그의 대표작 『르 시드』[3]에서 주인공 로드리그는 자신의 연인 쉬멘의 아버지로부터 모욕을 당한 부친이 이에 대한 복수를 대신해 줄 것을 요구함으로써 가문의 명예와 자신의 사랑 사이에서 불가능해 보이는 선택을 해야 하는 처지에 놓이게 된다. 가문의 명예를 지키자니 사랑을 잃겠고, 사랑을 지키자니 명예를 잃을 수밖에 없는 이 상황에서 로드리그는 자신이 명예를 잃을 때 쉬멘의 사랑에 합당한 자가 되지 못하리라는 것, 그래서 복수를 하든 안 하든 사랑을 잃을 수밖에 없으니 비록 사랑하는 연인을 얻을 수 없을지언정 이 사랑에 합당한 자가 되기 위해서라도 명예를 지켜야 한다는 이성적 추론을 통해 마침내 가문의 복수를 행하기로 결심한다. 결투에서 쉬멘의 부친을 죽인 다음 그녀를 찾아가 나누는 두 연인의 대화는 서로에 대한 사랑의 감정을 변함없이 지니고 있으면서도 이 사랑에 반하는 행동을 할 수밖에 없음을 이해하고 자신들의 의지로 이를 실천하는 두 주인공의 모습을 뚜렷이 드러내 보여 준다.

로드리그 그대가 마음으로 나를 사랑하고 있다 해도
고결한 나를 사랑했던 그대가 불명예스런 나는 미워하리라는 것,
그대의 사랑에 귀를 기울이고 그 목소리에 따르는 것은
나를 그대 사랑에 합당치 못하게 하고 그대의 선택을 더럽히는 것
임을 말이오.
쉬멘 나는 잘 알고 있습니다. 그런 모욕을 당한 후에
고결한 용기를 지닌 자의 열의에 명예가 무엇을 요구하는지를.
그대는 선한 자의 의무를 다했을 뿐이며
그럼으로써 나의 의무가 무엇인지를 알려 주었습니다. 〔……〕

3) 1637년에 발표되어 대단한 성공을 거둔 코르네유의 대표작. 로드리그와 쉬멘은 서로 사랑하는 연인들이다. 그런데 왕자의 사부 자리를 두고 쉬멘의 부친으로부터 모욕을 당한 로드리그의 부친이 로드리그에게 자신을 대신해 복수를 해줄 것을 요구한다. 로드리그는 고민 끝에 그 사랑에 합당한 자가 되기 위해서라도 복수를 해야 한다는 결론에 이르고 이를 실행한다. 쉬멘 역시 집안의 명예를 지키기 위해 왕에게 부친 살해에 대한 처벌을 요구한다. 그 사이 로드리그는 무어인의 침입을 물리쳐 큰 공을 세우고 쉬멘을 대신해 자신과 결투하러 온 동 상쉬도 제압한다. 서로의 집안이 원수가 된 상황에서도 서로에 대한 사랑이 변함없음을 확인한 왕은 나라를 지킨 로드리그의 공을 인정하여 그의 죄를 용서하고 1년 후 결혼할 것을 명한다.

그대는 내게 상처를 줌으로써 내게 합당한 분임을 보여 주었으니
나는 그대의 죽음으로써 내가 당신에게 합당함을 보여 주어야 합
니다.

(『르 시드』, 3막 4장)

사실 최초에 이 연인들이 갈등을 느낀 것은 자신들의 사랑과 의
무, 즉 사회적 요구 사이의 불일치 때문이었다. 그러나 이들은 이성
에 의한 판단, 그리고 실천적 이성으로서의 의지의 작용에 의해 본질
적으로 대립될 수밖에 없는 사회적 가치와 개인적 정념 사이의 기적
과 같은 조화를 이뤄내고 있는 것이다. 이로써 사랑은 일견 억압되고
희생되는 것 같지만 실상 이는 그 사랑에 값할 만한 존재가 됨으로써
그 사랑을 더욱 고양시키기 위한 것이다. 따라서 이들이 명예를 지키
기 위해 서로의 원수가 되었다 해도 이들의 사랑을 감출 필요는 없
다. 그것은 오히려 서로를 사랑하면서도 스스로 의무를 다한 주인공
들의 명예를 드높이는 요소가 된다. 자신들의 선택을 확신하는 주인
공들의 내면에는 더 이상 두 개의 가치 사이에서 방황하는 분열된 자
아가 없다.

분열된 자아, 혹은 두 자아의 만남

이 같은 코르네유의 인물들과는 달리 광기에 가까운 정념, 규범에 어
긋나는 비이성적인 사랑에 사로잡혀 걷잡을 수 없는 파국으로 치달
아 가는 라신의 인물들은 분명 실천적 능력으로서의 이성을 상실한
인물들이다. 그러나 스스로 동의한 바 없는 정념에 사로잡혀 육체

적·정신적 혼란을 겪는 이 순간, 그 혼란을 바라보는 이성적 자아가, 이 사랑이 불가능하며 죄가 되는 것임을 인식하는 명철한 의식이 존재한다. 결국 그들에게 실천적 이성이 결여되어 있긴 하나, 더 이상 자신이 스스로의 주인일 수 없는, 인간의 비참을 인식하는 능력으로서의 이성은 여전히 존재하고 있는 것이다. 이폴리트에게 자신의 사랑을 고백하는 장면에서 페드르의 다음 대사는 스스로 제어할 수 없는 사랑의 정념에 사로잡혀 주체성을 상실한 자아가 존재하는 동시에, 자신 안에 도사린 '괴물'을 바라보고 증오하는 또 다른 자아, 이성적 의식이 존재하고 있음을 잘 드러내 보여 준다.

> 페드르 나는 사랑한다. 내가 너를 사랑하면서
> 내가 보기엔 죄가 없다고 자화자찬한다 생각지는 말아라.
> 내 이성을 어지럽히는 이 미친 사랑의 독을
> 내 비열하게도 만족해하며 키우고 있다고도 생각하지 말거라.
> 네가 나를 미워하는 것보다 훨씬 더 나는 내 자신을 증오한다.
> (『페드르』, 2막 5장)

그런데 이처럼 분열된 자아의 모습 속에서, 아니 그보다는 스스로 제어할 수 없는 정념에 사로잡힌 비참한 자아, 그리고 그 비참함, 정념의 죄성을 스스로 인식하며 거리를 두고 바라보는 자아가 공존하는 이 주인공의 모습 속에서 우리는 17세기의 위대한 사상가 파스칼의 인간학과 만나게 된다. 기독교의 진리를 이성적으로 논증하고 설득하고자 하는 의도에서 쓰여진 그의 미완의 호교론護敎論『팡세』에서, 파스칼은 우선 원죄에 의한 타락 이후 인간이 처해 있는 비참

의 상태를 이야기한다. 그가 '신 없는 인간의 비참'이라 제목을 붙인
1부에서 이야기하는 것은 어떤 초월적 존재와 무관하게 단지 주어진
자연적 조건 속에서 인간적으로 살아가는 사람들의 모습이다. 여기
서 인간 비참의 암울하고도 희극적인 모습들을 그려 나가던 파스칼
은 그러나 인간은 사유로써 스스로의 비참을 인식하기에 위대한 존
재가 된다고 결론짓는다.

인간은 자기가 비참하다는 것을 아는 점에서 위대하다.

그러므로 그는 비참하다, 사실 비참하기 때문에, 그러나 인간은 진
정 위대하다, 자기가 비참하다는 것을 알기 때문에.
(파스칼,『팡세』단장 218, 237)

결국 비참과 위대가 공존하는 인간의 불가사의한 양면, 이중성
이 바로 우리가 페드르를 비롯한 라신 인물들에게서 찾아볼 수 있는
분열된 자아의 모습, 혹은 비참하고 위대한 두 자아가 만나고 부딪치
며 공존하는 모습인 것이다.
그런데 이 두 자아의 만남과 관련하여 라신 작품에서 흥미로운
것은 앞서 지적했듯이 단 한번의 시선을 통해 사랑에 빠진 인물들이
이 사랑으로 인해 '눈이 멀어 버린다'는 표현이다. 이 표현은 '보다'
라는 동사가 지닌 의미의 두 차원, 즉 감각 차원과 인식 차원의 통합
에 의해 사랑을 통한 육체, 감정, 정신, 이성 간의 역동적 상호관계를
함축성 있게 나타내 준다. 감각적 차원에서 '보다'라는 동사는 시각
을 통해 야기된 제어할 수 없는 감정적 충동을 의미한다. 그것은 정

신의 분별력을 잃게 만들지만 동시에 그것을 지켜보는 내부와 외부의 시선에서 결코 벗어나지 못한다. 외부의 시선은 이 개인을 단죄하는 사회의 도덕과 윤리로서의 이성이며, 내부의 시선은 사랑의 정념에 의해 육체적 정신적 혼란에 빠진 자아를 인식하는 능력으로서의 이성이다. 페드르의 첫 고백에서 알 수 있는 바와 같이 그를 '봄'으로써 '넋이 나간 내 영혼'은 '더 이상 볼 수가 없'게 되지만, 이폴리트에게 고백하고 있듯 자신의 사랑이 '무고하지 않음'을 '볼' 수도 있는 것이다.

콩피당 : 두 자아의 대리자

그런데 라신의 작품을 비롯한 프랑스 고전극 안에는 이러한 두 자아의 분신, 혹은 대리자라 할 수 있을 인물들이 등장한다. 그것은 이른바 '콩피당' confident, 즉 '주인공의 속내 이야기를 들어주는 역'이라 지칭되는 일군의 인물들이다.

화자, 즉 내레이터의 서술에 의해 구성되는 소설 장르와는 달리 연극은 오로지 등장인물들의 대화에 의해 구성되며, 고전극의 경우는 삼단일이라는 극작법의 원칙상 장소의 변화 없이 최대 24시간 안에 일어난 사건들로만 구성되어야 한다. 이러한 고전극의 특성을 고려하건대 우리는 무대 밖에서 일어나거나 극 시작 전에 일어난 사건들, 그리고 주인공의 심리 변화, 감춰 왔던 사랑 등을 자연스런 대화의 형태로 관객, 혹은 독자들에게 전달하기 위한 기능적 이유에 의해, 주인공이 속내를 털어놓을 수 있을 만큼 가까운 관계에 있는 이 부차적 인물들의 필요성을 이해할 수 있을 것이다. 앞서 페드르가 오랫동안 홀로 마음속에 품고 있었던 의붓아들 이폴리트에 대한 사랑을 관객 혹은 독자가 알게 되는 것도 그녀가 자신의 유모이자 콩피당인 외논에게 털어놓는 사랑의 고백을 통해서인 것이다.

이들은 또한 갈등의 당사자가 아니기에 주인공이 처해 있는 위기의 상황에 대해 거리를 두고 좀더 '이성적으로' 생각하고 충고할 수 있는 여지가 있으며, 세상 사람들의 견해, 즉 외부적 시선이 바라보고 생각하는 바를 대변하는 역할을 하기도 한다. 앞서 언급한 라신의 『브리타니쿠스』에서 네로의 콩피당인 사부 뷔뤼스는 쥐니에 대한 사랑에 사로잡힌 황제에게 며칠만 쥐니를 보지 않으면 그 사랑에서 벗어날 수 있으며 사랑하기를 원하지 않으면 사랑하지 않게 되는 것이라고 충고한다. 또한 이제껏 네로가 베푼 선정과 백성들의 칭송을 환기시키며 사랑을 위해 형제 살인을 저지르는 대신 브리타니쿠스와 화해하고 덕망 있는 군주, 국민들의 바람에 부합하는 성군이 될 것을 충언한다.

이러한 관점에서 볼 때 이들 콩피당은 서양 연극의 기원이라 할 그리스극에서 '코러스'가 담당했던 역할을 일부 계승하고 있다고 말할 수 있을 것이다. 주인공이 되는 인물들과 코러스로 이루어지는 그리스비극에서 코러스는 대개 극이 전개되는 도시국가의 원로나 여인, 노인들 등으로 구성된다. 이들은 객석과 무대에 걸쳐 존재하는 인물들로서, 때로는 객석의 관객들에게 무대에서 벌어지는 상황을 알려 주는 역할을 하기도 하고, 때로는 무대의 등장인물들에게 도시국가의 사람들이 생각하는 바를 전해 주기도 한다. 또한 주인공들과 마찬가지로 무대에 속한 등장인물이 되어 그들의 말상대가 되거나, 그들이 처한 갈등에 대해 거리를 두고 의견이나 충고를 말해 주는 역할을 수행하기도 한다.

오이디푸스 자, 보아라. 그대들의 선의가 결국 어찌 되었나를. 이것
은 그대들이 내 노여움의 칼날을 옆으로 돌리고 무디게 한 결과다.
코러스 왕이시여, 전에도 여러 번 말씀드렸지만 한번 더 저희 말을
들어봐 주십시오. 저희가 만약 당신을 저버린다면 저희는 정녕 미
치광이요, 바보요, 아무 쓸모없는 자가 될 것입니다. 당신께서는 테
바이가 고난의 바다에서 허덕이고 있을 때 바르게 이끄셨고 제 길
로 올려 놓으셨습니다. 저희가 바라는 것은 오직 하나, 이제 또 한
번 전에 그러셨던 것처럼 저희를 인도해 주시는 것입니다.

코러스 테바이의 시민 여러분. 여기 이 오이디푸스를 보십시오. 그
는 그 유명한 수수께끼를 풀었고 이 나라의 권력자가 되었으며 모
든 시민들은 그의 행운을 부러움의 눈으로 바라보았습니다. 그러
나 이제 이분은 얼마나 무서운 고난의 바다에 빠지고 말았습니까!
그러니 여러분이여, 우리는 아무도 살아 있는 동안은 행복하다 불
러서는 안 됩니다. 그가 파멸의 고통을 맛보지 않고 삶과 죽음의 갈
림길을 넘어설 때까지는.
(소포클레스, 『오이디푸스 왕』)

그러나 도시국가의 공동체적·종교적 축제로부터 유래된 그리스
극이 근본적으로 무대와 객석의 '소통'을 전제로 하는 '열린 무대'인
데 반해, 프랑스 고전극은 근대 이후 공동체로부터 개인이 분리되고
공적 공간과 사적 공간이 분리되어 가는 움직임에 부합하듯 무대와

객석이 철저히 분리되는 '닫힌 무대'의 형태를 취한다. 따라서 공동체의 구성원이며 무대 밖 세계에 속한 집단인 코러스가 개인적 공간인 무대에 개입할 수는 없다. 여기서 사적인 형태로 코러스의 기능적 역할을 대신하게 되는 것이 '콩피당'이라 일컬어지는 일군의 인물들인 것이다.

그런데 라신의 비극에서 흥미로운 점은 이 콩피당들이 관객들에 대한 정보 전달이라는 연극의 기능적 측면, 그리고 주인공들의 갈등으로부터 거리를 둔 객관적 관찰자로서 '이성적' 충고를 하는 역할과 더불어, '비이성적' 정념에 사로잡힌 주인공의 '분신' 역할을 수행하기도 한다는 점이다. 결국 자신의 의지로는 어찌할 수 없는 정념에 사로잡힌 자아, 그리고 그것이 죄가 되는 것임을 인식하고 제어하려 애쓰는 자아, 이 분열된 자아가 콩피당이란 인물 속에 구현되고 있는 것이다.

『브리타니쿠스』의 경우 그것은 황제의 정념을 부추기고 그것의 실현을 재촉하는 나르시스, 그리고 그 정념을 제어하고 이성의 길로 인도하려는 뷔뤼스라는 두 콩피당의 형태로 나타나기도 한다. 정적이기도 한 이복형제 브리타니쿠스를 독살하고 그의 연인 쥐니를 차지하려는 네로의 계획을 뷔뤼스는 단념하게 만들지만 곧이어 등장한 나르시스는 그의 욕망을 부추기어 정념을 따르게 함으로써 결국 비극적인 파국으로 이끌어 간다.

네로 뭐라고? 언제나 과거의 영광에 얽매여
우연히 왔다가 하루 만에 사라져 갈
불확실한 사랑을 바라만 볼 것인가?

모든 이의 바람에 따르고, 나 자신의 욕망을 거스르며
나는 그저 그들을 기쁘게 하기 위한 황제일 뿐인가?
뷔뤼스　백성들의 행복이 폐하의 은덕 중 하나인데
그것만으로는 폐하가 바라시는 바에 충분치 않으십니까?
선택은 폐하께 달려 있습니다. 폐하께선 여전히 군주이시니까요.
지금껏 덕성스러우셨고 계속 그러실 수 있습니다.
(『브리타니쿠스』 4막 3장)

네로　하지만 나르시스, 대체 어찌해야 좋은가?
모후의 무엄함을 벌하고 싶은 마음 간절하네.
마음 내키는 대로 한다면 떠들썩한 승리 후
이내 영원히 후회하게 될 거야.
하지만 온 세상이 뭐라고 할까? 〔……〕
나르시스　폐하, 그러면 그들의 변덕을 따르시렵니까?
그들이 영원히 침묵하리라 기대하십니까?
폐하께서 그들 말에 귀 기울여야만 할까요?
폐하 자신의 욕망은 잊으셨습니까?
(『브리타니쿠스』 4막 4장)

페드르의 유모인 외논도 때로는 뷔뤼스처럼 합당치 않은 사랑을
억누르고 왕비의 고귀한 의무에 따를 것을 권하기도 한다.

외논　이렇게 불행 가운데 틀어박혀 한탄만 하면서
꺼버려야 마땅할 불을 오히려 키우시면 어쩝니까.

미노스의 혈통답게, 보다 고귀한 일에 마음을 기울여

그 속에서 평정을 구하시는 편이 낫지 않겠습니까,

도망치는 것을 능사로 아는 그 배은망덕한 자에 맞서

통치하는 것, 국가를 이끌어가는 것 말이에요.

(『페드르』3막 1장)

테제가 죽었다는 소식을 듣고 이제 왕비와 이폴리트를 모자관계로 이어주던 인연이 끊어졌으니 그를 사랑해도 죄가 될 것이 없다며 페드르를 사랑의 길로 이끌었던 외논은, 왕비의 고백이 이폴리트에게 처참히 거절당하고 난 후 '꺼버려야 마땅할 불', 즉 이폴리트에 대한 사랑을 잠재우고 왕비의 지위에 합당한 의무를 따르라 충고한다. 그러나 외논의 충고는 '내 이성'이 아니라 '내 광기'를 도우라는 페드르의 명으로 거절당한다.

파국에 이르러서 "사랑은 연약한 인간에게 당연한 숙명이니 자책하지 말라"는 외논에게 페드르는 "너로 인해 내 의무를 잊게 되었다"며 "의로운 하늘이 끔찍한 괴물인 네 죄를 합당하게 갚아 주시기를" 바란다는 저주로 자신에게 충성했던 유모를 무대 밖으로, 저 세상으로 밀어낸다. 그러나 때로는 이성의 목소리로, 때로는 정념의 목소리로 충고했던 유모 외논은 실상 페드르 자신 속에서 이성과 정념 사이에 분열된 자아를 대신하는 분신과 같은 존재이며, 정념의 충고를 따른 것은 그 정념을 끝까지 추구하고자 하는 페드르의 자아였던 것이다.

무엇보다 주인공들의 내면에서 들끓고 있는 정념을 밖으로 이끌어내는 '산파'의 역할을 하면서, 그것의 실현을 위해 암살이나 거짓

고변 같은 일을 서슴지 않는 나르시스나 외논 같은 인물들이 필요했던 것은, 프랑스 고전극의 '적합성' 혹은 '예절'이라는 규칙 때문이다. 라신 작품의 원전이라 할 수 있을 에우리피데스의 『히폴리토스』에서는 자신의 사랑을 거절당한 파에드라 자신이 의붓아들 히폴리토스를 무고하는 편지를 남기고 자결하는 것으로 되어 있다. 그러나 라신의 시대에 글쓰기의 규칙은 당대 관객들이 '그럴 법하다고' 여기는 것의 테두리 안에 머무르기 위해 왕족, 귀족과 같이 고결한 신분의 인물들이 그 신분에 어울리지 않는 부적절한 행동을 하는 것을 금했고, 결국 이 규칙을 준수하면서 비극적 파국의 결정적 계기가 되는 사건을 극중에 도입시키기 위해서도 콩피당의 존재가 필수적이었던 것이다.

그러나 이러한 고전극의 규범으로부터 벗어나고 관객들의 감수성이 변화되면서 낭만극 이후로 콩피당들은 사라지고 주인공들의 분열된 자아는 이제 그들의 내면으로 스며들게 될 것이다.

희극의 하인, 하녀들

그렇다면 동시대에 쓰여진 희극 작품들의 경우는 어떠한가? 당대의 대표적 희극 작가 몰리에르Jean Baptiste Molière의 작품들 속에는 주인공을 수행하는 부차적 인물이라는 점에서 비극의 콩피당에 비견될 만한 인물들, 즉 하인·하녀들이 등장한다. 그런데 철저히 주인공을 수행하는 인물로서 작품상의 거의 모든 대화가 자신이 모시는 주인공과의 대화로 한정되어 있는 비극의 콩피당들과는 달리 몰리에르 극에 등장하는 하인·하녀들은 다른 인물들과도 보다 자유롭게 대화를 나누며, 이들에 대한 비판의 말도 서슴지 않는다. 몰리에르의 대표작 『타르튀프』[4]에서 하녀 도린느는, 첫 장면에서 위선자 타르튀프에게 완전히 현혹된 집안의 주인 오르공의 어머니 페르넬 부인이 지적하듯 "하녀 주제에 너무 말이 많고 버릇이 없어서 온갖 일에 참견하려" 드는 인물이다. 그러나 그녀가 1막 2장에서 하는 다음 대사는 이 극에서 문제가 되는 상황을 적절하게 드러내 주고 있다.

> 도린느 〔……〕 하여간 주인님은 그자에게 미쳤어요. 그자는 주인어른의 모든 것이요, 영웅이에요. 하는 것마다 칭찬이고, 말끝마다 그자 말뿐이며, 그자가 하는 일이라면 하찮은 것도 기적처럼 보이시나 봐요. 그자가 하는 말 한마디 한마디가 신의 계시처럼 들리고요. 그자는 주인님이 잘 속는다는 걸 알고서, 그걸 이용하려고 오만 가지 속임수로 주인어른의 눈을 멀게 하려는 거예요. 끊임없이 속임수를 써서 돈을 뜯어내고, 우리 모두를 헐뜯지요.
> (『타르튀프』1막 2장)

물론 여기서 도린느는 비극의 콩피당들과 마찬가지로 극의 시작 부분에서 관객들에게 이후 극의 전개에 필요한 정보를 알려 주는 역할을 하고 있다. 그러나 화자의 주관이 전혀 개입되어 있지 않은 콩

---

4) 17세기 프랑스 희극을 대표하는 몰리에르의 작품. 부르주아 집안의 가장인 오르공은 신심이 깊은 체 행동하는 위선자 타르튀프에게 현혹되어 집안 모든 사람들의 의견을 무시하고 그를 자신의 사위로 삼고 모든 재산을 물려주려 한다. 그의 아내 엘미르는 타르튀프의 위선을 폭로하기 위해 남편을 몰래 숨겨둔 채 이미 그녀를 유혹한 바 있는 이 위선자 앞에서 유혹의 장면을 연출한다. 모든 진실을 알게 된 오르공이 타르튀프를 쫓아내려 하나 그는 오히려 자신이 모든 권리를 갖고 있다며 오르공 일가를 위협한다. 모든 것이 이 사기꾼에게 넘어가려는 순간 진실을 꿰뚫어본 왕의 명으로 타르튀프는 체포되고 오르공 일가는 평온을 되찾는다.

피당들의 대사와는 달리 도린느의 위 대사에는 상황에 대해 '거리를 두고' 바라본 자의 '이성적·주체적 판단'이 녹아들어 있다. 실상 몰리에르의 희극 속에는 사회적 정상성, 이른바 '양식'을 대변하는 일군의 인물들이 등장한다. 이른바 '추론가'라 일컬어지는 이 인물들은 끊임없이 '이성'을 외치고 교훈적인 담론을 늘어놓는다. 그러나 그것은 일반적 상식, 사회적 관례에 따르는 순응주의에 지나지 않으며 무엇보다 극중 갈등상황에서 그 누구에게도 영향력을 행사하지 못한다. 이 갈등상황을 제대로 판단하고 이에 적절한 해결책을 제시하는 것은 하인·하녀의 몫이다. 몰리에르의 다른 작품 『서민 귀족』[5]에서 딸이 사랑하는 약혼자 클레앙트를 제쳐두고 오로지 귀족과 결혼시키겠다는 주르댕의 고집을 에둘러 만족시키며 사랑하는 두 젊은이의 결혼을 성사시키는 것도 클레앙트의 하인 코비엘인 것이다.

결국 희극의 경우 하인과 하녀들은 자신들이 수행하는 주인공들의 분신이 아니라 그들에게 거리를 두고 바라보며 이성적으로 판단하여 실제적 해결책을 제시하는 주체적인 인물로 등장하고 있다. 분열된 자아의 분신 역할을 하던 비극의 콩피당들이 주인공들의 내면으로 스며들면서 사라지는 것과는 달리 희극의 하인, 하녀들은 점차 독립성을 획득하면서 다음 세기에 이르면 극의 주인공으로 우뚝 서게 될 것이다.

18세기 전반기 프랑스 희극을 대표하는 작가인 마리보Pierre de

---

5) 몰리에르가 말년에 쓴 발레-희극. 부유한 상인 주르댕은 귀족이 되고 싶은 열망에 귀족이 한다는 것이면 무엇이든 따라 한다. 딸에게는 건실한 부르주아 청년인 약혼자 클레앙트가 있지만 그가 귀족이 아니라는 이유로 이 결혼에 반대한다. 이에 클레앙트의 하인인 코비엘은 자기 주인을 터키의 황태자로 위장시켜 이 결혼을 성사시킨다.

Marivaux의 『사랑과 우연의 장난』[6]에서 주인공 실비아와 도랑트의 하녀, 하인인 리제트와 아를르켕은 서로의 정혼자를 보다 잘 관찰해 보려는 주인들의 뜻으로 이 주인들의 역할을 대신하게 된다. 물론 이들은 여전히 몰리에르 극에서처럼, '우연'히도 자신들의 하인·하녀로 분장해 장래 배우자감을 관찰해 보겠다는 생각을 동시에 갖게 된 주인공 귀족 남녀가 '사랑'을 이룰 수 있도록 하는 보조자 역할을 하고 있다. 이들은 그 과정에서 동시에 자신들 사이에 싹튼 사랑의 결실 역시 이뤄 내는 사랑의 주체로서 등장하고 있다. 대혁명 시기에 임박한 18세기 후반에 활동한 보마르셰Pierre de Beaumarchais의 경우 그의 대표작인 알마비바 3부작의 제1편 『세비야의 이발사』에서 알마비바 백작의 사랑을 이루어 주는 보조자로 활약했던 피가로는 그 제2편인 『피가로의 결혼』에서 당당히 주인공으로 서게 될 것이다.

*　　*　　*

프랑스 고전주의 비극과 희극에 등장하는 부차적인 인물들의 양상과 그 발전과정이 이렇게 상반된 방향을 취하게 되는 것은 실상 비극과 희극의 근본적 차이에서 비롯된 것이라고도 볼 수 있을 것이다. 연극은 관객과 무대가 만나는 장이다. 이 관객과 무대의 관계라는 관점에

---

6) 1730년에 발표된 마리보의 대표작. 귀족 집안의 자제들인 실비아와 도랑트는 부모가 정해 준 미래의 배우자들을 각자의 하인, 하녀로 가장하여 살펴보려는 생각을 우연히도 동시에 갖게 된다. 서로의 신분을 모른 채 만난 귀족과 하인 남녀 두 쌍은 서로에게 애정을 느끼게 된다. 자신들의 애정을 숨김없이 드러내는 하인 남녀와는 달리 애정을 느끼면서도 신분 차이 때문에 고민하던 두 귀족 남녀 중 도랑트가 먼저 자신의 신분을 밝히게 된다. 이에 기뻐하면서도 자신의 신분을 숨기고 연극을 계속한 실비아는 결국 신분과 상관없이 결혼하겠노라는 도랑트의 고백을 받아내고는 마침내 모든 진실을 털어놓고 행복한 결말을 맞게 된다.

서 비극과 희극을 나누어 본다면 '비극의 주인공은 나이고 희극의 주인공은 타인'이라 할 수 있을 것이다. 관객은 비극적 상황에 처한 주인공을 자신과 동일시함으로써 연민을 느끼게 되는 반면, 희극의 관객은 주인공들을 타자화시켜 거리를 두고 바라봄으로써 마음껏 웃을 수 있게 된다는 것이다. 이 부차적 인물들은 결국 주인공들에 대한 관객의 입장을 무대 위에서 구현하고 있는 것이다.

그러나 비극의 주인공이 꼭 나이고 희극의 주인공이 꼭 남이기만 할 것일까? 자신의 편견과 고집에 사로잡혀 위선자 타르튀프에게 농락당하는 오르공, 그리고 오로지 귀족이 되려는 열망으로 우스꽝스러운 행태를 일삼는 주르댕, 우리가 거리를 두고 바라보며 실컷 조소하고 비웃는 그들의 열망은 사실 우리가 세상과 타협하여 마음 깊은 곳에 숨겨 놓은 욕망이기도 하지 않은가? 그리하여 독자, 혹은 관객들로 하여금 주인공에게 동화되거나 거리를 두게 하는 움직임을 반복시키는 몰리에르의 극은 '보는 자에게는 희극이요 생각하는 자에게는 비극'이 되어 버린다. 이로써 비극과 희극은 그 장르의 구분을 뛰어넘어 다시 만나게 된다. 인간의 삶을 총체적으로 바라보고 성찰하며 그것을 독자와의 만남 속에서 공감하고 나누고자 하는 문학의 관점에서 이것은 당연한 귀결이 아닐까…….

| 추천도서 |

송기형·심민화·정영란, 『프랑스 연극과 영화』, 한국방송통신대 출판부, 2002.
프랑스 연극과 영화를 통시적으로 개괄한 교재이다. 이 글의 주제와 관련된 것은 이 책의 제1부 '프랑스연극 부분'이다. 연극의 본질 및 그 특성에 관한

고찰로 시작된 이 책은 프랑스 중세에서부터 현대에 이르기까지, 각 시대 별로 그 시기의 정치·사회·문화적 배경을 고찰하고 난 다음, 각 시기에 특유한 연극 장르가 확립되고 변화되어 가는 과정을 살펴보고, 그 중 대표적인 작품들을 소개·분석하는 방식으로 구성되어 있다. 프랑스연극 전체를 개괄하는 입문서로서 추천할 만한 저서이다.

이환, 『프랑스 고전주의 문학—위마니슴에서 고전주의 문학까지』, 민음사, 1993.
부제에서 명시되고 있듯 서구 근대의 시작이라 할 수 있을 위마니슴(인문주의)으로부터 근대 프랑스문학, 나아가 프랑스적인 것의 기본틀이 짜여졌다고 할 수 있을 프랑스 고전주의에 이르기까지의 문학을 개괄적이면서 심도 있게 고찰한 저서이다. 프랑스 고전주의라는 위대한 문학이 탄생하기까지의 과정을 전반적인 역사적·문화적 흐름 속에서 파악하고 있는 이 책은 16, 17세기의 프랑스 문학을, 서구의 역사 속에서 근대적 의식혁명이 감행되던 이 시기에 근대적 자아로서의 정체성 추구를 위한 프랑스인들의 치열한 탐색의 과정과 결부시켜 설명하고 있다. 이러한 맥락 속에서 고전주의가 출현하기까지의 다양한 문예사조들, 그리고 고전주의 문학의 미학적 원리와 그 대표적 작가, 작품들의 의미를 유려한 문체로 설명해 주고 있어 프랑스 고전주의 문학을 이해하는 데 필수적인 저서이다.

롤랑 바르트, 『라신에 관하여』, 남수인 옮김, 동문선, 1998.
1960년대 초반 작품의 주변과 관련된 실증적인 요소에 토대를 둔 전통적인 비평방식에 대해 반기를 든 일련의 비평가들에 의해 신비평 논쟁이 일어난다. '해석 비평'이라 일컬어지는 신비평은 실존주의, 마르크시즘, 정신분석, 구조주의 등의 이론적 바탕 위에 세워진 새로운 비평으로 작품의 주변에 관심을 두는 대신 작품, 텍스트 자체를 중시하며 특히 텍스트의 표면구조 외에 이면구조에 깊은 관심을 보이게 된다. 신비평가들은 전통적인 대학 비평에 대한 이론적 비판 작업과 더불어 대학 비평에서 공들여 다루고 있는 작가들에 대한 신비평적 방식의 접근을 시도하는데, 1963년에 발표된 바르트의 『라신에 관하여』는 바로 이런 시도를 대표하는 저서 중 하나이다. 여기서 바르트는 라신 작품에 일종의 구조인류학적 관점을 적용하여 라신 비극 전체를 하나의 구조적 모델로 환원시킨 다음 이를 토대로 라신의 개별 작품들을 분석하고 있다. 라신 비극의 기본구조를 이해할 수 있는 흥미로운 저서이다.

프랑스 고전극 시리즈 : 『코르네유 희곡선』(김덕희 외 옮김), 『라신 희곡선』(장성중 외 옮김), 『몰리에르 희곡선』(정병희 외 옮김), 이화여대 출판부, 2006~2009.
이화여대 출판부에서 출간된 프랑스 고전극 시리즈 3권. 프랑스의 대표적인 고전주의 작가 3인의 대표작들이 번역, 소개되어 있다. 문학의 본질은 작품 그 자체에서 찾아야 하는 것인 만큼 본고에서 소개된 프랑스 고전주의 작품들을 직접 접해 보고자 하는 독자들에게 권하고 싶은 시리즈이다.(프랑스 고전극들은 이외에도 여러 출판사에서 다양한 형태로 출간되어 있다.)

『그리스 비극—아이스킬로스 편』(김세영 외 옮김), 『그리스 비극—소포클레스 편』(조우현 옮김), 『그리스 비극—에우리피데스 편』(여석기 외 옮김), 현암사, 2006.
프랑스 고전극뿐만 아니라 서구 연극, 서구 문학을 이해하기 위해서는 그리스연극에 대한 이해가 필수적이다. 이 책은 그리스비극의 3대 작가인 아이스킬로스, 소포클레스, 에우리피데스의 대표작들을 옮겨 놓은 것으로 『오이디푸스 왕』, 『안티고네』, 『메디아』, 『엘렉트라』, 『히폴리토스』 등 그리스 비극의 진수를 맛볼 수 있는 작품선집이다.

서양 인문 전통, 그 수용과 변형의 역사

강상진

윤동주의 「서시」

학창시절 국민 서정시라 할 수 있는 윤동주의 「서시」序詩를 처음 배웠을 때 크지는 않지만 상당한 자부심을 느꼈던 것으로 기억한다. 암울했던 일제시대에 이렇게 아름다운 생각을 한국어로 표현할 수 있었다는 것이 아마도 그 자부심의 근거였을 것이다. 그런데 이 자부심은 대학에 와서 『맹자』「진심장구상」盡心章句上에 나오는 '군자의 세 가지 즐거움' 君子有三樂을 배우면서 조금 약해졌던 것 같다. "죽는 날까지 하늘을 우러러 한점 부끄럼이 없기를"로 시작되는 「서시」의 첫구절이 『맹자』「진심장구상」에 나오는 "하늘을 우러러 부끄러움이 없고

* 강상진 | 서울대학교 인문대학 철학과 교수. 서울대학교 철학과와 동 대학원을 나와 독일 프라이부르크대학교에서 철학박사 학위를 받았다. 아리스토텔레스의 『니코마코스 윤리학』을 공역했고, 한국학술협의회 편 『인문정신과 인문학』에서 「서양 고중세의 인문정신과 인문학」 부분을 집필했다. 「플라톤 『향연』의 틀 이야기: 독특한 거리두기」, 「아리스토텔레스에 있어서 사물과 본질: 동일성과 동음이의 사이」, 「선(善 bonum)에 관한 아벨라르두스의 의미론적 분석」, 「서양 중세의 수사학—수사학의 그리스도교화를 중심으로」, 「아벨라르두스 윤리학의 '의도' 개념 연구」 등의 논문이 있다. 넓게는 철학적 전통의 형성과 수용 과정에, 보다 중점적으로는 고전적 사유의 중세적 수용과 변형에 관심을 갖고 연구를 진행 중이다.

아래로 굽어보아도 사람들에게 부끄러움이 없는 것이 두번째 즐거움"
仰不愧於天 俯不怍於人 二樂也이라는 내용과 유사한 것으로 보였기 때문이
다. 아름다운 생각을 그에 어울리는 운율로 표현하고 있다는 점은 여
전했지만, 맹자를 읽고 난 후 첫구절이 표현하는 시상詩想의 독창성은
더 이상 이전과 같은 수준으로 인정하기 어렵다고 생각했던 것이다.
윤동주의 「서시」에 대한 내 자부심 안에는 시가 표현하는 생각 자체
의 아름다움도 포함되어 있었던 것 같은데, 그 첫구절의 내용은 「서
시」가 처음 글로 표현해 낸 게 아니라는 생각이 들었던 것이다.

　　양자의 관계를 단순한 번안이나 표절과 같이 이미 잘 알려진 개
념으로 파악하기는 어렵고, 보다 깊은 인문적 통찰을 필요로 한다는
사실을 의식하기 시작한 것은 그로부터 다시 한참이 지나 서양 인문
학에 매진하던 유학시절부터였던 것 같다. 고전문헌학과 중세철학을
공부하면서 서양의 고전문명에서 만들어진 사유의 전통이 중세문명
에 수용되고 변형되는 과정을 관찰할 수 있었다. 이 과정에서 한 문
명에서 태어난 하나의 사유가 세대를 거치면서 발전하고 그러한 사
유를 촉발시킨 주변 환경에 대해 응답하면서 자신의 기능을 수행하
다가, 자신을 배태한 문명과는 다른 문명적 환경에 들어가서 수용되
고 변형을 겪는 일련의 과정들이 상당한 흥미를 불러일으켰다. 구체
적으로는 플라톤, 아리스토텔레스에서 정점을 맞았던 고전철학의 사
유가, 중세 그리스도교 문명 속에서 수용되고 변형되는 방식이 일차
적인 관심의 대상이었다. 이 글에서는 이 과정에서 중요한 역할을 했
던 두 사람과 그들 속에서 고전적인 사유가 어떻게 수용되고 변형되
는지 간단하게 살펴봄으로써 윤동주와 맹자의 관계를 어떻게 보아야
할지에 대한 대답의 단초를 시도해 볼 작정이다. 이러한 과정을 통해

우리가 의식하지 못하는 사이에 펼쳐지고 있는 큰 만남이 어떤 문제와 요구를 우리에게 던지고 있는지도 성찰해 볼 수 있을 것이다.

너의 보물이 있는 곳에 너의 마음도 있다 : 도서관과 수도원

그리스도교가 역사에 등장한 것은 기원후 1세기의 일이지만, 라틴세계에서 그리스-로마의 고전문명에 필적하는 독자적인 그리스도교적 기반을 마련하기 시작한 것은 4세기 정도가 되어서부터인 것으로 보인다. 지금부터 간단하게 살펴볼 아우구스티누스Aurelius Augustinus, 354~430나 히에로니무스Eusebius Hieronymus, 347~c.419, 영어식 표기는 '제롬'와 같은 사람들은 대부분 중간에 그리스도교로 귀의한 사람들로, 자신들의 신학적 작업을 통해 그리스도교적 문화를 위한 기반을 처음 마련한 사람들이다. 시기적으로는 서양 고대 후기에 속하지만 이들이 소화하고 정리해 준 사상 위에서 서양 중세의 그리스도교 문명이 성장했다는 점에서 그들의 사유 속에서 발견할 수 있는 고전적 사유와 그리스도교적 사유의 충돌과 단절, 융합과 연속의 양상은 상당한 시사점을 제공한다. 이들의 어려움은 그들이 교육을 통해 받아들였던 고전적 문명의 기초 위에서 고전문명과 대결하면서 새로운 문화적 힘을 쌓아 나가는 작업을 수행했어야 한다는 점이다. 이것이 얼마나 어려운 작업이었는지는 히에로니무스의 편지에 전해지는 꿈 이야기가 잘 알려 준다.

384년에 작성된 한 편지에서 히에로니무스는 자신이 상당히 오래 전에 집이나 친척과 같은 속세의 인연, 풍성한 식사를 하는 습관으로부터는 단절했지만, 로마에서 상당히 공들여 완성한 도서관은 완전히 단념할 수 없었다고 고백한다. 키케로Cicero, BC 106~43를 정말 읽고 싶었고, 플라우투스Plautus, BC c.254~184를 읽기도 했다고, 그러다가 정신을 차려서 구약의 예언서들을 읽노라면 그 조야한 말투에 질렸다고 한다. 그의 얘기는 곧 죽을 것 같은 병에 걸린 단계로 이어지다가 그가 재판관 앞에 끌려가는 꿈 이야기로 넘어간다.

나의 종교에 관한 물음을 받고 나는 그리스도인이라고 대답했다. 그러자 재판관이 말했다. "너는 거짓말을 하고 있다. 너는 그리스도인Christianus이 아니라 키케로 추종자Ciceronianus이다. '사실 너의 보물이 있는 곳에 너의 마음도 있다'(마태 6:21)고 하지 않았더냐." 곧장 나는 할 말을 잃었고 매질을 당하면서 (나를 치라고 판관이 명했기 때문이다) 매보다는 양심의 불길에 더 고통스러워했다. 속으로 저 시편구절을 되뇌이면서. '저승에서 누가 당신을 찬송할 수 있겠습니까?'(시편 6:6) 그럼에도 나는 외치기 시작했고 탄원하며 이렇게 말했다. "주님, 나를 불쌍히 여기소서, 나를 불쌍히 여기소서." 이 소리가 채찍질 사이로 울려 퍼졌다. 마침내 곁에 서 있던 사람들이 판관의 무릎 앞에 꿇어 저 젊은이를 용서해 줄 것을, 그의 잘못에 참회의 기회를 허락해 줄 것을, 내가 만약 다시 이교인들의 작품을 어느 때고 읽는다면 그때 형을 집행해 줄 것을 간원했다. 그토록 큰 위기의 순간에 처해 더 큰 것까지도 약속하려 했던 나는 맹세하기 시작했으며, 그분의 이름을 걸고 이렇게 말하기 시작했다. "주여, 내가 만약 세속적인 책들을 다시 소유하게 된다면, 만약 내가 그것들을 읽게 된다면, 나는 당신을 부인한 것이 될 것입니다."
(히에로니무스, 「편지」 22, 30절, 『라틴교부전집』(PL) 22권, 416~417쪽.)

히에로니무스의 꿈 이야기는 꿈에서 깨어 보니 꿈에서 맞았던 어깨가 실제로 퍼렇게 멍이 들어 있었으며, 꿈 이후에도 매 맞은 고통을 느꼈다는 확언에 이어 이후로 이전의 '가사적인 것 혹은 인간적인 것' mortalia들을 읽을 때는 볼 수 없었던 열심으로 '신적인 것' divina들을 읽었다는 고백으로 끝을 맺는다.

꿈에서 등장하는 '키케로 추종자'(키케로니아누스)와 '그리스도인'(크리스티아누스) 사이의 대비는, 혹은 꿈 이후 인간적인 것들과 신적인 것들 사이의 대비는 정확히 히에로니무스가 이해한 고전문명과 그리스도교 문명 사이의 대비에 일치한다. 그런 관점에서 보자면 이 꿈은 이전에 자신을 길러 준 고전문명에 대한 미련을 버리지 못하고 있던 히에로니무스가 어떻게 과감히 새로운 종교와 문명으로 넘어가게 되었는지를 설명하는 에피소드라고 설명할 수도 있을 것이다. 하지만 연구자들은 이 꿈에서 의식적으로 부정되고 있는 고전문화에 대한 열정이, 실은 히에로니무스의 라틴 불가타 번역이 성서 정본으로 중세 천 년을 살아남을 수 있게 한 원동력이었다고 평가한다. 분명 그리스도교로부터 온 금욕과 헌신의 삶이 안락한 집에 대한 갈망, 풍성한 식사의 습관은 쉽게 끊게 했지만, 그것처럼 쉽게 끊을 수 없었던 고전문헌에 대한 열정이 성서를 제대로 읽고 이해한다는 것이 무엇인지, 그런 수준에 따라 그리스어 혹은 히브리어로 쓰인 성서를 라틴어로 번역한다는 것이 무엇인지에 대한 이해에 결정적으로 작용했다는 것이다. 이 학문적 정직성에 기초한 열정이 필생의 작업을 통해 결실을 맺게 된 성서 번역(불가타 성서)이었기에 중세 천 년 동안 힘을 발휘할 수 있었던 것이다. 그런 한 꿈 이야기에서는 부인되고 있는 것처럼 보여도, 고전에 대한 열정은 다른 차원에서 보이지 않는 힘으로 살아 새로운 문명의 근저를 흐르고 있다고 해야 할 것이다. 자신이 애써 모은 책들로 만들어진 도서관을 단념할 수 없다가 꿈에서 맞았다는 히에로니무스의 고백에도 불구하고 서방 라틴세계의 수도원이 '도서관'을 갖추고 암흑의 시대에도 자신이 보존할 가치가 있는 책이라고 판단했던 것을 보존할 수 있었던 것은, 바로 그 보이지 않는 힘 때문이었다고 말해야 할 것이다. 그리스도교의 1세대 은수자隱修者들이 고전문화에 대해 전면적 거부의 태도를 보이며 사막에서의 은수를 실천했던 데 반해, 고전문화의 학문성과 그리스도교적 삶의 이상은 이런 방식으로 그의 인격 안에서 새로운 결합의 전형을 실현시켰던 것이다. 이러한 결합의 전형이 중세문명 속에서 어떻게 구체화되는지, 또 다른 한편 어떤 도전에 직면하는지 알고 싶지만, 우리의 관심은 우선 이러한 결합의 전형에서 확인할 수 있는 만남의 방식이다.

고전문명의 문화적 자산과 그리스도교 문명의 헌신적 삶 중 하나를 선택하고 다른 하나는 포기하는 것처럼 얘기하지만, 그런 얘기보다 깊은 차원에서는 두 전통의 계기가 다 소화되는 만남의 방식도 가능하다. 고전적 전통과 그리스도교적 전통이라는 두 전통의 만남은 일견 모순과 긴장 속에서 진행된 것으로 보이지만, 어느 한 전통의 일방적 승리로 귀결되지 않은 데서 오히려 힘을 얻은 것으로 보인다. 어떤 관점에서 이 만남을 기술할지는 열려 있는 문제이다. 고전적 인문정신을 대체하고자 했던 그리스도교적 전통도 고전인문의 형식을 벗어나서는 스스로를 정립할 수 없었다고 기술할 수도 있을 것이고, 적절한 방향을 찾지 못하던 고전적 인문정신에 드디어 걸맞는 방향을 제시함으로써 인류의 정신을 한단계 끌어올렸다고 기술할 수도 있을 것이다. 어떤 기술을 더 적절한 것으로 선택하든, 한 가지는 분명해 보인다. 이 만남에서 히에로니무스의 이야기가 들려주는 것과 같은 종류의 고양 혹은 승화가 없었다면 중세문명은 우리가 지금 이해하는 것과는 다른 모습을, 아마도 많이 빈약한 쪽의 모습을 보여주었을 것임에 틀림없다.

고전적 수사와 그리스도적 지혜

히에로니무스와 같은 시기에 살았지만 고전문명의 전통에 대해 보다 분명한 입장을 취하면서 새로운 문명을 사상적으로 정당화한 사람으로 아우구스티누스를 들 수 있다. 밀라노의 궁정 수사학자로서 세속적 경력의 최고 자리에 올랐던 그가 그리스도교로 회심한 이후 고전 수사학을 어떻게 비판하는지 살펴보자. 앞에서 히에로니무스로 하여금 처음에 성서의 문체를 조야한 것으로 판단하게 했던 그 고전 수사학은 나중에 참된 '빛'을 보지 못하는 청맹과니 눈과 같은 것이라고 격하되지만, 동시에 그런 보고와 평가가 자신이 비판하고 있는 수사학의 기반 위에서 작성된 문장이라는 사실은 간과할 수 없다. 마찬가지로 고전 수사학을 비판하는 아우구스티누스의 문장과 논변의 방식은 모두 고전 수사학에 힘입은 것이다. 이런 상황에서, 즉 고전 수사학을 써서 고전 수사학의 가치를 폄하하는 그의 주장의 진정성을 얼마나 인정해야 할까? 고전 수사학에 대한 아우구스티누스의 태도는 간단히 말해서 양가적이다. 고전 수사학이 중립적인 도구로서 갖는 가치는 인정하면서도, 고전 수사학이 봉사하던 세속적 목적의 자리에 영원한 구원이라는 그리스도교적 목적을 대체함으로써 그리스도교적 성서의 수사학을 열고 있기 때문이다. 바로 이 구원의 관점에서 고전 수사학으로는 분석 내지 평가될 수 없는 수사학의 지평이 열리며 고전 수사학과는 다른 그리스도교 수사학의 프로그램이 시작된다는 점은 눈여겨 볼 필요가 있다. 고전문명에서 출발한 수사학은 이제 그리스도교 문명 안에서 성서라는 텍스트를 중심으로 영원한 구원이라는 진정한 목적을 향해 봉사할 때 가치를 얻는 것으로 이해된다. 고전 수사학의 중립적 가치를 참되게 사용한다는 주장을 통해 고전 수사학의 전통으로부터 새로운 그리스도교 수사학이 성립하는 것이다. 아우구스티누스는 이렇게 고전 수사학을 그리스도교 수사학으로 만드는 일을, 이스라엘 백성들이 이집트인들로부터 탈출할 때 그들의 금과 은으로 된 그릇, 장신구, 의복을 가지고 나온 것에 비유한다. 원래 이집트인들의 소유였지만, 올바로 사용하지 못함으로써 자신들도 모르는 사이에 타인들을 위해 제공한 것이었고, 하느님의 명에 따라 그들보다 더 유익하게 사용할 목적으로 이스라엘 백성들이 몰래 가지고 나온 일과 같다는 것이다. 고전 수사학이 이미 그리스도교적 사용 이전에 가지고 있던 가치를 인정하면서도, 그리스도교의 지혜sapientia는 고전 수사학적 언변eloquentia에 의존하지 않으며, 지혜가 나서면 언변은 마치 한시도 떨어지지 않는 몸종처럼 부르지 않더라도 따라나선다고 한다.

　이 기막힌 비유를 통해서 아우구스티누스는 자신이 인정하는 가치들 사이에 분명한 위계질서를 부여하고, 그리스도교적 전통과 고전적 전통을 주인과 종의 관계로 정립한다. 이런 방식의 만남을 우리는 어떻게 이해해야 할까? 고전 수사학의 가치로부터 출발했지만 그 가치의 불완전성을 지적하면서 그리스도교 수사학을 세우는 과정은 이전 것을 보다 나은 것으로 대체하는 선택처럼 보일 수도 있다. 마치 히에로니무스의 꿈 이야기에서 보았던 키케로 추종자와 그리스도교인의 관계처럼 말이다. 하지만 동시에 아우구스티누스가 고전적 언변의 능력과 그리스도교적 지혜의 결합에서 최선의 결합을 보는 것은 아닌지, 만약 그렇다면 이 결합은 어떤 의미를 갖는지 음미할 필요가 있다. 고전적 언변은 그리스도교적 지혜와 결합할 때만 자신의 진정한 가치를 드러낸다는 생각, 혹은 그리스도교적 지혜는 부르지 않더라도 따라나서는 언변과 함께 할 때 가장 잘 전파될 수 있다는 생각을 읽을 수 있지 않은가? 만약 이런 이해가 가능한 것이라면 애초에 제기했던 문제, 즉 고전 수사학을 동원해서 고전 수사학의 가치를 폄하하는 데서 보이는 일종의 자기 모순은 어떻게 평가해야 할까? 자신을 세속적인 성공의 위치로 올려 주었던 고전 수사학에 대해 일종의 결별을 선언하고 있지만, 그는 이 결별의 수사 속에서 고전 수사학의 가치를 부인할 수 없는 방식으로 입증하고 있는 셈이라 완전히 결별할 수 없는 것에 대한 결별선언이었다고 해야 할 것이다. 의식적으로 그 가치를 부인하려고 하지만 완전히 부인할 수 없는 것, 오히려 그 부인의 과정에서 힘을 발휘하고 있는 전통에 대해서는 마침 다른 맥락에서 훌륭한 서술을 찾을 수 있기에 여기 인용한다.

사회학자들이 보통 망각하는 바이지만, 변화의 가장 명백한 이유 중의 하나는 인간은 죽을 수밖에 없고 불가피하게 새로운 인물과 새로운 세대로 대체되기 때문이다. 긴 안목으로 보자면 바로 이 새로운 인물들이 선조로부터 물려받은 것 중 얼마만큼을 보전하거나 변경할지, 포기하거나 파괴할지를 결정하는 것이다. 전통은 참된 가치들을 대변하는 한 보전되어야 하지만, 모든 전통이 참된 가치를 대변하는 것은 아니다. 전통이 살아 있기 위해서는 새로운 세대가 그것을 자기 것으로 만들어야만 한다. 그래서 전통은 불가피하게 변형되는 것이다. 다른 한편, 전통은 수용되거나 지속되지 않고 오히려 물리쳐질 때도, 어떤 의미에서는 힘을 발휘할 수 있다.(P. O. Kristeller, "Renaissance Philosophy and the Medieval Tradition", *Renaissance Thought and its Sources*, Columbia University Press, 1979, p. 108.)

전통, 만남과 결별

지금까지의 설명이 맞다면 두 개의 서로 다른 전통이 만나서 결합하는 방식은 의식적인 차원에서 표상되는 만남의 방식과는 또 다른 차원도 갖는 것 같다. 결별의 선언에도 불구하고 결별할 수 없는 계기를 갖는 셈이라고 말할 수도 있고, 이런 계기가 보다 깊은 차원에서 이질적인 요소들을 종합하고 고양시키는 역할을 한다고 말할 수도 있을 것이다. 시기도 많이 달라졌고 전통 간 만남의 방식도 크게 달라졌지만 르네상스 시대의 인문주의자 에라스무스Desiderius Erasmus, 1469~1536가 처한 상황도 비슷한 관점에서 살펴볼 수 있을 것이다. 그 역시 그리스도교적 열정과 고전적 학문성의 결합에 대해 고민하지만, 중세 스콜라적 기풍이 대표하는 방식으로 둘을 결합하는 것에 반대하고, 스콜라 이전의 교부 전통에서, 보다 구체적으로는 우리가 앞에서 살펴보았던 히에로니무스에게서 두 전통의 모범적 결합을 본다. 수많은 신학적 체계들의 주장 내지 오용에도 불구하고 원전은 가능한 한 문헌학적 오류로부터 정화되어야만 진정한 의미에서 수용할 수 있다는 생각이기 때문이다. 히에로니무스 시절에는 고전문명의 기반 위에서 출발해서 그리스도적 헌신의 삶을 결합하는 방식이 고민이었던 반면, 에라스무스 시절에는 그 역의 방식이었던 것으로 보인다. 그리스도적 삶으로부터 출발해서 어떤 학문성을 결합할 것인가가 문제였던 것이다. 방향은 반대지만 최선의 결합에 관한 그림에서는 서로가 일치한다고 말해야 할 것이다. 에라스무스의 초상화 배경에 히에로니무스의 책이 보이는 것은 우연이 아니다. 물론 에라스무스의 결별에서 결별할 수 없었던 스콜라적 요소는 무엇이었는지 살피는 일은 남는 문제라고 할 수 있지만 말이다.

서양을 만든 근본적인 두 전통이 고전문명과 그리스도교 문명이라는 두 축이었다면, 서양의 정신문명은 이 두 전통의 만남이 만들어놓은 모순과 긴장 속에서 끊임없는 반성과 영감의 소재를, 더 나아가 스스로를 발전시킬 동력을 얻었다고 말할 수 있을 정도이다. 이 두 전통이 만났던 방식, 결별할 수 없는 결별 속에서 이루어진 기막힌 고양과 승화의 과정을 통해 지금의 모습을 만들어 갔다고 해도 과언이 아닐 것이다. 그리고 이런 식의 이해는 우리에게 이런 질문을 던지고 있는 것 같다. 우리는 지금 어떤 전통과 만나고 있으면서 어떤 목표를 향해 어떤 결별을 시도하고 있는 중인가? 전통의 힘이 결별 선언에도 불구하고 진정으로 결별할 수 없다는 점에 있다면, 우리에게 그런 전통은 무엇인가? 우리가 느끼는 긴장과 모순은 정확하게 어떤 문제를 두고 어떤 전통들 사이에서 발생하는 문제인가? 서양과 동양의 인문정신은 어떻게 만나고 있는지, 서로 아무것도 배울 것이 없다고 생각해서 의도적으로 외면하는 수준인지, 아니면 각자의 가치를 인정하지만 주인과 종의 관계처럼 분명한 가치상의 위계를 부여하면서 관계를 부여하는 중인지? 우리 앞에 놓인 인문학적 과제는 아마도 이 수많은 전통들의 만남 속에서 어떤 전통에 어떤 의미와 가치를 부여하면서 어떻게 방향을 잡아 나아갈 것인가와 관련되어 있을 것이다. 우리는 이런 물음 앞에서 윤동주와 맹자의 관계를 돌아보고, 의식적인 표절이나 번안보다 깊은 차원의 무엇이 있을 것이라는 추측을 하고, 동시에 우리는 또 어떤 영향 속에서 우리의 시를 지어낼지를 묻게 된다. 무엇을 의식하고, 무엇을 의식하지 못하는 상태에서 새로운 가치와 목표를 향한 철학적 논변을 지어낼 것인가?

* * *

인문학을 우리가 얼마나 깊이 이해하고 있느냐는 문제와 상관없이 또 그 학문이 진정한 인문적 가치를 인정받고 있느냐는 문제와 상관없이, 인문학은 현재 대학 내의 하나의 제도로서 이 글을 읽는 독자와 이 글을 쓴 필자 사이의 만남을 가능하게 만들었다. '인문학과의 만남'이라는 기획이 없었다면 아예 존재하지도 않았을 이 만남은 그래서 원하든 원하지 않든 간에 이 제도가 품고 있는 인문적 가치를 전제하고 있는 셈이다. 하지만 이 가치는 한번 제도로 인정되면 영원히 인정받는 것이 아니라 수많은 인문정신들의 공동체 안에서 확인되고 발현되어야 할 성격의 것이다. 말하자면 그 가치는 "늘상 닳아 버리면서 그저 그런 말이 되어 버릴 수 있는 중요한 말들의 의미를 다시 새기고, 불명확해진 의미를 다시 명료하게 하며, 인문정신들의 공동체가 시간과 공간을 따라 쪼개지지 않게 만들어, 우리의 사유와 결정에 있어서 현재라는 경계에만 머물지 않고 수천 년 전 다른 민족들의 목소리를 마치 현명한 친구들의 충고를 듣는 것처럼 그렇게 들을 수 있도록 하는 일"(Fr. Klingner, "Humanität und Humanitas", *Römische Geisteswelt*, Stuttgart, 1979, p. 705) 속에서 확보될 수 있는 일이다. 만약 그렇다면 먼 얘기처럼 들리지만 히에로니무스와 아우구스티누스에게서 관찰할 수 있는 만남의 방식에서도 배울 게 있을 것이고 그 만남과 결별, 승화를 소개하는 것은 이 글을 통한 만남에도 잘 어울리는 것이 될 것이라고 감히 희망할 뿐이다.

| 추천도서 |

아우구스티누스, 『신국론』, 성염 역주, 분도출판사, 2004.
『신국론』은 고전 그리스-로마 문명의 세계관이 중세 그리스도교 문명 속에서 어떻게 철학적-신학적으로 소화되는지를 보여 준다. 그리스도교야말로 진정한 철학이며 진정한 종교라는 주장이 어떤 방식의 대결과 이해를 전제하는지, 이후 그리스도교가 지성사에서, 종교사에서 수행했던 역할과 자기 이해가 무엇이었는지를 이해하려면 한 번은 제대로 들여다봐야 할 작품이다. 중세를 궁극적으로 극복할 요량으로 이해하고 싶든, 아니면 창조적으로 수용할 요량으로 이해하고 싶든, 이 책에서 드러나는 그리스도교 고유의 정서들, 동원되는 고전사상과 대응방식, 주요 논리들을 이해하지 않고는 제대로 된 중세 이해에 다다르기 어려울 것이다. 작품 속에서 자주 등장하는 바로(Varro)는 망각 속에서 기억을 보존하는 일로 자신의 인문적 작업을 정당화하고 있다. 같은 논리로 이 작품을 읽고 소화하는 것을 인문학을 사랑하는 사람들의 작업 목록 속에 올리고 싶다. 『신국론』은 중세 교회와 신학이라는 좁은 문맥을 벗어나 서양 인문정신이라는 보다 넓은 맥락에서 주목받고 소화되어 제대로 된 기억 속에서 남아야 할 작품이기 때문이다.

강상진, 「명저탐방: 아우구스티누스, 『신국론』: 문명의 전환은 어떻게 철학적으로 소화되는가?」, 『철학과 현실』 75호, 2007.

아우구스티누스의 『신국론』에 대한 간략한 소개의 글이다. 그리스도교에 대한 본격적인 지적 방어를 목적으로 쓰인 책이지만 작품이 구체적으로 어떻게 문명의 전환을 철학적으로 소화하는지의 관점에서 작품을 소개한다. 글은 『신국론』의 논지를 이렇게 압축한다. 로마의 도덕적 타락이 로마제국의 몰락을 가져왔다는 것, 또 진정한 종교가 무엇인지에 대한 앎과 관련해서 진실에 상당히 근접한 입장들이 있었지만, 그러한 소수의 앎이 주류의 종교적-도덕적 타락을 막을 수는 없었다는 것이다. 진정한 종교는 궁극적으로 불의에 기초한 로마제국의 번영과 같은 현세적 행복, 물질적인 행복, 언제든지 나의 의지에 반하여 빼앗길 수 있는 행복이 아니라, 영원한 행복, 영적인 행복, 의지에 반하여 빼앗길 수 없는 행복에서 성립한다. 그리스도교가 인류의 지성을 우상숭배로부터 한단계 높은 수준의 종교 이해와 그러한 이해에 근거한 도덕성의 단계로 끌어올렸다는 주장은 물론 보다 면밀한 인문학적 검토가 필요한 주장이다. 그럼에도 불구하고 바로 그러한 주장을 담보하는 사상사적 작품 중 가장 중요한 문헌이 『신국론』이라는 사실, 바로 『신국론』의 논변을 통해서 그러한 문명사적 전환이 철학적으로 소화되고 있다는 사실은 부정할 수 없다. 이 소개의 글은 몇 개의 주제를 통해 그 전환의 과정을 간략히 보여 주고 있다.

그림 속 미스터리 풀기
— 미술사학자와 셜록 홈즈의 만남

장진성

미술사, 셜록 홈즈, 미스터리와 단서들

근대적 학문으로서 미술사의 시작은 19세기 이탈리아의 저명한 감식가인 조반니 모렐리Giovanni Morelli, 1816~1891의 그림 감정 방법에서부터 시작되었다고 할 수 있다. 뮌헨대학교에서 의학을 공부한 모렐리는 골상학과 비교해부학comparative anatomy 등 의학적인 지식을 기반으로 그림에 나타난 인물들의 귀, 코, 눈, 입 등의 모양을 정밀하게 관찰하여 미켈란젤로의 작품에 보이는 인물의 코는 이러한 모양이고 이와 같은 모양이 아닐 때에는 가짜 그림이라고 판정하였다. 지금 보면 매우 단순해 보이는 모렐리의 방법론은 19세기 이후 그림을 감식하고 판정하는 데 중요한 관찰 방법으로 널리 활용되었다.

* 장진성 | 서울대학교 인문대학 고고미술사학과 교수. 서울대학교 고고미술사학과를 졸업하고 미국 컬럼비아대학교에서 석사, 예일대학교에서 박사 학위를 받았다. 중국 청나라시대의 궁정 회화와 조선시대 회화에 대하여 연구하고 있다. 주요 논저로 『Landscapes Clear and Radiant: The Art of Wang Hui (1632~1717)』, 『Art of the Korean Renaissance, 1400~1600』, 「정선과 수응화」, 「이인상의 서얼의식: 국립박물관 소장 〈검선도〉를 중심으로」, 「청대 궁정회화와 만주의식」, 「천하태평의 이상과 현실: 〈강희제남순도권〉의 정치적 성격」 등이 있다.

　　그런데 아주 사소한 단서를 기반으로 그림 전체의 양상을 규명하는 이러한 모렐리의 그림 관찰 방법은 19세기에 크게 발전한 법의학, 또는 범죄수사과학forensic science에서 사용하는 '증거'를 통한 범죄의 재구성 및 범인 판정 방식과 매우 유사하다. 아서 코난 도일Arthur Conan Doyle, 1859~1930의 작품에 등장하는 셜록 홈즈Sherlock Holmes는 발자국, 담뱃재 등 흔히 무시하고 넘겨 버리는 사소한 단서들을 가지고 범죄의 전모를 밝히고 범인을 추적하는 놀라운 능력을 지닌 탐정이다. 셜록 홈즈의 탐정 활동과 마찬가지로 작은 단서로 그림의 진위를 판정하고 그림의 의미를 해석하는 과학적인 미술사학의 출발이 '증거' 찾기라는 점에서 범죄수사과학과 유사한 사실은 매우 흥미롭다. 미술사학자들이 그림 속에 들어 있는 작은 '단서'들을 통해 그림의 진위와 성격을 판정하는 방식은 셜록 홈즈와 같은 탐정들이 범인이 남긴 흔적을 찾아 범죄의 전모를 밝히는 작업과 흡사하다. 미술사학자와 탐정, 서로 전혀 관계가 없을 것 같은 두 직업이 유사한 것을 모르는 사람은 아주 많다. 그러나 이 두 사람은 모두 결정적인 증거가 될 사소한 '단서'들을 찾아 풀 수 없었던 수수께끼, 즉 미스터리를 해결하는 사람들이다.

　　모렐리의 제자로 그림 판정에 있어 달인이었던 버나드 베렌손Bernard Berenson, 1865~1959이 큰 돋보기를 가지고 그림을 관찰하고 있는 모습(그림 1)은 셜록 홈즈가 휴지통에 버려진 구겨진 종이, 담배꽁초 등을 돋보기로 면밀하게 살펴보는 모습과 똑같다. 그림 속에 들어 있는 작은 단서들을 포착하여 누가 이 그림을 그렸으며, 이 그림의 주제는 무엇인가, 또 화가는 왜 이러한 그림을 그렸을까 등등 수많은 궁금증과 질문들을 해결하는 것이 미술사학자들이 하는 일이

그림 1. 버나드 베렌슨의 그림 감정 모습

다. 미술사는 곧 수수께끼와 같이 도무지 잘 알 수 없는 그림들을 대상으로 의미 있는 증거들을 찾아내서 그림의 내용과 의미를 풀어내고 그림을 둘러싼 다양한 이야기들을 재구성하는 학문이다. 미술사와 범죄수사과학의 유사성, 즉 범죄의 재구성과 미술작품의 분석 및 해석은 이렇게 서로 연결되어 있는 것이다.

일반인들은 미술사를 매우 고상한 학문으로 생각한다. 웅장한 박물관 건물을 들어가면 예쁘게 꾸며진 전시장이 나오고 전시장에 조명을 받아 우리의 눈을 끌어당기는 그림들을 감상하고 그림을 본 느낌을 우아한 문장으로 풀어내는 일, 즉 그림 감상이 곧 미술사라고 생각하는 사람들이 대부분이다. 아니다. 미술사는 탐정들이 절대로 풀릴 것 같지 않은 범죄 사건을 해결할 단서들을 끊임없이 찾아내서 범인을 색출하는 것과 같이 누가 그렸는지도 잘 모르겠고 또 무엇을 표현한 것인지도 알 수 없는, 즉 난해한 그림들을 대상으로 수수께끼를 풀어낼 증거들을 찾아 그림의 의미를 복원하는, 아주 많은 참을성과 끈기, 집요함을 요구하는 학문이다. 작은 단서들, 그림의 미스터리를 푸는 사소한 증거들은 그림 속에 있다. 이것을 찾지 못하면 그림의 의미는 밝혀지지 않는다. 머리카락, 손톱으로 범인을 찾아내는 탐정 또는 형사들과 같이 오늘도 미술사학자들은 그림이 가지고 있는 비밀을 풀기 위해 뚫어지게 그림을 본다. 이제 작은 단서들이 어떻게 그림의 의미를 알려 주는지 살펴보기로 한다.

칼집 속의 칼, 뿌리 뽑힌 소나무, 서얼의 슬픔

국립중앙박물관에 소장되어 있는 <검선도>劍僊圖(그림 2)는 18세기 전반에 활동했던 저명한 문인화가인 이인상李麟祥, 1710~1760이 그린 작품이다. 거대한 두 그루의 소나무가 교차하고 있는 곳을 배경으로 칼을 옆에 두고 단정하게 앉아 있는 백발노인을 그린 이 작품은 그림 위에 쓰인 글, 즉 제발題跋을 통해 이인상이 중국의 '검선도' 劍僊圖를 모방하여 취설옹醉雪翁이라는 인물에게 그려 준 것임을 알 수 있다.

　　그동안 <검선도>는 중국의 '검선도'를 모방해서 그린 신선 그림 정도로 여겨져 왔다. 그러나 그림 속 주인공의 수염, 머리털, 귀밑털, 눈썹 등을 한올 한올 정성스럽게 그린 이 작품(그림 3)은 단순한 신선 그림이 아닌, 어떤 특정한 인물의 초상화일 가능성이 매우 높다. 소나무 아래에 차갑고 매서운 눈초리를 한 채 장중한 기품과 자세로 앉아 있는 이 그림의 주인공은 과연 누구일까? 그리고 주인공 옆에 놓여 있는 칼은 왜 그려져 있는 것일까? <검선도>의 성격과 의미를 해

그림 2. 이인상, 〈검선도〉, 18세기 중반, 종이에 수묵 담채, 96.5×61.7cm, 국립중앙박물관 소장

그림 3. 이인상, 〈검선도〉 세부

결하는 데 가장 중요한 단서는 그림의 제발에 표현되어 있는 '취설옹'이라는 인물이다. 이인상은 〈검선도〉를 그려 '취설옹'에게 바쳤는데 현재 18세기에 '취설'이라는 호를 가진 인물로는 유후柳逅, 1690~1780가 유일하다. '취설옹'은 여러 기록을 통해 볼 때 이인상이 존경했던 서얼지식인인 유후임이 확실하다. 유후는 서얼신분으로 궁핍한 생활과 사회적 멸시에도 불구하고 강한 자존의식과 도덕적 고결함으로 당시 모든 서얼지식인들의 우상과 같은 존재였다. 이인상은 〈검선도〉에서 세상의 불의와 유혹에 흔들리지 않고 강직한 성품과 맑은 정신으로 평생을 깨끗하게 살았던 유후의 모습을 냉혹하리만치 차갑고 엄격한 모습을 한 채 거대한 소나무 아래에 단정하게 앉아 있는 노인으로 표현하고 있다. 그림 제발에 들어 있는 '취설옹'이라는 구절이 없었다면 〈검선도〉는 중국의 검선도를 모방한 신선 그림 정도로 남아 있었을 것이다. '취설옹'은 이 그림의 주인공이 누구인지를 알려 주는 결정적인 단서이다.

한편 그림 왼쪽 아래에 보이는 칼은(그림 4) 군자의 지조와 절개에 대한 상징이다. 아울러 조선 후기에 서얼들 사이에서 칼은 신분제의 모순에 대한 그들의 불만과 한恨을 대변해 주는 상징으로 인식되었다. 칼은 신분제도의 모순을 둘러싼 서얼지식인들의 불평과 내면

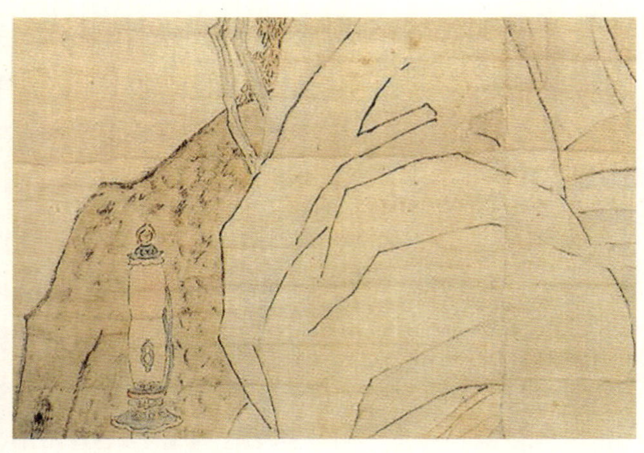

그림 4. 이인상, 〈검선도〉 세부

적 고뇌, 즉 '불평으로 가득 찬 마음'을 대변해 주는 신분갈등의 상징물이었다. 본래 칼은 칼집에서 나와 휘둘러질 때 본래의 기능을 다하는 것이다. 그러나 칼이 칼집 속에만 있다면 무용지물이 된다. 조선 후기의 문학작품에 등장하는 '칼집 속의 칼'이라는 용어는 바로 능력은 있으나 세상으로부터 버림받아 무용지물이 된 서얼과 중인들의 사회적 처지를 지칭하는 상징적인 문구로 자주 사용되었다.

　<검선도>를 그린 화가인 이인상은 서얼이었다. 이인상은 인조仁祖 시기에 영의정을 지낸 이경여李敬輿, 1585~1657의 후손이었지만 증조부인 이민계李敏啓, 1637~1695가 이경여의 서자였던 관계로 서얼신분을 벗어날 수 없었다. 한번 서얼신분으로 전락하게 되면 영원히 자손에게까지 신분이 지속되는 서얼제도의 특수성으로 말미암아 이인상은 평생 서얼로서 불우한 일생을 보내게 되었다. 조선시대에 서얼은 과거가 아닌 집안의 추천으로 벼슬을 할 수 있는 기회는 있었지

만, 중앙관청의 하급직이나 작은 고을의 원님인 현감 정도의 직책을 맡는 것이 고작이었다. 대부분의 서얼들은 경제적 곤궁에 시달렸으며 은거자로 일생을 마치는 경우가 많았다. 이인상도 예외는 아니었다. 1735년에 진사시에 합격한 이후 그는 중앙과 지방의 하급직을 전전했다. 1752년 음죽현감을 마지막으로 이인상은 1754년부터 사망할 때까지 자신의 마지막 임지였던 지금의 장호원 근처인 음죽현의 설성에서 은거자로 여생을 보냈다. 결국 이인상의 삶에 있어서 서얼이라는 신분적 제약은 운명과도 같은 것이었다. 따라서 <검선도>에는 이인상 개인의 '서얼의식'이 짙게 배어 있다. <검선도>는 이인상이 가장 존경했던 서얼지식인이었던 유후의 초상화를 통해 화가 자신을 포함한 서얼들의 슬픔과 고뇌, 방황과 좌절, 삶에 대한 결연한 의지 등을 상징적으로 표현한 그림이며, 그림의 왼쪽 하단에 놓여 있는 칼은 서얼신분이라는 제약 때문에 자신의 능력과 재주를 마음껏 발휘할 수 없었던 부당한 사회 현실에 대한 분노와 한恨의 상징이다. 즉 <검선도>에 보이는 칼은 일반적인 지조와 절개의 상징을 넘어 대표적인 서얼지식인이었던 유후의 신분을 드러내 주는 징표인 동시에 이인상 자신을 포함한 서얼들의 고난과 좌절의 삶을 암시해 주고 있다. 즉 칼은 아무런 의미 없이 그려진 것이 아니라 그림 속의 수수께끼를 푸는 매우 의미심장한 단서로서 서얼들의 내면의식을 보여 주고 있다.

이인상의 서얼의식과 관련하여 주목되는 또 다른 작품은 <설송도>雪松圖(그림 5)이다. <설송도>는 매섭고 차가운 바람이 부는 곳에 자리 잡은 두 그루 늙은 소나무가 혹독한 겨울의 추위를 이겨내는 모습을 그린 작품이다. 뿌리를 앙상하게 드러낸 채 엄동설한의 매서운

그림 5. 이인상, 〈설송도〉, 18세기 중반, 종이에 수묵, 117.4×52.7cm, 국립중앙박물관 소장

그림 6. 이인상, 〈설송도〉 세부

추위를 견디며 강인하게 생명을 보전하고자 애쓰는 두 그루 소나무의 모습은 처연하다. 그러나 두 그루 소나무는 군자의 도덕적인 고결함과 어려운 시대를 살아가는 불굴의 의지를 상징한다. 그런데 이 그림의 의미를 알려 주는 결정적인 단서는 그림 왼쪽 하단에 위치한 소나무 뿌리 밑 바위에 새겨진 이인상의 도장이다(그림 6). 이 도장이 없었다면 이 그림을 누가 그렸는지 또 이 그림이 어떤 내용을 담고 있는지 전혀 알 수 없었을 것이다. 주의 깊게 살피지 않으면 보이지 않는 작은 도장이지만 이 도장을 통해 이 그림이 이인상이 그린 것이고 이인상 개인의 서얼의식과 밀접하게 관련된 그림이라는 것을 알 수 있다. 바위 위로 앙상하게 드러난 소나무 뿌리는 <설송도>가 서얼 지식인으로서 불우하게 한 평생을 보냈던 이인상 자신의 내면풍경과 결코 분리될 수 없음을 시사해 준다. 뿌리 뽑힌 겨울 소나무는 단순히 겨울 산 속에서 혹한을 견디는 소나무를 그린 것이 아닌 겨울로 상징되는 '고난의 세월', 즉 서얼 이인상이 대면했던 사회적 천대와

멸시를 의미한다. 신분제적 차별은 혹한과 같은 것이었으며 어느 곳에도 뿌리를 내릴 수 없었던 서얼의 고된 일생을 규정하는 근본적인 삶의 악조건이었다. 즉 뿌리 뽑힌 소나무는 신분제적 질곡 속에서 신음하던 서얼지식인의 좌절과 고뇌의 삶을 상징한다. 결국 <설송도>는 다름 아닌 이인상 자신의 자화상과 같은 이미지라고 할 수 있다. 그러나 고사枯死 위기의 열악한 조건 속에서도 굳건히 삶을 이어 가는 소나무의 모습은 고통과 좌절의 시간을 이겨 내려는 이인상을 포함한 서얼들의 강인한 삶의 의지를 보여 준다. 이인상이 자신의 도장을 뿌리 뽑힌 소나무 밑 바위에 찍은 것은 자신의 절망적인 상황과 아울러 결연한 삶의 의지를 보여 주기 위한 것이었다. 뿌리가 거의 뽑혀 죽기 일보 직전이지만 바위와 같이 굳건하게 극한 상황 속에서도 생존하고자 하는 삶에 대한 절대의지가 도장 속에 내포되어 있는 것이다. 즉 <설송도>는 이인상 자신의 비장한 삶의 자세와 견고한 정신세계를 시각적으로 표현한 작품이라고 할 수 있다.

구세주 예수의 손, 중국과 서양의 만남

동기창董其昌, 1555~1636은 명나라 말기에 활동한 화가로 중국 최고의 문인화가 중 한 사람으로 평가되고 있다. 동기창은 문인화가의 우월성을 강조하고 직업화가들을 화공畵工, 즉 '환쟁이'로 천시하였다. 문인화에는 문인의 깊고 고매한 정신세계가 녹아 있다는 생각, 전문적으로 그림을 그려 생계를 이어 가던 직업화가들을 그림쟁이인 환쟁이로 취급한 사회적 인식 등은 모두 동기창이 만들어 낸 것이다. 이와 같이 직업화가를 환쟁이로 폄하하게 된 근본적인 배경에 동기창이 있다. 동기창은 매우 재능 있는 화가였다. 동기창은 화가의 근본적인 임무는 새로운 그림을 그리는 것이 아니라 뛰어난 옛 화가들의 장점을 종합하여 이러한 장점들이 한데 어우러진 그림을 그리는 것이라고 주장하였다. '창조적 모방'이라고 명명한 동기창의 그림 제작 방식은 중국 회화의 방향을 바꿀 정도로 위력을 떨쳤으며 동기창은 수많은 명작을 남겼다. 이러한 동기창의 그림은 가장 중국적인 그림으로 평가되었다.

그런데 서양학자들 중에는 동기창의 그림 속에 증명할 수는 없지만 무엇인가 서양 그림적 요소가 있다고 주장하는 사람들이 있었다. 동기창이 살던 시대는 마테오 리치Matteo Ricci, 1552~1610를 필두로 서양의 예수회 선교사들이 중국에 들어와 서양의 과학서, 그림, 판화들을 소개하던 시대, 즉 서학西學의 시대였다. 동기창은 개인적으로 마테오 리치에 대하여 잘 알고 있었으며 또 동기창 주변의 친구들은 마테오 리치와 친분을 쌓아 그의 책에 서문을 써 주기도 했다. 그러나 동기창의 그림 어디에서도 동기창이 서양의 과학지식을 이해하고 서양 그림에 영향을 받아 자신의 그림 속에 응용한 흔적을 발견하기는 어려웠다. 그런데 최근에 동기창 개인이 소장했던 책들의 목록인 『현상재서목』玄賞齋書目이 소개되면서 동기창과 서학西學의 관계는 일변하게 되었다. 『현상재서목』에는 1607~1626년에 한문으로 번역되어 출간된 『기하원본』幾何原本을 위시한 10권의 서양과학서들이 포함되어 있어 동기창이 서양과학 및 기하학에 깊은 관심을 가지고 있었음을 알려 준다. 이 중 『기하원본』은 유클리드Euclid의 『기하원본』 1~6장의 번역인데, 마테오 리치와 서광계徐光啓, 1562~1633가 1607년에 한문으로 번역해 출간한 책으로 동기창 그림에 큰 영향을

그림 7. 동기창, 『방고산수도책』 중 1엽, 1621~1624년, 종이에 수묵채색, 56.2×35.6cm, 넬슨-앳킨스박물관 소장

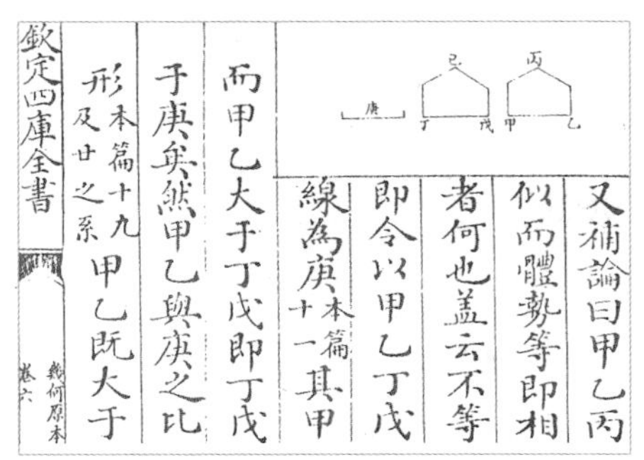

그림 8. 『기하원본』 권6의 46, 1607년

주었다. 동기창이 『기하원본』의 도해들을 참조하여 자신의 산수화에 적용했음을 알려 주는 가장 극적인 예는 현재 넬슨-앳킨스Nelson-Atkins박물관에 소장되어 있는 화첩 『방고산수도책』倣古山水圖冊 중 한 화면에 보이는 오각형 모양의 원산遠山, 즉 뒤쪽 배경에 보이는 산에서 찾을 수 있다(그림 7). 이런 오각형 산의 모습은 중국 회화의 역사에서 전무후무한 일이다. 동기창 이전과 이후 어디에도 존재하지 않았던 오각형 산의 모습은 결국 『기하원본』 속 도형 그림에서 해답을 찾게 된다. 『기하원본』 권6에 보이는 오각형 도해(그림 8)와 비교해 보면 동기창이 이러한 도해들을 기초로 기이한 형태의 산 모양을 그리게 되었음을 알 수 있다. 결국 동기창이 『기하원본』을 소장하고 열람했다는 사실이 밝혀지지 않았다면 왜 이런 기이한 산을 동기창이 그렸을까 하는 의문은 영원히 해결될 수 없었을 것이다. 동기창의 『현상재서목』은 오각형 산을 둘러싼 미스터리를 일거에 해결하는 결정적인 단서가 되었던 것이다.

『현상재서목』에 들어 있는 10권의 서양과학서와 함께 동기창이 당시 문인사회에 광범위하게 확산되고 있던 서학과 서양 문물에 대해 깊은 관심을 가지고 있었음을 증명해 줄 수 있는 또 다른 자료는 현재 상하이上海박물관에 소장되어 있는 <상우도>尙友圖이다(그림 9). <상우도>는 동기창의 제자인 항성모項聖謨, 1597~1658가 장기張琦, 17세기 중반에 활약와 함께 자신과 동기창, 진계유陳繼儒, 1558~1639, 이일

그림 9. 항성모 · 장기, 〈상우도〉, 1652년, 비단에 수묵채색, 38.1×25.5cm, 상하이박물관 소장

그림 10. 항성모 · 장기, 〈상우도〉 세부   그림 11. 항성모 · 장기, 〈상우도〉 세부

화李日華, 1565~1635, 노득지盧得之, 1585~1660년 이후, 승려 추담秋譚, 1558~1630 등이 가졌던 1635년의 모임 장면을 회상하며 17년 후인 1652년에 제작한 것이다. 항성모는 1635년 모임 당시 밑그림을 제작한 후 이것을 바탕으로 1652년에 <상우도>를 제작한 것으로 추정된다. 동기창은 <상우도> 중앙에 진계유와 함께 나타나 있다. 그림 중앙에 왼쪽 손은 들고 있으며 오른쪽 손으로 두루마리 그림의 끝을 잡고 있는 사람이 동기창이다(그림 10). 그런데 흥미로운 것은 동기창의 왼손 모습이다(그림 11). 엄지를 약간 구부리고 검지와 중지를 모아 세우고 있는 이러한 손 모양은 서양의 성화聖畵와 성화 관련 판화에 자주 등장하는 '구세주 예수'Salvator Mundi 혹은 '자혜를 베푸는 예수' the Blessing Christ 도상圖像의 손 모습, 즉 예수의 수인手印과 매우 흡사하다(그림 12).

동기창이 왜 이러한 서양 성화에 보이는 예수의 도상과 흡사한

그림 12. 안드레아 프레비탈리(Andrea Previtali),
〈구세주 예수〉, 나무 패널에 유화, 61.6×53cm,
런던 내셔널 갤러리 소장

수인 모습을 하고 있는지 현재 정확하게 알 수는 없다. 그러나 다양한 성화 관련 목판화들이 명말 문인 사회에 광범위하게 유통된 사실을 고려해 볼 때 〈상우도〉에 보이는 동기창의 예수 수인 모습은 그가 이러한 목판화에 깊은 관심을 가지고 있었음을 보여 준다. 예를 들어 1637년에 판각되어 출간된 『천주강생출상경해』天主降生出像經解에 수록되어 있는 '자혜를 베푸는 예수' 도상 판화에 보이는 예수의 손 모습과 동기창의 수인 모습은 매우 유사하다(그림 13). 앤트워프Antwerp에서 1593년에 출간된 제로니모 나달Geronimo Nadal, 1507~1580의 동판화집인 『복음서화전』福音書畵傳 *Evangelicae Historiae Imagines*을 한문으로 번역한 『천주강생출상경해』는 명나라 말기에 예수회 선교사들이 예수의 생애를 중국인들에게 알리는 데 매우 중요한 역할을 담당했던 판화집이다. 『천주강생출상경해』는 동기창이 사망한 해(1636년)보다 1년 뒤에 출간되었다. 그러나 원본이 되는 『복음서화전』은 이미 중국에 들어와 상당히 유포되어 있었으며 많은 사람들이 열람한 상태였다.

　〈상우도〉에 보이는 동기창의 독특한 왼손 모양은 '구세주 예수' 혹은 '자혜를 베푸는 예수' 도상에 나타난 수인手印과 분리해서 생각하기 어려울 정도로 유사하다. 동기창이 아무런 이유 없이 예수의 손 동작을 취할 수는 없다. 〈상우도〉에 드러난 동기창의 특이한 손동작

그림 13. 〈천주강생성상〉(天主降生聖像), 『천주강생출상경해』, 1637년

은 지금까지 알려져 있지 않았던 동기창의 또 다른 면모를 여실히 보여 준다. 즉 동기창의 흥미로운 왼손 모양은 이 그림의 비밀을 푸는 결정적인 단서이다.

영원한 미스터리, 단서 찾기의 즐거움

이인상의 <검선도>와 <설송도>, 동기창의 산수화에 보이는 오각형 산 모양과 동기창의 구세주 예수와 같은 손동작 모습은 흥미로운 단서들로 그림들의 의미를 재발견하고 새롭게 해석할 수 있는 길을 열어 주고 있다. 이와 같이 그림 속에는 아직도 풀리지 않은 많은 미스터리가 있고 이 미스터리는 아주 사소한 단서들로부터 조금씩 풀려 나가기 시작한다. 그러나 결코 풀릴 것 같지 않은 영원한 미스터리 그림도 존재한다.

16세기 초 베니스Venice에서 활동한 저명한 이탈리아 르네상스 시기의 화가인 조르조네Giorgione, 1477?~1510가 그린 <템페스타> Tempesta(그림 14)는 영원한 미스터리로 남아 있는 그림이다. 조르조네가 죽고 25년이 지난 후에 베니스의 귀족이자 미술품 수집가였던 마르칸토니오 미키엘Marcantonio Michiel, 1484~1552이 남긴 "폭풍우, 집시, 그리고 군인이 있는 작은 풍경화로 캔버스에 조르지 다 카스텔프랑코Zorzi da Castelfranco의 손으로 그린 것이다"라는 노트 기록이 이 그림에 대한 거의 유일한 직접적인 기록이다. 이후 <템페스타>는 <다리가 있는 풍경 속의 집시와 목동> 또는 <머큐리Mercury와 이시스Isis> 등으로 기록되기도 했지만 미키엘의 기록이 현재로는 가장 자세한 기록이라고 할 수 있다. 이탈리아어로 '폭풍'을 의미하는 <템

그림 14. 조르조네, 〈템페스타〉, 1505~1510년경, 캔버스에 유화, 79.4×73cm, 베니스의 아카데미아 갤러리 (Galleria dell' Accademia) 소장

페스타〉는 지금까지도 이 그림의 주제가 정확하게 무엇인지 밝혀져 있지 않다. 냇물가에 앉아 양 어깨에 천만을 걸친 채 아기에게 젖을 물리고 있는 여인과 그 반대편에 막대기를 쥐고 서 있는 남자, 그리고 화면 뒤쪽으로 갑자기 내리치는 번개와 도시의 건물들, 남자 뒤로 보이는 두 개의 부러진 원형 기둥들은 도대체 이 그림을 어떻게 해석해야 할지 궁금증만을 불러일으키고 있다.

그림 15. 조르조네, 〈템페스타〉 X-ray 투시도 세부

그동안 이 그림의 주제를 둘러싸고 많은 주장들이 제기되어 왔다. 단순히 목가적인 풍경화라는 주장, 『일리아드』*Iliad*에 나오는 '파리스'Paris가 아기였던 시절에 이다산Mount Ida에서 자신을 길러 준 양치기 부부와 함께 있는 장면이라는 주장, 이 그림의 주요 요소로 군인, 집시, 폭풍우의 상징적 의미를 부각시켜 폭풍우는 불확실한 운수, 군인 즉 왼편의 남자는 강인함과 용맹, 여자와 아기는 자애를 상징한다는 주장, 낙원에서 쫓겨 난 아담과 이브라는 주장, 예수 가족이 이집트로 피난 가는 장면이라는 주장, 바쿠스Bacchus의 탄생 장면이라는 주장, 용에게 잡혀 있던 어머니와 아들을 성인 테오도르St. Theodore가 용을 죽이고 구출하는 장면이라는 주장 등등 〈템페스타〉의 주제가 무엇인지를 규명하려는 많은 해석들이 제기되어 왔다.

그러나 이 그림의 주제에 대한 명확한 해석은 여전히 진행 중이다. 아니, 어쩌면 이 그림의 주제는 영원한 미스터리로 남을지도 모른다. 특히 X-ray 촬영 결과 본래 남자가 서 있던 곳에 그려진 것은 목욕하는 여인이라는 사실이 밝혀지면서 이 그림의 주제는 더욱더 미궁으로 빠져들어 갔다(그림 15). 즉 조르조네는 목욕하는 여인을 그린 후 어떤 이유에서인지 후에 이 장면을 지우고 군인처럼 보이는 남자 인물을 새로 그려 넣었던 것이다. 현재 왜 조르조네가 그림 장면을 바꾸었는지는 알려져 있지 않다. 그리고 목욕하는 여인과 아기에게 젖을 물리고 있는 여인을 어떻게 보아야 할 것인지에 대한 답도 여전히 모호하다. 이와 같이 <템페스타>는 영원한 미스터리 그 자체이다.

<템페스타>와 같이 영원한 미스터리로 남아 있는 그림들은 너무도 많다. 도대체 그림의 내용이 정확히 무엇인지 알 수 없는, 그리고 어떻게 해석해야 할지 도무지 단서가 잡히지 않는 그림들은 허다하다. 그러나 언젠가 사소한 단서라고 무시해 버린 것들이 누군가에 의해 새로운 의미가 부여되고 따라서 그림의 내용과 의미를 찾게 될 날이 결국 올 것이다. 그림들은 답을 가지고 있지만 미술사학자는 아직 답을 찾고 있지 못하다. 답을 찾기 위해서는 단서가 필요한데 아직 단서는 오리무중이다. 그러나 답은 분명하게 있다. 셜록 홈즈는 다른 모든 사람들이 A를 범인이라고 지목했을 때 B가 범인이라고 생각했다. 휴지통에 들어 있는 낙서들, 범인이 무심코 남긴 발자국 등을 좇아 결국 B가 범인임을 입증하였다. 사람들은 경탄한다. 셜록 홈즈와 같이 미술사학자들은 주어진 결론을 믿지 않는다. 주어진 결론은 편리하지만 흥미롭지 않다. 그래서 자꾸 그림을 본다. 많은 사람들이 내놓은 해석을 믿을 수 없어 새로운 단서를 찾고자 오늘도 같은 그림을 보고 또 본다. 새로운 단서가 발견되는 순간 그림의 의미는 완전히 변할 수 있다. 단서는 그러나 쉽게 발견되지 않는다. 보고 또 보고 생각하고 또 생각해야 나올까 말까 한다. 결정적인 증거를 찾고자 하는 노력과 열망 속에서 생겨나는 끝없는 흥미와 호기심, 단서 찾기의 즐거움이다. 미술사학자와 셜록 홈즈는 이렇게 만난다. 사소

한 단서가 이끌어 내는 새로운 발견들, 그 매혹의 순간을 위해 미술사학자는 셜록 홈즈처럼 작은 증거, 그러나 궁극적으로는 거대한 결론을 이끌어 낼 실마리들을 발견하려고 오늘도 분주하다.

| 추천도서 |

마크 로스킬, 『미술사란 무엇인가』, 김기주 옮김, 문예출판사, 1990.
로스킬(Mark Roskill)의 *What is Art History?*(1976)를 번역한 책으로 미술사를 처음 공부하는 사람들에게 권하고 싶은 책이다. 작가 및 작품 판정의 문제, 화가들 간의 협업, 화가의 삶을 둘러싼 다양한 논의들, 잊혀진 화가의 재발견, 미술작품의 진위문제, 난해한 현대미술 이해하기 등 미술사의 중요한 학문적 주제들을 다양한 예를 통해 소개하고 있다. 미술사의 학문적 성격을 체계적으로 설명한 책은 아니지만 다양한 사례를 통해 미술사라는 학문은 도대체 무엇을 하는 학문인가를 알려 주고 있다.

로버트 S. 넬슨·리처드 시프 엮음, 『새로운 미술사를 위한 비평용어 31』, 신방흔 외 옮김, 아트북스, 2006.
시카고대학출판사에서 2003년에 출간한 *Critical Terms for Art History*를 번역한 책으로 미술사 연구의 관점과 방법론을 다양하게 소개하고 있다. 미술에 있어 재현(representation)의 문제, 양식(style), 그림의 의미와 해석 방법, 모더니즘, 역사적 기억, 젠더, 사회사적 미술사, 미술관 및 박물관의 역할 등 미술사의 중요 이슈에 대한 31개의 논의를 싣고 있다. 이론적인 글들이 많아 현대 인문학에서 이뤄지고 있는 이론적 논의에 익숙지 않은 독자에게는 어려울 수도 있다.

Michael Hatt and Charlotte Klonk, *Art History: A Critical Introduction to Its Method* , Manchester University Press, 2006.

미술사라는 학문의 기원과 성립, 발전 과정을 소개한 서양서 중 가장 평이하게 쓰인 책. 전문적으로 미술사의 '역사'에 대하여 알고 싶은 독자에게 매우 유용한 정보를 제공해 주고 있으며, 미술작품의 진위 판정 및 감식의 역사, 양식사적 미술사, 도상학(iconography)적 미술사, 미술사와 페미니즘, 미술사와 정신분석학, 미술사와 기호학, 사회사적 미술사 등 미술사 연구방법론과 이론을 자세하게 소개하고 있다. 미술사의 연구사, 즉 미술사의 학문적 역사에 관심이 있는 독자라면 반드시 읽어 보아야 할 책이다.

김영나, 『조형과 시대정신: 르네상스미술에서 현대미술까지』, 열화당, 1998.

이 책은 르네상스 시기부터 현대까지 서양미술사에 있어 중요한 주제들을 중심으로 작가의 전기, 작품의 감정, 화가 개인과 화파의 양식, 도상 해석 등에 관한 다양한 관점과 논의를 다루고 있다. 특히 조르조네의 <템페스타>에 대한 연구사 부분은 일목요연하게 잘 정리되어 있어 <템페스타>를 둘러싼 다양한 관점과 해석들을 이해하는 데 많은 도움이 된다.

장진성, 「이인상의 서얼의식」, 『미술사와 시각문화』 1호, 2002.

이인상을 단순히 문인화가로 취급하던 기존의 관점에서 벗어나 '서얼' 이인상의 내면세계를 집중적으로 조명하고 있다. '반쪽 양반' '절름발이 양반' 이었던 조선시대 서얼지식인의 방황, 좌절, 분노의 삶과 이들이 공유했던 '서얼의식'의 실체를 이인상의 그림을 중심으로 구체적으로 살펴보고 있다. 조선시대 서얼의 삶과 예술을 이해하는 데 도움이 되는 논문이다.

장진성, 「동기창(董其昌)과 서양기하학」, 『미술사학연구』 256호, 2007.

명나라 말기의 대표적 화가인 동기창이 당시 예수회 선교사들을 통해 중국에 들어 온 서양의 과학서적, 과학기구, 그림, 판화들을 접하게 된 과정을 살펴본 논문이다. 특히 17세기 초반 중국 문인들에게 큰 영향을 미친 『기하원본』(1607년)을 통해 서양기하학이 중국에 소개된 과정과 동기창과 같은 화가가 어떻게 서양기하학을 이해하고 기하학적 도해(圖解)를 자신의 산수화 속에 응용할 수 있었는가를 검토하고 있다. 예수회 선교사를 통해 이뤄진 서양과 중국의 문화·예술적 교류를 이해하는 데 도움이 되는 논문이다.

덧없음에 덧칠하기
— 셰익스피어의 시 한수와 연암 박지원의 글 한편

신광현

셰익스피어의 소네트 18번, "나 그대를 여름날에 견주어 볼까요?"

셰익스피어William Shakespeare의 소네트 18번은 널리 알려져 있지만 전문을 옮겨 보면 다음과 같다.

> Shall I compare thee to a summer's day?
>
> Thou art more lovely and more temperate:
>
> Rough winds do shake the darling buds of May,
>
> And summer's lease hath all too short a date;
>
> Sometime too hot the eye of heaven shines,
>
> And often is his gold complexion dimmed;
>
> And every fair from fair sometime declines,

* 신광현 | 서울대학교 인문대학 영어영문학과 교수. 서울대학교 영어영문학과와 동 대학원을 졸업하고 미국 위스콘신대학교에서 박사 학위를 받았다. 고대·중세 영문학, 특히 베오울프, 초서, 중세 로맨스, 중세 신비주의 등을 주로 연구하고 있으며, 서사이론, 마르크시즘 문학이론, 정신분석, 문화연구, 번역이론 등 비평이론에도 관심을 갖고 연구를 진행하고 있다. 주요 논문으로는 「텍스트의 무의식」, 「징후읽기와 읽기의 징후화」, 「고해성사와 중세의 주체 구성」 등이 있다.

By chance or nature's changing course untrimmed:

But thy eternal summer shall not fade,

Nor lose possession of that fair thou ow'st,

Nor shall Death brag thou wander'st in his shade,

When in eternal lines to time thou grow'st.

    So long as men can breathe or eyes can see,

    So long lives this, and this gives life to thee.[1]

나 그대를 여름날에 견주어 볼까요?

더 아름답고 온화한 그대여

거친 바람 오월의 사랑스런 꽃봉오리 흔들고

여름의 빌려온 시간 헤아린들 너무나 짧으니

때론 하늘의 눈 지나치게 뜨겁게 빛나며

곧잘 그 금빛 안색 흐려지지요

아름다움 다 언젠가 아름다움에서 멀어지니

우연이든 자연의 변화든 기울어지지요

하지만 그대의 영원한 여름 지지 않을지니

그대가 지닌 아름다움 잃지 않을 것이며

죽음이 그대가 제 그늘 속 거닌다 자랑할 일 없이

영원한 시행 속 그대는 시간을 따라 자라느니

    사람이 살아 숨 쉬고 눈으로 볼 수 있을 때까지

    이 시가 살아 있어 이 시 그대에게 생명을 주리니

1) W. Shakespeare, *The Sonnets*, ed. G. Blakemore Evans, Cambridge University Press, 1996, p.41. 번역은 필자의 것.

이 시에서 화자는 자신의 연인을 가장 좋은 계절인 여름에 견주어 보면서, 그대가 더 아름답고 온화하다 말한다. 계절이 아무리 좋다 한들 늘 좋을 수 없고 시간의 흐름을 버텨 낼 수 없지만, 자신의 시 속에서 그대는 유한함을 넘어 영원히 아름답게 살아 있으리라 말한다. 겉으로 보기에 이 시는 사랑의 영원성과 예술의 초월성을 얘기하고 있다. 예술을 통해 사랑은 또 사랑을 통해 예술은 피할 수 없는 죽음과 무상한 시간성을 넘어설 수 있으리라 말하고 있는 듯 보인다. 부드러운 음악성과 감미로운 시어들이 이런 낙관적인 믿음을 즐겁게 지탱하고 있기도 하다.

그러나 자세히 보면 이 시는 연인과 여름을 견주면서 막상 이 둘이 다르지 않다고 말하고 있다. 계절의 변화에도 지지 않을 사랑은 오직 이 시 속에 예술로 승화된 사랑뿐이다. 그렇지만 현실 속의 사랑은 어떠한가? 이 시의 묘미는 겉으로 부정된 여름날의 순간들이 실은 매혹 그 자체라는 데 있다. 사랑스런 꽃봉오리가 바람에 흔들린다. 하늘에 금빛 태양 빛나고 가끔 구름이 빛을 가려 준다. 주위에는 온갖 아름다움이 가득하다. 이 아름다움은 곧 끝날 계절 속에 있기에 더욱 매혹적이다. 사랑은 이와 같은 순간의 유한성을 기반으로 한 유혹이다. 이 계절의 유혹과 같은 사랑이 아름답지 않은가. 그러나 이 시의 초점은 사랑의 매혹 자체에 놓여 있지 않다. 매혹은 지나가고, 사랑은 스러진다. 보아야 할 것은 세월의 무상함이다. 사랑을 노래하는 소네트에서 사랑의 무상함을 앞세우다니.

오늘날 뒤돌아볼 때 셰익스피어의 위대함은 여기에서도 찾아볼 수 있다. 그는 소네트 연작을 통해 '사랑'의 허구성을 깨는 작업, 즉 사랑이 초월적인 것이 아니라는 얘기를 한다. 왜 이런 작업을 해야 했을까? 우리시대에 '사랑'은 그냥 '사랑'이 아니다. 마치 '사랑'을 통하지 않고는 정체성을 모색할 수도 인간관계를 형성할 수도 삶의 의미를 찾을 수도 또 사회적 실천을 해낼 수도 없다는 듯이, 우리시대의 '사랑'은 문화를 만드는 매개이자 문화를 세우는 토대라고 할 수 있겠다. 이에 따라 '사랑'은 거의 모든 사회적 문제를 상징적으로 해소하는 장으로 기능하면서 동시에 각각의 문제를 제대로 사고하는 것을 방해하는 이데올로기의 역할을 한다. 그런 의미에서 흔히 생각하는 낭만적이고 이상적인 '사랑'은 없다고 말해야 할지 모른다. 역설적이지만 '사랑'은 지배적인 문화적 코드 혹은 담론의 장으로 작용하면서 더 이상 순수한 '경험'의 영역이 될 수 없는 것이다. '사랑'이 이처럼 일종의 문화적 코드로서 그 중층적 의미를 해석해 내야 하는 징후가 되어 가는 시점은 셰익스피어의 시대까지 거슬러 올라간다. 셰익스피어는 사랑이 문화적 코드로 변모하는 과정에 적극적으로 개입하여 사랑을 실체화하고 고정된 근거로 삼으려는 당대의 모든 관습·관행·관념을 거스른다. 일단 그의 언어 안에 빠지면 사랑은 건져지지 않는다. 놓아야 하거나 놓쳐 버리는 것, 그게 사랑이다.

　　소네트 18번에서도 사랑은 시간에 종속되는 인간 존재의 근본 조건을 해결해 주지 못하며 오히려 그 조건을 공유할 뿐이다. 자연이 유한하듯 인간도 유한하고, 사랑도 마찬가지다. 꽃이 지듯이 나도 지는데, 사랑이라고 지지 않으랴. 그런데 시인의 노래는 여기서 그치지 않는다. 이 시의 핵심은 오히려 사랑의 무상함에 대한 이야기를 시작으로 두 차례에 걸쳐 이루어지는 전복과 그 역동성에서 파생되는 의미에 있다. 첫번째 전복은 사랑의 무상함을 이야기한 다음, 자신의 예술적 행위를 통해 사랑을 구해 낼 수 있다는 시인의 주장에서 읽을 수 있다. 자신의 시 안에서 사랑은 계절의 순환에 딸려가지 않고 아름다움을 유지할 수 있다고 한다. 자신의 시행이 영원하므로 그 속의 사랑도 영원하리라 말한다. 이 시의 성취는 독자가 이런 믿음을 의심 없이 받아들이게끔 지어졌다는 데 있다. 이 시는 전체적으로 그 저변에 깔려 있는 사랑의 가변성과 유한성에 대한 깊은 인식이 보이거나 느껴지지 않도록 만드는 시적 효과를 낸다. 삶의 무상성에 바탕하면서도 시적 효과를 통해 그것을 느끼지 못하도록 만드는 예술적 성취는 계절처럼 변하고 말 아름다움을 자신의 시로써 시들지 않게 만들겠다는 시인의 주장을 뒷받침해 주고 있다고 보아야 할 것이다. 결국 사랑의 욕망을 충족시켜 주는 것은 예술이고, 예술이 사랑을 완성시켜 주는 셈이다.

그러나 이 시는 예술에 대한 이런 생각을 또 한 차례 뒤집는다. 이 시가 결국 연인의 마음을 얻기 위해 쓰여졌다는 점을 염두에 둔다면 그대의 아름다움이 내 시 안에서 영원하리라는 언사는 한여름 날에 그 아름다움을 함께 누리자는 뜻을 품고 있다고 해석할 수 있다. 따라서 이 시가 보여 주는 예술의 초월성에 대한 믿음은 연인의 마음을 얻으려는 목적을 향한 일종의 수사로 볼 수 있다. 역설적이지만 예술의 초월성에 대한 이 시의 믿음은 여름날의 사랑에 탐닉하려는 마음 위에 있는 것이다. 이 시가 보여 주는 감미롭고 부드러운 음악성도 예술의 불멸성을 위한 것이라기보다는 감각적 쾌감을 위한 것이라 볼 수 있다. 그렇다면 이 시가 이루어 낸 예술적 성취도 결국 단순히 수사적 효과에 불과한 것이 된다. 이 시가 약속한 영원성이 수사적 언사라면 그 영원성은 이미 깨어진 것 아닌가. 언어에 의해 만들어진 허구에 불과한 것 아닌가.

이렇게 읽을 때 이 시의 진가는 사랑과 예술을 뫼비우스의 띠처럼 연결시키며 부정과 부정의 부정을 통해 양쪽 모두를 헐짓는 데 있다. 그런데 이 시는 사랑의 무상성과 예술의 허구성을 맴돌면서도, 그 어느 것도 심각하게 받아들여지거나 뼈아프게 느껴지지는 않게 만든다는 데 그 특징이 있다. 셰익스피어는 사랑과 예술을 오가며 양쪽을 헐짓는 자신의 움직임을 율동적인 음악성 속에 파묻어 보이지 않게 하는 기막힌 솜씨를 보여 준다. 모든 게 상쾌할 뿐이다. 모순들이 모순으로 느껴지지 않는다. 이 시의 경쾌함은 사랑의 무상성도 좋고 예술의 허구성도 좋게 만들며, 초월성과 영원성이 빈말이어도 좋고 진담이어도 좋으며 거짓이거나 진실이거나 상관없이 만들어 준다. 과연 이 시의 이런 경쾌함은 어디에서 오는 것일까? 그것은 사랑의 무상성을 뚫어보는 통찰에서 나오는 것도, 예술을 통해 삶의 유한성을 초월하려는 진지함에서 나오는 것도 아닐 것이다. 또한 그것은 사랑의 하염없음을 내세우거나 예술의 허구성을 지적하는 태도에서 나오는 것도 아닐 것이다. 이 소네트의 놀라움은 이 모든 인식과 통찰을 안고서도 이토록 상쾌한 노래를 부를 수 있다는 것이다. 과연 이 상쾌함이 어디에서 나오는 것인지 궁금하지 않을 수 없다.

이 물음의 대답은 마지막 행, "이 시가 살아 있어 이 시 그대에게 생명을 주리니"의 "이 시"(this)에서 찾아볼 수 있다. 소네트의 마지막 행에 두 번 반복되는 "이 시"는 시인이 바로 지금 이 시를 쓰고 있음을 알려 준다. 원어의 "this"는 시인과 시의 거리조차 없앰으로써 시를 쓰고 있는 생생한 현장감을 더 직접적으로 살려 준다. 여기 "이 시"의 순간은 바로 사랑의 순간이다. 그런데 이 사랑은 사랑에 관한 어떤 관념도 일어서기 이전의 순간이다. 이 "이 시"의 순간, 사랑이

태어나고 성취되는 그 순간 앞에 사랑의 무상성은 아무리 진실이라
한들 한갓 관념일 뿐이다. 또한 여기 "이 시"의 순간은 예술의 순간이
기도 하다. 예술이 지금 막 나타나는 이 순간 역시 예술에 관한 어떤
관념에도 앞서는 순간이다. 예술이 태어나고 성취되는 이 순간 앞에
서는 예술의 영원성에 대한 믿음도 관념일 뿐이다. "이 시"의 순간은
순수한 구체성의 순간으로, 다름 아닌 사건의 순간이다. 사랑과 예술
이 아직 분리되지 않은 순간이면서 이 둘이 동시에 드러나는 사건의
순간이다. 사랑과 예술에 관한 어떤 관념보다 앞서면서 그 둘이 함께
일어나는 이 사건의 순간이 "이 시"의 순간이다. 이 사건이 없이는 사
랑도 예술도 무거운 관념의 구속이 될 수밖에 없다. 그런 구속이 없
는 "이 시"의 순간이 사랑도 예술도 놓아 주며 이 시를 그토록 가볍고
상쾌하게 만들어 주는 것이다.

연암 박지원의 「'관재'라는 집의 기문記文」[2]

연암의 이 글은 백오 서상수가 자기 집의 이름을 관재觀齋라고 붙이고
연암에게 글을 부탁한 데 응해서 쓴 기문이다. 아주 짧은 글이지만
불교의 교리를 극화시켜 제시하는 문학적 솜씨와 삶을 바라보는 깊
은 안목이 일품이다. 이 작품은 액자식 구성을 띠고 있다. 이야기의
틀은 연암이 1765년 가을 금강산 유람 때 마하암으로 준대사俊大師를
방문한다는 것이고, 이야기의 내용은 연암이 엿본바 대사와 동자승

---

2) 박희병, 「'관재'(觀齋)라는 집의 기문(記文)」, 『연암을 읽는다』(돌베개, 2006), 302~319쪽. 이 글
은 이 책에 실린 번역과 해설을 참고해 씌어졌으며 아래의 모든 인용문은 이 책에서 따온 것이다.

사이에 일어난 일로 이루어져 있다. 그 내용은 이렇다.

대사는 참선 중이고 선정禪定에 들어가 있다. 이때 동자승이 "화롯불을 뒤적여 향에 불을 붙였다. 향에서 연기가 동글동글 모락모락 피어오르는데, 곁에서 받쳐 주는 것이 없어도 곧게 올라가고 바람이 없어도 절로 흔들거려 한들한들 하늘하늘 스스로를 이기지 못하는 것 같았다." 이에 동자승은 일종의 오도송悟道頌; 부처의 도를 깨닫고 지은 시가을 다음과 같이 읊는다.

공덕이 가득하니,   功德旣滿

움직임이 바람으로 돌아가도다!   動轉歸風

내가 깨달았으니,   成我浮圖

한 톨의 향에서 무지개가 일도다! 一粒起虹

멋진 노래이지 않은가! 동자승은 향에서 솟아나는 연기의 화려한 공능功能을 보면서 "한 톨의 향에서 무지개가 일도다!"라는 깨달음을 노래한다. 마치 동자승 자신의 청춘과 열정이 빚어낼 삶의 황홀한 국면 국면을 찬송하는 듯하다. 향에서 무지개가 일어나듯, 동자승의 앞날에도 삶의 다채로움이 일어나지 않겠는가. 이 오도송은 그런 기대가 담겨져 있는 것으로 읽힌다.

그러나 바로 옆에는 대사가 참선 중이다. 이 이야기는 동자승에 앞서 "손가락을 감괘 모양으로 결인하고 시선은 코끝에 둔 채 참선 중"인 대사를 등장시키며 시작하는데, 선정에 든 대사의 고요함과 춤추는 연기의 율동감은 서로 어울리지 않는다. 적어도 대사는 향에서 일어나는 무지개에 매혹되지 않을 듯하다. 과연 대사는 눈을 들어 동자승에게 말한다. "애야, 넌 향내를 맡는구나. 난 타고 난 재를 보는데. 넌 연기를 기뻐하는구나. 난 '공'空을 보는데. 움직임도 이미 공적空寂하거늘 공덕을 어디다 베푼단 말이냐?"

사실 동자승의 깨달음을 장식하는 '연기'와 '바람'과 '무지개' 등이 불교의 여러 경전에서 허망함을 나타내는 비유임을 생각하면 대사의 반응은 당연하다. 동자의 오도송은 환상에 매료된 거짓 기쁨, 깨달음이 아니라 무명 속에서 불려진 노래인 것이다. 대사는 재를 보는데 동자승은 연기에 기뻐하고, 대사는 공을 보는데 동자승은 연기의 움직임에 현혹된다. 대사는 선정에 들어 있는데, 동자승은 무지개를 좇고 있다. 세상에 매혹이 있는 것들은 모두 다 허망한 법이니, 그 허망한 것들의 매혹이 동자승을 사로잡은 것이다. 대사가 보기에 "한들한들 하늘하늘"한 연기의 춤사위는 삶의 부질없는 우여곡절에 불과한 것으로 그 집착에서 벗어나야 하는 미망일 뿐이다. 허나 동자승이 삶의 그 유혹에 끌리지 않을 수 있을까. 이제 막 청춘과 열정이 무지개처럼 피어나 바람도 없이 춤추는 연기처럼 동자승의 존재를 출렁일 텐데 말이다. 대사가 한껏 들뜬 동자승을 공으로 깨우치자 동자승이 "눈물을 줄줄 흘"리는 것은 이해가 가고도 남는 일이다.

그러나 이 대목에서 동자승은 단지 눈물만 흘리는 게 아니라 대사의 말에 강하게 맞선다. 동자승은 이렇게 말한다. "예전에 스승님은 제 머리를 어루만져 주시며 오계五戒를 내리고 법명法名을 지어 주셨습니다. 지금 스승님께서는 이름인즉 내가 아니며 나는 '공'空이라고 하오시니, '공'이라는 건 형체가 없는 것이거늘 이름을 얻다 쓰겠습니까? 제 이름을 돌려 드리고자 하옵니다." 이 말로써 동자승은 대사에게 거센 반론을 제기한다. 동자승은 향과 연기에 관한 대사의 지적을 곧바로 자기 자신에 적용시킨다. 향이 공이라면 '나'라는 자아도 공이고, 연기가 공이라면 내 이름도 공이라는 말 아닌가. 그러니 대사에게 받은 이름을 돌려주겠다는 동자승의 말에는 대사가 지어준 이름과 함께 방금 내려 준 가르침도 돌려주겠다는 뜻이 숨겨져 있다. 동자승은 무지개가 공이라면 법명도 공이니, 이 둘이 뭐가 다르겠냐고 반발하며 대사의 가르침을 거부하고 있는 것이다.

이런 동자승의 반발에 대사가 다시 가르침을 내리는 것으로 두 사람의 대화가 마무리된다. 동자의 반론을 깨우치는 대사의 설법이 다소 길기는 하지만 전문을 옮기면 이렇다. "너는 순순히 받아들이고 순순히 보내어라. 내가 60년 동안 세상을 보니 머물러 있는 것은 아무것도 없어 넘실넘실 흐르는 강물처럼 도도하게 흘러가나니, 해와 달은 가고 또 가서 잠시도 그 바퀴를 멈추지 않거늘 내일의 해는 오늘의 해가 아니란다. 그러므로 미리 맞이하는 것은 거스르는 것이요, 좇아가 붙잡는 것은 억지로 힘쓰는 것이요, 보내는 것은 순순히 따르는 것이다. 네 마음을 머물러 두지 말며, 네 기운을 막아 두지 말지니, 명을 순순히 따르며 명을 통해 자신을 보아, 이치에 따라 보내고 이치로써 대상을 보라. 그러면 손가락으로 가리키는 곳에 물이 흐르고 거기 흰 구름이 피어나리라." 이 대사의 설법에 이어 작품은 서사 틀로 돌아와 화자인 연암이 "나는 당시 턱을 괴고 대사의 곁에 앉아 있다가 이 말을 들었는데 참으로 정신이 멍하였다"라고 말하는 것으로 끝을 맺는다.

아쉽지만 연암은 대사의 설법에 동자승이 어떻게 반응했는지를 보여 주지 않는다. 동자승의 반응이 생략된 것은 일차적으로 대사의 설법이 이 대화의 최종적인 결론을 맺고 있기 때문이라고 해석할 수 있다. 실제로 동자승의 반론은 불교 교리에 비추어 보면 공에 대한 그릇된 이해와 자아에 대한 집착에 뿌리를 두고 있다. 동자승은 공을 있고 없고의 분별 위에서 파악하고 있는데, 공이란 바로 이 분별을 넘어서서 있는 것이다. 또한 동자승은 자아를 실체화하고 거기에 집착함으로써 공이 자아를 부정하는 것이라고 잘못 받아들이고 있다. 그러므로 이 작품은 동자승의 허망한 생각을 대사의 설법으로 바로잡는 이야기로 읽을 수 있는 것이다.

그러나 이 작품이 불교의 교리서가 아니라 한편의 짧은 이야기라는 점을 고려하면 이 이야기를 꼭 불교의 교리를 설파하기 위한 것으로 환원해서 읽을 필요는 없을 듯하다.[3] 특히 이 작품을 한 편의 허구적 서사로 (즉 그렇게 창작된 것으로) 읽을 때 새롭게 해석할 여지가 보이기 때문이다. 무엇보다 이 작품의 극적 구조는 동자승에게 더 많은 공감을 갖도록 유도한다. 작품의 처음은 동자승의 환희로 작품의

---

[3] 불교 교리에 비추어 읽을 때에도 대사의 입장이 반드시 진리를 담고 있는지는 분명하지 않은 면이 있다. 동자승이 향에 집착하듯 대사는 재에 집착한다고 볼 수 있는 여지가 있기 때문이다. 또한 대사의 설법이 동자승에 적용되면 오히려 대사의 꾸지람이 극단적으로 보이기도 한다. "순순히 받아들이고 순순히 보내어라"는 대사의 말은 동자승이 향의 매력은 매력대로 법명은 법명대로 그 방편성을 받아들이라는 취지로 이해될 수 있기 때문이다. 미리 앞서거나 항시 머물지 말고 순리에 따라가라는 요지의 대사의 설법에 비추어 볼 때 동자승의 오도송은 그것 나름대로의 유효성을 가지고 있는 데 반해 대사는 이를 인정하지 않은 것이다. 재에 대한 집착은 『원각경』이 강조하는 바이다. 『원각경』에는 허망함을 버리려는 마음도 허망함일 뿐이며 그 마음마저 버려야 한다는 점을 강조하는데, 그 점을 연기와 재가 모두 사라져야 한다는 비유로 표현하고 있다. 이 비유에 비춰 보면 대사가 재에 집착하고 있다고 볼 여지가 생긴다. "선남자여, 일체의 보살과 말세 중생들은 일체 부질없는 허망한 대상을 멀리 여의어야 한다. 한편 (허망한 대상을) 멀리 여의려는 마음을 너무 집착하면 안 되기 때문에 그런 허망한 마음도 또한 멀리 여의어야 한다. 나아가 멀리 여의려는 것도 허망한 것이니 그런 생각마저도 또한 멀리 여의어서, 더 여읠 것이 없게 되면 모든 허망이 제거된다. 비유하면 불을 피울 때 나무를 서로 비벼 불이 붙어 나무가 타서 없어지면 재도 날아가고 연기까지도 모두 사라지는 것 같다. 허망함으로써 허망함을 제거하는 것도 이와 같아서, 비록 모든 허망함이 사라지더라도 모든 게 사라지는 것은 아니다." (善男子 一切菩薩 及末世衆生 應當遠離一切幻化虛妄境界 由堅執持遠離心故 心如幻者 亦復遠離 遠離爲幻 亦復遠離 離遠離幻 亦離遠離 得無所離 卽除諸幻 譬如鑽火 兩木相因 火出木盡 灰飛煙滅 以幻修幻 亦復如是 諸幻雖盡 不入斷滅) 『원각경』, 신규탁 옮김, 도서출판 깃발, 2009, 28쪽.

가운데는 동자승의 울음으로 그리고 작품의 마지막은 생략된 동자승의 반응으로 짜여져 있다. 이러한 구조는 독자의 관심을 자연스럽게 동자승에게 실어 준다. 독자는 동자승의 노래에 기뻐하고 동자승의 울음에 연민을 느끼다가 동자승에 대한 궁금증을 안은 채 독서를 마치게 되는 것이다. 그런데 대사의 설법에 대한 동자승의 반응이 나올 자리에 연암이 등장한다. 연암은 대사의 설법을 듣고 "참으로 정신이 멍하였다"는 스스로의 반응을 제시하며 작품을 끝맺는데, 이러한 부분에서 혹시나 연암이 자신을 동자승과 가깝게 놓고 있는 게 아닌가 하는 생각을 해볼 수도 있다.

이처럼 동자승에 공감하게끔 짜여져 있는 작품의 구도를 곰곰이 들여다보면 이 작품이 전달하려는 교리적 내용이 대사의 설법보다 오히려 서사적 구조 자체를 통해 전달되고 있지 않을까 하는 데 생각이 미치게 된다. 동자승에 공감하며 읽다 보면 대사가 설파하는 법리도 동자승을 지금 당장 대사로 바꾸어 줄 수는 없다는 엄연한 삶의 진리가 눈에 들어온다. 동자승이 눈물을 줄줄 흘리는 것은 동자승이 어리석어서라기보다는 아직 대사가 되기에는 어리기 때문이다. 즉, 동자승의 눈물은 동자승이 대사의 지혜에 안착하기 전에 아직 살아야 하는 삶이 남아 있다는 증표이다. 대사의 설법은 그 삶이란 어떠어떠하다 그러니 이러이러하게 살아야 한다고 말하지만, 그 어떠어떠함과 이러이러해야 함이란 동자승에게는 한낱 관념일 뿐이다. 아니 그 누구에게라도 삶을 거치지 않은 채 알게 되는 삶의 어떠함이란 더구나 이러해야 함이란 관념일 뿐이다. 대사의 설법이 단순한 관념이 아닌 것은 그것이 "내가 60년 동안 세상을 보니"라는 경험에서 나온 것이기 때문이다. 대사처럼 60년 동안 세상을 보아 오지 못한 동

자승이 대사의 설법을 듣고 당장 대사의 경지에 오를 수야 없지 않은
가. 동자승의 눈물이 환기시키는 것은 대사의 경지에 다다르기까지
동자승이 걸어 나가야 할 삶의 길이 단순히 거추장스러운 우회일 수
만은 없다는 또 다른 진리이다.

　이렇게 볼 때 이 작품에서 삶을 가장 넓게 보고 있는 사람은 다
름 아닌 작품의 화자인 연암이다. 연암이 친구인 서상수가 자기 집에
관재觀齋라는 이름을 붙인 것을 기념해서 쓴 글인 만큼 이 작품은
'관'觀을 화두로 삼고 있다. 대사가 동자에게 "넌 향내를 맡는구나,
난 타고 난 재를 보는데. 넌 연기를 기뻐하는구나. 난 '공'空을 보는
데"라고 말하는 것이나 마지막 설법에서 "명을 통해 자신을 보아命以
觀我 …… 이치로써 대상을 보라理以觀物"고 말하는 것은 이 글이 '관'
을 파제破題하고 있기 때문이다. 분명 대사는 공을 보는 경지에 이르
렀고, 그 경지에서 관아觀我하고 관물觀物하는 실천을 하는 어른이다.
반면에 동자승은 공을 제대로 보지 못하고 자신과 세상을 관觀하지
못하는 아직 어린이다. 그러나 연암은 이 두 사람의 대화를 엿들으며
두 사람을 동시에 이해하는 사람이다. 연암은 동자승의 눈물에 공감
하면서 다른 한편으로 대사의 나무람에 수긍한다. 연암은 동자승의
오도송을 함께 기뻐하기도 하고 대사의 설법을 이해하기도 한다. 연
암은 향과 재를 동시에 보는 사람, 연기에 기뻐하면서 동시에 공을
보는 사람이다. 요컨대 연암은 이 작품의 화자로서 이 두 사람을 함
께 보는 사람이다.

　그렇다면 이 작품은 화자의 시선에 대한 작품, 곧 화자의 '관'을
보여 주는 작품이라 읽을 수 있다. 만약 대사가 동자승에게 일깨우려
는 삶의 무상성을 넘어서는 길이 삶을 가장 폭넓게 보는 데 있다면

이 작품의 화자가 그런 시야를 갖고 있는 게 아닐까. 또한 삶의 총체적인 모습은 동자승의 오도송이나 대사의 설법보다는 그 둘을 동시에 아우르는 이 한 편의 서사가 잡아내고 있지 않은가. 이 작품의 서사구조는 우리가 무엇을 볼 때 타인의 눈을 통해서 볼 줄 알아야 한다는 점을 말해 준다. 이 이야기는 우리가 정말로 보아야 할 것은 자아와 대상뿐 아니라 바로 타인들이라는 점을 말해 주고 있는 것이다. 이 작품은 화자의 시선을 통해 삶의 무상성을 넘어서는 관점이란 타인에 대한 사랑에서, 달리 말해 자기를 비울 때 남는 마음, 곧 자비심慈悲心에서 나온다는 것을 보여 준다.

| 추천도서 |

William Shakespeare, *The Sonnets*, ed. G. Blackemore Evans, Cambridge University Press, 1996.
셰익스피어의 소네트 연작시를 모아 놓은 텍스트이다. 셰익스피어의 소네트는 매우 다양한 관점을 담고 있어서, 낱개를 음미하며 읽든 주제별로 골라 읽든 전체를 연이어 읽든 독자에게 감흥을 준다. 필자의 논의와 사뭇 다른 관점을 보여 주는 시들도 쉽게 찾아볼 수 있을 것이다.

박희병, 『연암을 읽는다』, 돌베개, 2006.
연암 박지원의 산문작품 스무 편을 번역해서 모은 책이다. 연암의 글과 함께 박희병 교수의 주해, 평설, 총평이 실려 있는데, 박 교수의 설명과 해석은 인문학이 어떤 일을 하는지, 또 할 수 있는지를 잘 보여 준다. 짧은 글 한 편에서 당대 사회와 사상과 문화와 삶을 읽어 내는 박 교수의 해설은 연암의 글이 이룬 성취를 더욱 감동적으로 만들어 준다.

『원각경』, 신규탁 옮김, 도서출판 깃발, 2009.

불교 경전 중 하나인 『원각경』을 번역한 책이다. 『원각경』은 부처님이 12보살에게 문답의 형식을 통해 "최초에 마음을 내어 실천하신 청정한 수행법"을 설하는 경전으로서, '대원각'의 깊은 이치를 가르쳐 주는 경전이다. 필자에게 인상적인 점은 이 경전이 깨달음으로 가는 길을 일상적 사고가 기반하는 이분법 너머에서 보여 준다는 것이다.

인문학자 공자, 그의 삶과 이상

이강재

들어가는 글

이 글은 공자孔子의 언행을 기록해 놓은 『논어』論語의 일단을 소개하려는 목적으로 작성되었다. 공자는 기원전 551년 중국 주周나라 시기에 제후국의 하나인 노魯나라에서 태어나 기원전 479년 세상을 떠난 역사 속의 한 인물이다. 그러나 공자란 어떤 사람이며 그가 궁극적으로 꿈꾸었던 것은 무엇인지에 대해서는 학자에 따라 견해가 일치하지 않는다. 따라서 여기서 공자와의 만남을 이야기할 때 우리는 우선 그의 어떤 면모와 만나야 할지에 대해 생각해야 할 것이다.

본인은 공자를 스승으로서의 모습과 인문학자로서의 모습에 주

* 이강재 | 서울대학교 인문대학 중어중문학과 교수. 서울대학교 중어중문학과에서 학부 과정부터 박사 과정까지 마쳤고, 중국의 베이징대학교과 미국 듀크대학교에서 연구한 바 있다. 고대 중국어의 어법과 훈고에 대한 논문을 다수 발표하였다. 또한 논어를 중심으로 한 유가 경전의 다양한 해석 방법에 관심을 두고 연구를 진행하면서 『논어—개인윤리와 사회윤리의 조화』, 『고증학자는 논어를 어떻게 읽었나』(공저)를 출간한 바 있다. 최근에는 논어의 고주를 역주한 『가장 오래된 논어』를 비롯하여 논어의 여러 주소를 번역하는 작업을 진행 중에 있다.
** 이 글은 논어의 해설 및 번역서로 집필된 필자의 책 『논어—개인윤리와 사회윤리의 조화』(살림, 2006)에서 가져온 내용이 다수 포함되어 있다.

안점을 두고 기술하려고 한다. 또한 그 과정에서 공자의 일생을 개략적으로 살펴보아 그의 모습이 갖는 역사적 의미를 돌아보고자 한다. 편폭의 제한 때문에 자세한 논의는 생략하고 『논어』의 몇 구절을 통해 공자와 『논어』에 약간이나마 접근하고자 한다. 따라서 이 글을 통해 공자와의 초보적인 만남을 이룬 후 독자 스스로 『논어』라는 책을 통해 공자와 깊은 만남을 가져 볼 것을 권한다.

어느 시대, 어느 사회나 그 내부의 갈등은 있는 것이며, 그러한 갈등을 어떻게 조화롭게 해결해 나갈 것인가는 항상 중요한 문제가 되어 왔다. 시대와 사회는 다를지라도 『논어』라는 책에 나타난 공자의 이상도 결국은 그 시대의 사회적 갈등과 문제점을 해결해서 좀더 나은 삶을 영위하기 위한 길을 제시한 것이라고 볼 수 있다. 특히 공자는 그 갈등을 개인과 사회의 조화라는 측면에서 접근했고 그것은 개인과 사회 중 어느 한 쪽의 일방적인 희생을 전제한 것이 아니라는 점에서 현대 사회가 당면하고 있는 갈등을 해결해 나가는 데 하나의 길잡이가 될 수 있을 것이라 생각한다. 이 점이 우리가 공자와의 만남을 가져야 하는 주요한 의미라고 할 것이다.

그럼 이제부터 공자와의 만남을 시작해 보도록 하자.

스승으로서의 공자

나는 공자를 생각할 때, 그가 살았던 시대에 세상사람들에게 올바른 길을 가르치고자 노력했던 스승의 모습을 먼저 떠올린다. 제자들이 공자의 언행을 기록한 『논어』에는 공자의 모습을 알 수 있는 많은 구절이 들어 있다. 그 중 대표적인 구절에 속하는 다음을 보자.

제자인 안회가 깊이 탄식하며 이렇게 말했다. "우러러볼수록 더욱 높은 곳에 계시고, 뚫어볼수록 더욱 굳세며, 바라보면 앞에 계시다가 어느덧 뒤에 계신다. 공자 선생님께서는 자연스럽게 사람을 잘 인도해 주시고 글로써 나를 넓혀 주시고 예로써 나를 단속해 주셔서 도중에 배움을 그만두려 해도 그만둘 수 없다. 이미 내 재주를 다했는데도, 선생님께서 보여 주신 길이 앞에 우뚝 서 있기에 비록 그것을 따르고자 하지만 따라갈 방법이 없다."

〔顔淵喟然歎曰, "仰之彌高, 鑽之彌堅. 瞻之在前, 忽焉在後. 夫子循循然善誘人, 博我以文, 約我以禮, 欲罷不能. 旣竭吾才, 如有所立卓爾. 雖欲從之, 末由也已."〕

「자한」子罕에 나오는 이 구절은, 공자가 가장 뛰어난 제자라고 평가한 안연顔淵이 그린 스승 공자의 모습이다. 안연의 눈에 비친 공자는 우러러볼수록 더 높은 경지에 계시고 자세하게 살펴볼수록 더 깊은 경지에 계신 분이다. 그러한 공자께 가까이 다가가고 싶어 살펴보면 바로 앞의 가까운 곳에 계신 듯 느껴졌는데 어느새 내가 잘 알 수 없는 경지에 계신다. 항상 차근차근 제자를 잘 인도해 주셨는데, 한편으로는 글을 많이 읽어 내 자신의 삶의 폭을 넓히도록 해주시고 다른 한편으로는 예법을 통해 나 자신을 잘 단속해 나가도록 만들어 주셨다. 이러한 점 때문에 때로는 배움을 그만두려고 했다가도 선생님의 모습을 통해 다시 힘을 얻어 그만두지 못하고 다시 내 최선을 다해 보게 된다. 그러나 여전히 공자께서 보여 주신 삶의 방법이 우뚝 높이 있어서 그 방법을 따라 살아야지 하면서도 어떻게 따라가야 하는지 방법을 찾을 수 없다. 실상 공자의 제자 중 누구보다 뛰어났던 안연은 분명 스승 공자보다 더 뛰어난 제자가 되고 싶었을 것이다. 위 구절에서 우리는 그러한 안연의 노력과 좌절, 그리고 스승 공자에 대한 존경과 탄식을 동시에 엿볼 수 있다.

스승으로서의 공자는 제자들에게 매우 엄격했던 것으로 보인다. 「공야장」公冶長에 보이는 다음 구절 속에는 제자의 게으름을 나무라는 공자의 화난 모습이 선명하게 비쳐진다.

제자인 재여가 낮잠을 자자 공자가 이렇게 말했다. "썩은 나무로는 조각을 할 수 없고 더러운 흙으로 만든 담장에는 흙손질을 할 수 없다. 내가 재여에 대해 무엇을 꾸짖겠는가?" 그리고 또 공자가 이렇게 말했다. "내가 처음 사람을 대할 때에는 그 사람의 말을 듣고 그의 행동을 믿었지만 지금 내가 사람을 대할 때에는 그의 말을 듣고 그의 행동을 살펴보게 되었다. 사람을 판단하는 데 있어서 이러한 변화는 재여 때문에 일어난 것이다."
〔宰予晝寢. 子曰, "朽木不可雕也, 糞土之牆不可杇也, 於予與何誅?" 子曰, "始吾於人也, 聽其言而信其行, 今吾於人也, 聽其言而觀其行. 於予與改是."〕

낮잠을 좀 잤다고 이렇게까지 화를 낼 수 있을까 하는 생각이 든다. 아마도 이 구절에는 우리에게 알려지지 않은 또 다른 이야기가 숨어 있을 것이다. 분명한 것은 항상 배움을 좋아하고 충실하게 지내야 한다고 생각한 공자의 입장에서 본다면 제자의 게으름은 용서할 수 없는 일이다. 물론 공자가 항상 이처럼 엄격하기만 했던 것은 아닌 듯하다. "제자들아, 자유의 말이 옳다. 앞에 내가 한 말은 농담이

다"二三者! 優之言是也. 前言戱之耳라는 공자의 말은, 자기의 말에 대해 수
정을 하거나 편하게 제자들을 대했던 모습을 보여 준다. 또한 다음
구절을 보자.

> 자공이 "저는 어느 정도의 인물입니까?"라고 묻자, 공자는 "너는
> 그릇이다"라고 말했다. 자공이 다시 "어떤 그릇입니까?"라고 묻자,
> 공자는 "종묘의 제사에 쓰이는 옥으로 장식한 중요한 기물인 호련
> 과 같은 인물이다"라고 말했다.
> 〔子貢問曰, "賜也何如?" 子曰, "女, 器也." 曰, "何器也?" 曰, "瑚璉
> 也."〕

예나 지금이나 젊은 학생들은 자신의 진로를 고민한다. 또 그 과
정에서 자신은 어느 정도의 능력이 있는 인물인지에 대해 알고 싶어
한다. 「공야장」에 보이는 위 구절 역시 그러한 고민을 해오던 자공子
貢이 공자에게 자신의 인물됨을 묻고 있으며, 공자는 그에 대해 설명
해 준다. 공자가 자공을 평가하기 위해 비유로 들었던 '호련' 瑚璉이라
는 기물이 무엇인지 잘 알지 못하는 현재로서는 공자가 생각한 자공
을 정확하게 알기에는 어려움이 있다. 그러나 당시의 입장에서 본다
면 서로간의 신뢰가 전제된 스승과 제자의 대화를 볼 수 있다.

이처럼 『논어』에 보이는 공자의 주된 모습은, 엄격하지만 다정스
럽고 확신에 차 있으면서도 제자들에 대한 애정을 갖고 있는 스승의
모습이다. 교육에서 가장 중요한 것이 교육을 행하는 당사자인 스승
이라고 할 때, 현재 우리 사회의 무너지고 있는 교육 현장을 돌아보
게 만드는 장면이라고 할 수 있다.

현실 속 공자의 삶

공자는 노魯나라 사람이다. 노나라는 천자국인 주周나라 제후국 중 하나로, 주나라와는 친족 왕국이며 지리적으로도 멀지 않은 곳에 위치하고 있었다. 공자 당시 중국과 노나라는 매우 어지러운 상황이었다. 주나라는 평왕平王, 기원전 770~720 재위 때 서쪽 견융犬戎의 침입을 받아 수도를 동쪽으로 옮겨 동주 시대가 시작되었고, 이후 중국은 천자의 실질적 지배가 불가능한 상태였다. 노나라는 대부였던 맹손씨孟孫氏, 숙손씨叔孫氏, 계손씨季孫氏의 삼환씨三桓氏 세력이 커서 국정이 실질적으로 이들에 의해 운영되고 있었다. 이 때문에 전쟁은 계속되고 백성의 고통은 극에 달하였다.

공자는 기원전 551년, 노나라 양공襄公 22년에 지금의 산동성山東省 곡부 근처에서 태어났다. 아버지 숙량흘叔粱紇은 무인으로 힘이 장사였으며 어머니는 안징재顔徵在이다. 전하는 바로는, 공자의 어머니가 니구산尼丘山에서 기도를 하고 낳았기에 공자의 이름이 구丘이고 자는 중니仲尼가 되었다고 한다. 공자가 3세 때에 아버지가 돌아가셨고 그 이후 어려운 어린 시절을 보냈다. 이는 공자 스스로 "내가 젊었을 때 미천하였기에 비천한 일을 할 줄 아는 것이 많다"吾少也賤, 故多能鄙事(「자한」)라고 밝히고 있는 데에서도 알 수 있다. 그럼에도 어려서부터 항상 예를 갖추어 제사 지내는 놀이를 하는 등 예법에 관심을 갖고 있었다. 또한 "나는 15세에 학문에 뜻을 두었다"吾十有五而志于學(「위정」爲政)라고 말한 것에서 알 수 있듯이 일찍부터 학문의 길을 가겠다는 의지가 분명했다.

공자는 21세 되던 해에 처음으로 소와 양 등 희생으로 쓰이는 가

축을 관리하는 말단 관직인 승전乘田을 역임했는데, 직분에 충실했던 것으로 알려져 있다. 또 20대부터 사숙을 열어 학생들을 가르쳤다고 전해진다. 공자가 27세 되던 해에 노나라에 부속된 작은 나라인 담나라의 군주에게 고대의 관직 제도를 배웠다. 34세 즈음하여 주나라 수도 낙읍에 가서 노자에게 예를 배우고 장홍萇弘에게 음악을 배웠다고 전해진다. 이후 몇 차례 국외에 나가기도 하고 관직을 하기도 하였는데, 51세 때 중도中都라는 지역의 책임자가 되었다. 그리고 그 다음해인 노나라 정공定公 10년에는 노나라의 장관에 해당되는 사구司寇라는 높은 관직을 하면서 제齊나라와 협곡夾谷에서 회담을 할 때 참석하여 제나라의 의도를 좌절시켰다고 전해진다. 그리고 이때부터 55세 노나라를 떠날 때까지 계속 사구 벼슬을 했던 것으로 보인다. 아마도 이 시기가 정치적으로 공자의 전성시대라고 할 수 있을 듯하다.

　　55세 때에 공자는 고국인 노나라를 떠나 14년간의 유랑생활을 떠난다. 이는 공자로 인해 노나라의 정치가 잘 되자 이를 경계한 이웃 제나라의 계책 때문이었다. 이후 공자는 갖가지 고난을 겪으면서 자신의 뜻을 펼칠 수 있는 곳을 찾아다닌다. 광匡 지방에서는 그 지역 사람들에게 포위된 적도 있고, 60세 때에는 송宋나라로 가는 도중에도 생명을 위협받은 상황을 경험하기도 한다. 그렇지만, 공자는 이 과정에서도 "문왕이 이미 돌아가시고 예악과 제도가 여기 나에게 있지 않은가? 하늘이 장차 이 예악과 제도를 없애고자 했다면 뒤에 태어난 내가 이 예악과 제도에 관여할 수 없었을 것이다. 지금 하늘이 이 예악과 제도를 없애고자 하지 않는데 광 지방 사람들이 나를 어떻게 할 수 있겠는가?"文王旣沒, 文不在玆乎? 天之將喪斯文也, 後死者不得與於斯文也, 天之未喪斯文也, 匡人其如予何?(「자한」)라고 말하면서 자신이 고대 문물의 전수자라는 자부심을 피력하였다고 한다.

또한 63세 때에는 초楚나라로 가는 도중 진陳나라와 채蔡나라 사이에서 식량이 떨어져서 고생하였다. 당시 오吳나라, 진나라, 초나라가 관여된 전쟁의 와중에서 양식이 떨어져 고생한 것이다. 68세 되던 애공 11년, 제자 염유冉有가 계씨의 가신으로 공을 세운 후 공자의 귀국을 요청하여 당시 위衛나라에 있던 공자가 노나라로 돌아왔다. 고국 노나라를 떠난 지 14년 만의 일이다. 귀국한 이후 공자는 정치를 하겠다는 생각을 하지 않고 교육과 문헌정리에 몰두한다. 이 당시 공자는 이전 시대의 예법을 탐구하고 『서경』書經의 차례를 바로잡았고, 위로는 요순堯舜시대부터 아래로 진秦나라 목공穆公 때까지의 일을 정리했다. 이를 통해 공자는 갖가지 문헌을 가르치고 대략 3천여 명에 이르는 제자를 양성했다고 한다. 그리고 나이 73세 때인 기원전 479년, 애공 16년 여름에, 공자는 세상을 떠났다.

공자의 일생은 어린 시절 불우한 환경에서도 끊임없이 배우고자 분투하는 모습, 자신의 정치적 이상을 실현하기 위해 노력했던 모습, 그리고 제자들을 양성하고 고대 문헌을 정리하려고 힘쓴 모습으로 나타난다. 그 중 가장 인상적인 부분은 공자가 가장 어려웠던 시기인 천하를 떠돌아다니던 14년간이 아닐까 한다. 55세라는 적지 않은 나이에 시작하여 자신의 꿈을 찾아 새로운 환경과 역경을 두려워하지 않는 모습은 젊은 나이에도 실패를 두려워하고 도전하려는 정신이 부족한 요즘의 우리에게 주는 교훈이 적지 않다. 공자가 꿈꾸었던 이상 사회와 그의 사상이 무엇인가에 관계없이 새로운 세상의 창조는 언제나 꿈꾸고 도전하는 사람들에 의해 이루어지기 때문이다. 그리고 이러한 공자의 모습이 그가 진정한 인문학적 사유를 했던 인물이라는 것과 인문학에 관심을 갖는 젊은 학생들에게 반드시 공자와 『논어』를 만나 볼 것을 권하게 만드는 대목이다.

인문학자로서의 공자

우리는 공자를 성인이라고 부르는 데 주저하지 않는다. "나는 태어나면서부터 모든 것을 알았던 사람이 아니라 옛 것을 좋아하고 열심히 그것을 추구한 사람이다"我非生而知之者, 好古敏以求之者也라는 「술이」述而의 구절은, 당시의 제자들이 공자를 어떻게 생각했는지를 알 수 있게 해준다. 즉 공자는 스스로 옛 것을 좋아하여 열심히 그것을 공부하면서 얻어 갔는데, 다른 사람의 눈에는 공자는 태어날 때부터 모든 것을 알았던 사람이다. 이는 당시 제자들이 공자의 지식 수준이나 행동이 완벽하다고 생각했기 때문에 그렇게 평가한 것이다.

그러나 현재의 입장에서 볼 때 공자에게도 나름대로 한계가 없었던 것은 아니다. 당연히 역사적으로 실존했던 인물로서의 한계를 피할 수 없는 것이기 때문이다.

오랑캐 나라에는 오히려 체계가 잡혀 있어서 군주가 있지만, 중원의 나라가 혼란스러워 군주조차 인정하지 않는 것보다는 못하다. 〔夷狄之有君, 不如諸夏之亡也.〕

「팔일」八佾에 보이는 공자의 이 말은, 몇 가지 논란에도 불구하고 공자 역시 중화주의적 입장을 벗어나지 못한 인물이라는 평가를 하게 만드는 구절이다. 아무리 중원이 혼란스러워 군주를 무시하고 시해하는 일이 빈번하다고는 하지만 군주의 존재 자체를 존중하고 지켜나가는 오랑캐 나라에 비하면 더 좋다는 언설은 그가 중원에서 살았던 인물임을 확인해 준다. 또한 "백성들은 이치를 따르도록 할 수는 있지만 그것을 알도록 만들 수는 없다"民可使由之, 不可使知之라는 「태백」泰伯의 구절은, 그가 지배계급의 논리에 의해 일반 백성들은 지식을 습득할 능력조차 없다고 말하는 듯한 인상을 지울 수 없다. 물론 "가르치는 데 있어서 신분상의 차별을 두지 않는다"有教無類(「위령공」衛靈公)라며 평등교육을 강조하기는 하지만, 위 구절이 피지배계층의 지적 능력을 완전히 무시한 것으로 해석될 소지가 다분하다.

그러나 이 점은 공자가 말한 내용이 주로 당시의 사회 지도층을 대상으로 그들이 솔선해서 해야 할 원칙과 일을 말했다는 점에서 이해할 수 있는 면도 있다. 또 다른 한편으로 공자 역시 춘추시대 말기 혼란스러운 시대에 살아야 했던 시대적 한계가 있다는 점을 인정한다면 수긍할 수 있는 면이 더 많아진다.

자로가 노나라 성문 밖에서 하룻밤을 묵은 적이 있었다. 다음날 아침 성문을 지키는 문지기가 자로에게 어디에서 왔는지 물었다. 자로가 공자의 문중에서 왔다고 대답하자, 문지기가 이렇게 말했다. "바로 그 안 되는 줄 알면서도 그것을 하고 있는 분 말이군요!" 〔子路宿於石門. 晨門曰, "奚自?" 子路曰, "自孔氏." 曰, "是知其不可而爲之者與?"〕

「헌문」憲問에 보이는 위 이야기는 공자 당시 다른 사람들이 공자를 어떻게 생각했는지를 알 수 있게 해준다. 성문을 지키는 문지기의 입장에서 볼 때에도 공자는 스스로 어떤 일이 성사될 수 없다는 것을 알면서도 그 안 되는 일을 억지로 행하고 있는 사람이다. 이 구절에서 우리는 공자라는 인물은 당시의 상황에 맞지 않게 생각하고 주장했던 고집스러운 인물이지만 반대로 그렇게 평가를 받았던 공자가 이제는 성인으로 존중되고 있다는 점에서 아이러니를 느끼게 된다. 그런데 바로 이 점이 인문학에서 공자를 공부하는 한 이유가 아닐까 생각한다. 이는 인문학이 무엇인지에 대한 수많은 정의에도 불구하고 유사 이래로 인문학이 사회에서 크나큰 대접을 받아 본 적이 별로 없다는 점 때문이며, 동시에 사회적인 냉대에도 불구하고 끊임없이 인간을 탐구하면서 세상을 아름답고 행복하게 만들기 위해 노력하는 것이 바로 인문학이라는 점 때문이기도 하다. 더불어 이러한 인문학의 가치가 당대에 인정받기보다는 오랜 시간이 지난 이후에야 비로소 그 진가를 발휘한다는 점도 유사한 면이라고 할 것이다.

공자의 이상

어려운 환경 속에서 자신의 이상을 실현하고자 노력했던 공자, 그렇다면 그의 이상은 무엇이었을까? 공자의 이상, 그의 철학을 간단하게 정리한다는 것은 쉽지 않은 일이며, 공자의 어떤 면모를 중시하는가에 따라 그의 이상이 달라 파악될 수도 있다. 따라서 여기서 말하는 공자의 이상 역시 단편적이고 일부에 불과할 수 있다.

공자가 꿈꾸는 세상은 개인과 사회, 개인과 개인이 조화롭게 살아가는 세상이다. 공자는 이를 '예'禮라는 말로 표현한다. 「학이」學而에는 공자의 제자인 유약有若의 말이 다음과 같이 기술되어 있다.

예의 외부적인 모습은 조화로움을 귀하게 여긴다. 이러한 이유로 옛날의 뛰어난 왕들이 나라를 통치하는 데에도 항상 이 조화의 정신을 아름다운 것으로 간주하였으며 크고 작은 일이 모두 이 정신에 따라 이루어졌다. 그러나 이 원칙만을 가지고는 할 수 없는 경우가 있는데, 그것은 조화로움만을 중시하여 조화만을 생각할 뿐 예를 행하는 근본 취지에 따라 조절할 수 없는 경우이니, 이 또한 안 되는 것이다.

〔禮之用, 和爲貴. 先王之道, 斯爲美, 小大由之. 有所不行, 知和而和, 不以禮節之, 亦不可行也.〕

'예'란 인간관계의 가장 이상적인 조화이다. 이 때문에 훌륭한 군주는 국가의 대소사에 있어서 사람 사이의 조화를 먼저 고려한다. 그러나 조화가 중요하다고 해서 맹목적인 조화만 추구하는 것은 오히려 조화를 해치는 경우가 많다. 단기적인 쉬운 조화의 추구는 오히려 장기적인 인간관계를 해치게 되고 결국 예의 근본 취지인 인간의 조화를 오히려 그르치게 되기 때문이다. 이 때문에 공자는 곳곳에서 예의 정신을 중시한다. 이 예가 사회적으로 실현되는 모습에는 때로 관직제도나 법률과 같은 현실적인 대안도 포함된다.

여기서 인간관계의 조화를 이루기 위한 방법이란 일률적이지 않으며, 시대와 상황에 따라 달리 나타날 수 있다. 이는 예라는 것이 형식적으로 나타나는 외면적인 모습에도 드러나지만 내면적으로 간직하는 정신에도 포함된다는 점을 고려해야 하기 때문이다. 이 때문에 공자는 시대의 변화에 따른 형식의 변화를 수용하는 것이 예의 기본 정신을 더욱 중시하는 것이라고 생각한다.

삼베로 만든 관을 쓰는 것이 예의이지만 지금은 명주로 짠 간단한 것을 쓰는데, 그것이 검소하므로 나는 요즘 대중들을 따르겠다. 신하가 임금을 뵐 때 당 아래에서 절하는 것이 예의지만 지금은 당 위에서 절하는데, 그것이 교만한 태도이므로 나는 당 아래에서 절하는 것을 따르겠다.(「자한」)

〔麻冕, 禮也, 今也純, 儉, 吾從衆. 拜下, 禮也, 今拜乎上, 泰也. 雖違衆, 吾從下.〕

공자의 생각에 의하면, 세상은 계속 변하는 것이기 때문에 올바른 예를 실천한다는 것은, 무조건 과거의 형식을 고수하는 것이 아니다. 때로는 대중의 변화에 따라 변하기도 하고 때로는 그 반대로 모두가 변해도 자기만은 고수해야 할 때가 있다. 이 모든 바탕에는 시대의 변화를 인정하면서 예가 갖고 있는 본래의 정신을 손상하지 않는다면 구체적인 형식의 변화를 수용할 수 있는 능동적인 자세가 들어 있다.

'인'仁은 공자가 예와 함께 가장 강조한 것이라고 할 수 있다. 사실 공자가 직접 인이 무엇이라고 구체적으로 정의를 내린 적이 없어서 인의 실체를 잘 설명하기가 쉽지 않다. 그럼에도 인을 간단하게 표현한다면 '사랑', '인간다움'이며, 이는 인간관계를 원만하게 이루기 위한 기본 전제이다. 때문에 인은 인간관계와 사회적 조화를 말하는 예와는 떨어질 수 없는 불가분의 관계를 갖고 있다.

안연이 인에 대해 묻자, 공자가 말했다. "자신의 사욕을 이겨내서 사람 사이의 조화를 이루는 예로 돌아가는 것이 인이다. 하루라도 자신의 사욕을 이겨내서 예로 돌아가면 천하가 인으로 귀의할 것이다. 인을 행하는 것이 자신에 달린 것이지 남에게 달린 것이겠는가?" 안연이 다시 "자세한 항목에 대해 듣고자 합니다"라고 하자, 공자가 말했다. "예가 아니면 보지 말고, 예가 아니면 듣지 말고, 예가 아니면 말하지 말고, 예가 아니면 움직이지 말라."(「안연」顔淵)〔顔淵問仁. 子曰, 克己復禮爲仁. 一日克己復禮, 天下歸仁焉. 爲仁由己, 而由人乎哉? 顔淵曰, 請問其目. 子曰, 非禮勿視, 非禮勿聽, 非禮勿言, 非禮勿動.〕

인仁이 무엇인지 직접적인 설명을 거의 하지 않았던 공자가 자신이 가장 뛰어난 제자라고 평가한 안연에게만은 인을 예와 연결하여 자세한 이야기를 하고 있다. 그럼에도 "사사로운 욕심을 이기고 예에 맞게 행동할 수 있는 것이 인"이라는 설명만으로는 여전히 인을 이해하기 어려운 면이 있다. 다만 이를 통해 우리는 인과 예라는 것이 밀접한 관련이 있음을 알 수 있다. 위 구절을 포함하여 『논어』 속에 보이는 인에 대한 구절들을 종합해 볼 때, 대체로 인이란 인간에 대한 절실한 사랑에서 시작하여 자신과 남을 일치시킬 수 있는 마음과 행동이다. 그리고 이것이 궁극적으로 사회의 조화를 이루는 길이라고 할 수 있다. 또한 공자에게 있어서 인이란 절대적인 것이기에 "인을 실천하는 것에 대해서는 스승에게도 양보하지 않는다"當仁, 不讓於師(「위령공」)라고 하면서 스승에게조차 양보할 수 없는 중요한 실천 덕목임을 강조한다.

공자가 『논어』 전편을 통해 인과 예를 강조한 것은 공자가 생각하는 내면의 수양에 대한 강조이면서 동시에 그것의 사회적인 실현을 포함한다. 공자는 뛰어난 인품과 덕성을 갖춘 군자 혹은 성인이 세상을 잘 다스릴 수 있는 것이 가장 이상적이라고 생각한다. 이 때문에 공자의 사상을 중심으로 한 유가사상에 대해 "내성외왕지학"內聖外王之學이라고 하여 내적으로는 성인이면서 외적으로는 훌륭한 군주가 되는 것을 가장 중시하는 학문이라고 평가하기도 한다.

| 추천도서 |

지금까지 국내에 번역된 『논어』는 대략 3백여 종에 이른다. 이는 그만큼 우리나라에서 논어가 중요한 책으로 자리 잡아 왔다는 것을 말하는 것이다. 하지만 아직까지 우리나라 『논어』 번역서는 송(宋)나라 때 주희(朱熹, 1130~1200)가 쓴 『논어집주』(論語集註)의 해설에 근거한 것이 대부분이다. 엄밀하게 말할 때 『논어집주』는 주희가 이해한 방식의 공자와 논어를 알 수 있는 책이며, 논어와 공자 자체에 접근하는 데에는 한계가 있다. 더구나 과거 중국이나 일본 등에서 나온 논어 해설을 포함할 경우 논어의 대부분의 구절에 대한 해석에는 이견이 적지 않다는 점을 고려한다면, 좀더 다양한 방식으로 논어를 읽어야 할 필요가 있다.

전통적으로 많이 읽어 온 논어의 주석서로는 네 가지를 언급한다. 하안(何晏)의 『논어집해』(論語集解), 황간(皇侃)의 『논어의소』(論語義疏), 형병(邢昺)의 『논어주소』(論語注疏), 그리고 주희의 『논어집주』가 그것이다. 이 중 『논어집해』는 오늘날까지 전체의 내용이 완전하게 전해지는 가장 오래된 논어 해설서이다. 편찬자인 하안(?~249)은 위(魏) 나라 사람으로 위진(魏晉)시대 현학(玄學)의 개창자로도 알려져 있다. 이 책은 이전 시기의 여러 논어에 대한 주를 모아 10권으로 편찬한 것인데, 후한 때의 공안국(孔安國), 포함(包咸), 마융(馬融), 정현(鄭玄)과 위나라 때의 왕숙(王肅), 진군(陳群) 및 주생열(周生

烈) 등의 견해와 하안 자신의 견해를 인용하고 있다. 가장 먼저 나온『논어』해설서라는 의미에서, 그리고 각 구절에 대한 충실한 해석을 목표로 했다는 점에서 앞으로 관심을 갖고 살펴보아야 할 책이라고 할 수 있다. 황간(488~545)의『논어의소』나 형병(932~1010)의『논어주소』는 모두『논어집해』의 주석에 대해 설명을 덧붙여 만들어진 것이다. 국내에서 간행된 논어 해설서 중에는 조선시대 정약용(丁若鏞, 1762~1836)이 편찬한『논어고금주』(論語古今註)가 독보적 자리를 차지하고 있다. 정약용은 조선의 대표적 실학자로서 그의 경학 관련 저술은 '다산학'(茶山學)이라는 분야가 형성될 정도로 독특하고 방대하다. 이 책은 그 중의 하나로 모두 40권으로 구성되어 있는데, 논어에 대한 초기 해설서는 물론 당시까지의 중국 고증학 및 일본 경학연구 성과까지 수용하여 저술되었다. 국내에서는 전주대학교 호남학연구소에서『국역여유당전서』(여강출판사, 1989) 중의 하나로 번역된 바 있다. 현대에 간행된 논어 관련 서적 중, 참고할 만한 몇 가지를 더 소개하면 다음과 같다.

이강재,『논어―개인윤리와 사회윤리의 조화』, 살림출판사, 2006.
본인이 번역한『논어』인데, 스승으로서의 공자와 그의 주장이 개인과 사회의 조화에 초점이 있다는 점에 주안점을 두고 번역했다. 또한 기존의 주희 위주의 해설 방식에서 벗어나 청대까지의 해설을 참고한 새로운 번역이 적지 않아『논어』이해의 지평을 넓혀 주는 면이 있다. 다만 각 구절에 대한 자세한 각주는 생략하고 우리말로 된 번역어 속에 각 구절에 함축된 내용을 모두 담고자 하여, 각 구절에 대한 자세한 해설이 없다는 아쉬움이 있다.

김학주,『논어』서울대학교출판부, 2009.
『논어』전체에 대한 해제와 각 구절의 번역 및 해설을 더한 책이다. 전반부의『논어』에 대한 해제가 잘 기술된 것으로도 유명하며, 각 구절에 대한 풀이 역시 역자만의 언어로 풀어내었다. 전체적으로 주희 중심의 해설 방식에 근거하고는 있지만 부분적으로 역자만의 생각이 반영된 번역 역시 들어 있다. 일반 독자가 읽을 만한 무난한 논어 번역서라고 할 수 있다.

김도련 역주, 『주주금석 논어』(朱註今釋 論語), 현음사, 2008.
주희의 주가 충실하게 번역되어 있으며, 각 구절에 대한 현대적 풀이에도 탁월한 책이다. 『논어』의 원문은 물론 주희의 주에 대해서도 상세한 주석을 더하고 있고 아울러 조선시대 다산 정약용의 논어해설도 많은 부분에서 함께 설명하고 있다. 각 구절 마지막에 '금석'(今釋)이라는 현대 번역을 제시하고 있는데, 원문에 담긴 내면의 의미를 잘 파악할 수 있도록 잘 번역되어 있다.

양보쥔(楊伯峻) 역주, 『논어역주』(論語譯註), 이장우·이종연 옮김, 중문출판사, 1997.
현대 중국에서 가장 보편적으로 많이 읽고 아울러 권위를 인정받는 『논어』의 중국어 번역서인데(中華書局에서 1980년 출간), 국내에서 이를 우리말로 번역하여 출판하였다. 『논어』에 대한 언어적인 분석과 아울러 내용상의 이해를 병행하여 각 구절에 대하여 엄격하게 번역하고 해설을 더하고 있는데, 간략한 해설 속에 언어적인 분석이 포함되어 있는 장점이 있다.

신정근, 『공자씨의 유쾌한 논어』, 사계절, 2009.
제목에서 알 수 있듯이 현대적인 『논어』 이해에 초점을 맞추고 재미있게 읽을 수 있도록 번역된 책이다. 『논어』 각 구절에 대한 번역과 원문의 한글 독음을 포함하고 있어 원문을 함께 읽고자 하는 초보 독자에게도 많은 도움이 된다. 해당 구절을 이해하는 데 도움이 될 만한 현대적 상황을 제시하기도 하였고 원문 이해의 걸림돌이 될 수 있는 어려운 내용을 현대적으로 잘 풀어주고 있을 뿐만 아니라 철학적으로 깊이 이해할 필요가 있는 부분에 대해서도 상세하게 설명을 해주고 있는 친절함을 엿볼 수 있는 책이다.

우미인과의 만남

이창숙

딱! 딱! 딱! 꽤앵, 창! 꽤앵, 창! 치앙, 차앙창! ……

박판拍板, 발鈸, 꽹과리, 요鐃, 바라가 이륙판二六板 장단을 두드리고, 이어서 경호京胡와 이호二胡, 월금月琴과 삼현三絃이 찌잉찌잉 또롱또롱 서피조西皮調 선율을 긁고 뜯는다. 곡조가 점차 가쁘게 울린다. 이윽고 우미인虞美人이 큰 숨을 들이쉬고 눈물을 훔치며 슬쩍 칼을 들고 일어나 춤을 춘다. 호치皓齒가 보일 듯 말 듯 단순丹脣을 열어 노래한다. 취안 쥔왕 인지우 팅 위꺼 ……. 뜻인즉 이러하다.

군왕께선 술을 드시며 저 우희虞姬의 노래를 들으소서.

군왕의 근심을 풀고자 너울너울 춤을 춥니다.

영씨嬴氏 진나라 무도하여 강산을 깨뜨리니

영웅들 사방에서 칼과 창을 들었습니다.

* 이창숙 | 서울대학교 인문대학 중어중문학과 교수. 서울대학교 중어중문학과를 졸업하고, 동 대학원에서 '元雜劇의 틀과 원리'로 박사 학위를 받았다. 중국 고대희곡에 관심을 갖고 연구하고 있다. 저서로는 『중국 공연예술』(공저), 『중국 고대음악사: 상고시대부터 송대까지』(역서), 『영원한 대자연인 이백』(공역) 등이 있으며, 논문으로는 「중국적 '비극'·'희극' 개념 설정의 문화논리」, 「明淸小說戲曲批評中的虛實論」 등이 있다.

옛말은 나를 속이지 않으니 성패와 흥망은 한 찰나입니다.

장막 안에 앉으시어 마음을 푸시고 술을 드소서.

영화 <패왕별희>覇王別姬로 한국인에게도 낯이 익은 중국의 경극京劇 '패왕별희'의 한 장면이다. 경극은 약 200년 전부터 북경北京에서 유행하여 지금은 중국 고전극을 대표하는 연극이다. 노래와 대사, 현란하고 우아한 몸짓이 그 주요한 연기 수단이다. 반주 악대는 규모가 크지 않아 대개 10명을 넘지 않지만, 두세 가지 타악기를 두드려 내는 소리는 때때로 고막이 찢어질 정도로 격렬하다. 과거에는 여성은 무대에 오를 수 없어 남자 배우가 여성역을 연기하였다. 영화배우 장국영張國榮, 그가 연기한 '정접의'程蝶衣는 모두 남자이다. 그들이 가성假聲으로 지르는 노래에 익숙지 않은 관객은 온몸에 소름이 돋을 수도 있다. 경극 '패왕별희'는 명나라 때의 장편 극본 『천금기』千金記의 한 대목을 다시 가공한 작품이고, 『천금기』는 『사기』史記 등 역사서에 서술된 초한楚漢의 쟁패를 소재로 하였다. 이제 경극 '패왕별희'와 『사기』의 안내를 따라 우희, 우미인을 만나러 가자.

*　　*　　*

위의 노래를 듣는 '군왕'은 초패왕楚覇王 항우項羽, 기원전 232~202이다. 초나라 명문가의 자제로 태어나 진秦나라 말기 기원전 209년, 스물넷에 숙부 항연項燕을 따라 강동江東에서 봉기하였다. 소시 적에 글공부는 이름 쓸 수 있을 만큼만 하고, 검법劍法은 일대일로 싸우는 법이라 시시해서 때려치우고, 만인萬人을 대적하는 병법兵法을 배웠다. 진시

황秦始皇의 행차 대열을 보고 저 정도면 해봄직하다고 여겨 웅심을 키워 온 터였다. 거록鉅鹿에서 자신의 겁쟁이 상관 송의宋義를 단칼에 목 베고, 파부침주破釜沈舟 즉 솥을 깨고 배를 침몰시켜 스스로 퇴로를 없앤 후, 사흘치 양식만 가지고 죽기로 싸워 장함章邯이 이끄는 진나라 대군을 쳐부수었다. 이 승리로 그는 일거에 반군의 영수가 되었다. 이후 진나라를 멸하고 천하를 쪼개 18제후를 봉했으니 그의 지위는 황제와 다름없었다. 사마천司馬遷이 『사기』史記를 지으며 그를 본기本紀에 올려 제왕의 지위를 부여한 것은 그야말로 정론직필正論直筆이다. 한나라의 신하가 자신의 시조 고조高祖 유방劉邦보다 그의 경쟁자를 사서에서 더 앞에 배치한 데는 무언가 심장深長한 뜻이 있다.

그러나 항우는 홍문鴻門에서 경쟁자를 없앨 수 있는 절호의 기회를 따뜻한 또는 나약한 마음씨 때문에 날려 버리고 말았다. 스파르타의 300명도 차례로 목을 날릴 그가, 눈앞의 유방은 왜 베지 못하였을까. 군사軍師 범증范增이 눈짓과 수신호를 몇 번이나 보냈음에도 차마 결행하지 못함은 우유부단優柔不斷일까, 정정당당正正堂堂일까. 범증이 시켜서 항장項莊이 칼춤을 추다가 유방을 찌르려고 하자, 항백項伯이 맞춤을 추며 유방을 살렸다. 항백은 항우의 숙부. 숙부조차 경쟁자의 편을 들었다. 정정당당하면서도 사람은 모두 잃었다. 손아귀에 들어온 중원中原의 사슴을 놓치고 오강吳江 나루에서 스스로 목을 찌르고 말았다.

기원전 202년, 항우는 해하垓下에서 유방의 한군漢軍에게 겹겹 포위당한다. 사면초가四面楚歌 전략에 말려 보루를 버리고 한밤에 포위망을 뚫고 나가니 따르는 부하는 800기騎였다. 다시 전투와 전투 끝에 살아남은 부하는 28기, 추격해 오는 한군은 수천 기, 탈출 불가능을 직감하고 부하들에게 말한다.

"내가 봉기하여 지금까지 8년이 되었소. 몸소 70여 회 출전하여 맞닥뜨린 자는 부수고, 공격한 자는 굴복시켜 패배한 적이 없이 드디어 천하를 제패하였소. 그러나 이제 창졸간에 여기 갇혔으니 이는 하늘이 나를 망침이지 내가 싸움을 못한 죄가 아니오. 오늘 죽기를 결심하고 제군들을 위해 시원히 싸워서 반드시 세 번을 이겨 제군들을 위해 포위를 뚫고 적장을 베고 기를 잘라 제군들에게 하늘이 나를 망치지 내가 잘못 싸운 죄가 아님을 알게 하리다."

부하를 넷으로 갈라 사면으로 치고 나가니 한군은 풀잎처럼 쓰러졌다. 어느 장수는 항우의 고함에 놀라 말과 사람이 몇 리나 뒷걸음을 쳤다. 다시 포위망으로 돌진하여 혼자서 장군 목을 하나 베고 수십 명을 죽이고 부하를 모으니 단 두 기만 잃었을 뿐이었다.

"어떠한가?"

"대왕 말씀대로입니다."

그러나 중과부적衆寡不敵을 어이하랴. 하루에 아홉 번을 싸운 끝에 오강烏江 나루에 이른다. 나루 우두머리가 배를 대 놓고 도강渡江을 권한다. "강동江東 땅이 작기는 하나 면적이 사방 천 리요, 인구는 수십만이니 역시 왕 노릇할 만합니다. 대왕께서는 빨리 건너십시오. 지금 저만이 배를 가지고 있으니 한군이 이르러도 건너지 못합니다."

항우가 웃는다. "하늘이 나를 망치는데 내가 왜 건너겠는가! 또 나와 강동 자제 팔천 명이 함께 강을 건너 서쪽으로 갔다가 이제 한 사람도 돌아오지 않으니 강동의 부형들이 나를 불쌍히 여겨 왕으로 받들어도 내가 무슨 면목으로 저들을 보겠는가! 저들이 말을 하지 않아도 내 마음에 어찌 부끄럽지 않겠는가?"

그는 처음에 강동의 젊은이 팔천 명으로 봉기하였다. 이제 그들을 다 잃고 어찌 혼자 돌아가겠는가. 강동 사람들이 자신을 용서하고 다시 왕으로 받든다 해도 자제들을 죽음으로 내몬 죄를 덮을 수 있을까. 참으로 인간적인 너무나 인간적인 갈등이자 선택이다. 이에 도강을 포기하고 마지막 결전을 준비한다.

"나는 그대가 덕망 높은 줄 알겠소. 내가 이 말을 탄 지 다섯 해, 맞서서 적이 없고 하루에 천 리를 달리니 차마 죽이지 못하겠소. 그대에게 드리리다."

항우가 타는 말은 검푸른 털에 흰 털이 섞인 천리마, 오추마烏騅馬였다. 이 말은 네 발굽 위는 흰털이라 달릴 때는 마치 구름 위를 나는 듯이 보인다. 오추마도 어지간히 힘이 빠졌을 터, 나루 우두머리에게 주어 살리고 마지막 결전은 단병접전短兵接戰을 선택하였다. 부하들도 말에서 내렸다. 칼을 쥐고 적진으로 달려들어 혼자 수백 명을 죽이고, 자신도 십여 군데 찔렸다. 어찌 살아서 빠져나가기를 바라고 돌진하였겠는가. 자신의 능력을 시원히 발휘해 보았을 뿐이다. 이미 패전의 책임을 하늘에 돌렸으니 여한이 없다. 적군 중에 옛 벗이 있는지라 그에게 덕을 베풀어 스스로 목을 찌른다. 항우의 목에 걸린 상금이 엄청난지라 서로 차지하고자 싸우다가 수십 명이 또 죽었다. 그 끝에 항우의 몸을 다섯이 차지하여 각자 제후가 되었다.

살아서는 추호의 치욕도 용납치 않고 자결을 선택한 곳, 초한楚漢의 쟁패爭覇가 결판난 오강의 그 나루를 누군들 생각 없이 지나칠 수 있을까. 시인묵객詩人墨客은 그에게 연민과 한탄의 소리, 또는 거꾸로 냉철한 비판의 소리를 들려준다. 만당晩唐의 시인 두목杜牧은 항우에게 연민의 정을 느낀다.

오강정에 부치다   題吳江亭

승패는 병가에서 기약할 수 없는 일, 勝敗兵家事不期

수치를 끌어안고 참아야 사나이라네. 包羞忍恥是男兒

강동의 젊은이들 준걸 많으니   江東子弟多才俊

권토중래할지도 모르지.   卷土重來未可知

땅을 말아올리듯 먼지를 일으키며 대군을 이끌고 항우가 다시 중원으로 나올 수 있을지는 분명 알 수 없는 일. 나루 우두머리의 권유대로 강을 건너 강동으로 갔다면, 부끄러움을 참고 견뎌 절치부심切齒腐心 힘을 길렀더라면, 어차피 승패는 병가지상사兵家之常事, 다시 패권을 거머쥘 수도 있었으리라. 월왕越王 구천句踐은 오왕吳王 부차夫差에게 잡혀 상분嘗糞까지 하지 않았던가. 풀려나 와신상담臥薪嘗膽 끝에 원수를 갚았으니 항우의 좋은 보기가 될 수 있었다. 두목은 따뜻한 위로를 보내지만, 북송北宋의 왕안석王安石이 그를 바라보는 눈빛은 좀 싸늘하다.

오강정   烏江亭

수없는 싸움에 지쳐 장사는 애닯다, 百戰疲勞壯士哀

중원에서 한 번 지면 만회할 수 없지. 中原一敗勢難回

강동의 젊은이들 지금 있다 해도   江東子弟今雖在

군왕을 위해 권토중래하려 할까.   肯爲君王卷土來

중원에서 일패도지一敗塗地하여 권토중래한 예가 있을까. 일당백一當百 일당천一當千이 아니라 일당만一當萬이라도 그런 능력으로는 국가를 경영하지 못한다. 한신韓信이며 경포鯨布, 진평陳平 같은 명장은 처음에 항우의 휘하에 있다가 유방에게 귀순하였다. 한신은 초나라에서 일개 보병에 불과하였지만, 한나라에서는 백만 대군을 호령하는 총사령관이 되었다. 유방의 말을 들어 보면 천하의 패자霸者로서 자격이 충분하다. 천하를 얻은 다음 유방이 잔치를 열고 묻는다.

"여러 제후와 장군들은 숨기지 말고 말하시오. 내가 천하를 얻은 까닭은 무엇이며, 항우가 천하를 잃은 까닭은 무엇이오?"

"폐하는 거만하여 남을 깔보고, 항우는 어질어 남을 아꼈습니다. 그러나 폐하는 성과 땅을 빼앗되 항복한 자에게 주어 천하와 이익을 나누었습니다. 항우는 똑똑한 자를 시기하고 공을 세운 자를 해쳐 전쟁에 이겨 땅을 얻어도 나누지 않았습니다. 이것이 천하를 잃은 원인입니다."

"공은 하나만 알고 둘은 모르오. 앉아서 작전을 세워 천리 밖 승리를 결정짓는 데는 나는 장량張良만 못하오. 나라를 안정시키고 백성을 보듬고, 양식을 공급하여 보급을 끊지 않는 일에는 나는 소하蕭何만 못하오. 백만 대군을 아울러 싸우면 이기고 공격하면 빼앗는 일에는 나는 한신韓信만 못하오. 이 세 사람은 모두 호걸이오. 나는 그들을 쓸 수 있으니 이것이 바로 천하를 얻은 원인이오. 항우에게는 범증 혼자뿐이었으나 쓰지 못하였으니 이것이 그가 내게 잡힌 원인이오."

유방이 반란의 기미가 있는 한신을 잡아 놓고 여러 장수의 능력을 묻다가 자신에 대해서도 물었다.

"나 같으면 몇이나 통솔하겠는가?"

"폐하께서는 십만은 통솔할 수 있습니다."

"그대는 어떤가?"

"저야 다다익선多多益善이외다."

"허허, 다다익선이라, 그런데 왜 내게 잡혔는가?"

"폐하께서는 병사는 통솔하지 못하지만, 장수를 잘 통솔하십니다. 이 때문에 제가 폐하께 잡혔수다."

왕안석은 통치자로서 항우의 능력에 점수를 주지 않았다. 항우는 사납고 강퍅強愎하였지만 거꾸로 어질고 따뜻한 마음도 있었다. 상대를 공경할 줄 알고, 아픈 사람에게는 눈물을 흘리며 음식을 나누어 주었다는 증언도 있다. 그러나 이런 마음만으로는 창업創業과 수성守成을 이룰 수 없지 않은가. 유능한 인재를 통솔할 수 있는 능력을 항우는 빠뜨리고 있었다. 그래서 강동 자제들이 다시 있어도 항우를 따를지는 모를 일이라고 하였다.

그러나 유방을 도와 한나라를 세운 개국공신開國功臣들은 곧 처참한 죽음을 당한다. 공신 세력이 수성에 방해됨은 예나 지금이나 다르지 않다. 유방을 천자로 만든 세 명장은 차례로 흔적도 없이 비참히 사라졌다. 한신 자신은 목을 베이고 삼족三族은 씨가 말라 버렸다. 팽월彭越도 멸족당하고, 경포鯨布도 쫓기다 죽었다. 권력의 속성은 원래 이렇다. 그래서일까, 실패한 항우, 그의 기개와 결단에 대해 그리움이 많다. 여진족의 금金나라에 밀려 남쪽으로 쫓겨간 송나라 사람들, 그 가운데 여성시인 이청조李淸照, 1084~1155도 항우를 사모하였다.

여름날의 절구	夏日絶句
살아서는 사람의 호걸,	生當作人傑
죽어서도 귀신의 우두머리.	死亦爲鬼雄
지금까지 항우를 그리노라	至今思項羽

강동으로 건너려 하지 않았음을.　　　　　　　　不肯過江東

　　두 황제가 여진족에게 잡혀 가고, 송나라는 밀려 밀려 회수淮水 건너 남쪽으로 가서 다시 황제를 세워 나라를 유지했다. 중원에서는 권토중래가 어렵다고 왕안석이 이미 간파하였거늘 거저 목숨만 부지하고자 영토 반을 내주고 나머지 반만으로 구차하게 살고자 하였다. 나라가 망해 가는데도 항우처럼 목숨 내놓고 싸우지 못하고 다투어 강을 건너 제 살길을 찾은 뭇 남성을 촌철寸鐵의 언어로 찌르고 있다.
　　항우가 눈물로 애마를 보내고, 나루 우두머리가 오추마를 배에 태워 강을 건너려 하자 말은 울부짖으며 강물로 뛰어들어 종적이 사라졌다 한다. 물론 후대 소설의 이야기이다. 그러면 우희虞姬, 우미인虞美人은 어찌 되었을까. 다시 사마천을 따라 그 밤으로 돌아가 보자.
　　항왕의 군대는 해하에 주둔하였다. 병사는 적고 식량은 떨어졌다. 한나라 군사와 제후의 병사들이 겹겹 에워쌌다. 밤에 한나라 군사들이 사방에서 모두 초나라 노래를 불렀다. 항왕이 대경大驚하였다. "한나라가 벌써 초나라를 모두 차지하였는가? 왜이리 초나라 사람이 많은가?" 항왕은 그 밤에 일어나 장막 안에서 술을 마셨다. 우虞라는 미인을 늘 데리고 다녔으며, 추騅라는 준마를 늘 타고 다녔다. 항왕은 슬피 노래하며 강개하여 시를 지어 읊었다.

힘은 산을 뽑고 기운은 세상을 덮지만,　　　　力拔山兮氣蓋世
시운이 불리하니 추도 달리지 않는구나.　　　時不利兮騅不逝
추가 달리지 않으니 어떡하리야,　　　　　　不逝兮可奈何
우여 우여 너를 어이할꼬.　　　　　　　　　虞兮虞兮奈若何

노래를 몇 곡 부르고, 미인이 답가를 불렀다. 항왕이 몇 줄기 눈물을 흘리자 좌우가 모두 울며 우러러 보지 못하였다.

사마천은 우미인이 항우의 노래에 화답하였다고 하고, 그 가사는 기록하지 않았다. 우미인의 생사도 밝히지 않았다. 그후 일은 기록하지 않았다. 사마천에 앞서 고조高祖 때 육가陸賈는 『초한춘추』楚漢春秋에 우미인이 항우의 「해하가」垓下歌에 화답했다는 시를 실었다.

한나라 병사 벌써 땅을 공략하여	漢兵已略地
사방에서 초나라 노래 소리.	四方楚歌聲
대왕의 의기 떨어졌으니	大王意氣盡
천첩은 무얼 믿고 사오리까.	賤妾何聊生

그 시대에 이처럼 깔끔한 오언시五言詩를 지었다는 것이 좀 걸리지만, 우미인의 심사는 잘 전해 준다. 저는 무얼 믿고 사오리까! 패전국의 여성, 그 처지야 불문가지不問可知! 나라가 망하자 백마강에 몸을 던져 무명의 바위에 낙화암落花巖이란 고운 이름을 붙여 준 백제의 삼천 궁녀, 우미인이 그 본보기가 되었다. 아무리 '역발산기개세'라고 해도 저 십면매복十面埋伏을 우희 나를 데리고는 뚫고 나갈 수 없다. 그러나 홀몸이라면 오추마를 달려 빠져나갈 수 있겠지. 그러면 어떻게 해야 할까?

청나라 조설근曹雪芹은 소설 『홍루몽』紅樓夢의 여주인공 '임대옥'林黛玉에게 「다섯 미인의 노래」五美詠란 시를 짓도록 설정한다. '임대옥'은 그 중 두번째 시에서 우미인을 읊는다.

애 끊는 오추마 밤바람에 울고   腸斷烏騅夜嘯風

우여, 깊은 한으로 항우를 대하도다.   虞兮幽恨對重瞳

경포 팽월 훗날에 육장肉醬 담겼나니   黥彭甘受他年醢

초나라 장막에서 칼을 마심이 어떤가?   飲劍何如楚帳中

'음검'이라니, 칼을 마신다고? 곡예사의 재주 가운데 입을 벌려 긴 칼을 목구멍으로 집어 넣었다가 다시 빼내는 종목이 있다. 탄검吞劍이라고도 한다. 입에서 나오는 칼 몸에서 더운 김이 피어오르고, 칼 끝에는 핏방울이 뚝뚝 떨어진다고, 북경에서 이를 직접 목격한 조선 외교사절의 기행문이 생생하다. 그러나 우미인이 이런 재주를 부릴 리는 없다. 경포와 팽월은 한나라 천하에서 목에 칼을 받고서 모두 젓갈 담기는 신세가 되었다. 그러니 그전에 초나라 장막 안에서 자결하는 편이 떳떳하리라. 우미인은 스스로 목을 찔러 님의 발길을 가볍게 열어 준다.

사방에서 초가가 진동하는 초패왕의 장막 안, 항우는 탁자 뒤에서 정면을 바라보고 있다. 우미인이 한 손에 칼을 잡고 가벼이 빙글 돌아 나온다. 칼을 비껴 땅에 짚고 눈물을 훔친 다음 검무劍舞를 춘다. 항우가 훌쩍 잔을 비운다. 가녀린 손 끝에 칼날이 매섭다. 그때 홍문에서 유방을 베었더라면, 항장이 칼춤을 출 때 숙부 항백이 나서지 않았더라면 이 밤에 우미인은 칼춤이 아니라 예상우의무霓裳羽衣舞를 추고 있을 텐데.

구름을 찌르고 달빛을 베고, 문득 칼은 쌍검雙劍이 되어 두 손에서 회오리 바람을 일으킨다. 하늘과 땅도 칼끝 따라 오르내리고, 분노와 슬픔도 칼날에서 내비친다. 님에 대한 사랑을 긋는 대로 베는 대로 아로 새긴다. 검광은 허공에 솟아 별빛처럼 다시 내려앉는다. 우미인이 두 손에 잡은 칼을 머리 위로 비껴 꼬고 몸을 낮추자 항우는 비로소 '기개세' 웃음을 터뜨린다. 아, 하, 하. 이때 적군이 사방에서 쳐들어온다는 보고가 올라온다. 항우가 우미인을 데리고 포위망을 뚫으려 하자 우미인이 결심을 밝힌다.

"대왕님. 제가 어찌 대왕께 누를 끼치오리까. 이번 출병은 불리하니 강동으로 물러가셔서 다시 훗날을 도모하소서. 저는 대왕 허리에 차신 보검으로 자결하리니 제 생각은 하지 마옵소서."

"이, …… 우희, 그대는 …… 어리석은 생각일랑 마시오."

"아이, 대왕님. 한나라 병사 벌써 땅을 공략하여 …… 천첩은 무얼 믿고 사오리까!"

"우와, 아, 아 ……"

회한일까 비통일까 장사의 입에서 탄식이 터져 나온다. 무대 안에서 함성과 북과 꽹과리가 동시에 울린다. 우희는 다급히 항우 허리의 칼을 뽑으려 하고, 항우는 몸을 돌려 피한다.

"안 돼, 안 돼. 어리석은 짓은 안 돼."

"대왕, 한나라, 한나라 병사가 …… 쳐들어와요."

항우가 돌아본다. 우미인이 잽싸게 칼을 뽑아 목에 댄다. 적을 찌를 칼을 뽑으려 허리춤에 손을 대니 잡히는 것이 없다. 아차, 속았구나. 우르르 몸을 돌려 우미인을 바라본다. 섬섬옥수에 서릿발이 서렸다. "에잇!"

다 다 다 다 다 다, 채앵 채앵 챙챙챙. 꽝 꽝 꽝 꽝, 따악 딱, 따 따 따. 북과 꽹과리가 고막을 때린다. 히히힝, 오추마가 등장하여 항우를 태우고 어둠 속으로 사라진다.

후대에 누군가가 「우미인」이란 곡조를 지었다. 곡조는 진작에 사라져 들을 수 없지만, 무척 슬픈 가락이었음에는 틀림없다. 수많은 사람들이 이 곡에 가사를 붙였다. 오대십국五代十國 남당南唐의 망국지군亡國之君 이욱李煜, 937~978도 이 가락에 언어를 채웠다. 송 태조太祖 조광윤趙匡胤에게 항복하고 포로로 살던 어느 밤, 자신의 처지를 「우미인」을 부르며 슬퍼하였다. 그리고 곧 이 노래가 빌미가 되어 독살당하고 말았다.

우미인	虞美人
봄꽃 가을달은 언제 사라지려나,	春花秋月何時了
지난 일은 얼마나 기억할까.	往事知多少
작은 누각에 어젯밤 또 동풍,	小樓昨夜又東風
고국으로 밝은 달 아래 고개 돌릴 수 없어.	故國不堪回首月明中
아로새긴 난간 옥섬돌은 그대로 있으려니	雕闌玉砌應猶在
붉은 얼굴만 바뀌었구나.	只是朱顔改
그대에게 묻노니 시름 얼마나 품을 수 있나?	問君能有幾多愁
동으로 흐르는 저 봄날 강물 같으리.	恰似一江春水向東流

장강의 물결처럼 숱한 영웅호걸이 흘러갔다. 항우도 그 가운데 세찬 물결이었다. 만 30년을 그렇게 빨리 일어서고 그렇게 빨리 사라져 그야말로 불꽃같고 폭풍같이 살다 갔다. 그의 삶에서 성패의 원인 따위는 부질없을 수도 있다. 일인공성만골후一人功成萬骨朽! 누군가의 성공은 쇠몽둥이도 둥둥 띄울 피와 눈물 위에 있기 마련이다. 공이 클수록 썩은 뼈도 많은 법. 우미인은 사랑을 알아서 결단을 내렸고, 항

우는 치욕을 알아서 결단을 내렸다. 그 결단으로 항우는 생전의 모든 치욕을 씻고 길이 영웅으로 빛난다. 행여 권토중래를 바라고 강을 건넜더라면 길이 우스개로 남았을지도 모른다. 우미인의 실제 생사는 알 길이 없지만, 문인과 작가의 상상이 정리에 어그러지지는 않는다.

성공과 실패의 저 너머에 영웅과 미인의 빛나는 삶이 있다. 그 빛은 영웅과 미인이라서가 아니다. 성공과 실패를 초월해 빛나게 살면 영웅과 미인이 되는 것이다. 이런 말을 들려주려고 꽹과리소리 바라소리 북소리는 고막을 찢고 든다. 아름다운 '우미인'을 내세워서.

| **추천도서** |

항우와 우미인의 이야기는 사마천의 『사기·항우본기』에 자세하다. 항우본기는 항우의 출신에서부터 죽음에 이르기까지 세세하고 역동적으로 묘사하여 명문장으로 평가받는다. 중복 서술을 피하는 『사기』의 특징을 감안하여 유방의 본기인 「고조본기」(高祖本紀), 그리고 항우의 부하였다가 유방에게 귀순하여 항우를 제압하는 데 가장 큰 공을 세운 한신을 다룬 「회음후열전」(淮陰后列傳), 역시 항우의 부하였다가 유방에게 투항하여 항우를 제압하는 데 큰 공을 세운 경포를 다룬 「경포열전」(鯨布列傳) 등, 관련 인물의 열전을 함께 읽기를 권한다. 정범진 선생과 여러 학자가 함께 번역하여 까치출판사에서 나온 『사기』는 매우 믿을 만하다. 진개가(陳凱歌) 감독의 영화 <패왕별희>는 1993년 칸영화제에서 황금종려상을 받았다. 홍콩 작가 이벽화(李碧華)의 동명 소설이 원작이다. 영화는 DVD로 나와 있으니 꼭 봐둘 만하다. 경극 '패왕별희'는 중국어를 잘 알아도 듣고서는 이해하기 힘들지만, 이미 우미인의 이야기를 알고 있으니 극의 내용과 정서는 충분히 감상할 수 있을 것이다. 인터넷을 통해 여러 배우들의 연기를 볼 수 있다.

2부

博境以文

텍스트로써 경계를 넓히다

너머의 만남

博境以文

텍스트**文**는 변이한다.
그래서 공자는 텍스트로 '나'를 넓힐 수 있다고 단언했다.
나를 넓힌다는 것은 내 안에 담기는 세계가 넓어짐을 말한다.
텍스트를 통해 나의 경계가 확대되는 구도.
'나**我**'의 확장이 '경계**境**'의 확대로 이어지듯,
텍스트는 변이를 통해서도 우리 삶에 창조적으로 개입한다.
이름하여 '살아 움직이는' 텍스트의 세계!

* "博境以文"은 『논어』「자한」편에 나오는 "텍스트로 나를 넓힌다(博我以文)"라는 말에서 '我'자를 '境'자로 바꾼 것이다.

디지털 기술 시대의 미학

김진엽

디지털과 미술의 만남

미술관의 관람객들이 바빠지고 있다. 손도 들고, 발도 올리고, 몸도 흔들고, 소리도 질러대고, 심지어 뛰어 다닌다. 장갑도 끼고, 헬멧도 쓰고, 이어폰도 꽂는다. 조용하고 엄숙한 미술관에 무슨 일이 생긴 것일까. 가만히 서서 음미해야 할 작품 앞에서 웬 호들갑인가. 점잖은 관람객의 눈살을 찌푸리게 하는 일이 미술관에서 벌어지고 있다.

디지털 기술을 이용한 미술, 즉 디지털 미술은 오늘날 미술 관람의 풍경을 바꾸어 놓고 있다. 디지털 미술이 바꾸어 놓은 미술 관람의 풍경을 몇몇 대표적 작품들을 통해 살펴보자.

먼저 제프리 쇼Jeffrey Shaw라는 호주 작가의 작품 <읽을 수 있는

* 김진엽 | 서울대학교 인문대학 미학과 교수. 서울대학교 미학과에서 학사 및 석사, 미국 템플대학교 철학과에서 박사를 취득하였다. 석사는 은유, 박사는 해석에 대한 논문을 썼다. 빛나는 은유나 자유로운 해석이 그 시절의 관심이었던 듯하다. 예술이란 무엇인가에 대한 책을 출간하였고, 프래그머티즘 미학에 대한 책을 번역하였다. 다원론적 미학에 대한 책을 집필하고 있다.
** 이 글은 『철학과 현실』 통권 70호(2006년 가을호)에 게재한 「디지털 미술: 무관심성에서 상호작용으로」를 보완한 것이다.

도시>The Legible City. 이 작품은 자전거, 자전거 앞에 놓인 소형 모니터, 비디오 프로젝터, 대형 스크린 등의 요소로 이루어져 있다. 관람 요령은 대체로 다음과 같다. 관람객은 자전거를 탄다. 자전거 앞에 놓인 소형 모니터에서 뉴욕 맨해튼, 네덜란드 암스테르담, 독일 카를스루에Karlsruhe 중 하나의 도시를 버튼으로 선택한다. 암스테르담을 선택했다. 암스테르담 도시의 평면도 일부가 소형 모니터에 펼쳐진다. 관람객의 위치가 평면도에 나타난다. 관람객이 자전거 페달을 돌린다. 눈 앞의 대형 스크린에 도시의 거리가 펼쳐지고 거리 주변으로 건물이 실물 크기의 문자 형태로 배열된다. 거리 및 건물은 모두 3차원적이다. 관람객은 페달을 통해 속도를 조절하고, 핸들을 통해 방향을 전환하며, 문자 형태의 건물로 가득 찬 도시를 여행한다. 관람객은 자전거를 타고 대형 스크린 속에서 도시를 읽는 것이다.

제프리 쇼의 또 다른 작품인 <동굴>ConFIGURING the CAVE에 들어가 보자. 관람객 앞에는 한 면이 트인 정육면체의 공간인 동굴이 놓여 있다. 관람객은 입체안경을 쓰고 동굴 속으로 들어간다. 그 속에는 피노키오처럼 생긴 나무 인형이 받침대 위에 누워 있다. 관람객이 그 인형의 목과 손과 다리와 몸통 등을 움직임에 따라 문자, 불, 추상적 선 등 다양하고도 신비스러운 이미지가 동굴의 벽면에 현란하게 투사되며 상하 및 전후좌우로 움직인다. 관람객은 강력한 입체감을 경험하게 된다.

다음은 소머러Christa Sommerer와 미그노뉴Laurent Mignonneau가 공동 제작한 <볼브>A-Volve라는 작품을 체험해 보자. 관람객은 생명체의 모습과 크기를 터치 스크린상에서 손가락으로 디자인하여 창조한다. 디자인된 생명체는 물이 담긴 실제 유리 수조에 이미지로 생성되어 헤엄친다. 생명체들은 적자생존의 법칙에 근거하여 성장한다. 물 속에서 살기에 적합하게 잘 디자인된 생명체일수록 잘 살아갈 가능성이 많다. 그렇지만 다른 변수도 많다. 관람객이 손을 뻗으면 이 생명체는 도망가기도 정지하기도 잡히기도 한다. 그리고 창조된 생명체들끼리 싸우고 죽이고 번식하기도 한다. 스크린상으로 탄생된 생명체는 실제 수조 속에서 관람객과 그리고 생명체끼리 상호작용하며 진화하는 것이다.

이들의 또 다른 작품인 <인터넷 타기>Riding the Net를 타 보자. 관람객들은 스크린을 창 삼아 마치 기차의 의자에서처럼 마주보고 앉아 있다. 서로 대화를 나누면 대화 속의 단어들이 인식되고, 인식된 단어들은 인터넷을 통하여 그에 해당하는 이미지로 검색되어 스크린 위에 다운로드된다. 예를 들어, 대화 중에 "전화기"라는 단어가 말해지면 인터넷상에 존재하는 각종 전화기 이미지가 다운로드되어 스크린 위에 비춰진다. 관람객들의 대화가 이어질수록 이미지들은 계속 등장하고 사라지고 하며 마치 기차 창가의 풍경처럼 흘러간다. 관람객이 특정 이미지를 만지면 그 이미지는 잠시 정지하기도 한다.

이번에는 모리스 베나윤Maurice Benayoun의 <세상 껍질, 전쟁터에서의 포토 사파리>World Skin, a Photo Safari in the Land of War라는 작품 속으로 들어가 보자. 6~8명으로 구성된 한 무리의 관람객들은 카메라를 하나씩 받아서 정육면체의 동굴 속으로 들어간다. 그 속에서는 전쟁터가 3차원의 입체적 이미지로 펼쳐진다. 병사들, 탱크, 대포, 폭격기, 포성, 폭격의 잔해, 음산한 소리들이 어두운 대지를 메운다. 관람객들 중의 한 명은 조정기를 가지고서 전쟁의 땅에 대한 여행을 이끌고, 나머지 관람객들은 그를 따른다. 동굴 속에 들어가 있는 모든 관람객들은 누구나 원한다면 사진을 찍을 수 있다. 눈 앞에 펼쳐지는 화면을 향해 사진기를 누르면, 사진기에 잡힌 해당 화면의 부분이 사라져 버리고 하얀 실루엣만 남는다. 사진기로 계속 찍을 때마다 세상은 뜯겨져 나간다. 전쟁이 뜯어 버린 세상의 이미지를 사진기는 다시 뜯어 버린다. 병사들은 세상을 향해 총을 쏘고, 관람객은 세상의 이미지를 향해 카메라를 쏜다. 우리는 거듭 쏘고, 세상은 거듭 뜯겨져 나간다. 사진기가 뜯어 버린 부분은 화면에서는 사라지지만, 컴퓨터에 저장된 후 프린터로 출력되어 관람자들에게 나누어진다.

　마지막으로 한국 작가인 양만기의 작품을 클릭해 보자. 그의 작품 <불안>은 점, 선, 격자 무늬, 이름 모를 벌레류가 관람객의 마우스에 반응하며 부르르 떨고 때론 공포음도 낸다. 다른 작품 <정원>에서는 물고기, 대나무 숲, 나비라는 세 가지가 자연의 정원을 이루어 낸다. 물고기에 마우스를 대면 물고기는 도망 다니고, 마우스로 계속 추적하면 도망에 지친 물고기는 점차 가시만 남게 된다. 대나무 숲은 마우스에 반응하여 잎새를 하늘하늘 흩날린다. 나비를 마우스로 건드리면 파르르 떠는 나비 주위로 연록색 대기가 밀려든다.

무관심성 또는 관조

이 작품들은 관람객들에게 예전과는 다른 새로운 관람의 태도를 요구하고 있다. 먼저, 관람객은 작품 앞에 가만히 서서 작품을 관람해서는 안 되고 작품 앞에서 많이 움직여야 한다. 즉, 작품을 관람하기 위해 육체를 참여시켜야 한다. 마우스를 클릭하거나 조이 스틱을 조작하거나 터치 스크린을 만지는 형태로부터 손을 흔들거나 몸을 움직이는 형태를 거쳐 자전거를 타는 형태에 이르기까지 다양한 형태의 육체적 참여가 관람에서 이루어진다. 예전의 경우, 미술관의 작품에 놓인 대표적인 수식어는 "작품에 손대지 마시오"였다. 관람객들은 몸동작은 물론이거니와 말소리, 심지어는 숨소리조차 죽이며 작품에 주목하였다. 그러나 오늘날 디지털 미술에서는 작품을 만지거나 몸을 움직이거나 소리를 지르는 등의 행위는 관람에 있어 필수적 요소이다. 몸이 지닌 의미와 가치에 대한 조망이 활발히 이루어지는 요즈음, 몸의 참여를 적극 개발해 내는 디지털 미술은 몸에 대한 새로운 조망의 실험장이 될 수 있을 것이다.

이러한 몸의 참여를 통해, 관람객은 작품의 생성과 전개에도 기여한다. 디지털 미술의 상당 부분은 관람객이 일정한 작용을 가함으로써 작품이 시작된다. 그리고 시작된 작품도 관람객의 선택에 따라 여러 가지 경우로 전개될 가능성이 있다. 그러므로 디지털 미술에서는 작품이 고정되어 있는 것이 아니라 관람객의 참여에 따라 다양하게 변한다. 그리고 모든 관람객에게 동일한 하나의 완성된 작품이 존재하는 것이 아니라 각각의 관람객에 따라 다양하게 전개되는 작품들이 존재한다. 예전의 전통적 작품의 경우에는 대체로 하나의 판본version으로 존재하는 작품이 감상자를 감동시키며 감상자의 심리적 변화를 낳았다면, 디지털 미술의 경우에는 작품이 감상자에게 영향을 끼칠 뿐만 아니라 감상자가 작품을 물리적으로 변화시키며 다양한 판본을 낳기도 한다. 그리고 작품의 물리적 변화는 다시 감상자의 심리적 변화에 영향을 끼치고, 그 심리적 변화는 다시 작품의 물리적 변화에 영향을 끼치며, 상호작용의 순환을 형성한다. 이러한 이유에서 위에서 언급한 작품들을 디지털 미술 중에서도 특히 상호작용적 디지털 미술이라고 부른다.

　　상호작용적 디지털 미술에 대한 관람적 태도는 예전의 전형적인 관람적 태도와는 사뭇 다르다. 예전, 특히 근대의 전형적인 관람적 태도는 미적 무관심성 또는 미적 관조였다.

　　미적 무관심성은 영국 근대의 경험론자들을 거쳐 칸트에 의해 확립된 용어이다. 어떤 대상에 대한 아름다움을 느낄 때 우리의 주관적 상태의 특징들 중 하나가 무관심성이라는 것이 이 용어가 함축하고 있는 의미이다. 예를 들어, 베르사유 궁전을 바라보고 있다고 가정하자. 금강산도 식후경이라고, 매우 허기진 상태에 있다면 우리는 본능적 관심에 휩싸여 베르사유 궁전의 아름다움을 느낄 수 없을 것이다. 그리고 베르사유 궁전을 바라보는 우리의 주관적 상태가 윤리적 관심으로 가득 차 있다면, 우리는 백성의 고혈을 그처럼 무용한 것에 낭비하는 왕후들의 허영에 분노를 느끼지 아름다움을 느끼지는 못할 것이다. 그 밖에도 우리의 주관적 상태가 경제적 관심으로 가득 차 있다면 우리는 아름다움을 느끼기보다는 베르사유 궁전 덕분으로 생기는 프랑스의 관광 수입에 부러움을 느낄 것이다. 이렇듯 우리는 베르사유 궁전이라는 동일한 대상을 두고 우리의 주관적 상태가 어떤 관심에 놓여 있느냐에 따라 다양한 느낌을 가질 수 있다. 그런데 칸트에 따르면, 베르사유 궁전에 대해 아름다움을 느낄 때의 우리의 주관적 상태는 정치적, 윤리적, 경제적, 본능적 관심 등 일체의 관심으로부터 벗어나 있는 무관심성의 상태라는 것이다.

　　쇼펜하우어는 칸트의 미적 무관심성을 계승하여 미적 관조라는 용어를 체계화시킨다. 쇼펜하우어의 철학에서 미적 관조는 상당히 높은 위치를 점유한다. 그의 철학은 이 세상의 본질을 의지라고 본다. 스스로를 보존하고 유지하려는 맹목적 충동인 의지는, 그 자체로는 드러나지 못하고 현상세계 속에서 광물, 식물, 동물, 인간 등의 각 개체에게 표상된다. 즉, 의지는 자신의 맹목적 충동을 현상세계의 각 개체 속에서 만족시킨다. 그러나 만족은 일시적이고 표면적일 뿐이다. 하나의 충동이 만족되면 곧 새로운 충동이 생긴다. 충동은 끝없이 계속된다. 맹목적 충동의 주체인 의지는 회전하는 수레바퀴에 실려 있는 것과 같은, 그리고 밑 빠진 독에 끝없이 물을 퍼붓는 것과 같은 영원한 갈망이다. 따라서 맹목적 충동을 만족시키려 할 경우에, 우리는 맹목적 충동으로부터 벗어나지 못한 채 결핍과 괴로움에 시달린다.

쇼펜하우어에 따르면, 맹목적 충동의 수레바퀴에서 벗어날 수 있는 길들 중의 하나가 미적 관조이다. 미적 관조는 두 가지 기능을 지닌다. 하나는 대상을 인과율에서 벗어나 대상 그 자체로 보게끔 한다. 과학적 관찰이나 수학적 추론이 대상을 인과율을 통해 파악하는 일이라면, 미적 관조는 인과율을 통해 표상되기 이전의 대상을 직관하는 일이다. 즉, 미적 관조는 대상의 이데아를 직관케 한다. 다른 하나는 대상을 바라보는 주체를 인과율에서 벗어나게끔 해준다. 미적 관조를 통해 주체는 주체 자신의 관심, 충동, 목적을 포기하고 순수한 직관적 주체가 된다.

이렇듯 미적 관조는 대상과 주체에 모두 영향을 미친다. 그리고 이러한 영향을 통해, 대상과 주체 모두가 맹목적 충동을 일시적이고 표면적으로 만족시키려는 데에서 벗어나 대상은 대상의 이데아로, 주체는 순수한 주체로 변한다. 그리하여 우리는 대상의 이데아를 있는 그대로 바라볼 수 있게 된다. 즉, 우리의 주체는 대상의 이데아를 비추는 거울이 되며, 대상과 주체의 구분은 사라진다. 여기서 쇼펜하우어는 바이런의 시를 인용한다.

산, 파도, 하늘도 나의 일부가 아닐까?
또한 내 영혼의 일부가 아닐까?
내가 그들의 일부이듯이.

백견이 불여일험

지금까지 살펴본 칸트의 미적 무관심성이나 쇼펜하우어의 미적 관조는 근대의 미학적 논의뿐만 아니라 근대의 예술 현상에도 큰 영향을 끼쳤다. 형식주의, 추상 예술, 예술을 위한 예술 등 이른바 모더니즘 예술의 주요한 징표들은 미적 무관심성이나 미적 관조라는 철학적 논의에 대한 예술적 화답이라고 할 수 있다. 관심이나 충동을 환기시키는 내용보다는 그로부터 벗어난 순수한 형식에 대한 강조, 유의미한 형식을 강조하는 추상 예술, 다른 영역에 종속되는 예술이 아니라 바로 예술 자신을 위한 예술 등, 모더니즘 예술에서 나타나는 주요한 현상들의 저변에는 미적 무관심성이나 미적 관조라는 미학적 논점이 깔려 있는 것이다. 그렇다면, 미적 무관심성이나 미적 관조가 지니는 의의나 가치는 무엇인가?

앞서 살펴본 것처럼, 미적 관조나 미적 무관심성은 서양 근대 문화의 소산이다. 서양 근대의 중심에는 합리성이 놓여 있다. 각 사회의 영역이 합리화의 길을 걷게 된다. 특히 인과율에 바탕을 둔 과학적 합리성과 효율성에 바탕을 둔 자본주의적 합리성은 과학 및 경제의 영역뿐만 아니라 일상의 영역 곳곳에 깊숙이 침투하여, 서양 근대의 상징이 된다. 이러한 합리성은 긍정적인 측면에서는 세상을 계몽시켰지만, 부정적인 측면에서는 세상을 지독히 계산된 수단-목적의 합리성이라는 얼룩으로 황폐화시켰다. 세상을 계산된 용도와 기능에 따라 재단하려는 폭압적 실용주의가 확산된다. 그러한 폭압으로부터 벗어날 수 있는 길은 무엇인가? 이때 미적 관조나 미적 무관심성이라는 근대 미학의 개념은 그러한 탈출의 한 방편이라고 볼 수 있다. 계산으로부터 벗어난 관조와, 이익으로부터 벗어난 무관심성은 근대적 합리화의 부정적 측면을 치유하는 한 방편이라고 볼 수 있는 것이다. 이제 관조와 무관심성에 근거한 미와 예술은 자유로이 유희하는 미적 왕국의 건립과 예술을 위한 예술의 구축을 통해 우리에게 휴식과 해방의 공간을 마련해 준다. 따라서 미적 관조와 무관심성은 미와 예술을 무가치하고 무용한 것으로 격하시킨다기보다는 도구적 가치의 영역으로부터 분리되어 독자적 가치를 지닌 것으로 격상시킨다.

미적 무관심성이나 미적 관조에 기반한 모더니즘 예술이 위에서 언급한 의의와 가치를 지닌다면, 오늘날 상호작용적 디지털 미술은 어떤 의의와 가치를 지닐 수 있을까? 상호작용성이 미적 무관심성이나 미적 관조를 대체할 만한 어떤 의의와 가치를 지닐 수 있을까? 인과율과 효율성으로 가득 찬 이 세상 속에서 우리는 끝없이 타인, 사회, 세상과 상호작용하고 있다. 그러한 상호작용은 우리의 삶을 긴장과 분투로 몰아간다. 근대의 미적 왕국은 그러한 긴장과 분투로부터의 해방공간을 마련해 주었다. 그런데 미적 왕국의 맹주였던 예술마저 우리를 상호작용의 긴장과 분투로 오늘날 몰아넣는다면, 우리는 평안과 안식의 중요한 공간을 박탈당하는 셈이 된다.

실제로 디지털 미술의 전시 공간은 더 이상 관조의 공간이 아닌 어수선하고 혼란스러운 공간인 경우가 많다. 마우스나 조이스틱을 조작하기 위해 길게 선 줄, 줄을 서지 않아도 되는 작품을 찾기 위한 눈치 작전, 센서 앞에서 반응을 불러일으키기 위해 이리저리 흔들어 대는 몸동작, 때론 고장난 센서 앞에서의 허망한 몸짓, 만져서는 안 되는 상호작용적 작품의 일부를 만져 듣게 되는 관리인으로부터의 따가운 경고, 아이들과의 경쟁, 디지털 장치의 조작에 대한 두려움, 화면의 눈부심, 삼차원적 동영상이 유발하는 어지러움, 소음 등등.

평안과 안식을 박탈하는 이러한 위험에도 불구하고 디지털 예술의 상호작용성이 옹호되려면, 발전적 제안들을 통해 새로운 의의와 가치를 구현해 낼 필요가 있다. 발전적 제안의 한 가지를 미적 무관심성이나 미적 관조를 비판하면서 상호작용성을 중시하였던 존 듀이를 통해 모색해 보자.

듀이에 따르면, 우리는 경험을 통해 세상과 만난다. 즉, 우리는 세상을 경험한다. 그렇지만 우리가 세상을 경험한다고 할 때, 그 경험은 이미 주어져 있고 결정되어 있는 세상에 대한 경험이 아니다. 우리는 경험을 통해 세상과 **상호작용**하면서 세상을 부단히 재구성해 나간다. 경험이란 살아 있는 유기체가 자신이 살고 있는 세상의 부분들과 상호작용하면서 얻은 결과물이다. 상호작용이 외적 방해나 내적 무기력으로 인해 분열과 충돌을 낳을 경우, 유기체와 세상 사이에는 간극이 생긴다. 이때의 경험은 산만하고 분산된 경험이다. 이러한 산만하고 분산된 경험이 오래 지속될 경우 유기체는 간신히 생존하거나 또는 죽는다. 그런 간극을 메우며 상호작용이 통일을 이루어 낼 때 유기체는 발전하고 성장한다. 이때에 얻게 되는 경험은 산만하고 분산된 경험이 아니라 하나의 경험에 가깝다.

그렇다면 **하나**의 경험이란 무엇인가? 첫째, **하나**의 경험 속에서는 그 경험을 구성하는 연속적인 부분들이 이음새나 간극 없이 하나의 전체 속으로 흘러들어야 한다. 둘째, **하나**의 경험 속에서는 그 경험을 구성하는 연속적인 부분들 각각의 자기 정체성이 희생되어서는 안 된다. 위의 두 가지 조건을 결합시켜 보면, 하나의 경험이 산출되기 위해서는 경험의 각 부분들이 그 자신의 고유성을 상실하지 않으면서 물 흐르듯 원만하게 전체를 형성해야 한다는 점이 도출된다. 하나의 경험이 산출되기 위해서는 부분들은 전체 속에 녹아들고 전체는 부분들의 개성을 침해하지 않는 상태를 이루어야 하는 것이다. 이러한 상태에 도달할 때 경험은 극치를 이루어 내며 완성된다. 극치를 이루어 낸 완성된 경험이 바로 하나의 경험이다.

그리고 이때 우리는 경험하는 대상의 가장 통합적인 성질을 가장 강렬하게 경험한다. 듀이는 이러한 하나의 경험을 미적 경험이라고 간주한다. 다소 신비적인 듯한 이러한 경험은 앞서 언급했듯 현실적인 산만함과 분산 때문에 일상적인 삶 속에서는 구현되기가 어렵고, 예술작품 속에서 가장 잘 구현될 수가 있다. 예술작품 속에서 상이한 행동들, 사건들 등은 그 자신들의 고유한 특징을 상실하지 않으면서도 전체적 통일성 속으로 용해되고 융합됨으로써 하나의 경험, 즉 미적 경험을 산출시킨다. 그렇지만 미적 경험은 종결된 경험이 아니다. 유기체 및 세상의 변화와 더불어 새로운 상호작용이 일어나며, 따라서 새로운 긴장과 충돌이 빚어지고, 또 새로운 통일이 추구된다. 부단한 변화를 통해 끝없는 긴장과 충돌이 이어지는 세상에도 미적 경험은 없지만, 고정된 통일을 통해 끝없는 화평이 이어지는 세상에도 미적 경험은 없다.

　　모더니즘이 예술을 세상으로부터 절연시켜 신성화하였다면, 듀이는 예술을 세속화시켰다. 그러나 듀이에게서, 예술의 세속화가 예술이 세상의 질서에 편입됨을 의미하지는 않는다. 그는 예술을 세상에 보내 세상을 미화시키려 하였다. 듀이에게도 과학적 인과율과 자본주의적 효율성으로 가득 찬 이 세상은 억압이다. 그렇지만 세상에 대한 관조나 무관심은 우리를 구원하지 못한다. 세상의 황폐화를 방기할 뿐이다. 세상을 초월한 아름다움이 활개칠수록, 세상은 아름다움으로부터 더 멀어진다. 듀이의 미학은, 구원은 세상 속에서 세상을 경험하며 이루어져야 한다는 점을 강조한다. 미적 경험은 구원의 다른 이름이다. 파편화되고 단절되는 일상의 수많은 경험들은 이 세상 속에서 미적 경험으로 재구성되고 개선되어야 한다. 그리고 예술은 미적 경험의 이상적 구현체이다. 따라서 왜 램프나 집은 예술적 대상이 되어야 하고, 우리의 삶은 예술적 대상이어서는 안 되는가라는 푸코의 미학은 듀이 속에서 이미 오래전부터 더욱 넓게 울려 퍼지고 있었다.

　　듀이의 이러한 미학은 상호작용적 디지털 미술이 지닐 수 있는 의의와 가치에 대하여 시사점을 준다. 상호작용적 디지털 미술은 그 어떤 예술보다 듀이의 미학을 잘 구현해 낼 수 있다. 먼저 디지털 기술을 활용하여, 우리가 세상과 조우하는 다양한 상황을 실감나게 연출할 수 있다. 감상자는 연출된 상황에 정신적 참여뿐만 아니라 육체적 참여를 통해 상호작용하면서 여러 경험을 얻게 된다. 그리고 긴장과 화해를 거듭하면서 하나의 경험을 나름대로 지향해 나간다. 실감나는 연출, 육체의 참여, 상호작용성 등이 조화를 이루게 된다면 감상자는 상호작용적 디지털 미술을 통해 듀이가 말한 식의 미적 경험을 그 어떤 종류의 예술작품보다 더 생생하게 얻게 될 수 있다. 상호작용적 디지털 미술은 현실의 삶에서 달성해 나가야 하는 하나의 경험, 즉 미적 경험을 미리 연습하고 실험해 보는 장으로 기능할 수 있는 것이다. 그리고 예술작품 속에서의 그러한 연습과 실험은 현실의 삶에서 실제로 미적 경험을 성취하는 데 긍정적으로 기여할 것이다.

푸른 꽃

기술의 발전은 밝은 희망과 어두운 우려 사이를 오락가락한다. 공학이 밝은 희망의 가도를 질주하곤 한다면, 인문학은 어두운 우려의 비가悲歌를 읊조리곤 한다. 비가의 끝에 대체로 깊은 절망이 기다리고 있을 터이지만, 도중에 점점이 푸른 꽃이 필 수도 있다. 포스트휴먼의 시대, 거칠게 말해 인류 종말의 시대로 뚜벅뚜벅 나아가는 새천년의 길 위에 예술이 푸른 꽃을 피우기를 바라 본다. 이 글은 디지털 시대의 푸른 꽃에 대한 아날로그적 연가(^o^)이다.

| 추천도서 |

존 듀이, 『경험으로서의 예술』, 이재언 옮김, 책세상, 2003.
존 듀이의 *Art as Experience*를 부분적으로 번역한 책이다. 1장은 「생명체」, 2장은 「생명체와 천상의 사물들」, 3장은 「하나의 경험을 갖는다는 것」으로 구성되어 있다. 하나의 경험으로서의 예술에 대한 존 듀이의 관점을 더 상세히 살펴볼 수 있으며, 더불어 존 듀이의 미학을 그의 프래그머티즘 사상과 연관하여 이해할 수 있다. 존 듀이는 서양의 근대 체제가 뮤지엄의 설립을 통해 예술을 일상적 경험으로부터 분리시켰다고 주장한다. 그 결과 미적 경험보다는 예술적 대상이 중시되고, 육체적 감상보다는 관조적 감상이 우선시된다. 감성과 융합을 강조하는 포스트모더니즘의 맥락에서 오늘날 재조명받고 있는 듀이의 대표적 저작이다.

G. Burdea and P. Coiffet, *Virtual Reality Technology*, Wiley-IEEE Press, 2003.

가상현실 기술에 대해 공학자들이 교과서적으로 설명한 책이다. 입력 장치, 출력 장치, 소프트웨어 등의 기술적 측면뿐만 아니라 개념적 측면도 이해하기 편하도록 소개하고 있다. 그리고 가상현실 기술이 사회 전반에 미칠 수 있는 영향을 교육적, 예술적, 의학적 측면 등에서도 다루고 있다. 기본적으로 공학적 책이다. 풍부한 도판 및 실례들이 큰 장점이며, 각 장 말미에 마련되어 있는 연습 문제를 푸는 재미도 쏠쏠하다.

발터 벤야민, 「기술복제 시대의 예술작품」.

기술이 예술에 끼치는 영향을 인문학적으로 고민한 아우라가 빛나는 글이다. 사진 및 영화로 대변되는 기술 복제가 예술 및 사회에 어떤 영향을 미치는가를 새로운 가능성 면에서 탐색하였다. 기술 복제는 예술 작품의 아우라를 약화시켰지만 소통가능성을 확대시켰다. 그렇지만 소통가능성의 확대가 민주주의의 발전이 아닌 파시즘의 도래에 기여할 수도 있다. 1930년대 쓰여진 글임에도 불구하고 오늘날 인터넷 등 디지털 매체의 특징을 이해하는 데도 널리 인용되고 있다. 징후의 선구자적 예지가 좋은 글의 덕목이 될 수 있음을 보여 준다. 다수의 번역본이 존재한다.

Stephen Wilson, *Information Arts*, MIT Press, 2002.
디지털 아트의 다양한 작품들을 폭넓게 살펴볼 수 있는 천여 페이지에 이르는 방대한 분량의 책이다. "예술, 과학, 기술의 융합"이라는 부제가 보여 주듯이 생명공학 아트, 로봇 아트, 알고리듬 아트, 웹 아트, 가상현실 아트 등 다양한 과학과 다양한 기술을 사용한 작품들이 총망라되어 있다. 너무 다양한 범주의 설정과 너무 많은 작품의 선정이 독서를 방해하기는 하지만, 디지털 아트에 대한 정보의 소개를 충실히 하고 있다. 도판도 많이 준비되어 있지만 디지털 아트는 정지된 화면보다는 해당 웹사이트에 들어가 동영상으로 감상하는 것이 낫다. 물론 직접 가서 체험하는 것이 최선일 터이다.

크리스 옥슬레이드, 『감쪽 같은 가상현실』, 이상헌 옮김, 김영사, 2000.
김영사에서 펴내는 '앗! 이렇게 새로운 과학이!' 시리즈의 한 권이다. "가상현실의 역사", "가상현실 시스템의 작동방식", "다가오는 가상 세계", "가상 세계의 위험 요소" 등을 삽화를 곁들여 요령 있게 설명하고자 노력한다. 입문서이기 때문에 가상현실 세계로 본격적으로 들어가기 전 준비운동으로 읽을 만한 책이다.

백남준과 이상李箱, 새로운 예술적 시각의 만남

권영민

새로운 시각의 발견

"한 마리 새가 되어 하늘을 날 수 있을까?" 이 공상의 명제를 놓고 이상李箱, 1910~1937은 시를 통해 그 새로운 가능성을 꿈꾼다. 그는 하늘에 높이 떠 있는 새처럼 지상의 인간을 내려다볼 수 있게 된다. 인간의 땅을 내려다볼 수 있는 새로운 시각perspective은 이상의 욕망을 내면화한 시 「오감도」를 통해 펼쳐지고 있다. 이 작품은 지금도 여전히 대표적인 난해시로 손꼽히지만, 인간의 삶의 세계와 사물을 보는 시각의 문제에 대한 새로운 도전을 시도하는 것이라는 점은 분명하다.

　인간은 땅 위에 발을 디디며 살아간다. 땅 위에 서서 하늘을 쳐다보고 높은 산과 키가 큰 나무의 꼭대기를 올려다본다. 자신의 눈높

* 권영민 | 서울대학교 인문대학 국어국문학과 교수. 서울대학교 국어국문학과에서 학사, 석사, 박사 학위를 받았다. 『문학사상』 편집주간을 지낸 바 있으며, 미국 버클리대학교, 하버드대학교, 일본 도쿄대학교에서 한국문학 초빙교수를 역임하였다. 한국 현대문학, 특히 현대소설과 현대비평을 주로 연구하고 있다. 주요 저서로는 『한국 근대문학과 시대정신』, 『한국 민족문학론 연구』, 『우리문장강의』, 『한국 계급문학 운동사』, 『한국 현대문학사』(2권), 『한국 현대문학 대사전』, 『정지용 시 다시 읽기』, 『Modern Korean Fiction』 등이 있다.

이에 맞는 시선과 각도에 들어오는 사물만을 감지하기 때문에 자신의 눈에 들어오는 것들만을 사물의 실재적 양상인 것처럼 생각한다. 그러므로 하늘을 나는 새의 눈을 가장하여 세상을 내려다본 풍경을 가상해 본다는 것은 매우 특이한 발상이다. 이러한 인식의 전환은 사물을 보는 새로운 시각을 예비하고 있음을 의미한다. 하늘에 떠 있는 새의 시선과 각도로 인간 세계를 내려다보는 것은 모든 사물이 하늘 높이 날고 있는 새의 눈(또는 시선)에 집중되어 있음을 뜻한다. 새의 위치에서 유지할 수 있는 시선의 높이와 그 각도로 인하여 지상의 모든 사물의 새로운 형태와 그 지형도가 드러난다. 그리고 그 위치와 거리가 감지된다. 그러므로 이러한 조감鳥瞰의 시선과 각도를 가진다는 것은 사물에 대한 감각적 인지를 전체적으로 가능하게 하는 새로운 시각을 가진다는 것을 의미한다. 그리고 이것은 사물의 세계를 그보다 높은 시각에서 장악할 수 있게 됨을 암시하는 것이다.

　　이상의 문학에서 가장 빛나는 부분은 사물에 대한 새로운 시각의 발견이다. 그는 본다는 것이 단순히 눈앞에 존재하는 사물의 외적 형상을 인지하는 것이라고 여기지 않는다. 그것은 사물을 관찰하는 과정과 함께 주체를 둘러싸고 있는 환경 속에서 관찰자로서의 주체까지도 포함하는 여러 개의 장場을 함께 파악하는 일이다. 이상은 사물에 대한 물질적 감각을 정확하게 파악하기 위해 사물의 전체적인 형태나 중량감, 윤곽, 색채와 그 속성까지도 설명할 수 있는 특이한 시선과 각도를 찾아낸다. 이것은 이상의 학업 과정 자체와 연관되는 것이라고 할 수 있다. 그가 공업학교의 건축과에서 수학하면서 익힌 모든 지식은 20세기 초반의 기계문명시대를 결정한 여러 가지 기초적인 이론에 대한 이해를 통해 이루어진 것이라고 할 수 있다. 이상은 그의 문학에서 광선, 사물의 역동성, 구조 역학, 기하학 등 기계시대를 이끌어 오고 있는 특징적인 이미지들을 작품의 주제로 채택하고 이를 작품을 통해 새롭게 형상화하고자 하였던 것이다.

이상은 사물에 대한 감각적 인식을 둘러싼 문화적 조건의 변화에 일찍이 눈을 뜬다. 그는 어린 시절부터 미술에 관심을 두면서 근대 회화의 기본적 원리를 터득하였고, 경성고등공업학교에서 건축학을 공부하는 동안 근대적 기술문명을 주도해 온 물리학과 기하학 등에 관한 기초적인 지식과 함께 현대 건축학에 깊은 이해를 가지게 된다. 그리고 새로운 예술 형태로 주목되기 시작한 영화에 유별난 취미를 키워 나간다. 이상이 지니고 있었던 예술의 모든 영역에 대한 폭넓은 관심과 지식은 그가 남긴 문학의 구석구석에 잘 드러나 있다. 그는 끊임없이 발전해 가는 기술문명의 세계를 놓고, 그것의 정체를 포착하면서 동시에 주체의 의식의 변화까지도 드러낼 수 있는 새로운 그림을 상상한다. 그것이 바로 이상의 문학세계라고 할 수 있다. 그러므로 이상의 문학은 1920년대까지 한국에서 유행했던 서정시의 시적 진술법이라든지 소설의 서사기법만으로는 이해되지 않는다. 그의 문학은 시의 낭만적 태도나 소설의 리얼리즘적 관점을 통해 이해하기에는 너무나 모호하고 그 의미가 애매하다. 그의 문학은 한국 사회의 근대화 과정에서 등장하기 시작한 부르주아 계급의 삶을 전체적으로 묘사하고 그 전망을 노래했던 방식과는 달리, 사물에 대한 보다 직접적이고 감각적인 접근법을 채택한다. 이것은 세계에 대한 인식뿐만 아니라 사물을 대하는 주체의 시각을 새롭게 변형시키기 위한 획기적인 방안이었기 때문이다.

백남준, 눈으로 보는 음악에서 비디오 아트까지

이상의 새로운 시각을 현대예술의 흐름 속에서 재해석하고자 할 때 주목해야 할 인물이 백남준1932~2006이다. 그는 일찍이 "내가 하는 모든 것이 문학이다"라고 말한 바 있다. 이 말은 세계적인 비디오 아티스트 백남준의 예술세계와 그 내면을 들여다볼 수 있는 하나의 창구를 제공한다. 그는 대학에서 미학을 전공한 후 자신이 추구하는 특이한 예술적 신념을 위해 행위예술에 도전한다. 그리고 거기에 새로운 매체로 등장한 TV를 접목시킴으로써 '비디오 아트'라는 전혀 새로운 예술 영역을 개척하게 된다. 그의 예술 활동은 어디에도 '문학'이라고 규정할 수 있는 특정의 글쓰기 영역과 직접적으로 관련된 양상을 드러내지는 않고 있다. 그럼에도 불구하고 그가 자신의 예술적 행위를 모두 문학이라고 스스로 규정한 것은 의미심장하다. 그 이유는 그가 문학이라는 말을 넓은 의미의 예술 또는 예술의 본연으로 이해하고 있는 것이 아닌가 생각되기 때문이다. 특히 비디오 아트의 시각성이라는 관점을 놓고 생각할 경우, 그가 사용하고 있는 문학이라는 별로 새롭지 않은 용어가 참으로 도전적인 의미를 드러낸다는 사실을 확인할 수 있다. 그러기에 백남준의 말을 앞에 두고 우리는 문학이 무엇인가를 다시 질문하지 않으면 안 된다.

백남준의 예술적 창조성이 빛을 보이기 시작한 것은 그가 1956년 독일 유학을 시작하면서부터라고 할 수 있다. 일본 동경에서 대학을 마친 그는 독일 유학을 통해 음악공부를 계속하면서 전후 독일 예술계에 여전히 영향력을 미치고 있던 아방가르드 예술에 경도된다. 그리고 그는 1960년대에 접어들면서 음악을 하나의 시각적 행위로 변형시킨 다양한 해프닝을 구상한다. 그가 처음으로 시도한 행위음악은 1961년에 발표한 <Action Opera>와 <Robot K-456> 등이다. 이 해프닝 작품으로 백남준은 자신의 실험성을 드러내기 시작하였지만 여기서 머물러 있지 않고 자신의 해프닝에 새로운 전자매체인 텔레비전을 접목시킬 것을 꿈꾼다. 그는 1963년 <음악의 전시회/전자 텔레비전>Exposition of Music/Electronic TV라는 최초의 개인전을 갖게 된다. 독일 부퍼탈 갤러리 파르나스에서 열린 이 전시회에서 그는 TV 수상기 13대를 예술로 변형시켜 놓음으로써 미술사상 최초의 비디오 아트를 창안하게 된다.

백남준은 음악을 시각화함으로써 '행위음악'의 세계로 자신의 무대를 넓힌다. 따라서 그가 그의 행위음악에 TV라는 새로운 전자 매체를 끌어들여 비디오 아트를 창안한 것은 그리 놀랄 일은 아니다. TV는 첨단 전자기술의 산물이지만 그 소통의 원리가 가지는 일방성으로 인해 매체론자들 사이에 논란의 대상이 되어 온 것이 사실이다. 백남준은 통신매체로서 TV가 지니고 있는 속성을 넘어서서 대중과의 상호소통이라는 참여의 퍼포먼스를 위한 예술의 매개물로 이를 활용한다. 그 결과 그의 비디오 아트에서 TV는 관객에 의해 조정되기도 하고, 그러한 과정 자체가 하나의 예술적 창조에 해당하는 해프닝으로 실연된다. 이러한 백남준의 새로운 시도는 결국 비디오의 메커니즘에 관계되는 시간의 문제에 대한 새로운 해석을 유도할 수 있게 함으로써 그의 비디오 아트가 시간과 공간을 동시에 포괄하는 하나의 예술로서 독자적 위상을 갖출 수 있도록 만들고 있는 셈이다.

백남준의 실험적 도전은 1964년 미국으로 건너가면서 지속된다. 그는 1967년 샬롯 무어맨과 함께 인간의 섹스를 음악으로 표현한

<오페라 섹스트로니크>Opera Sextronique를 공연함으로써 실험적 해프닝과 비디오의 요소를 결합시켜 비디오 아트의 새로운 가능성을 보여 준다. 그리고 1981년 10월 12일 새로운 음악과 무용의 중심무대인 뉴욕의 키친센터The Kitchen Center에서 무용가 데니스 고던과 함께 <생의 야망이 실현되다>Life's Ambition Realized를 공연하기도 한다. 이 무대에서 무용가는 광란의 무도를 보여 주고 백남준은 음반을 깨며 바이올린을 부수는 퍼포먼스를 실연한다. 그런데 이 특이한 행위음악은 일회성으로 끝난 것이 아니다. 고던의 춤과 백남준의 퍼포먼스가 하나의 해프닝을 만들어 가는 동안 이 모든 과정이 그대로 즉석에서 비디오로 녹화된 것이다. 그리고 퍼포먼스가 끝난 뒤에 이 비디오를 재생하여 화면으로 이를 재연하는데, 여기서 퍼포먼스의 녹화 테이프는 공연 장면을 끝 장면에서부터 역으로 보여 줌으로써 옷을 하나씩 벗어 던졌던 무용수가 비디오 화면에서는 다시 옷을 하나씩 입는 장면을 연출하도록 조작된다. 비디오라는 매체가 지닌 기계적 속성을 활용하여 퍼포먼스의 시간적 역행을 관객들이 추체험하도록 유도한 것이다. 이러한 비디오의 조작을 통해 관객은 경험의 혼란을 겪게 되고 일회성으로 그치는 행위예술의 한계를 비디오라는 새로운 매체를 통해 반복적으로 체험한다. 결국 백남준은 비디오라는 전자기기의 기계적 조작으로 모든 행위예술의 복제를 가능하게 하고 있으며, 비디오의 영상 안에서 모든 행위예술이 영원한 현재로 남아 있도록 만들어 낼 수 있게 된 것이다.

  백남준의 <굿모닝 미스터 오웰>Good Morning Mr. Orwell은 1984년 1월 1일 파리 퐁피듀 센터와 뉴욕 WNET-TV 스튜디오를 통해 세계 각 지역으로 위성 생중계됨으로써 세계인들의 관심을 모은 초유

의 우주쇼로 기록된다. 이 작품은 조지 오웰의 소설『1984』에 대한 일종의 패러디를 그 출발점으로 삼고 있다. 그러나 전체주의의 집단성을 고발하고자 한 이 소설의 주제는 백남준의 실험에 의해 전혀 새로운 유토피아적 상상으로 대체된다. <굿모닝 미스터 오웰>은 인공위성이라는 새로운 매체를 통해 세계가 하나의 네트워크로 연결되면서 시공간의 차이를 넘어서 하나의 가상적 이미지 속으로 세계인들의 이목을 끌어들인다. 실제로 이 작품에는 수많은 영상들이 하나의 화면 위에서 거침없이 교차되고 다양한 크기로 분할되면서 새로운 시각적 경험을 심어 준다. 불과 38분 정도에 지나지 않지만 이 세기적인 TV쇼는 멀티미디어 예술의 새로운 경지를 열어 놓은 백남준의 천재적 상상력을 전 세계에 알리는 계기가 된다. 이후 백남준은 <바이 바이 키플링>(1986), <세계는 하나>Wrap Around the World(1988) 등을 통해 인공위성을 활용한 비디오 아트의 새로운 창조자로 서게 되는 것이다.

백남준의 예술이 음악에서 출발하여 실험적 해프닝으로 이어지면서 거기에 비디오적 요소가 접목되어 새로운 비디오 아트의 영역을 열어 놓게 되는 과정은 그의 놀라운 창조적 상상력과 도전의식에 의해 가능해진 것이다. 백남준은 서구의 미학과 미술사에 대한 폭넓은 교양을 바탕으로 자신의 예술적 관심을 음악의 영역에까지 확대시켜 나가게 되었지만 거기에 만족하지 않는다. 그는 자신이 추구하는 음악의 세계에 눈으로 보면서 모두가 함께 즐길 수 있는 행위를 덧붙이고자 한다. 이러한 그의 해프닝은 음악이라는 청각적 요소와 행위라는 시각적 요소가 결합된 일종의 복합적 형태로서의 '연극적 음악' 또는 '행위음악'으로 확대된다. 백남준은 청각적 감수성에 호소하여 귀로 듣도록 하는 음악에 만족하지 않고, 눈으로 보는 음악을 시도하고 있는 셈이다. 실제로 백남준은 공연 도중 피아노와 바이올린을 부수면서 음악 텍스트가 추구하는 미적 질서를 파괴한다. 피아노를 연주하다가 자신의 연주를 관람하고 있던 존 케이지의 넥타이를 가위로 자르는 일종의 폭력을 휘둘러 청중을 경악시키기도 하였으며, 공연에 참여한 파트너의 지나친 노출로 공연 도중 경찰에 연행되는 해프닝을 연출하기도 한다. 그러나 이 돌발적인 행위는 그 선동적인 요건에도 불구하고 사실은 깊이 있게 고안된 의도적인 행위였다고 할 수 있다. 그는 예술적 창조의 과정 자체에 숨겨져 있는 파괴의 충동과 욕망을 여과없이 드러냄으로써 청중들을 예술의 창조라는 신비의 영역 속으로 함께 끌어들인다. 이 충격적인 생생한 참여의 방식이야말로 예술의 자율성을 새롭게 환기시켜 줄 수 있는 방법이다.

백남준의 비디오 아트는 그의 실험적인 행위음악을 새로운 매체의 영역으로 확대시켜 놓은 결과에 해당한다. 그는 소리를 바탕으로 하는 음악과 움직이는 영상을 중심으로 하는 TV의 결합을 통해 가장 현대적인 매체를 활용한 비디오 아트를 창안하게 된다. 그가 이 충격적인 결합과정에서 파생하는 기계적 미학에 인간적 의미를 불어넣기 위해 새롭게 끌어들인 것이 바로 문학이다. 그리고 그 문학이라는 것이 바로 한국 근대문학 최대의 스캔들로 손꼽히고 있는 이상李箱의 문학임을 확인할 수 있다. 백남준과 시인 이상의 만남. 이 세기적인 만남은 그러나 이상의 생전에 가능한 일이 아니었음은 물론이다. 백남준은 이상이 조선총독부 건축기사로 활동하고 있던 시기에 서울에서 태어났지만, 그가 다섯 살이 되었을 때 이상은 식민지 지배 제국 일본의 수도인 도쿄에서 세상을 떠났기 때문이다.

백남준, 이상을 꿈꾸다

백남준의 예술적 상상력이 이상의 문학과 내밀하게 연결되어 있다는 것은 1963년의 첫 개인전인 <음악의 전시회/전자 텔레비전>에서 확인된다. 백남준은 프라이부르크 대학에서 만난 존 케이지John Cage, 1912~1992의 음악에 매료되면서 그를 사사하게 되었으며, '존 케이지에게 보내는 헌정'이라는 제목의 작품을 한 화랑에 전시한 적도 있다. 그는 '플럭서스' Fluxus 운동의 창시자 요제프 보이스Joseph Beuys, 1921~1986를 만나면서 음악의 장르적 한계를 넘어설 수 있게 된다. '삶과 예술의 조화'를 기치로 내걸면서 탈장르적인 전위적 예술운동으로 발전하게 되는 보이스의 플럭서스 운동이 백남준의 초기 예술 세계에 큰 영향을 미치게 되었던 것이다.

1963년 독일에서 열린 백남준의 첫 개인전은 그 창조적인 실험에서뿐만 아니라 그 해프닝의 성격 자체로도 유명하다. 이 전시회에는 '장치된 비디오' 3대와 '장치된 TV' 13대가 준비된다. 그리고 이들 전시물과 함께 피가 뚝뚝 떨어지는 갓 잡은 황소머리를 비치함으로써 더욱 큰 충격을 불러일으킨다. 그런데 전시의 개막일에 플럭서스 운동을 주도하고 있던 요제프 보이스가 난데없이 도끼를 들고 나타나 전시 중인 피아노 한 대를 부숴 버린다. 이 해괴한 해프닝은 소리의 시각화를 의도한 백남준의 기획에 따라 이루어진 하나의 퍼포먼스였지만, 여기 동원된 '13대의 TV'가 이상의 시 「오감도 시제1호」에 등장하는 '13인의 아해'와 일치한다는 것은 우연스런 일만은 아니다. 근대문명의 부조화에 대한 공포를 단순한 시적 진술에 의거하여 반복적으로 보여 준 「오감도」의 '13인의 아해'는 백남준에 의해

'13대의 TV'로 대체된 셈이다.

백남준의 행위음악이 세간의 관심을 끌게 되자, 그는 1960년대 중반 자신의 활동 무대를 미국의 뉴욕으로 옮긴다. 당시에 그가 발표한 바 있는 「자서전」Autobiographie(1964)이라는 짤막한 글은 「오감도 시제1호」의 서술 기법을 그대로 패러디하고 있다는 점에서 매우 흥미롭다. 이 글은 토마스 슈미트가 독일어로 번역한 위르겐 베커와 볼프 포스텔의 『해프닝, 플럭서스, 팝아트, 신사실주의』(1965)에 수록되어 있는데, 이를 옮겨 보면 다음과 같다.

포스텔이 내게 정확한 자서전을 써달라고 부탁했다.

예전에 별로 정확하지 않은 내 기록을

디트리히 데 칼렌데르Dietrich de Kalender에게 준 적이 있으나,

이번에는 최대한 정확하게

자서전을 쓰려고 한다.

1931년 9월, 나는 어머니와 아버지가 최고의 쾌락을 음미하는 동안 어머니의 자궁에 잉태되었다.

히틀러 암살미수 사건이 발생한 1932년 7월 20일, 나는 대한민국 서울에서 어머니와 아버지의 아들로, 그리고 할머니와 할아버지의 손자로 태어났다. 음력으로 하면 6월 17일(스탈린에 대항하여 봉기한 날)이다. 한국 전통에 따라 집에서는 음력 6월 17일에 생일을 축하해 주었다. 하지만 학교서류와 여권에는 7월 20일이 내 공식적인 생일로 기록되어 있다. 나는 이날을 더 좋아했는데, 왜냐하면 독일국민이 히틀러에게 더 강하게 저항했더라면 스탈린 때문에 흘린 피는 헛된 것이 될 뻔했기 때문이다. 그래서 지금처럼 6월 17일뿐

만 아니라 7월 20일도 국경일로 정해야 할 것이다.

1933년에 나는 한 살이었다.

1934년에 나는 두 살이었다.

1935년에 나는 세 살이었다.

1936년에 나는 네 살이었다.

1937년에 …… 다섯

1938년에 나는 여섯 살이었다.

1939년에 나는 일곱 살이었다.

1940년에 나는 여덟 살이었다.

1941년에 나는 아홉 살이었다.

1942년에 나는 열 살이었다.

1943년에 나는 열한 살이었다.

1944년에 나는 열두 살이었다.

1945년에 나는 열세 살이었다.

(1945년은 대한민국이 해방된 해다. 여전히 복잡하고, 결정적인 영향을 끼치는 외국 열강들의 지배하에 놓여 있었지만)

1946년에 나는 열네 살이었다.

1947년에 나는 열다섯 살이었다.

1948년에 나는 열여섯 살이었다.

1949년에 나는 열일곱 살이었다.

1950년에 나는 열여덟 살이었다.

(1950년은 한국전쟁이 발발한 해로, 외국의 '원조' 는 매우 복잡했고, 결정적인 영향을 끼쳤다. 우리가 거절할 권리도 없는데 과연 원조라고 부를 수 있는 것일까?)

1951년에 나는 열아홉 살이었다.

1952년에 나는 스무 살이었다.

1953년에 나는 스물한 살이었다.

1954년에 나는 스물두 살이었다.

(처음으로 여자와 섹스했다…… 별로 대단치 않았다)

1955년에 나는 스물세 살이었다.

1956년에 나는 스물네 살이었다.

1956년에 나는 스물다섯 살이었다.

1957년에 나는 스물여섯 살이었다.

1957년에 나는 스물일곱 살이었다.

1958년에 나는 스물여덟 살이었다.

1959년에 나는 스물아홉 살이었다.

1959년에 나는 여전히 스물아홉 살이었다.

1960년에 나는 스물여덟 살이었다.

1961년에 나는 스물아홉 살이었다.

1962년에 나는 서른 살이었다.

1963년에 나는 서른한 살이었다.

1964년에 나는 서른두 살이다.

1965년에 만일 전쟁이 일어나지 않는다면 나는 서른세 살이 될 것이다.

1966년에 만일 전쟁이 일어나지 않는다면 나는 서른네 살이 될 것이다.

1967년에 만일 전쟁이 일어나지 않는다면 나는 서른다섯 살이 될 것이다.

1968년에 만일 전쟁이 일어나지 않는다면 나는 서른여섯 살이 될 것이다.

1969년에 만일 전쟁이 일어나지 않는다면 나는 서른일곱 살이 될 것이다.

1970년에 만일 전쟁이 일어나지 않는다면 나는 서른여덟 살이 될 것이다.

1971년에 만일 전쟁이 일어나지 않는다면 나는 서른아홉 살이 될 것이다.

1972년에 만일 전쟁이 일어나지 않는다면 나는 마흔 살이 될 것이다.

1973년에 만일 전쟁이 일어나지 않는다면 나는 마흔한 살이 될 것이다.

1974년에 만일 전쟁이 일어나지 않는다면 나는 마흔두 살이 될 것이다.

1975년에 만일 전쟁이 일어나지 않는다면 나는 마흔세 살이 될 것이다.

1976년에 만일 전쟁이 일어나지 않는다면 나는 마흔네 살이 될 것이다.

1977년에 만일 전쟁이 일어나지 않는다면 나는 마흔다섯 살이 될 것이다.

1978년에 만일 전쟁이 일어나지 않는다면 나는 마흔여섯 살이 될 것이다.

1979년에 만일 전쟁이 일어나지 않는다면 나는 마흔일곱 살이 될 것이다.

1980년에 만일 전쟁이 일어나지 않는다면 나는 마흔여덟 살이 될 것이다.

1981년에 만일 전쟁이 일어나지 않는다면 나는 마흔아홉 살이 될 것이다.

1982년에 만일 전쟁이 일어나지 않는다면 나는 쉰 살이 될 것이다.

2032년에 만일 내가 여전히 살아 있다면 나는 백 살이 될 것이다.

3032년에 만일 내가 여전히 살아 있다면 나는 천 살이 될 것이다.

11932년에 만일 내가 여전히 살아 있다면 나는 십만 살이 될 것이다.[1]

이 글에서 확인할 수 있는 서술의 단순성은 이른바 '유사 진술의 반복'에 의해 이루어진다. 이 반복의 방법은 단순한 수사적 차원을 넘어서 한 해, 두 해로 이어지는 시간의 흐름을 시각적으로 단순화하여 제시한다. 이러한 특징은 이상의 「오감도 시제1호」에서 이미 실험했던 진술법에 해당한다. 물론 백남준은 그의 <젊은 페니스를 위한

---

1) 백남준, 『백남준: 말馬에서 크리스토까지』, 에디트 데커·이르멜린 리비어 엮음, 백남준 아트센터, 2010, 335~338쪽.

교향곡>Young Penis Symphony(1962)[2]에서 이미 이같은 방법을 직접적인 행위로 무대 위에서 펼쳐 보일 계획을 세운 적도 있다. '기원후 1984년 무렵으로 예정된 세계 최초의 교향곡'이라는 단서를 붙인 이 작품은 다음과 같이 설명되고 있다.

> 관객에게는 무대 앞에 설치된 거대한 흰 종이만 보인다. 종이는 천장에서 바닥까지 그리고 왼쪽 끝에서 오른쪽 끝까지 펼쳐져서 무대를 완전히 가리고 있다. 이 종이 뒤의 무대 위에서 10명의 젊은이가 서 있다
> …… 준비
> …… 잠시 후
> ……
>
> 첫번째 사람이 페니스로 종이를 뚫어서 관객에게 내보인다 ……
> 두번째 사람이 페니스로 종이를 뚫어서 관객에게 내보인다 ……
> 세번째 사람이 페니스로 종이를 뚫어서 관객에게 내보인다 ……
> 네번째 사람이 페니스로 종이를 뚫어서 관객에게 내보인다 ……
> 다섯번째 사람이 페니스로 종이를 뚫어서 관객에게 내보인다 ……
> 여섯번째 사람이 페니스로 종이를 뚫어서 관객에게 내보인다 ……
> 일곱번째 사람이 페니스로 종이를 뚫어서 관객에게 내보인다 ……
> 여덟번째 사람이 페니스로 종이를 뚫어서 관객에게 내보인다 ……
> 아홉번째 사람이 페니스로 종이를 뚫어서 관객에게 내보인다 ……
> 열번째 사람이 페니스로 종이를 뚫어서 관객에게 내보인다 ……

2) 백남준의 다섯 가지 교향곡 중 제1번 교향곡. 볼프 포스텔, 『데콜라주』 제1호에 게재, 쾰른, 1962년 6월.

　이 작품에서 드러나는 파괴적이고도 외설적인 행위와는 관계없이 텍스트 자체의 구조와 진술은 이상의 시를 연상케 하는 반복의 단순성을 그대로 보여 준다. 물론 이 단조로운 진술의 반복은 그 반복 자체를 통해 내적 긴장을 고조시킬 수 있는 수사적 효과를 노리고 있음은 물론이다.

　백남준이 자신의 작품에서 직접적으로 이상에 대해 거론한 것은 1968년에 쓴 「뉴욕 단상斷想」[3]이라는 글이다. 이 글은 비디오 아트의 창시자로 주목되기 시작한 그가 한국의 독자들을 향해 쓴 자기 고백에 해당한다는 점에서도 주목을 요한다.

詩人, 詩人이라고 불리우기가 역겨울 때야 前衛, 前衛라고 불리우는 것은 오직 송구스러울 바이에요.

音樂家가 풍악장이라면, 畵家는 도배쟁이고, 彫刻家는 미장이. 요즘 흔히 말하는 'Kinetic Artist'는 목수이니 내 이름 석자가 아까워 '맹꽁이'라고 애칭해 주시는 家兄의 논거가 옳은 바 아니요?

'웃으운 소리' 하는 것을 '싱거운 소리' 한다고 일컬으게 취미가 발달한 다방골 不在地主의 바둑 두기. 새문밖 福德房의 장기 두기……

아마 John Cage의 시시한 創作을 잘 理解하리라.

(중략)

사랑아 사랑 사랑　　　　사랑아 낭상 낭상

사랑아 살랑 살랑　　　　사랑아 바닥 바닥

<hr>

3) 『공간』(空間), 1968년 8월.

사랑아 달랑 달랑 　　사랑아 타각 타각

사랑아 팔랑 팔랑 　　사랑아 바싹 바싹

사랑아 갈랑 갈랑 　　사랑아 아작 아작

사랑아 담방 담방 　　사랑아 말랑 말랑

사랑아 빠각 빠각 　　사랑아 깔랑 깔랑

사랑아 바삭 바삭 　　사랑아 타박 타박

사랑아 까닥 까닥 　　사랑아 바락 바락

사랑아 발칵 발칵 　　사랑아 상냥 상냥

사랑아 알랑 알랑

이 글의 서두에 드러나 있는 시니컬한 어조는 이상의 소설 「날개」의 서두에 등장하는 "박제가 된 천재를 아시오?"로 이어지는 유명한 에피그램을 연상케 한다. 천재이기를 거부했던 이상과 전위前衛이기를 송구스러워하는 백남준의 태도가 서로 닮아 있다. 그런데 이 글의 말미에 「頌李箱 ○○○氏에게」라는 시가 붙어 있다는 점은 더욱 놀라운 일이다. 이 시는 소년기에 유치원에 함께 다녔지만 교동校洞과 수송壽松으로 학교가 서로 나뉘어 공일날에 같이 놀 수 있었던 한 소녀에 대한 애틋한 사랑의 기억을 노래하고 있다. 한국전쟁 이후 서로 헤어져 볼 수 없게 된 여인에게 바치는 백남준 식의 사랑의 헌시라고 할 수 있다.

이 작품에는 '사랑'이라는 관념이나 정서에 대한 일체의 개인적 서술이 제거되어 있다. 모든 시적 진술은 '사랑아'라는 영탄적 어구를 앞세워 놓고 이른바 오노마토포이아Onomatopoeia로 이루어지는 서로 다른 음성상징의 열거 행태로 구성된다. 이 극단적인 언어유희에서 '사랑'이라는 주제는 더 이상 어떤 관념도 어떤 정서도 아니다. 그것은 오직 눈에 보이듯 귀에 들리듯 하는 직감으로만 인식되는 것이며, 손에 만져지듯 입에 씹히듯 하는 경험으로만 감지된다. 그러므로 이 작품에서 사랑은 순수한 감각적 경험의 직접성을 떠나서는 이해하기 어렵다. 언어에 묻어 들어가는 일체의 관습과 가치와 이념을 제거할 경우, 그것은 단순한 하나의 소리에 불과하지만, 이 소리의 감각을 통해 백남준은 '사랑'을 직접적으로 감지하도록 이끈다. 이러한 시적 방법은 시인 이상이 시도했던 언어의 시각적 활용과 '타이포그래피의 상상력'에 맞닿아 있다고 할 수 있다.

백남준과 이상, 그리고 모더니티의 초극 문제

백남준의 예술적 행위가 충격인 것처럼, 이상 문학의 경우도 1930년대 문단에서 분명 하나의 충격이었음은 부인할 수 없는 일이다. 이 충격은 두 사람의 천재가 끈질기게 시도했던 모든 기성적인 양식에 대한 반동과 그 파괴에서 비롯된다. 이상과 백남준은 그들의 세계 안에서 자기 예술을 구축하면서 문학과 예술의 외관의 무의미성을 강조하면서 상상력의 하부구조를 열어 가기 위해 노력한다. 경험의 절대적인 존재성을 동시적 감각을 통해 구현하고자 했던 이들의 문학과 예술에는 조각이나 부분이 전체를 대신하며, 한정되어 있는 전체보다는 단절되어 있는 부분과 부러진 조각에서 어떤 의미가 새롭게 창조된다. 구속이 없는 자유, 자유로운 감각, 질서에 대한 충동의 우위, 상상력의 해방, 이런 것들은 이상과 백남준의 문학과 예술에 관심을 지니게 만드는 요인일 것이다. 이상과 백남준은 그들의 문학과 예술을 통해 어떤 궁극적인 해답을 제시하고자 한 적이 없다. 이들은 누구보다 먼저 인간의 존재 의미에 대해 심각하게 질문하였고, 현상과 본질의 대립, 부분과 전체의 부조화를 문제삼았던 것이다.

백남준과 이상의 예술은 현대문명의 중요 명제와 개념들을 자신들의 텍스트 안에서 해체하거나 재구성한다. 그리고 예술적 행위를 통해 과학의 발달이나 그것이 인간의 삶에 미치는 영향 등에 대한 문제 자체를 그대로 텍스트의 표층에 폭로하기도 한다. 이들이 활용하고 있는 예술적 행위의 기표들은 모두 설명적 진술을 거부한다. 특히 백남준은 소리를 눈으로 보게 하고 이상은 말을 눈에 보이게 만든다. 그러므로 이들이 만들어 낸 모든 텍스트는 인간과 과학과 문명에 대한 일종의 제유提喩의 형식에 해당한다. 이것은 물론 텍스트와 독자 사이를 조화롭게 연결시켜 예술적 상상력을 고양하는 데에까지 이르지 못한 채 하나의 행위로 지나친 것들이 많다. 그리고 이 특이한 예술적 실천이 환기하는 '낯설게 하기'의 효과 자체가 텍스트의 내적 공간으로부터 독자들을 소외시켰던 것도 사실이다.

백남준과 이상의 예술적 상상력과 그 실천의 방법을 놓고 볼 때 우리가 주목해야 할 것은 현대의 과학기술과 문명이 주로 19세기 말부터 20세기 초에 이르는 동안 획기적인 발달과 변화를 겪었다는 사실이다. 예컨대 전기의 발명, X선의 발견, 영화의 등장, 자동차와 비행기의 발명 등이 모두 이 시기에 이루어진다. 그리고 이것들이 새로운 삶의 물질적 기반을 형성하게 된다. 프로이트의 정신분석 이론이 등장하면서 심리학의 획기적인 발전이 이루어졌으며, 아인슈타인의 상대성 이론은 시간과 공간에 대한 인식의 대전환을 초래했다. 예술 분야에서는 표현주의 이후 입체파가 등장하고 문학의 경우 의식의 흐름 기법을 활용하는 심리주의적 경향이 강하게 나타난다. 이상은 바로 이러한 과학문명과 예술의 전환기적 상황을 깊이 있게 관찰하면서 그 자신의 문학세계를 새롭게 구축했고 백남준은 전후 독일의 신흥 예술의 도전에 심취되었던 것이다. 그러므로 이 두 삶의 천재 예술가들의 기법과 정신이 현대성의 문제와 관련된다는 것은 부인할 수 없는 일이다. 그러나 그것이 언제 어디서 무엇으로부터 시작되었는지 정확하게 규정하기는 어렵지만, 후기 자본주의의 확대, 과학기술문명의 새로운 발전, 현대예술의 변화 등과 어우러지면서 모더니티의 초극을 꿈꾸었다는 것은 부인할 수 없는 일이다.

백남준과 이상의 예술에서 공통적으로 관심이 모아지는 부분은 시간 개념에 대한 새로운 해석과 그 새로운 체험이다. 이들의 예술에서 시간은 내적 의식과 외적 현실을 함께 포괄할 수 있는 유일한 영역이다. 이상은 그의 시에서 시간의 개념과 관련되는 기하학과 물리학의 여러 개념들을 시적 모티프로 활용한다. 그는 시간 대칭의 개념을 '거울'이라는 이미지로 구현하기도 하고 소설적 공간 안에서 공적 시간과 사적 시간의 불일치를 통해 현대인의 모순된 삶의 양상을 표현하기도 한다. 백남준은 이상의 '거울'을 비디오의 TV의 화면으로 대치시킨다. 그리고 서로 다른 시점에서 일어나는 개별적 사건들의 동시성 문제를 화면 속 이미지의 조작을 통해 실현한다. 이러한 방법은 사물과 사물이 끊임없이 상호 관련되어 변화한다는 점을 보여 줄 수 있을 뿐만 아니라 현실을 넘어서서 더 복합적인 세계를 예술을 통해 만들어 낼 수 있다는 것을 보여 준다.

이상은 사실주의 소설에서 강조하고 있는 현실의 리얼리티를 포기한 대신에 자아의 내면에 투영된 사물의 인상을 통해 그 구체적인 실체성에 접근한다. 그는 서사의 원리로 가장 중시되고 있는 서술의 간격이라는 것을 포기한다. 서사의 외부에 자리하여 서사 내적 세계를 주재하던 전지적 시점의 통일성도 파괴한다. 하지만 그는 자기 내면의 분석이 가능한 일인칭 시점을 활용하여 분명하게 눈에 보이는 모든 것들을 그려낸다. 이상이 시의 경우에 시도했던 사물을 보는 새로운 시각은 시 「오감도」에서 암시하고 있는 것처럼 일정한 높이에서 공간을 확보하고 아래를 내려다보는 방식이다. 이 새로운 시각은 사물을 보는 눈높이를 조정하여 내려다보기를 가능하게 함으로써 사물의 입체성을 강조할 수 있게 한다. 그 결과로 모든 사물이 공간적으로 보이게 되고 그 인식의 평면성을 극복할 수 있게 된다. 그는 시적 대상의 구조에 대한 관심을 적극적으로 구현하면서 그 조성을 분석하고 대상을 여러 가지 각도에서 보려고 시도한다. 이러한 시각은 대상의 여러 조망을 통해 동시성의 감각을 구현할 수 있게 된다. 이상은 사실주의의 원칙, 시간의 불가역성, 삼차원의 공간 법칙 등이 현대문명의 이름 아래 무너지기 시작하는 것을 보면서 모든 사물이 이러한 법칙들에 의해 더 이상 설명될 수 없다는 사실을 알게 된다. 그러나 그는 절망의 끝에서 새로운 기교를 창조한다. 일정한 공간 위에서 눈 아래의 현실을 전체적으로 조감할 수 있는 새로운 시각을 발견하고 그 시각에 의해 새로운 세계를 그려 내었기 때문이다.

백남준과 이상의 예술은 궁극적으로 모더니티의 문제성 비판에 그 초점을 두고 있다. 이 같은 새로운 경향을 보여 주고 있는 것은 실재의 현실 자체에 대한 신념이 붕괴되었다는 회의론적 인식에 근거한다고 할 수 있다. 이상은 자신의 생에 대한 감정이나 세계관을 표현하기 위해 경험적인 것을 종종 과장되게 왜곡시켜 표현하고자 하였고, 백남준은 스스로 격렬한 파괴의 행위를 자신의 예술 속에 끌어들인다. 이러한 경향은 현실의 세계를 통합적으로 전체적으로 묘사하는 일이 더 이상 중요한 것이 아님을 말해 준다. 그리고 총체적인 세계로서의 객관적 세계와 대결하고 있는 주체의 의미도 중요하지 않다는 것을 일깨워 준다. 이들이 중시한 것은 인간이 현실의 일부를 자기화하는 과정 자체이다. 이들은 현실을 어떤 하나의 관점 또는 하나의 태도를 통해 그려내는 것이 아니라 여러 가지 각도에서 드러나는 다양성을 보여 주고자 한다. 그러므로 사물의 다양하고도 복합적인 이미지들이 이들의 예술을 통해 끊임없이 생성된다. 이 같은 해석에 따를 경우, 인간의 삶이라는 것도 어떤 목표를 향해 진행되는 하나의 통합적인 과정이라기보다는 다양한 상황들이 동시적으로 겹치거나 이어지는 현상에 불과하다. 그렇지만 이들의 예술에 인간적인 가치에 대한 동경과 향수가 음울하게 스며들어 있다는 점을 놓쳐서는 안 된다.

전자사전 속의 언어

이성헌

들어가는 글

전자사전이라고 할 때, 일반인들은 제일 먼저 휴대용 디지털 매체에 저장된 상용사전을 떠올리곤 한다. 그렇지 않고, 조금의 생각할 시간이 주어진다면, 컴퓨터나 웹사이트에서 서비스로 제공되는 사전들을 여기에 덧붙이기도 한다. 이런 사전들은, 디지털 매체를 사용하고 전산프로그램에 따라 조작된다는 점에서, 종이에 인쇄된 두껍고 투박한 책 형태의 기존 인쇄사전(혹은 종이사전)들과 분명히 구별된다. 그런 점에서 전자사전이라고 할 수 있다.

하지만 이런 유형의 사전들은 휴대와 접근(사용)이 간편하다는 점을 제외하고는 근본적으로 인쇄사전과 다를 바가 없다. 이 사전들

* 이성헌 | 서울대학교 인문대학 불어불문학과 교수. 서울대학교 불어불문학과와 동 대학원을 졸업하고 프랑스 파리 13대학교 언어학과에서 박사 학위를 받았다. 통사·의미론 전공으로 통사·의미 속성에 따른 어휘 분류 체계 구축과 기술, 전자사전 구축 등 전산처리를 위한 언어의 분석과 기술에 대해 주로 연구하고 있다. 불·한 대조 연구에도 관심을 갖고 있다. 주요 논문으로는 「불어 대칭 명사의 통사·의미론적 특성 연구」, 「À propos des noms de propriété en coréen」, 「프랑스어 발화명사의 통사·의미 속성에 관한 연구」, 「전자사전 구축과 의미부류」, 「세종 전자사전 개발의 성과와 전망」, 「다국어 연어 대조 연구를 위한 DB 구축과 의미부류의 활용」(공저) 등이 있다.

도 역시 인간을 사용자로 하기 때문이다. 즉, 각종 전산매체를 이용하여 사전 사용 시의 편의를 제공하기는 하나, 이 모든 것이 결국은 인간 사용자를 염두에 두고 이루어진다는 것이다. 그런 까닭에, 이런 사전들은 기계 '가독'형 사전MRD: machine readable dictionary이라 부르고, 컴퓨터를 사용자로 하는 기계 '참조'형 사전과는 구별한다. 엄밀한 의미에서 전자사전은 이런 기계참조형 사전을 칭하고, 우리가 이 글에서 말하고자 하는 전자사전도 그렇다.

이 글에서는 전자사전이 무엇인지를 그 성격과 기능, 구축 시의 쟁점 및 구축과정을 통해 자세히 살핌으로써, 여기서 언어학이 담당하는 역할과 기여하는 바를 소개하고자 한다. 또한, 이 과정을 통해 전자사전 구축 분야가 인문학의 한 분야인 언어학과 공학의 한 분야인 컴퓨터공학이 만나 이루어진 새로운 학문 영역이며, 서로의 연구 성과를 교류하며 함께 발전해 가는 대표적인 학제간 연구 분야라는 점을 알리고자 한다. 아울러 궁극적으로는 이 분야에서 언어학(도)이 담당하는 역할과 적극적인 참여의 필요성에 대한 인식과 이해를 돕고자 한다.

전자사전이란 무엇인가?

전자사전이란 한국어, 영어, 프랑스어 등 인간이 사용하는 일반 언어들—흔히 '자연어'natural language라고 칭하며 컴퓨터 언어 등 인공 언어와 구별한다—을 컴퓨터가 정확히 인식하고 산출할 수 있도록 이와 관련된 모든 정보를 담은 데이터베이스를 말한다. 한마디로 컴퓨터가 사용하는 언어사전이 전자사전이다. 그런 까닭에 인간을 사용자로 하는 일반 인쇄사전이나 이를 컴퓨터에서 사용할 수 있도록 고안된 기계가독형 사전과는 근본적으로 성격이 다르다. 컴퓨터는 언어직관이나 언어지식이 없이 공리·공식들의 조합에 의해서만 기능하므로, 전자사전은 적어도 다음의 네 조건을 충족시키게끔 구성되어야 한다.

- 언어정보의 완비성
- 언어정보의 일관성
- 언어정보의 명시성
- 언어정보의 엄밀성

우선, 전자사전은 컴퓨터가 자연어를 인식할 수 있도록 최대한 완비된 언어정보——어휘의 형태, 통사, 의미 등의 모든 정보——를 총괄적으로 수록해야 한다(언어정보의 완비성). 즉, 전자사전에는 해당 언어의 모든 어휘가 수록되어야 하며, 표제항별로는 표준형태뿐만 아니라 각종 변이형에 대한 정보가 관련 통사, 의미 정보와 함께 수록되어야 한다는 것이다. 가령 '왕따' '엄친아' 등의 신조어(유행어), '노찾사' '노사모' 등의 축약어, '보들레르' '보들레에르' '보오들레르' 등의 각종 변이형, '착한 몸매' '착한 가격' 등의 신조어(유행어)와 관련된 '착하다'의 의미 등이 그 쓰임(통사) 정보와 함께 최대한 반영될 수 있어야 한다.

이때 그 정보들은 컴퓨터의 전산처리 프로그램에 의해 활용될 수 있도록 일관성 있게 구성되어야 한다(언어정보의 일관성). 즉, 각 표제항에 수록된 정보들은 공통된 기준에 따라 구성·제시되어야 한다는 것이다. 가령, 상기한 '왕따' 등의 신조어(유행어)나 '보들레르' 등의 고유명사에 대해서도 다른 일반 어휘들에서처럼 형태, 의미, 통사 정보들을 일관되게 제공하여야 한다. 만약 뜻풀이만 제시하고 그 쓰임에 대한 정보를 담지 않는다면, 전자사전의 기능이 제대로 수행될 수 없다. '왕따'는 그 대상이 되는 사람을 가리킬 때는 'X가 왕따이다', 'X가 왕따가 되다'의 구문에 나타나지만, 행위 자체를 가리킬 때는 'X가 Y를 왕따를 시키다', 'Y가 X에게 왕따를 당하다'라는 구문에 나타나는데, 이를 컴퓨터가 알 길이 없기 때문이다. 똑같이, 고유명사 '보들레르'가 '존경하다'와 '읽다'의 목적어 자리에 나타날 수 있는 반면, '이순신'은 '읽다'의 목적어 자리에는 나타날 수 없다는 것을 컴퓨터가 알 수는 없다.

또한, 전자사전의 정보들은 모두 명시적으로 등재되어야 한다(언어정보의 명시성). 가령, '철수가 지하철을 탄다'라는 문장을 컴퓨터가 인식하기 위해서는 'X가 Y를 타다'라는 문형이나, 주어(X)와 목적어(Y) 자리에 오는 어휘들의 성격과 이들에 대한 뜻풀이 등이 명시적으로 수록되어야 한다는 것이다. 이 조건 역시 충족되지 않으면, 전자사전이 제 기능을 할 수 없다. 한 예로, 웹에서 제공되는 국어사전의 '타다' 항목 뜻풀이 경우를 들어보자.

다음 페이지 〈그림 1〉에서 보듯이, 뜻풀이를 위해 제시된 '탈것'과 '짐승'이 무엇을 지칭하는지가 명시적이지 않다. 그것에 해당되는 어휘들이 예문에서 제시된다 하더라도 그 수는 제한적일 뿐이어서 그 범위가 어디까지인지 알 수가 없다. 예컨대, 이 자리에 '소' '코끼리' '낙타' '조랑말' '나귀' 등의 어휘들은 나타날 수 있지만, '사자' '호랑이' '원숭이' 등은 그렇지 않다는 것을 명시적으로 나타내지 못한다. 또한 이 자리에 나타날 수 있는 '경운기' '손수레' '장갑차' '전투기'나 '스케이트' '스키' '스키보드'를 '탈것'의 범주로 보아야 하는

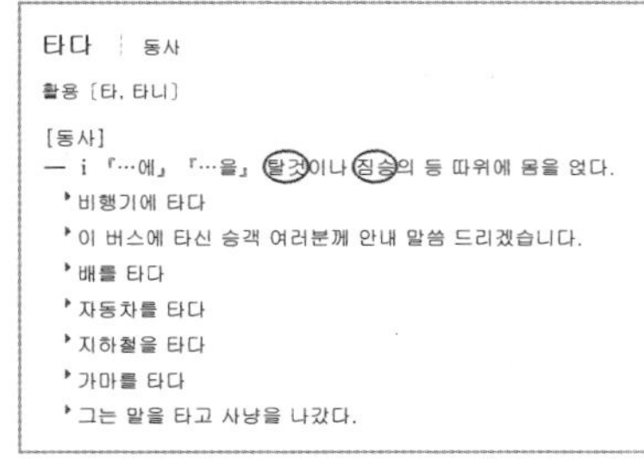

그림 1. 웹 사전의 어휘 기술 예: 동사 '타다'

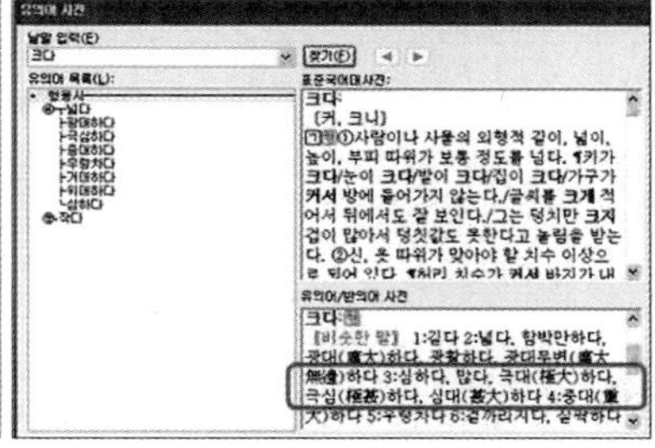

그림 2. 유의어 사전의 어휘 기술 예: 형용사 '크다'

지도 분명하지 않다. 인간 사용자에게도 문제가 될 수 있는 이런 사항들을 컴퓨터가 스스로 인식하고 판단할 수 없음은 자명하다.

언어정보의 엄밀성도 동일한 맥락에서 설명될 수 있겠는데, 이를 위해 문서작성 프로그램에서 제공되는 유의어 사전의 예를 들어 보자. 기존 유의어 사전에서는, 〈그림 2〉에서 보듯이, 해당 어휘의 유의어 목록을 나열하여 제시한다. 그런데 '크다'가 이 많은 어휘들과 모든 경우에 동의관계를 맺는 것은 아니다. 게다가 〈그림 2〉에 표시한 3번에서처럼 동일계열에 속하는 어휘들이라 하더라도 모든 경우에 '크다'와 동의관계를 갖는 것도 아니다. 가령 '큰 병에 걸리다'에 쓰인 '크다'의 경우에는 '심하다'와는 동의관계를 이루고 서로 대체되어 쓰일 수 있지만, '많다'나 '극대하다', '심대하다'와는 그렇지 못하다. 인간 사용자의 경우라면 자신의 언어지식과 언어직관에 따라 적절한 동의어를 찾을 수 있겠지만, 이를 컴퓨터에게 기대할 수는 없다. 그런 까닭에 전자사전의 언어정보는 보다 엄밀하게 기술되어야 하는 것이다.

앞에서 살펴본 네 가지 조건은 전자사전이 자연어 처리 과정에서 컴퓨터가 참조하는 언어사전이라는 점에서 요구되는 것이다. 따

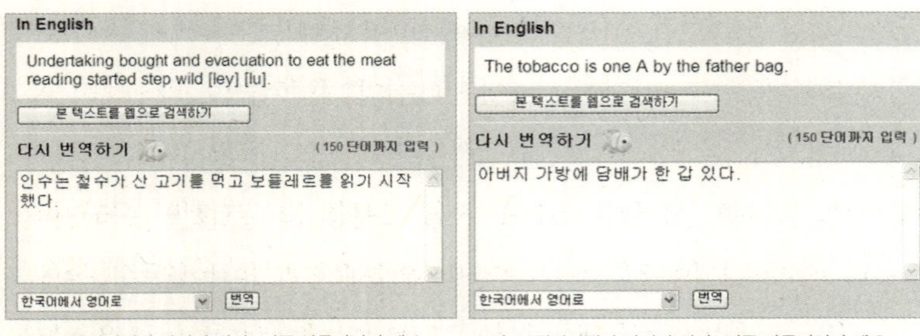

그림 3. 전자사전과 자연어 처리: 기존 자동번역의 예 1 　　그림 4. 전자사전과 자연어 처리: 기존 자동번역의 예 2

라서, 전자사전이 제 기능을 수행하려면 이 조건들을 모두 충족시켜야 한다. 그렇지 못할 경우, 전자사전을 기반으로 하는 자연어 처리 과정도 기대하는 결과를 얻을 수 없다. 현재 웹상에서 서비스되고 있는 자동번역의 경우가 그 대표적 예가 될 수 있을 것이다.

위 〈그림 3〉에서는 '인수'나 '철수', '보들레르' 등과 같은 한국어 고유명사들을 인식하지 못한 데서 기인하는 번역 오류가 두드러진다. 〈그림 4〉에서는 한국어의 '있다' 구문과 수관형사와 분류사로 구성된 '한 갑'에 대해 제대로 인식하지 못한 데서 오는 번역 오류가 나타난다. 이러한 오류들은 결국 자동번역 시에 컴퓨터가 참조하는 전자사전의 미비함 때문에 발생하는 것이다. 이렇게 앞에서 언급한 네 가지 조건을 충족시키는 전자사전이 없이는 자연어 처리가 성공적으로 수행되기 어렵다.

자연어 처리 과정과 전자사전의 역할

전자사전이 활용되는 자연어 처리 분야는 다양하다. 기계번역, 정보 검색, 문서 자동 분류·요약, 자연어 질의·응답, 음성 인식 및 생성 등

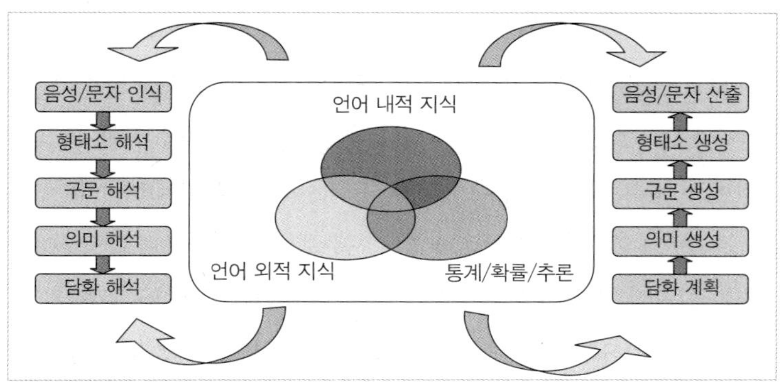

그림 5. 자연어 처리 과정

이 대표적인 것들이다. 분야별 목표에 따라 요구하는 언어정보의 내용이나 수준이 다르기는 하지만, 인간이 사용하는 언어를 대상으로 하고 언어사용 시 인간이 거치는 과정들을 컴퓨터가 수행하게 하는 점은 동일하다. 즉, 모든 자연어 처리는 자연어 문장을 정확히 인식하고 산출하는 과정을 포함하며, 이를 기반으로 이루어진다.

〈그림 5〉에서 보듯이, 자연어 처리 과정은 문장을 인식하는 과정(좌측)과 문장을 산출하는 과정(우측)을 포함한다. 즉 대상이 되는 언어로 표기·발화된 문장(더 정확히는 언어단위)들을 인식하는 과정과 의도하는 의미를 담은 메시지를 해당 언어의 문장으로 정확히 표현하는 과정을 포함한다. 이 두 과정을 수행하기 위해서는 언어 내·외적인 지식은 물론 이를 활용하기 위한 연산의 과정이 필요하다. 통계, 확률, 추론 등을 통한 연산의 과정은 자연어 처리 분야별 목표에 따라 설계된 컴퓨터 프로그램이 담당한다면, 이 과정에 필수적으로 요구되는 언어 내·외적 지식을 제공하는 장치가 전자사전이다.

언어 내적 지식이란 한 언어의 체계와 관련된 음성·음운, 형태,

통사(구문), 의미에 대한 정보들을 말한다. 한편, 언어 외적 지식이란 언어 체계와는 무관한 현실세계와 관련된 각종 정보들을 말한다. 한국어 어휘 '개미'의 예를 들어보자. 이와 관련된 언어 내적 지식은 '개미'의 발음이나 표기, 품사, 의미 등에 관한 정보들이다. 또한 '개미'가 갖는 의미 — '곤충의 한 부류' '주식시장의 개인 소액 투자자', '출판된 책의 제목' 등 — 에 따라 문장 내에서 어떻게 쓰이는지에 대한 정보도 언어 내적 지식에 속한다. 이에 비해 언어 외적 지식은 어휘로서의 쓰임과는 직접적 관련이 없는, 실제 개미에 대한 백과사전적 지식을 말한다. 가령 곤충으로서의 '개미'가 생물 분류 체계 내에서 갖는 위상이나 생물학적 속성 및 종류 등과 관련된 정보가 이에 해당된다.

언어와 관련된 이 두 유형의 지식은 자연어 처리 과정에서 모두 필요하다. 그래서 이와 관련된 정보들은 모두 컴퓨터가 연산 과정에서 참조할 수 있도록 데이터베이스화된다. 그런 점에서 이 두 유형의 정보를 담은 전산 데이터베이스를 구별하지 않고 모두 전자사전이라고 부르기도 한다. 하지만 자연어 문장의 인식과 산출에 직접적으로 그리고 핵심적으로 관여하는 언어 내적 정보를 담은 전산 데이터베이스만을 전자사전이라고 좁혀 부르는 것이 더 일반적이다.

전자사전이 자연어 처리 과정에서 담당하는 역할과 그 역할의 중요성은 이 분야에서 가장 큰 쟁점이 되는 '자연어 질의·응답 시스템'이나 '기계번역 시스템'의 구조를 보면 쉽게 이해할 수 있다. 먼저, '자연어 질의·응답 시스템'을 살펴보자.

'자연어 질의·응답 시스템'이란 인간 사용자가 컴퓨터 프로그램을 통해 필요한 사항을 문의하고 그 답을 얻도록 하는 장치이다. 가령 정부에서 시행 중인 대학생 학자금 지원 제도를 이용할 생각으로 그 이자가 얼마인지를 알아보려고 한다고 하자. 이때 컴퓨터의 검색 창에 상담창구에서 문의하는 것처럼 '대학생 학자금 지원금의 2010년도 대출이자는 얼마죠?'라고 입력을 해서 '대학생 학자금 지원금의 2010년도 대출이자는 연 7%입니다'라는 응답을 얻는 시스템이다. 지금처럼 만족할 만한 정보를 얻을 때까지 '대학생 학자금 지원금', '대학생 학자금 지원금 이자' 등 여러 가지 키워드를 조합해 수차례 입력하고, 그것도 모자라 검색결과로 제시되는 수많은 웹문서를 매번 직접 검토하여 정보의 적절성 여부를 판단해야 하는 상황을 고려하면, 그 과정에서 허비되는 시간과 노력을 획기적으로 줄일 수 있는 최고 수준의 검색 시스템이다.

이 시스템은 아직은 제한된 특정분야들을 대상으로 개발이 시도되는 단계로서 현재의 정보 검색 시스템과 문서 자동 분류·요약 시스템의 기술을 보다 융합·발전시킬 필요가 있는 분야이다. 하지만 이 시스템 구현의 성패는 대규모의 언어정보를 정밀하고 체계적으로 담은 전자사전의 구축 여부에도 그에 못지않게 크게 의존한다. '자연어 질의·응답'은 결국 자연어로 된 문장의 인식과 산출 과정을 필수적으로 포함하고 있기 때문이다.

〈그림 6〉에서 보듯이, 사용자가 어떤 질문을 하게 되면 그 질문을 분석하는 과정이 필요하다. 즉, 질문이 음성으로 입력되었다면 음성연쇄를 분석하여 그 의미를 파악해 내는 과정이 필요하고, 질문이 문자로 되었다면 문자연쇄를 그렇게 하는 것이 필요하다. 바로 이 과정이 자연어의 인식 과정이고, 이에 필요한 정보를 제공하는 것이 전자사전의 역할이다. 가령, 위에서 예로 든 입력문에 대해서 '대출이

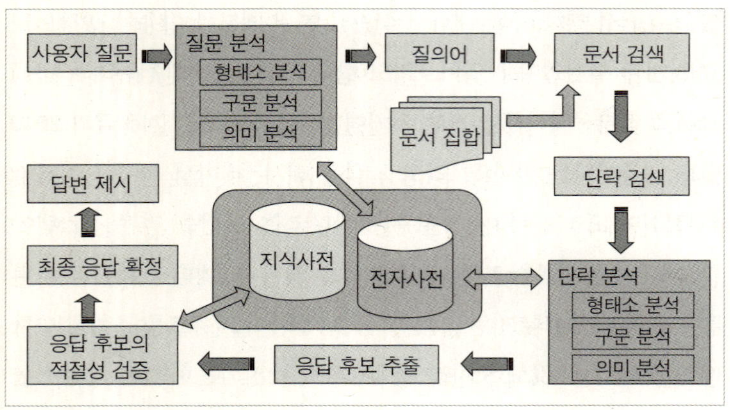

그림 6. 자연어 질의·응답 시스템의 구조

자'가 '대학생 학자금 지원금의 2010년도'를 수식어로 취하는 복합명사 주어라는 점, 그리고 그 서술어는 의문사인 '얼마'와 '(이)지요'의 축약형 '죠'의 결합으로 구성되어 있다는 점을 컴퓨터가 알 수 있도록 하는 것이다. 또한, 생성된 질의어에 따라 관련 정보를 검색·추출하는 과정——〈그림 6〉의 '단락분석' 과정——도 자연어 인식 과정에 해당된다. 생성된 질의어에 따라 '얼마'의 자리에 <(연)＋숫자/수관형사＋%/프로>가 나타나는 문장들을 인식하는 과정이기에 그렇다. 이 과정에서도 언어 내적 정보를 담은 전자사전이 필요한 것은 두말할 필요가 없다.

한편, 이렇게 추출된 정보를 바탕으로 응답문을 제시하는 과정은 문장의 산출 과정에 해당된다. 즉 '얼마' 대신에 '7%', '죠' 대신에 '입니다'를 결합하여 생성해 내는 과정이 여기서 해당된다. '(이)죠' '이지요' '입니다' 사이의 대체 가능성, '이다'와 '입니다'와의 관계 등에 대한 정보 역시 전자사전에 의해 제공된다.

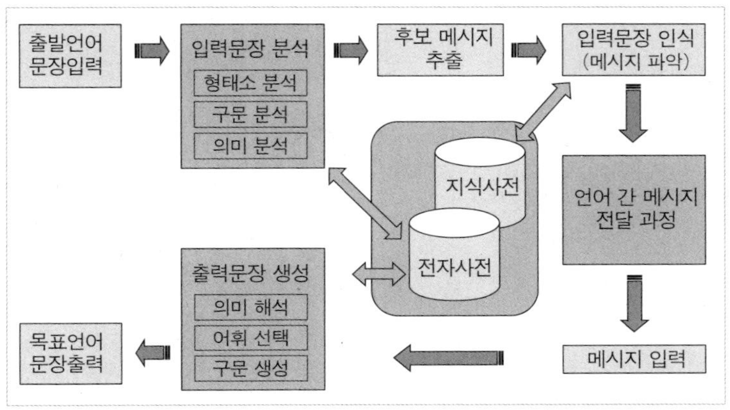

그림 7. 기계번역 시스템의 구조

'자연어 질의·응답 시스템'의 경우에는 자연어 문장 생성의 과정이나 전자사전의 역할이 다소 미약하게 느껴질 수도 있다. 하지만 두 언어 간의 기계번역 시스템을 보면, 전자사전이 문장의 인식뿐만 아니라 생성에서도 아주 중요한 역할을 한다는 것을 보다 잘 알 수 있다.

〈그림 7〉에서 보듯이, 기계번역 시스템은 출발언어를 대상으로 하는 자연어 인식 과정과 목표언어를 대상으로 하는 자연어 산출 과정을 포함한다. 가령 '인수가 민아에게 질문을 한다'라는 문장을 영어로 번역한다고 해보자. 우선은 이 문장을 정확히 분석하여 의미를 해석해 내는 과정이 필요하다. 또한, 이렇게 인식된 의미를 담은 영어 문장을 생성해 내는 과정도 필요하다. 이 두 과정에서 전자사전이 핵심적인 역할을 한다. 한국어 문장의 정확한 분석과 인식을 위해서는 한국어에 대한 언어 내적 정보를 제공하는 한국어 전자사전이 필요하고, 정확한 영어 문장의 산출을 위해서는 영어 관련 언어 내적

정보를 담은 영어 전자사전이 필수적으로 요구되기 때문이다. 예를 하나 들어보자.

한국어에서 명사 '질문'과 동사 '하다'가 결합한 '질문을 하다'가 '질문하다'의 의미로 쓰인다. 이를 영어로 번역하고자 할 때, 이 두 어휘에 대응되는 영어 어휘들의 조합만으로는 올바른 영어 표현을 생성할 수 없다. '질문을 하다'의 영어 대응표현은 동사 'do'가 아닌 'ask'와 'question'의 결합으로 구성된다는 것은 주지의 사실이다. 덧붙이자면 프랑스어의 경우는 '두다' 또는 '놓다'의 뜻에 해당되는 'poser' 동사가 'question'과 결합한다. 이러한 정보들이 컴퓨터에 의한 기계번역 시에 제공되어야 하는데, 그 역할을 전자사전이 담당하는 것이다.

전자사전 구축 시의 쟁점

'자연어 질의·응답 시스템'과 '기계번역 시스템'의 예를 통해 보았듯이, 모든 자연어 처리 과정의 핵심은 대상언어로 된 '문장의 정확한 인식과 정확한 문장들만의 산출'이다. 이를 위해 컴퓨터가 참조하는 전자사전은 이 과정의 성공적 수행을 보장하는 기능성을 갖추어야 한다. 이러한 요구가 전자사전의 형식 및 내용을 결정짓는다. 즉, 형식면에서는 컴퓨터가 쉽게 참조할 수 있도록 구성되어야 하고, 내용면에서는 해당 언어의 인식과 산출에 필요한 모든 정보들을 체계적으로 담아야 한다. 앞에서 언급한 전자사전의 네 가지 기본조건──언어정보의 완비성, 일관성, 명시성, 엄밀성──도 바로 이러한 요구가 반영된 것이다.

그렇다면 어떻게 해야 이러한 요구에 부응하는 전자사전을 구축할 수 있을까? 그 답은 어떻게 하면 인간 언어의 체계와 작용원리를 정확하게 분석하고 체계적으로 기술할 수 있을까라는 언어학적 문제를 해결하는 데에 있다. 사실, 전자사전 구축의 쟁점은 사전에 수록할 언어정보를 분석하고 기술하는 데 있어서의 엄정성과 정밀성을 확보하는 사전학적 문제로 귀착된다. 즉, 사전에 표제항으로 수록할 어휘의 유형 및 규모를 결정하는 문제와 각 표제항별로 어떤 정보를 어떤 방식으로 수록할 것인지를 결정하는 문제가 그것이다. 물론 전자사전의 전산 활용성을 제고하는 것도 쟁점 중의 하나이다.

1) 거시구조 관련 쟁점

사전을 만들 때 표제항에 수록할 어휘의 유형과 규모, 그 방법과 관련된 틀을 거시구조라고 한다. 한편, 각 표제항에 대해 어떤 정보를 어떤 방식으로 담을 건가와 관련된 틀은 미시구조라고 한다. 사전을 편찬할 때는 거시구조와 미시구조를 결정(혹은 설계)하는 것이 무엇보다도 중요한데, 이는 전자사전의 경우에도 마찬가지이다. 특히 거시구조를 결정하는 문제는 일반 인쇄사전과 달리 아주 중요하다. 한 어휘가 표제항에 등재되는지 아닌지에 따라 수록되는 정보가 양적으로나 질적으로 차이가 나기 때문이다. 즉, 어떤 어휘가 표제항에 등재되지 못하고 다른 표제항의 구성정보로만 수록될 경우에는 자연어 처리 과정에서 필요한 정보를 충분히 수록할 수 없다. 뿐만 아니라 동일 유형에 속하는 어휘들과의 일관성을 유지하기도 어렵다.

　　가령 '추파를 던지다'나 '질문을 던지다'처럼 흔히 숙어 혹은 관용구라고 불리는 표현들은 기존 일반사전에서는 표제항으로 등재되지 않는다. 대신, 이를 구성하는 어휘들이 표제항으로 되어 있는 항목들의 구성정보로 수록되는 것이 일반적이다. 즉, '추파'나 '질문', 혹은 '던지다' 등의 표제항 아래 '~를 던지다' 혹은 '추파를 ~', '질문을 ~'처럼 제시된다. 그 결과 쓰임에 대한 자세한 정보는 물론이고 뜻풀이도 제대로 제시되지 않는다. '추파를 던지다'가 '이성의 관심을 끌기 위하여 은근한 시선을 보내다'라는 의미라는 점, 이때 'X가 Y에게 추파를 던지다'라는 문형을 취한다는 점, 주어(X)와 여격목적어(Y) 자리에 나타나는 명사는 모두 인간명사라는 점 등의 정보를 수록하지 못한다. 이러한 정보가 사실은 '추파를 던지다'라는 표현을 정확히 인식하고 사용(또는 산출)하기 위해서 필수적인 정보임에 비추어 볼 때, 사전의 효용성과 관련한 큰 결함이라고 볼 수 있다. '질문을 던지다'의 경우에도 상황은 마찬가지이다.

이런 결함은 컴퓨터를 사용자로 하는 전자사전의 경우에는 더욱 치명적이다. 인간 사용자, 특히 모국어 화자가 사용자일 경우에는 언어에 대한 직관과 지식으로 이러한 결함을 보완하여 사용할 수 있지만, 문장의 인식과 산출을 주어진 자료와 공리·공식에만 의존하는 컴퓨터의 경우에 이를 기대하기는 힘들다. 이러한 상황은 한국어에 대한 직관과 지식이 없는 외국어 화자의 경우를 생각해 보면 보다 쉽게 이해할 수 있을 것이다. 전자사전을 구축하고자 할 때 거시구조의 결정 문제가 중요한 것은 바로 이런 이유에서이다.

거시구조와 관련한 쟁점은 표제항 어휘의 선정에만 국한되지 않는다. 이 문제와 밀접한 관련이 있는 어휘의 범주(즉 품사) 체계를 정비하는 문제와 다중범주 어휘의 처리 문제, 동형어 처리 문제 등도 거시구조와 관련된 쟁점들이다.

2) 미시구조 관련 쟁점

미시구조는, 앞에서 말했듯이, 각 표제항에 대해 어떤 정보를 어떤 방식으로 표상할지를 규정하는 틀이다. 미시구조의 설계와 관련한 쟁점은 여럿이 있다. 우선, 표제항 어휘의 품사에 따라 기술할 정보의 유형을 분석하는 것이 문제가 된다. 또한 그 정보들을 담을 정보항목을 설정하고 이들이 유기적인 관계를 갖도록 위계를 설정하는 것도 문제이다. 그리고 정보항목별로 정보를 기술하는 방식(규칙)을 결정하는 것도 쟁점이 된다. 그 예로 명사 어휘 '질문'과 동사 어휘 '질문하다'의 경우를 보자.

이 두 어휘는 품사 차이로 인해 기술되어야 하는 정보의 유형이 다르다. '질문'의 경우에는 그것이 결합하는 다양한 동사들에 관한 정보가 무엇보다도 중요하다. 이 명사는 '하다' '던지다' '퍼붓다' 등의 동사와 결합하여 질문하는 행위의 다양한 양상을 표현한다. 또한 '생기다' '나오다' '빗발치다' '쏟아지다' 등의 동사들과 결합하여 질문행위의 다양한 출현 양상을 표현하기도 한다. 뿐만 아니라 '답하다' '대답하다' '막다' '피하다' 등과 결합하여 질문과 관련된 다양한 상황을 나타낼 수도 있다. '질문'은 또한 내용을 가진 명사 어휘이므로 '어렵다' '쉽다' '날카롭다' '예리하다' '엉뚱하다' '뜬금없다' 등의 형용사와 자주, 그리고 특징적으로 결합한다.

한편, 동사 어휘인 '질문하다'는 우선적으로 기술되어야 하는 내용이 명사 어휘 '질문'과 차이를 보인다. 이 동사에 대해서는, 그것이 명사인 '질문'과 동사 '하다'가 결합된 복합동사이고, '여 불규칙' 활용을 해서 '걷다'나 '놀다' 등의 동사들과 구별되는 점을 기술하는 것이 중요하다. 또한 질문의 내용을 담은 목적어로 '~냐고' 형태의 보문절을 취한다는 점, 동사 어휘로서 결합하게 되는 부사 유형에 관한 정보들도 우선적으로 기술되어야 한다.

그런가 하면, 이 두 어휘 —— '질문'과 '질문하다' ——는 어휘범주의 차이에도 불구하고 동일한 속성을 가지기도 한다. 그 중 하나가 술어 기능을 한다는 것인데, 주어나 목적어 등 자신의 의미를 실현하기 위해 필요한 요소들을 선택한다. 즉 이 두 어휘는 모두 문장을 구성할 때 주어와 간접 목적어(여격) 자리에 인간 명사를 취하고, 직접 목적어(대격)의 자리에는 보문절을 취한다(예: 민수가 이나에게 장래 희망이 무엇이냐고 〈질문했다＋질문을 했다〉). 두 어휘 간의 이러한 상관관계도 사전에서 기술되어야 하고, 따라서 미시구조의 설계 시에 반영되어야 한다.

미시구조를 설계할 때는, 이렇게 수록 대상 어휘들의 범주별 속성, 상호 연관성 등을 모두 고려하여야 한다. 그런 까닭에, 대상 언어에 대한 언어학적 연구 성과들을 면밀히 검토하고 통합·발전시키는 과정이 선행되어야 한다. 이와 함께, 전자사전이 컴퓨터를 사용자로 한다는 점도 고려되어야 한다. 즉 정보항목들이 논리적이고 유기적인 체계를 갖추도록 하고, 정보항목별 내용도 컴퓨터가 참조할 수 있게끔 형식적이고 명시적으로 기술되어야 한다.

3) 전산 활용성 관련 쟁점

전자사전의 전산 활용성을 제고하기 위해 고려되는 사항은 크게 두 가지이다. 하나는 언어 관련 정보를 담는 데이터베이스의 구조와 관련된 것이고, 다른 하나는 수록된 정보의 형식성과 명시성을 확보하는 것이다.

데이터베이스의 구조는 정보에 대한 컴퓨터의 접근과 인식이 용이하도록 설계되어야 한다. 즉, 정보항목별 정보의 추출이나 그 조합을 통한 정보추출이 쉽고 빠르게 이루어지도록 해야 한다. 그러려면 정보항목 간의 연계성을 갖추어야 하고 그 위계도 체계적으로 구성되어야 한다. 또한 최적의 메타언어(컴퓨터언어)로 데이터베이스를 설계해야 한다. 데이터베이스의 설계와 표상을 위한 메타언어로는 XML(eXtensible Markup Language), SGML(Standard Generalized Markup Language) 등 여러 가지가 있으나 전자사전과 같은 데이터베이스 설계에는 XML이 선호되는 추세이다. 간결함과 범용성, 검색 효율성, 그리고 그 자체로 잘 설계된 데이터베이스 역할이 가능하기 때문이다.

한편, 수록된 정보가 형식성과 명시성을 갖추도록 하기 위해서는 표제항의 형태, 의미, 통사 등 모든 유형의 정보들에 대해서 일관성이 있고 체계적인 기술 방법을 마련해야 한다. 이와 관련한 가장 대표적인 예는 표제항의 의미 기술이다. 일반 인쇄사전에서는 표제항의 의미를 기술할 때 구절 혹은 문장 형식의 뜻풀이를 사용하는데, 이런 방식으로 기술된 의미를 컴퓨터가 정확히 인식하기는 어렵다. 그것이 가능하려면, 먼저 자연어의 의미를 코드로 나타낼 수 있는 체계를 미리 마련하고 그 체계에 따라 의미를 기술해야 한다. 이러한 체계화·코드화는 형태, 의미, 통사 등 모든 영역에서 요구되는데, 각 영역별로는 다음과 같은 정보들이 그 대상이 된다.

의미정보	다의어 분할 및 표상, 어휘의미관계, 의미역, 논항선택제약 등
통사정보	문형정보 표상, 격조사 표상, 보문표기법 등
전문영역	전문어 용법 판별 기준, 전문영역 체계 및 표상 방안

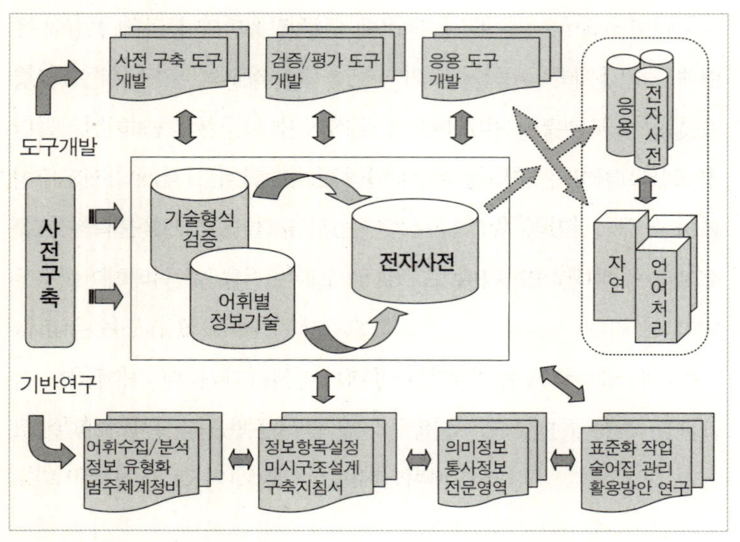

그림 8. 전자사전 구축 과정

전자사전 구축 과정

전자사전의 구축 과정은, 지금까지 살펴본 것처럼 엄밀하고도 종합적인 언어 분석 작업을 전제로 한다. 그래야만 실제 언어 현실을 반영한 활용성 높은 사전을 구축할 수 있기 때문이다. 그래서 이 과정에는 어휘 정보의 기술 작업과 함께 사전 구조의 체계화, 정보 내용 및 표상의 형식화, 명시화 과정이 포함된다. 또한, 정보의 형식성, 체계성, 일관성 제고를 위한 입력도구, 검증 및 평가 도구, 검색도구 등 각종 도구 개발 작업도 전자사전 구축 과정에 포함된다. 이렇게 다양한 작업들은 언어학 전공 연구진들과 컴퓨터공학 전공 연구진들의 긴밀하고도 유기적인 협조체제하에 수행된다. 즉, 전자사전을 구축하는 작업과 이를 위한 각종 기반연구는 언어학 전공 연구진에 의해 수행되고, 전자사전의 검증·평가, 그 활용을 위한 도구개발은 컴퓨터공학 전공 연구진들에 의해 수행된다. 물론, 이렇게 분담된 작업들은, 전자사전 구축 작업 전반에 대한 기획과 운영의 경우와 마찬가지로, 두 분야의 전문 연구진들이 모든 사안에 대해 협의하고 조율하는 상시 협의체제하에서 이루어진다.

*　　*　　*

전자사전은 이렇게 언어학과 컴퓨터공학의 기존 연구 성과와 최신 이론 및 기술들이 종합적으로 반영되는 결과물이다. 그래서 그 산업적 활용성 못지않게 학제적 연구의 성과로서도 중요한 의미를 갖는다. 하여, 모든 학문·연구 분야의 성과가 그러하듯, 전자사전도 새로운 연구 성과의 등장과 사용 환경의 변화에 따라 지속적으로 보완·개선되어야 한다. 전자사전의 경우는 특히 그것이 "수정되고 보완되기 위해 태어나는" 사전의 운명을 지니기에 더욱 그렇다. 그런 까닭에, 전자사전 구축 분야에서 언어학도들이 담당해야 할 역할과 기여해야 할 바는 앞으로도 무궁무진하고, 그에 대한 요구도 지속적으로 증대될 것이다. 이러한 점을 인식하고 언어학과 사전학 분야에 열정과 관심을 갖고 적극적으로 참여하는 언어학도, 미래의 언어학도들이 늘어나는 만큼, 보다 뛰어난 성능을 갖춘 전자사전의 개발은 앞당겨질 것이다. 또한, 언어의 자동처리 기술도 그만큼 빠른 속도로 우리가 꿈꾸고 바라는 수준에 도달하게 될 것이다.

　　눈을 감고 꿈꾸어 보자. 불필요한 검색어 조합과 넘쳐나는 자료들을 일일이 검토하는 수고를 반복하는 대신에 질의문 입력과 클릭 한 번으로 필요한 정보를 얻게 되는 순간을. 나열적으로 제시된 자료 더미 속에서 내게 필요한 동의어·반의어·뜻풀이를 일일이 검토하는 대신에, 쓰던 글을 잠시 멈추고 필요한 단어에 커서를 두고 클릭만 하면 컴퓨터가 알아서 적절한 동의어·반의어로 대체해 주고, 정확한 뜻풀이 하나만을 제시해 주는 그런 순간을. 또한 번역할 텍스트를 선택한 후 목표언어를 클릭하기만 하면 별도의 수정이 필요 없는 정확한 번역문이 제시되는 그런 순간을……. 이미 익숙해져서 큰 불평 없이 받아들이고 있는 이런 불편들이 모두 해소된, 이상적 언어처리 프로그램들이 구현될 날이 그리 요원한 것만은 아니다.

| 추천도서 |

유현경·남길임, 『한국어 사전 편찬학 개론: 사전 편찬의 이론과 실제』, 역락, 2009.
이 책은 그간 수행된 한국어 사전 편찬 작업과 이를 위한 각종 논의들을 수렴하고자 집필된 한국어 사전 편찬의 이론과 실제에 관한 종합적인 이론서이다. 국어학 연구의 성과들이 실제 사전 편찬에 어떻게 적용되어 있는지를 살피고, 이를 토대로 사전 사용자와 사전의 특성에 부합하는 이상적인 한국어 사전 편찬 방법론을 제시한다. 또한 사전 편찬의 실무를 담당한 저자들의 경험을 바탕으로 사전 편찬 과정 전반에 걸쳐 제기되는 실제 문제들도 다룬다. 특히, 1980년대 이후 사전 편찬의 주요한 기초자료로 활용되어 온 말뭉치에 대해서도 그 구축과 활용 방법을 다루고 있다. 이 책은 사전 편찬의 자료와 지원 도구에 관한 내용을 시작으로 표제어, 발음, 품사, 형태, 통사, 의

미, 화용, 어휘 등의 정보와 용례 등 사전 편찬과 관련한 주요 문제들을 주제별로 완결된 구조 속에서 다룬다.

홍윤표 외, 『한국어와 정보화』, 태학사, 2002.

이 책은 한국어 정보화와 관련된 여러 분야의 전문가들이 그간 진행된 한국어 정보화 과정을 되돌아보고 향후의 발전 방향을 모색하기 위해 집필한 논문을 한데 묶은 것이다. 국어 연구와 정보화, 한글 공학 및 자연어 처리, 전산학과 프로그램의 세계, 어문 정책과 국어 정보화, 한민족 언어 통일과 국어 정보화 등 다섯 가지 대주제를 중심으로 총 39편의 논문이 수록되어 있다. 그런 만큼 한국어 전산 처리 기술 현황, 이를 위한 각종 언어 자료의 데이터베이스화 현황 및 지원 프로그램 개발 현황, 한국어 정보화를 위한 정책 등 다양한 문제들을 그 전망과 함께 조망할 수 있다.

홍종선 외, 『국어사전학 개론』, 제이앤씨, 2009.

이 책은 사전학의 목표와 방법을 제시하고 동시에 사전 편찬의 지침서 역할까지 할 수 있는 개론서로 집필되었다. 이 책에서는 그동안 사전학 연구에서 검토된 다양한 학문적 논의들을 검토하고 정리하여 그 결과를 일목요연하게 제시하고 있다. 사전의 구조를 염두에 둔 목차를 설정하여 독자가 사전 편찬 방법론을 구체적으로 익힐 수 있게끔 되어 있다. 또한 대학의 학부생이 이해할 수 있는 설명 방법과 표현이 사용되었다. 이 책은 총 14장으로 구성되는데, 사전 편찬 연구의 개념과 범위에 관한 내용을 시작으로, 국어사전의 역사, 사전의 종류, 사전의 구조, 사전과 코퍼스, 표제어, 발음, 어원과 원어, 문법 정보, 뜻풀이, 용례, 관련어, 전자사전, 사전의 제작과 저작권 등에 관한 내용을 담고 있다. 특히, 전자사전에 관한 내용이 별도의 장으로 독립되어 전자사전의 성격과 유형, 구성 등에 대해 알기 쉽게 설명하고 있다.

홍재성 외, 『21세기 세종계획 전자사전 개발』, 연구보고서, 문화관광부/국립국어원, 1998~2007.

이 책은 대규모 범용 현대 한국어 전자사전인『세종 전자사전』의 구축 과정에서 집필된 연차별 연구보고서이다. 『세종 전자사전』은 현대 한국어 어휘에 대한 체계적인 분석과 기술에 근거한 언어정보를 수록함으로써, 한국어 전산 처리에 필수적이면서도 보편적으로 활용될 수 있는 기반 전자사전의 성격을 갖는다. 이 사전의 구축을 위해 1998년부터 2007년까지 10년 동안 수행된 연구·개발 사업에서는 그간 수행되었던 한국어 관련 연구는 물론 사전학 분야, 자연어 처리 관련 공학 분야에서의 국내외 기성 연구들에 대한 광범위한 검토 작업과 최신 이론의 비판적 수용을 위한 심도 있는 연구가 수행되었다. 그런 까닭에, 전자사전의 성격과 유형, 전자사전 구축 시의 쟁점, 그리고 그 구축과정과 활용방안 등에 관한 내용이 주제별로 상세하게 기술되어 있다. 따라서 전자사전에 대한 폭넓고 심도 있는 학습을 위한 좋은 길잡이가 될 수 있을 것이다.

『새국어생활』, 제19권 1호, 국립국어원, 2009.

『새국어생활』은 국립국어원에서 간행하는 정기 간행물이다. 이 호의 특집으로 1998년부터 2007년까지 시행된 한국어 정보화 사업인 '21세기 세종계획'의 성과와 전망을 다룬다. 이 특집에는 '21세기 세종계획 사업 성과 및 과제'를 시작으로 세분 사업별로 그 성과와 전망을 담은 논문들이 수록되어 있다. 「국어 특수자료 구축의 성과와 전망」, 「세종 전자사전 개발의 성과와 전망」, 「한민족 언어 정보화의 성과와 전망」, 「국어 정보화 사업의 미래와 전망」이 그것이다. 따라서, 실제 구축된 한국어 전자사전에 대해서는 물론이고 한국어 전산처리를 위한 각종 언어정보 데이터베이스의 구축 현황 및 문제들에 대해 개관할 수 있다.

의료인과 만난 인문학
— 의료 커뮤니케이션에 대한 학제적 연구

강창우

프롤로그 : 뜻밖의 만남, 아름다운 동행

여행에는 뜻밖의 만남이 있어 마음을 설레게 한다. 그러나 학문의 길에는 이런 뜻밖의 만남이 그리 많지 않은 편이다. 아마도 학문은 자기가 선택한 길을 묵묵히 걸어 가는 일이기 때문이리라. 독일어의 언어 현상을 탐구하는 것을 평생의 업으로 삼은 독어학자가 의료인을 만날 일은 환자로서 의료인의 도움이 필요한 경우뿐이라고 생각했다. 대화분석에 관심이 있는 독어학자들이 만든 연구모임에 2004년 의학자, 간호학자, 가족치료 전문가들이 찾아오기 전까지는 말이다.

대화분석은 '대화'라는 언어 현상을 연구하는 언어학적 연구방

* 강창우 | 서울대학교 인문대학 독어독문학과 교수. 서울대학교 독어독문학과에서 학사, 석사 과정을 졸업하고, 독일 뮌스터대학교에서 독어학으로 박사 학위를 받았다. 전공 분야는 화용론, 대화분석, 텍스트언어학, 독어사이다. 주요 논저로는 "Die sogenannten Kausalsätze des Deutschen: Eine Untersuchung erklärenden, begründenden, rechtfertigenden und argumentierenden Sprechens", 「화행 유형의 하위분류 가능성과 그 문제점」, 「통사적 단위와 의사소통 단위의 관계에 대한 연구」, 「간접화행의 형태와 기능에 대한 대조언어학적 연구: 한국어, 독일어, 영어를 중심으로」, 「언어표현과 발화의도의 상관관계」, 「세계화 시대에 독일어가 처한 정체성 위기」 등이 있다.

법이지만, '대화'에 관심을 갖고 있는 것은 언어학자뿐만이 아니었다. 환자와의 원활한 소통에 관심이 많은 의학자와 간호학자, 그리고 대화가 문제 발견과 치료의 수단인 가족치료 전문가 가운데 대화와 대화분석에 관심을 갖는 사람들이 점점 더 많아지고 있었던 것이다. 이들이 대화분석의 이론적 토대와 연구방법을 배우기 위해 언어학자를 찾아왔다. 이로써 인문학자와 의료인의 뜻밖의 만남이 이루어지게 되었다. (여기서는 편의상 의학자, 간호학자, 가족치료 전문가들을 통틀어 의료인이라고 부르겠다.) 그러나 의료인들이 대화분석에 관심을 갖는 이유는 언어학자와 다른데, 그것은 어쩌면 당연한 일인지도 모른다. 언어학자는 대화의 원리와 대화를 가능하게 하는 인지적 기반 등 이론적인 측면에 주된 관심이 있지만, 의료인들은 환자 혹은 내담자와의 커뮤니케이션을 개선할 수 있는 방법과 같은 실용적인 측면에 주된 관심이 있다. 이처럼 서로 이질적인 목표를 갖고 있는 두 분야의 학자들이 공동연구를 하는 것은 결코 쉬운 일이 아니다. 그렇지만 이들은 '의료 커뮤니케이션'이라는 공통의 화두를 찾아냈고, 2005년부터 여러 가지 주제로 공동연구를 수행하고 있다. 이제 인문학자와 의료인 사이의 뜻밖의 만남이 어떻게 아름다운 동행으로 이어지고 있는지 살펴보기로 하자.

커뮤니케이션에 대한 언어학적 이해

먼저 언어학에서 커뮤니케이션을 어떻게 이해하고 설명하는지 간략하게 살펴보자. 인간은 자신의 생각을 상대방에게 알리기 위하여 다양한 방법을 사용한다. 예를 들어 소리, 빛, 연기, 깃발, 전파, 몸짓,

눈짓, 그리고 언어 등을 이용하는데, 이 가운데 언어는 복잡한 생각을 가장 정확하게 전달할 수 있는 방법이다. 언어를 이용한 커뮤니케이션의 메커니즘은 다음과 같이 단순화하여 설명할 수 있다.

커뮤니케이션의 메커니즘은 상대방에게 전달하고 싶은 생각이 생겨남으로써 작동한다. 화자는 자신의 생각을 인지체계 내에서 언어 표현으로 만드는 언어화 과정을 거친 후, 그것을 발성기관을 통해 음성으로 내보낸다. 여기서 언어화 과정을 자세히 살펴보면, 먼저 전달하고자 하는 생각을 어떤 방식으로 표현할 것인가를 결정한 후, 그 표현 방식에 맞는 어휘를 화자와 청자가 공유하고 있는 기호체계에서 찾아서 문법 규칙에 따라 배열하고, 그 결과를 발성할 수 있는 형식으로 변환하여 발성기관으로 보낸다.

발성기관을 통하여 음성으로 내보내진 언어 표현은 음파의 형태로 청자의 청각기관에 도달하고, 청각기관에 도달한 음파는 언어화 과정의 반대 과정인 해독 과정을 거치게 되는데, 이런 과정을 통해 청자는 화자가 전달하려고 했던 생각을 이해하게 된다.

화자가 청자에게 창문을 열어 달라고 말하고 이것을 청자가 이해하는 과정을 통해 언어를 통한 커뮤니케이션의 메커니즘을 좀더 자세히 살펴보자. 먼저 상대방이 창문을 열어 주기를 바라는 마음이 화자에게 생기고 이것을 상대방에게 알리고 싶다는 생각, 즉 의사소통의도가 발생함으로써 커뮤니케이션의 메커니즘이 작동하기 시작한다. 이 의사소통의도는 언어화 과정을 거치는데, 먼저 의사소통의도를 어떻게 표현할지를 결정해야 한다. 이것을 화용적 코드화라고 부르는데, 예를 들어 이 경우에는 지시하는 방식을 사용할지 부탁하는 방식을 사용할지, 직접적인 표현을 사용할지 간접적인 표현을 사용할지를 결정해야 한다. 또한 대화 상황이나 대화 상대를 고려하여 여러 가지 선택을 해야 하는데, 예컨대 대화 상대에 맞는 공손법 선택이 한 가지 예이다. 화용적 코드화가 이루어져도 의사소통의도는 아직 언어 표현으로 구체화되지 않고 추상적 형태로 존재하는데, 언어화 과정의 다음 단계에서는 이것을 언어적으로 표현하기에 적절한 어휘를 선택한다. 의미적 코드화라고 부르는 이 단계에서 선택하는 어휘들은 화자의 지식체계 안에 존재하는 '머릿속 사전'mental lexicon 에 들어 있는데, 동일한 언어사회의 구성원들이 갖고 있는 머릿속 사전들은 조금씩 차이가 있기는 하지만 대부분 매우 유사하다. 따라서 한국어를 모국어로 사용하는 사람들의 머릿속 사전은 개인 간, 세대 간, 지역 간 차이가 있기는 하지만 대체적으로 유사하기 때문에, 큰 불편이나 오해 없이 서로 의사소통을 할 수 있는 것이다.

의미적 코드화를 통해 선택된 어휘들은 문법적·통사적 규칙에 따라 배열되는데, 이 단계는 통사적 코드화라고 부른다. 예를 들어, 의미적 코드화를 통해 '창문', '좀', '열다'와 같은 어휘를 선택했다면, 통사적 코드화를 통해서는 "창문 좀 여세요!"와 같은 문법적인 문장이 만들어지게 된다. 통사적 코드화의 결과물은 아직 우리의 뇌 속에 존재하는데, 이것을 상대방에게 전달하는 가장 전형적인 매체는 음성이다. 통사적 코드화의 결과물을 음성으로 실현시키기 위해 변환하는 과정은 음운적 코드화라고 부른다. 영어사전의 표제어 옆에 발음기호가 제시되어 있듯이 인간의 머릿속 사전에도 각 어휘의 발음에 대한 정보가 들어 있으며, 어휘들의 연속체가 어떻게 발음되어야 하는지에 대한 정보도 들어 있다. 음운적 코드화의 결과에 따라 뇌는 해당되는 발음을 하도록 발성기관과 조음기관에 명령을 내린

다. 이 명령에 따라 성대와 같은 발성기관과 구강, 비강, 혀, 입술, 치
아 등과 같은 조음기관이 움직이게 되며, 그 결과 "창문 좀 여세요!"
와 같은 발화utterance가 이루어지게 되는 것이다.

　물론 "창문 좀 여세요!"는 화자가 청자에게 창문을 열어 달라고
말하기 위해 선택할 수 있는 여러 표현 방식 가운데 한 가지이다. 화
자의 의사소통의도가 다른 언어화 과정을 거치게 되면 다른 방식으
로 표현될 수 있는데, 몇 가지 예를 적으면 다음과 같다. "창문 열
어!/창문 여세요!" "창문 좀 열어라!/창문 좀 여세요!" "창문 좀 열
어 줄래?/창문 좀 열어 주시겠어요?" "창문 좀 열어 주면 안 될까?/
창문 좀 열어 주시면 안 될까요?" " 창문 좀 열면 좋겠는데./창문 좀
열면 좋겠는데요." 이 표현들은 화자의 의도를 직접적인 방식으로 표
현한 것인데, 실제 커뮤니케이션에서는 다음과 같은 간접적인 방식
으로도 자신의 의도를 전달할 수 있다. "여기 좀 덥지 않니?/여기 좀
덥지 않으세요?" "공기가 좀 답답하네./ 공기가 좀 답답하네요."

　지금까지 화자의 의사소통의도가 언어화되는 과정을 살펴보았
는데, 이번에는 이 과정의 결과로 나타나는 발화를 청자가 이해하는
과정을 간략하게 살펴보겠다. 화자의 발화는 음파의 형태로 청자의
청각기관에 전달되며, 청각기관에서는 이것을 전기·화학적 신호로
변환하여 뇌로 전달한다. 뇌에서는 먼저 이 전기·화학적 신호로부터
언어적으로 유의미한 음운들을 찾아내는 음운적 해독 과정을 거친
다. 이 과정을 통해 찾아낸 음운의 연속체들은 통사적 해독을 통해
문법적·통사적 단위들로 분석된다. 예를 들어, 음운의 연속체를 문
장의 구성성분으로 분절하고 단어를 찾아내는 일이 이 과정에서 일
어난다. 이렇게 분석해 낸 단어들의 의미를 찾아내고 각 단어의 의미

로부터 문장 혹은 발화의 의미를 파악하는 일은 의미적 해독 과정에서 일어난다. 이 발화의 의미를 바탕으로 화자의 의도를 찾아내는 과정은 화용적 해독이라고 부르는데, 예를 들어 "여기는 좀 덥지 않니?"라는 발화로부터 창문을 열어 주기를 바란다는 화자의 의도를 찾아내는 일이 이 과정에서 일어난다. 이와 같은 여러 단계의 해독 과정을 통해 청자는 화자의 의도를 이해하게 되는 것이다.

여기서 살펴본 언어생산 과정과 언어이해 과정은 화자가 언어를 통하여 의사소통의도를 전달하고 이것을 청자가 이해하는 과정을 단순화하여 보여 주는 의사소통에 대한 한 가지 모델이다. 실제 언어생산 과정은 이 모델이 보여 주는 것보다 훨씬 복잡하며 이 과정에 개입하는 요소들도 훨씬 더 다양할 것이다. 특히 언어생산과 이해과정이 여기서 제시된 것처럼 선형적으로 이루어지는 것이 아닐 수 있는 가능성을 보여 주는 인지언어학의 연구결과들도 있다. 그럼에도 불구하고 이 모델은 커뮤니케이션의 기본 원리를 설명하기에는 충분하다. 이 커뮤니케이션 모델의 각 부분은 모두 언어학의 연구대상들이다. 화용적 코드화와 해독은 화용론pragmatics의 연구대상이며, 의미적 코드화와 해독은 의미론semantics의 연구대상이다. 또 통사적 코드화와 해독은 통사론syntax의 연구대상이며, 음운적 코드화와 해독은 음운론phonology의 연구대상이다. 그리고 발성과 청취 및 이 두 과정을 매개하는 음파에 대한 연구는 음성학phonetics의 연구대상이다. 또한 코드를 구성하는 어휘와 형태소에 대해서는 형태론morphology 내지는 조어론의 연구대상이다.

이 커뮤니케이션 모델은 화자가 의사소통의도를 언어로 표현하는 과정과 청자가 그것을 이해하는 과정을 보여 주고 있지만, 이 모델이 보여 주지 못하는 커뮤니케이션의 본질적인 특성이 한 가지 있다. 그것은 커뮤니케이션은 화자가 청자에게 자신의 의도를 전달하는 일방적인 과정이 아니라, 두 명 이상의 대화 참여자가 화자와 청자의 역할을 바꾸어 가며 말을 주고받는 쌍방향적인 과정이라는 것이다. 즉 커뮤니케이션은 독화, 즉 모놀로그monologue가 아니라 대화dialogue인 것이다. 대화의 형태로 실현되는 커뮤니케이션은 앞에서 본 커뮤니케이션 모델에서 단순히 화자와 청자의 역할만 교체함으로써 설명되는 것이 아니다. 예컨대 다음처럼 두 사람이 역할을 바꾸어 가면서 문법적인 말을 한다고 해서 대화가 되는 것은 아닌 것이다.

(1) 화자 1: 언제부터 두통이 있었나요?

화자 2: 유럽연합 내에서 독일의 발언권은 점점 커지는 것 같은데, 어떻게 생각해?

화자 1: 요즘은 의사라는 직업도 그렇게 안정적이지 않은 것 같아.

화자 2: 관악구청은 서울대입구역 근처에 있어.

이 예에서 두 사람은 화자와 청자의 역할을 바꾸어 가며 말을 했지만, 이것을 대화라고 볼 수는 없다. 여기서 알 수 있는 것은 단순히 단어를 나열하는 것만으로 문장이 만들어지지 않는 것과 마찬가지로 두 사람이 돌아가면서 문법적인 문장을 말하는 것만으로는 대화가 이뤄지지 않는다는 것이다. 올바른 문장을 만들기 위해서는 문법을 지켜야 하듯이, 대화가 적절하게 이뤄지기 위해서 지켜야 할 대화의 원리와 규칙이 있는 것이다. 이런 대화의 원리와 규칙을 연구하는 언어학의 분야가 대화분석dialogue analysis 혹은 conversational analysis이다.

대화에 대한 언어학적 연구: 대화분석론

언어학에서 '대화'라는 언어적 단위에 대해 관심을 갖게 된 것은 주로 1970년대부터였으며, 1980년대부터 본격적으로 연구되기 시작했다. 다른 언어 현상에 대한 연구와 마찬가지로 대화에 대한 연구도 다양한 관점에서 이루어졌으며, 따라서 다양한 이론이 있다. 크게 보면 보편적인 원리에서 출발하여 이론체계를 만드는 연역적 방법과 구체적인 언어자료에 근거하여 이론체계를 정립하는 귀납적 방법이 있는데, 서로 다른 연구방법론만큼이나 연구의 목적도 상이하다. 그러나 이렇게 다양한 이론들이 있지만, 대화의 원리와 규칙에 대한 관심만큼은 일치한다.

대화에 대한 연구의 화두는 개별적인 발화들이 모여서 의미 있는 대화가 만들어지는 원리에 대한 것이다. 인간은 주어진 어휘들을 적절하게 연결하여 올바른 문장을 만들 수 있는 지식을 갖고 있는데, 이것을 기술한 것이 문법이다. 마찬가지로 인간은 문장 혹은 발화들로 적절한 대화를 할 수 있는 지식을 갖고 있다고 상정하고, 이것을 찾아내는 것을 연구의 주요 목표로 삼고 있는 것이 독일의 프란츠 훈츠누르셔Franz Hundsnurscher 교수와 그의 제자들이 만든 대화문법론이다. 대화문법론은 연역적인 방법을 사용하는 대화분석론의 대표적인 이론이다. 이 이론에 따르면 발화의 연속체로 대화가 이루어지는 원리는 다음과 같이 설명된다.

형식적인 측면만 보면 대화는 발화의 연쇄다. 두 사람이 하는 대화에서는 화자 1이 말하고 나면 화자 2가 말하고, 화자 2의 말이 끝나면 다시 화자 1이 말을 한다. 그러나 이 두 사람이 앞에서 본 (1)의 예와 같이 말한다면, 그것도 대화일까? 물론 정상적인 사람들이라면 그렇게 말을 주고받지는 않을 것이다. 그렇다면 대화에는 어떤 원리가 있어서 우리가 (1)과 같이 대화를 하지 않고 매우 '정상적'으로 대화를 할 수 있게 할까? 한 가지 분명한 것은 화자 1이 한 말에 대해 화자 2가 반응할 수 있는 방식이 제한되어 있다는 것이다. 그리고 화자 2의 반응에 대해 화자 1이 다시 반응을 보일 수 있는 방식도 제한되어 있다. 예를 들어, 화자 1이 화자 2에게 위내시경을 해보자고 제안을 했을 때, 화자 2는 어떤 반응을 보일 수 있을까? 제안을 수락하거나 거절함으로써 자신의 생각을 분명히 표현할 수도 있고, 꼭 해야 하는지 되물을 수도 있다. 이밖에 이 상황에서 화자 2가 반응할 수 있는 방식은 매우 제한되어 있는데, 그 가운데 몇 가지를 살펴보면 다음과 같다.

(2) 화자 1: 그럼 위내시경을 한번 해보죠.

　　화자 2: 예, 알겠습니다./꼭 해야 하나요?/내시경 한 지 얼마 안 됐는데요./비용은 얼마나 드나요?/언제 하나요?/위내시경을 하면 원인을 찾을 수 있을까요?/혹시 초음파 검사로는 확인할 수 없나요? /……

이어지는 대화에서 화자 2의 말에 대해 화자 1이 보일 수 있는 반응의 방식도 제한되어 있다. 또 화자 2가 화자 1이 보인 재반응에 대해서 보일 수 있는 반응의 방식도 역시 제한되어 있다. 결국 한 사람의 발화로 시작된 대화가 진행되는 방식은 다양하기는 하지만 무제한적으로 열려 있는 것은 아니다. 이런 사실에 근거하여 대화문법론에서는 반응의 연속체 개념을 도입하여, 대화의 구조를 기술하고 있다. 여기서는 대화분석론의 한 가지인 대화문법론에서 대화의 원리를 설명하는 기본구상 한 가지를 소개하였다. 이밖에도 이 이론은 여러 가지 개념과 장치를 이용하여 대화의 원리를 설명하고 있으며, 실제 대화분석에 사용할 수 있는 방법론도 개발하였다. 그럼에도 불구하고 대화라는 현상을 제대로 이해하고 설명하기 위해서는 앞으로 더 많은 연구가 필요하다.

지금까지 커뮤니케이션에 대한 언어학적 연구 방향을 개괄적으로 살펴보았다. 다음에는 의료인들이 커뮤니케이션에 대해 관심을 갖고 언어학자를 찾아오게 된 이유를 살펴보겠다.

의료인과 커뮤니케이션 : 의료인들이 언어학자를 찾은 이유

유럽과 미국 등 선진국에서는 이미 오래전부터 의료상황에서 이루어지는 커뮤니케이션에 대해 많은 관심을 갖고 다양한 관점에서 연구가 이루어졌다. 그러나 우리나라의 의료인들이 커뮤니케이션에 관심을 갖기 시작한 것은 불과 몇 년 되지 않는다. 우리나라에서 의료인들이 커뮤니케이션에 관심을 갖기 시작한 것은 몇 가지 이유가 복합적으로 작용했기 때문이다.

먼저 우리나라의 생활수준이 높아지고 의료기술이 발전하면서 환자들은 점점 더 나은 의료서비스를 요구하게 되었다. 그러나 의료인들은 이런 환자들의 요구에 신속하게 대처하지 못함으로써 의료서비스 소비자들의 불만은 점점 더 커지게 되었는데, 조사에 따르면 불충분하고 불친절한 커뮤니케이션이 가장 큰 불만의 요인이었다. 의료진의 고압적인 자세와 불친절 때문에 하고 싶은 말도 제대로 못하고 듣고 싶은 설명도 제대로 못 들은 경험은 병원에 다녀 본 사람이면 누구나 한 번쯤은 했을 것이다. 그러나 우리나라에도 과거에 비해서 높은 수준의 의료서비스를 제공하는 병원들이 많이 늘어남으로써 이제는 환자들이 병원을 선택할 수 있는 입장이 되었고, 이로 인해 병원들 간의 경쟁도 점차 치열해지고 있는 상황이다. 따라서 병원들은 환자들의 불만에 더 귀를 기울이게 되었으며, 특히 커뮤니케이션에 대한 환자와 환자 가족들의 불만을 줄이기 위해 의료 커뮤니케이션에 대해 관심을 갖게 된 것이다.

한편 커뮤니케이션은 정확한 진단과 치료를 위한 가장 좋은 수단이다. 의사는 환자와의 대화를 통해 정확한 진단을 내리기 위해 필요한 정보들을 얻을 수 있기 때문이다. 만약 커뮤니케이션이 불충분하거나 잘못되면, 그것은 잘못된 진단으로 이어져 자칫 의료사고를 유발할 수도 있다. 이 경우 병원은 소송에 휘말리게 되어 많은 금전적 손해뿐만 아니라 이미지 훼손이라는 피해도 감수해야 한다. 따라서 의료인들은 환자와의 커뮤니케이션에 점점 더 많은 관심을 기울이게 되었다. 더구나 2009년부터 의료 커뮤니케이션이 의사국가시험의 시험과목이 되면서 의과대학에서는 의료 커뮤니케이션에 대한 연구와 강의에 더욱 관심을 갖게 되었다.

이와 같은 여러 가지 이유가 복합적으로 작용함으로써 여러 해 전부터 소수의 의료인들에 의해 이루어졌던 의료 커뮤니케이션에 대한 연구와 교육에 많은 의료인들이 관심을 갖기 시작했다. 그런데 여기서 주목해야 할 점은 의료인들이 커뮤니케이션에 대해서 갖는 관심은 언어학자들이 갖는 관심과 다르다는 것이다. 앞에서 언어학자들의 관심은 커뮤니케이션의 원리를 밝히는 것이라고 했다. 그런데 의료인들의 관심은 환자와 성공적으로 커뮤니케이션하는 방법을 배우고 그것을 실제 의료 상황에 적용하는 데 있다. 이를 위해서 의료 커뮤니케이션 연구자들은 주로 미국의 연구결과와 교육방법, 그리고 교재를 많이 참조하고 있다. 물론 그것도 불모지에 가까운 우리나라의 의료 커뮤니케이션 연구와 교육에 많은 도움이 되지만, 여기에는 최소한 다음과 같은 세 가지 어려움이 있다.

첫째, 미국의 의료 상황이 우리나라와 많이 다르기 때문에 미국의 이론을 그대로 수용해서 적용하는 데 어려움이 있다. 둘째, 커뮤니케이션은 해당 사회의 문화와 관습에 많은 영향을 받기 때문에 미국적인 문화와 관습의 바탕 위에서 나온 이론을 우리나라에 바로 적용하기 어렵다. 셋째, 따라서 우리나라의 환경과 문화에 맞는 의료 커뮤니케이션의 이론과 방법을 연구·개발해야 하는데, 의료인들은 유감스럽게도 이를 위한 이론적인 도구를 갖고 있지 않다. 즉, 우리 실정에 맞는 의료 커뮤니케이션의 연구와 교육방법, 그리고 교재를 개발하기 위해서는 실제 의료현장에서 이루어지고 있는 커뮤니케이션을 분석하여 문제점을 진단하고 개선방안을 찾는 것이 필요하지만, 이것이 의료인들에게는 익숙하지 않은 일인 것이다. 의료 커뮤니케이션에 대한 분석과 평가는 지금까지 의료인들의 경험과 직관에 의존하여 이루어진 면이 컸던 것이다. 따라서 대화분석의 이론과 방법론에 관심이 있는 몇몇 의료인들이 언어학자들의 연구모임인 대화분석연구회를 찾아오게 되었던 것이다.

의료 커뮤니케이션에 대한 학제적 연구

커뮤니케이션이라는 공통의 화두를 통한 의료인과 인문학자의 만남
은 곧 2005년 "의료 커뮤니케이션에 대한 대화분석적 연구"라는 프
로젝트http://www.medicomkorea.com로 이어졌다. 이 프로젝트에는 국
어학, 독어학, 의학, 간호학, 사회복지학 전공자들이 참여해서 2005
년 9월부터 2008년 8월까지 3년간 진행되었다. 이 프로젝트에서는
다음과 같은 주제를 집중적으로 연구하였다.

- 의료대화의 유형학: 의료 상황에서 이루어지는 대화에는 어떤 유
  형들이 있는가?
- 의료대화 원형연구: 각 유형의 대화는 어떤 패턴으로 진행되는가?
- 의료대화에 대한 평가도구 개발: 무엇을 기준으로 실제 의료대화
  를 평가할 수 있는가?
- 의료대화에 대한 평가의 실시와 문제 발견: 실제 의료대화의 문제
  는 무엇인가?
- 평가결과를 바탕으로 한 의료인들의 커뮤니케이션 능력 향상 프로
  그램 개발

이 프로젝트에서는 먼저 의료 상황에서 이루어지는 다양한 대화
를 유형화하는 작업을 수행하였다. 이를 통해 초진대화, 회진대화,
문진대화, 병력대화, 병명통보대화, 설명대화, 동의확인대화, 지도대
화, 상담대화, 상의대화, 위로대화, 입원대화, 안위사정대화, 수혈대
화, 통증간호대화, 투약지도대화 등 의료 상황에서 이루어지는 다양
한 대화유형들을 확인하였다. 또한 의사와 환자, 간호사와 환자, 상

담치료사와 내담자의 대화를 녹취하고 전사한 후 대화분석적 방법으로 분석하여 각 대화의 원형을 찾는 작업을 수행하였다. 실제 이뤄지는 대화는 다양한 방식으로 진행되지만, 그럼에도 불구하고 대화유형마다 대화가 진행되는 특유의 패턴이 있다는 것을 확인하였으며, 이 패턴을 기술하였다. 이런 전형적인 진행 패턴을 '대화원형'이라고 부르는데, 예를 들어 병명통보대화의 대화원형은 다음 페이지의 표와 같다.

의료대화를 평가하기 위해서는 대화를 성공적으로 수행하기 위해 지켜야 할 것들이 무엇인가에 대한 연구가 선행되어야 한다. 물론 각 대화유형의 원형이 실제 대화에서 얼마나 적절하게 실현되는가 하는 문제도 대화가 성공적으로 수행되기 위한 한 가지 조건이 될 것이다. 그렇지만 이 원형만 따르면 성공적으로 대화를 할 수 있는 것일까? 원형에 따라 대화가 진행된다 하더라도 발음이 부정확하거나 목소리가 너무 작거나 어휘 선택이 잘못된다면 대화가 제대로 이루어지기 어려울 것이다. 이밖에도 비문법적인 문장이 사용되거나 대화 상황에 맞지 않는 말을 해도 대화가 제대로 이루어지기 어려울 것이다. 이와 같이 대화가 성공적으로 이루어지기 위해 필요한 요소들을 언어학적인 개념을 사용해서 정리하면 다음과 같다.

- 발음은 정확한가?
- 어휘의 선택은 적절한가?
- 문장은 문법적이고 이해하기 쉬운가?
- 내용은 정보성과 관련성이 있는가?
- 발화의 형태는 적절한가?

1. 시작단계	예 문
• 인사 및 자기소개 • 환자확인 • 관계구축(근황 묻기, 가벼운 담소)	• 안녕하세요. 저는 박인수 교수입니다. • 홍길동 환자 맞으시죠? • 오늘 눈이 많이 왔는데, 오시는 데 힘들지 않으셨어요?
2. 예비단계	
• 대화진행 예고 • 이전 검사과정 요약 • 환자의 예상 혹은 정보요구 탐구	• 먼저 몇 가지 여쭤보고 검사 결과를 말씀드리겠습니다. • 혈액검사하고 초음파 검사, 그리고 내시경도 하셨네요. • 혹시 환자분이 걱정하고 있는 질환이 있나요?
3. 질환확인단계	
• 사전경고 • 병명통보 • 질환의 유형/특성/정도 설명	• 너무 놀라지 마시고, 침착하게 들으셔야 됩니다. • 검사 결과를 보면 위암 초기인 것으로 보입니다. • 아직은 초기이기 때문에 수술로 완치가 가능합니다.
4. 대처법논의단계	
• 치료 목표/유형/기간 설명 • 예후 설명 • 치료 부작용 설명 • 치료법 합의	• 지금 상태에서는 수술이 불가피하니, 빨리 수술을 하시길 권합니다. • 초기이기 때문에 완치율이 90% 이상 됩니다. 걱정하지 않으셔도 되겠습니다. • 아무래도 전신마취를 해야 하니까 부작용이 수반될 수 있는 가능성이 있습니다. • 특별한 이유가 없으시면 수술을 하는 것으로 하겠습니다.
5. 차후조치 설명단계	
• 치료기관 또는 전문의 소개 • 입원 또는 추가검사에 대한 안내 • 다음 진료일 약속 잡기	• 수술은 저희 병원에서 하셔도 좋고, 혹시 특별히 원하시는 병원이 있으면 안내해 드리겠습니다. • 수술을 받기 전에 먼저 몇 가지 검사를 받으시고, 입원은 간호사와 상의해서 날짜를 잡으십시오. • 퇴원 하실 때 다음 진료일을 잡아드릴 겁니다.
6. 종료단계	
• 전체 요약 • 환자지지 • 마침 인사	• 위암 초기라서 수술을 결정하셨고, 먼저 몇 가지 검사를 받으신 후 입원해서 수술을 받으시게 됩니다. • 그렇게 어려운 수술이 아니고 또 완치율도 높으니까 많이 걱정하실 필요는 없습니다. • 그럼 눈길에 조심해서 돌아가시고, 궁금하신 점이나 도움이 필요하면 연락 주십시오.

- 적절한 화행이 사용되었는가?[1]
- 선행발화에 대해 적절하게 반응하였는가?
- 대화는 대화원형에 충실하게 수행되었는가?
- 대화는 잘 조직되었는가?

여기에 제시된 기준을 적용하여 실제 대화를 평가할 수 있기 위해서는 언어학적인 지식을 갖고 있어야 한다. "의료 커뮤니케이션에 대한 대화분석적 연구" 프로젝트에서는 언어학자들을 중심으로 이와 같은 평가도구를 사용하여 녹취·전사한 의료대화에 대한 평가를 시도하였으며, 그 결과를 바탕으로 의료인들의 커뮤니케이션 능력을 향상시키는 프로그램 개발을 시도하고 있다.

의료 커뮤니케이션에 대한 연구는 이제 막 시작 단계이다. 이 분야에서는 앞으로 많은 연구가 이루어져야 할 것이다. 특히 의료 커뮤니케이션의 유형에 대한 연구는 한편으로는 더욱 세분화되고 체계화되어야 하며, 다른 한편으로는 환자와 환자 가족이 접하게 되는 다른 스태프들과의 커뮤니케이션을 포괄하고, 아울러 병원 내 여러 스태프들 간의 커뮤니케이션도 포함할 수 있도록 확장되어야 할 것이다. 또한 치과의사, 위생사, 한의사, 상담사 등 다양한 직업군들의 커뮤니케이션도 연구의 대상으로 포함되어야 할 것이다. 그리고 대화의 원형에 대한 연구는 소수의 대표적인 의료대화유형으로 국한되어 진행되었는데, 앞으로는 아직 연구되지 않은 많은 의료대화유형들에

---

1) '화행'(speech act)이란 간단하게 설명하자면 '부탁', '요구', '명령' 등과 같은 발화의 의도성에 대한 총칭이다. 이 항목은 예를 들어 '부탁' 해야 하는 상황에서 '요구'를 하지는 않았는지를 체크하기 위해 만들어진 것이다.

대한 연구도 이루어져야 할 것이다. 아울러 의료대화에 대한 평가도구 개발도 한편으로는 더욱 정교화되고, 또 그것의 타당성이 검증되어야 할 것이며, 다른 한편으로는 각 의료대화유형의 특성을 충분히 반영할 수 있도록 특화되어야 할 것이다. 이와 같은 연구와 더불어 현재 시험단계에 있는 의료인들의 커뮤니케이션 능력 향상 프로그램을 검증하고 수정·보완하며, 다양한 대화유형과 직업분야에 맞는 맞춤형 프로그램도 개발해야 할 것이다.

에필로그 : 의료 커뮤니케이션 연구의 전망

의료인과 인문학자가 만남으로써 시작된 의료 커뮤니케이션에 대한 학제적 연구는 이제 여러 방향으로 연구의 폭을 넓히고 그 깊이를 더하고 있다. 2006년 의료인과 인문학자들이 창립한 대한의료커뮤니케이션학회www.healthcommunication.or.kr는 창립 2년 만인 2008년 가을에 국제학술대회를 개최할 만큼 빠르게 성장하고 있으며, 의료 커뮤니케이션에 대한 학제적 연구의 장을 마련해 주고 있다. 또한 의과대학생을 위한 의료 커뮤니케이션 교과목의 개발에도 인문학자들이 참여하여 공동작업을 하고 있다. 최근에는 당뇨병이나 암과 같은 심각한 질병을 앓은 경험이 있는 사람들을 인터뷰하고 그 체험담을 분석·정리하여 같은 질병으로 고통받고 있는 사람들에게 제공함으로써 질병을 극복하는 데 도움을 주고자 하는 프로젝트에도 인문학자들이 주도적으로 참여하고 있는데, 이것은 질병으로 고통받고 있는 사람들을 위해 인문학적 지식을 직접 활용한다는 점에서 인문학의 새로운 가능성을 보여 주고 있다고 평가할 수 있다. 이 몇 가지 예가 보여 주는 바와 같이, 의료 커뮤니케이션에 대한 연구는 최근 인문학의 새로운 연구분야로 부각되고 있으며, 언어에 대한 연구결과를 실용적인 목적으로 활용할 수 있는 새로운 가능성을 보여 주고 있다.

| 추천 도서 |

강창우, 「화용론」, 신수송 편, 『독일어의 구조와 의미』, 역락, 2003.
이 글은 단행본인 『독일어의 구조와 의미』의 제5부이며, 커뮤니케이션과 언어 사용에 대한 몇 가지 핵심 이론을 다루고 있다. 특히 언어표현과 발화의 도의 관계에 대해 고찰하고 화행론(Speech Acts Theory)을 소개하고 있으며, 대화함축과 전제 현상도 상세히 다루고 있다.

박용익, 『대화분석론』, 역락, 2001.
이 책에서는 먼저 언어학적 관점에서 '대화' 라는 현상을 설명하고 대화분석의 주요 이론들을 소개하고 있다. 그리고 실제 대화분석을 위한 방법론을 상세하게 설명하고 있으며, 대화분석론의 응용 분야 및 대화분석의 발전방향에 대해서도 소개하고 있다.

마가렛 롤이드·로버트 보어, 『의료 커뮤니케이션』, 김선·박주현·허예라 옮김, 아카데미프레스, 2008.
이 책은 Margaret Lloyd와 Robert Bor가 쓴 *Communication Skills for Medicine*을 번역한 책으로, 의사소통에 대한 원론적인 소개에 이어 의료 상황에서 나타날 수 있는 다양한 유형의 대화를 효과적으로 진행하는 데 실질적인 도움을 줄 수 있는 정보를 담고 있다.

지구설에서 만나는
동양과 서양의 과학적 사유

문중양

과학적인 지구설과 비과학적인 지평설?

인간이 살고 있는 땅의 모양이 구형이라는 사실은 초등 교육이라도 받은 사람이라면 의심의 여지없이 알고 있는 명확한 사실이다. 물론 '국제지평학회'The International Flat Earth Research Society처럼 아직도 지구가 평평하다고 확고하게 믿는 사람들이 있지만, 코페르니쿠스의 태양중심설과 뉴튼의 만유인력설 등 근대과학 이론에 의거하지 않더라도 지구와 우주를 오가는 우주 왕복선이 전해 오는 지구의 사진을 본 현대인들 대부분은 땅이 둥글다는 사실을 의심하지 않는다. 이러한 구형의 땅에 대한 지식은 사실 서양에서는 오래된 상식이었다. 완벽하게 둥그런 땅이 우주의 중심에서 안정되게 정지해 있는 우주의

* 문중양 | 서울대학교 인문대학 국사학과 교수. 서울대학교 계산통계학과를 졸업하고, 동 대학원 과학사 및 과학철학 협동과정에서 '조선 후기의 수리학'으로 이학박사 학위를 받았다. 17세기 서양과학이 한반도에 들어온 이후 조선 전통과학의 변동에 대해 관심을 가지고, 고전적 우주론과 천문지리학 지식 등이 서양과학과 접하면서 어떻게 변해 갔는지를 연구하고 있다. 저서로는 『조선 후기 수리학과 수리담론』, 『우리역사 과학기행』 등이 있으며, 논문으로는 「세종대 과학기술의 '자주성' 다시 보기」, 「19세기 조선의 자연지식과 과학담론: 명말청초 중국 우주론의 늦은 유입과 그 영향」 등이 있다.

구조는 그 자체로 완벽한 우주의 모습이었다.

이에 비해 동아시아에서는 땅의 모양이 어떠한지 통일된 명확한 논의가 없었다. 하지만 일반적으로 고대의 동아시아아인들은 땅이 평평하다는 관념을 지니고 있었고, 그러한 관념은 '천원지방' 天圓地方 이라는 문구로 표현되곤 했다. 그렇기 때문에 17세기 초 예수회 소속의 서양 선교사 마테오 리치Matteo Ricci, 1552~1610; 중국명은 利瑪竇가 땅이 둥그런 사실을 중국인에게 처음으로 소개해 준 사건은 동아시아에서 큰 역사적 사건으로 거론되었다. 그런데 지구설이 동아시아에 전래된 이후 그에 대한 동아시아인들의 반응은 어떠했을까? 또한 서양 지구설의 전래가 동아시아 지성사에서 어떠한 영향을 주었을까? 결론적으로 말해서 현대인들의 기대와는 달리 너무도 당연한 지구설을 수용한 동아시아인들은 많지 않았다. 소위 실학자로 분류되는 조선의 학자들 중에서도 지구설을 타당한 이론으로 인정한 사람은 열 손가락으로 꼽을 정도였다.

너무도 자명한 지구설을 동아시아인들이 처음 접하고 인정하지 않았던 이러한 역사적 상황을 어떻게 이해해야 할까? 과거 근대 역사학은 동아시아 지식인들이 허황한 주자학의 이념에 경도되어 합리적인 땅과 우주에 대한 체계적인 이론을 수용하기를 거부했다고 평가하기도 했다. 이에 비해 지구설 수용자들을 진보적이고 개방적인 사고의 소유자로서 근대적인 사상을 열기 시작한 실학자로 부각시키기도 했다. 과연 지구설 수용은 진보적이고 개방적이며, 지구설의 거부는 보수적이고 폐쇄적인 사유의 결과일까? 최근의 과학사 연구성과는 그러한 역사적 이해가 불공평할 뿐 아니라 역사적 사실에도 맞지 않음을 잘 보여 주고 있다. 이 글은 조선 후기 '지구설 논쟁'에 대한 근대 역사학의 이와 같은 불공평한 이해를 수정해 보고자 한다. 17세기 초 동아시아에 전래된 지구설은 현대인이 알고 있는 근대과학의 내용과는 거리가 멀었으며, 지구설을 인정한 소수 학인들의 지구설 이해도 현대인의 방식과는 완전히 달랐음을 알게 될 것이다. 특히 지구설이라는 서양의 오래된 상식적 관념의 수용을 놓고 벌어진 논쟁을 통해서 서양의 세계 인식과 완전히 달랐던 동아시아인들의 세계 인식과 사유 방식의 독특함을 살펴볼 것이다.

예수회 지구설의 실체와 의도

마테오 리치와 같은 서양 선교사들이 전해 준 지구설은 피상적으로 보면 근대의 지구설과 다를 바 없었다. 특히 그들이 지구설의 증거로 제시한 여러 가지 경험적 증거들은 분명한 사실이었다. 즉 달이 땅의 그림자에 가려 월식이 일어나는데 그때 달에 맺힌 땅의 그림자가 원형이라는 점, 북극 고도가 북쪽으로 250리 갈 때마다 1도 높아진다는 점, 그리고 동서로 이동할 때마다 태양의 뜨고 지는 시각이 달라진다는 점 등이 그러했다. 더구나 그들이 전해 준 새로운 세계지도, 「곤여만국전도」坤輿萬國全圖, 1602년는 현대의 세계지도와 다를 바 없이 광대한 땅의 영역을 모두 담고 있고, 위도와 경도에 맞추어 정밀하게 그려진 지형을 원형으로 잘 담아 냈다. 이러한 세계지도는 르네상스 이후 서구인들의 지리상의 발견을 통한 풍부하고 광범위한 근대적 지리 정보를 담고 있었다. 기껏해야 중국 주변의 좁은 영역만을 그렸던 중국의 고전적 세계지도와 비교해서 지구설 전제하에 그려진 마테오 리치의 세계지도는 근대인이라면 누가 보더라도 근대적인 지식의 산

그림 1. 중국에 처음 소개된 서양식 세계지도인 마테오 리치의 「곤여만국전도」(1602년)

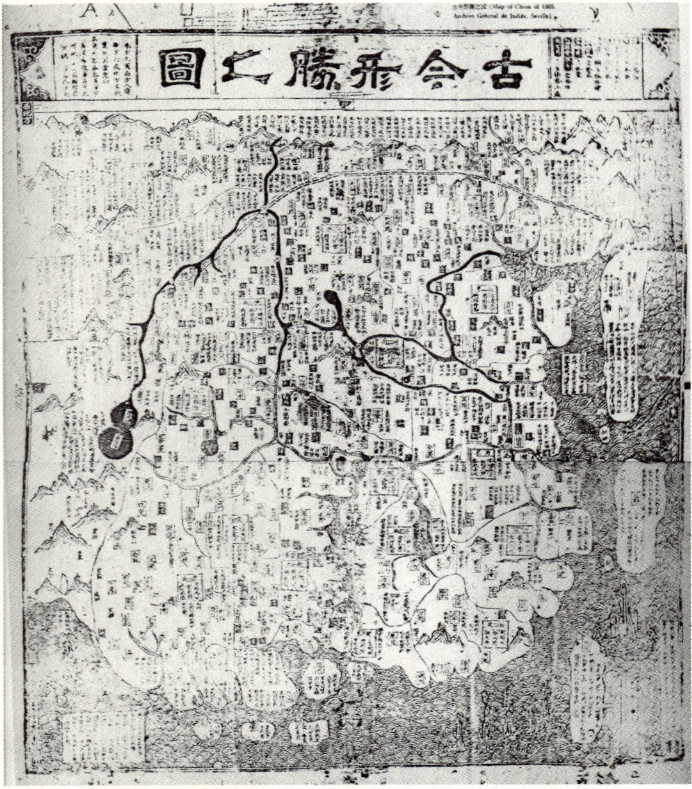

그림 2. 마테오 리치가 중국에 들어온 후 열람한 중국의 고전적 세계지도 「고금형승지도」(古今形勝地圖, 1555년)

물이라고 이해하게 될 것이다. 마테오 리치조차도 교황청에 보낸 편지에서 중국 세계지도의 조악함을 보고하면서 앞으로의 선교 활동에 큰 어려움이 없을 것이라며 자신감을 드러낼 정도였다.

그러나 예수회 선교사들이 전한 지구설은 그들의 세계지도에서 보이는 것과는 달리 근대적 지식이 전혀 아니었다. 그들의 지구설은 코페르니쿠스와 뉴턴 이후의 근대과학의 것이 아니라 기독교 신학과 일체를 이루던 고대 아리스토텔레스 우주론에 기반한 고중세 우주론의 것이었다. 태양을 중심으로 회전하는 만유인력을 지닌 지구가 아니라 4원소설에 입각해 우주의 중심에서 안정되게 정지해 있는 지구였다. 지구설의 원리적 근거가 4원소설이라는 그리스 시대 물질이론이었던 것이다.

아리스토텔레스의 4원소설에 의하면 사람이 살고 있는 지상계는 흙, 물, 공기, 불이라는 네 개의 근본적 물질로 이루어졌다. 이 네 가지 원소들은 그들의 절대적 무게와 본래의 위치를 본성으로 갖는데, 가장 무거운 흙은 우주의 중심, 가장 가벼운 불은 우주의 주변이 본래의 위치였다. 가장 무거운 원소인 흙은 우주의 중심에 있어야 안정하기 때문에 끊임없이 우주의 중심으로 향하고, 가장 가벼운 불은 우주의 바깥으로 향한다. 따라서 가장 무거운 원소인 흙은 사방으로부터 우주 중심으로 필연적으로 모여들어 둥근 땅, 즉 구형의 지구를 이루게 된다. 무거운 물체가 땅으로 떨어지는 이유는 중력 때문이 아니라 무거운 물체로서 자신의 본래적 위치인 우주 중심으로 돌아가야 안정을 이루기 때문이었다. 이렇게 가장 무거운 흙이 우주의 중심에 모여 가장 안정된 구형의 상태를 이룬 것이 선교사들이 전한 고중세 유럽의 지구설이었다. 이와 같은 구형의 지구에서는 위와 아래가 없었다. 단지 우주의 중심과 주변이 있을 뿐이며, 지구의 사방에서 인간들이 아래로 떨어지지 않고 사는 것은 너무나 자연스런 우주의 원리였다. 한편 4원소로 구성된 지상계 위에는 달 위의 세계인 천상계가 존재했다. 천상계는 5원소라는 완전한 원소로 이루어져 투명한 천구들이 겹겹이 지구를 둘러싸고 완전한 원운동을 영원히 계속했다. 그러한 천구들 각각에 달, 수성, 금성, 태양, 화성, 목성, 토성, 그리고 별들이 박혀 원운동을 했다.

17세기 초 이래 예수회 선교사들이 서광계徐光啓, 1562~1633, 이지조李之藻, ?~1631 등 개종자들의 도움을 받아 서양의 천문학, 수학, 지리학을 정력적으로 소개하면서 그들이 가장 기대했던 것은 이상과 같은 지구설을 중국 지식인들에게 인정받는 것이었다. 기독교 교리서를 번역해 소개하기도 했지만 황제를 포함해 자연 지식에 깊은 관심을 가진 중국 지식인들을 효과적으로 개종시킬 수 있는 방안이라고 믿었다. 그만큼 지구설이 서양의 세계 인식을 담은 핵심적인 내용이었을 뿐 아니라 천주교 교리와도 불가분의 관계에 있었기 때문이다. 실로 우주의 중심에서 완벽한 구형의 형체를 이루며 안정되게 정지해 있고, 그 둘레를 모든 천체들이 완벽한 원운동을 영원히 할 수 있는 것은 전능한 신이 부여한 우주의 섭리였다. 그러한 내용은 맨 바깥의 천구로 '지정부동천'이나 '종동천'을 상정한 데에서 잘 드러난다. 실로 고요하고 움직임이 없는 '지정부동천'이나, 모든 천체의 운행을 구현해 주는 '종동천'은 천문학적으로 불필요한 천구였지만 신의 영역을 우주에 상정한 것으로 다분히 기독교 신학과 일체가 된 우주론의 모습이었다.

기독교적 신의 섭리로서 지구설을 소개하면서 서양 선교사들이

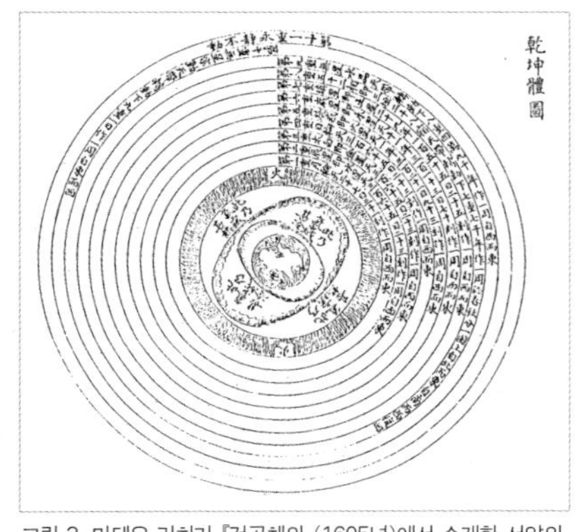

그림 3. 마테오 리치가 『건곤체의』(1605년)에서 소개한 서양의 우주구조, '12중천설도'

역점을 두어 의도했던 또 하나의 중요한 내용은 기氣가 중국의 유학 사상 내에서 지니는 전통적인 기능과 의미를 부정하고 단지 물질적인 것에 불과한 것으로 규정하는 것이었다. 예수회 선교사들이 보기에 유학자들의 기는 생명 활동의 근원이기도 했고, 신적인 존재이기도 해서, 만물을 창조한 전능한 신의 존재를 믿는 데 가장 저해가 되는 불순한 관념이었다. 그래서 마테오 리치를 비롯한 예수회 선교사들은 여러 저술을 통해 기는 없는 것과 같다는 식의 중국에서의 오래된 사색을 부정하면서 기는 우주 공간에 꽉 차 있는 4원소 중 하나의 물질에 불과하다는 사실을 여러 증거를 예로 들어 설명하곤 했다. 달의 천구 아래 지상계인 지면 위 대기권의 영역을 4원소에 입각해 각 권역의 두께를 논하는 내용도 기의 물질적 측면을 강조하는 것과 무관하지 않았다. 즉 토역土域, 지구를 의미은 둘레 9만 리에 반경 28,636리里 36장丈이고, 토역을 둘러싼 수역水域의 두께는 위치와 지형에 따라 다르지만 대강 10여 리이며, 그 바깥의 기역氣域 두께는 250여 리이고, 가장 바깥의 화역火域의 두께는 무려 46만 7,953리 82장이었다. 이와 같이 토·수·기·화의 4원소 구역의 두께를 상세히 거론함으로써 기라는 것이 토·수·화에 비해서 더 근원적이지 않으며 동일한 차원의 물질적 존재라는 것을 강조한 셈이었다.

지구설에 대한 동아시아인들의 반응

유럽에서는 이미 용도 폐기되어 가고 있던 고중세 우주론에 입각한 지구설을 그것도 불순한 의도가 담긴 기독교 교리와 표리 관계에 있던 지구설을 동아시아의 유가儒家지식인들이 액면 그대로 인정하는 일은 예수회 선교사들이 기대하던 대로 일어나지는 않았다. 오늘날 우리들에게도 인정하기 어려운 혼란스러운 지구설 내용이었지만 성리학적 세계 인식의 필터로 자연을 이해하던 동아시아 유가지식인들에게 지구설은 그야말로 당혹스러운 억측에 불과했다. 예수회 선교사들의 지구설은 적어도 두 가지 차원에서 유가지식인들에게 믿을 수 없는 당혹스러운 주장이었다. 하나는 무중심의 세계 인식으로서 중화주의적 세계상을 부정하는 불순한 내용이었다. 또 하나는 대척지의 문제와 같은 상식적인 감각 경험과의 불일치였다.

지구설 전제하에 그려진 마테오 리치의 세계지도를 접한 중국과 조선의 유가지식인들은 문명과 야만의 세계가 혼란스럽게 섞여 있는 모습을 보고 당혹스러움을 감출 수 없었다. 실로 유교적 세계관에 의하면 중국은 세계의 지리적 중심일 뿐만 아니라 문명의 중심이기도 했다. 중국은 고대 이래 요순堯舜과 공맹孔孟 등의 성인들의 교화로 문명을 이룬 유일한 곳이었고, 인근 주변지역들은 성인의 교화로 문명화됨으로써 유의미한 세계에 들어갈 수 있었다. 조선은 '동방예의지국'으로서 중국이 아니면서도 예외적으로 유교적 교화를 통해 문명세계에 포함된 예외적인 나라였다. 중국의 고전적 세계지도는 이러한 문명세계와 그 인근 교화의 손길이 닿을 수 있는 지역으로 한정된 좁은 지역을 담아 냈다. 그런데 서양의 세계지도가 전제로 했던 둥그런 땅 위에서는 절대적 중심이란 있을 수 없었다. 둥그런 구체 위에서는 어느 곳이든 자기가 서 있는 곳이 중심일 수 있었던 것이다.

게다가 서양 선교사들은 그러한 둥그런 지구 위에서 중국은 지리적, 문화적으로 특별한 지역이 아님을 의도적으로 보여 주려 했다. 중국의 땅덩어리는 지구 전체 위에서 보면 그리 크지 않았다. 선교사들은 교리서와 지리서의 편찬을 통해서 중국 못지않게 문명을 이룩한 나라가 유럽에는 많음을 강조했다. 그들이 자랑스럽게 소개한 정밀하고 우수한 천문학과 수학, 그리고 지리학 지식의 탄생은 유럽이 중국보다 더 문명화된 지역일 수 있음을 은근히 암시했다. 그러한 유럽문명의 절대적 우위가 기독교적 신의 위대함을 증명하는 것임은 분명했다. 그러나 이와 같이 문명과 야만이 혼란스럽게 전도되는 상황은 중국과 조선의 유가지식인들에게는 안정된 종래 세계 질서의 붕괴를 의미했을 것임은 자명했다.

땅의 사방에 인간이 살고 있다는 지구설은 상식적인 감각 경험으로도 도저히 인정할 수 없는 억측이었다. 동아시아인들에게는 땅의 정확한 형체에 대한 정론이 없이 지상 세계는 너무나 광대하고 불규칙해서 전체 모양을 단정하기 어렵다는 불가지론적 태도가 일반적이었다. 그럼에도 불구하고 거시적으로 보아서 둥그런 형태의 하늘이 위에 위치하고, 네모나고 평평한 모양의 땅이 아래에 위치해 있다는 관념은 어느 정도 인정되는 땅의 모양에 대한 관념이었다. 즉 땅의 구체적인 모양은 모르나, 적어도 위로는 하늘을 이고 있고 밑으로는 평평한 땅을 딛고 서 있음은 자명한 사실이었던 것이다. 이와 같은 우주 구조하에서는 땅 밑에 사람이 산다는 것은 있을 수 없었다. 무거운 물체가 아래로 떨어지는 것은 감각적으로도 알 수 있는 자명한 사실이듯이 땅 밑에서 사람이 천장에 붙어 살 수는 없을 것이기 때문이다.

지구설의 타당성을 설파하고, 그것을 통해 기독교적 신의 섭리를 설득하기 위해서는 일차적으로 중국인들이 고대부터 의심의 여지 없이 믿어오던 평평한 땅의 관념, 그리고 하늘과 땅의 상하관계 관념을 극복해야 했다. 지평地平을 전제로 하늘과 땅이 상하로 놓여 있다는 관념을 지구地球를 전제로 땅과 하늘이 중심과 주변의 관계로 위치해 있다는 관념으로 전환하는 것은 그야말로 세계관의 대전환을 의미했기 때문이다. 더구나 둥그런 지구에서는 중국 대륙과 우리가 서 있는 곳이 더 이상 세상의 중심이 되지 못하지 않는가.

중국인들에게 지구설을 설득하기 위해서 마테오 리치 등의 예수회 선교사들이 취했던 방식은 크게 두 가지였다. 하나는 경험적 데이터의 제시였다. 선교사들 자신이 지구의 정반대편에서 실제로 살다가 왔다는 사실, 그리고 그것을 증명하는 여러 가지 경험적 데이터들을 보여 주는 것이었다. 이러한 경험적 데이터의 제시는 나름대로 설득력이 있었고, 지구설을 수용한 일부 사대부들도 그러한 데이터들을 즐겨 말하곤 하였다. 그러나 경험적 데이터란 제시하는 자들에 대한 불신을 버리지 못하는 한 결코 결정적인 설득력을 지니지 못하는 한계가 있었다. 또 다른 것은 4원소설에 입각한 우주론을 전개함으로써 이론적으로 지구설의 타당성을 설득하는 방식이었다. 사실 마테오 리치를 비롯해 예수회 선교사들이 가장 바랐던 것은 바로 이러한 서양 우주론의 논리적 기반에 입각해 중국인들을 설득하는 것이었다. 그랬을 때 기독교적 신의 존재와 완벽함이 증명될 것이기 때문이었다.

그러나 예수회 선교사들의 기대와는 완전히 다르게 중국과 조선의 사대부들 중에 지구설을 수용한 사람은 극히 드물었다. 실제로 「곤여만국전도」가 1603년 사신 일행에 의해서 조선에 전래되고, 서양 천문학에 기반을 둔 시헌력時憲曆 체제가 도입된 이후 17세기 동안은 김만중을 제외하곤 지구설을 수용한 유가지식인은 거의 없었다. 더구나 앞서 살펴본 4원소설을 전제로 한 서양 우주론에 입각해 지구설을 이해한 사람은 하나도 없었다. 이와 같이 새로운 세계 인식으로서의 지구설을 수용하는 데 지식인들이 주저하고 있던 상황에서 의외로 쉽게 지구설의 수용이 이루어진 통로가 있었다. 그것은 천문 관측기구와 역법을 통해서였다. 즉 서양식 천문학에 근거를 둔 천문의기와 역법의 계산법을 보다 정밀한 역법을 확보하기 위한 의도로 수용했다면, 그러한 서양식 천문의기와 역법 계산이 전제로 하고 있는 지구설을 결국 인정하는 셈이 되는 것이다. 다시 말해서 천문의기와 역법의 계산법은 두 개의 서로 다른 패러다임하에서 상호 연결이 될 수 있는 통로였던 것이다.

서양식 역법은 조선 후기에 정부 주도로 적극적으로 수용되었다. 중국에서 서양식 역법으로의 개력 작업이 한창 진행 중이던 1644년에 벌써 김육金堉, 1580~1658은 시헌력의 수용을 주장하고 있다. 이후 일부 세력의 약간의 반대에도 불구하고 조선 정부는 적극적으로 서양식 역법의 수용을 추진해 결국 1653년에는 서양식 역법인 시헌력에 의거해 역서를 편찬하기에 이른다. 그 이후에도 이해가 미진한 부분과 중국에서 새롭게 채택된 최신의 천문학 이론과 계산법들을 계속 수용해 나갔다. 결국 구형의 땅이라는 기하학적 구조에 기반한 서양 천문학의 이론과 계산법이 정부 차원에서 공식적으로 채택된 것이다. 물론 이러한 작업을 실무에서 수행한 사람들은 전문적인 천문역산가들인 관상감觀象監 관원들이었고, 그들은 동서양 모두에서 실재하는 우주의 구조와는 별개로 역법 계산을 위한 우주의 모델에만 관심이 있는 사람들이었다. 이에 비해 고도의 수학적 계산법을 이해할 리 없는 대부분의 유학자들은 서양식 역법의 채택에도 불구하고 지구의 관념을 받아들이지 않았다. 다시 말해서 계산을 위한 천문학적 모델로서 구면기하학이 채택되었지만 그것이 실재하는 우주로서의 지구설 수용은 아니었던 것이다.

그럼에도 불구하고 소개된 지 100여 년이 지나면서 지구설을 수용하는 사람들이 나타나기 시작했다. 물론 그들이 어떠한 인식의 전환을 통해서 실재하는 우주 구조로서의 지구설이 타당하다는 사실을 인정하게 되었는지는 명확하지는 않다. 다만 지구설을 전제로 하는 서양 천문학의 계산법들을 이해할 수 있었고, 그것의 상대적 장점을 명확히 인지할 수 있는 고도의 천문학 지식을 지녔던 극소수의 유가 지식인이라면 지구설 수용의 가능성이 높았다고 할 수 있다. 실제로 조선의 사대부들 가운데 지구설을 수용한 사람들은 그러한 부류의 사람들이었다. 일찍이 18세기 전반기의 김석문과 이익, 18세기 중후반의 홍대용과 서명응 및 서호수, 그리고 19세기의 최한기 등이 그러한 인물들이었다. 물론 그들이 어떠한 인식의 전환을 통해서 지구설을 인정하게 되었는지는 분명하지 않다. 다만 그들이 지구설을 이해하고 그 타당성을 설득하는 논리는 단연코 예수회 선교사들이 그렇게 공을 들였던 서양의 4원소설에 입각한 것이 전혀 아니었음이 중요하다.

조선 성리학자들의 지구설 이해

조선 후기 지구설을 수용한 자들이 상식적 사유의 소유자라면 누구라도 인정할 수 없는 지구설을 설득하는 방식 중에 하나는 유학 전통 내에서 신뢰할 수 있는 고전에서 그 전거를 찾아 제시하는 것이었다. 즉 이미 오래전부터 고대의 성현들은 땅이 둥글다는 사실을 알고 있었음을 보임으로써 지구설에 대한 신뢰도를 높이는 전략이었던 것이다. 가장 흔히 거론되는 고전적 전거는 『대대례기』大戴禮記라는 유교 경전에 나오는 증자曾子, 기원전 506~436와 그의 제자 선거이 사이의 문답에서 등장하는 문구이다. 증자는 '천원지방'을 논하면서 "만약 정말로 하늘이 둥글고 땅이 네모나다면 땅의 네 모서리가 하늘에 의해 가리지 않는 일이 일어날 것이다"라고 했다. 물론 이 말은 '천원지방'을 하늘과 땅의 모양을 말하기 보다는 하늘과 땅의 덕을 일컫는 의미로 이해해야 한다는 맥락에서 나온 말이었다. 그러나 지구설 옹호자들은 본래의 의미와 다르게 자의적으로 자구를 해석해 바로 이 문구를 지구설을 말하는 것으로 해석해 버렸다.

이러한 자의적 해석은 고대의 '혼천설'에 대한 예에서도 잘 드러난다. 중국 고대 장형張衡, 78~139이 주장했던 혼천설이란 하늘과 땅의 모양을 달걀 껍질과 노른자에 비유해서 하늘과 땅을 설명하는 내용이었다. 그런데 지구설 옹호자들은 땅이 노른자처럼 둥근 모양이라면서 혼천설을 지구설을 담은 우주론으로 둔갑시켜 버렸다. 그러나 혼천설에서 달걀 껍질과 노른자의 비유는 하늘과 땅의 위치 설정을 설명하는, 즉 우주 중심에 땅이 위치하고, 그러한 땅을 둥근 하늘이 둘러싸고 있는 모양을 설명하는 것이었지, 결코 둥근 땅을 의미하는 것은 전혀 아니었다.

　지구설과 같은 이질적인 자연 지식을 중국의 고전적 전례에서 찾아 정당화하는 이와 같은 방식은 비단 지구설에 국한되지 않았다. 심지어 지동설을 포함해 거의 모든 서양 천문학의 새로운 내용들을 고대의 신뢰할 만한 문헌에서 찾았다. 사실 이러한 시도는 마테오 리치가 서양과학을 중국인들에게 처음 소개할 때부터 썼던 전략이었는데, 중국과 조선의 유학자들은 이러한 전략을 더욱 확대해 구체적이고 체계적으로 연구했다. 소위 '서양과학의 중국 기원설'은 이러한 일련의 시도의 귀결이었다. 그 결과 실제로 중국과 조선의 지구설 옹호자들은 지구설을 포함해 서양과학의 모든 내용이 이미 고대에 존재했었다고 믿어 의심하지 않았다. 그런데 진秦나라의 '분서갱유'와 같은 환란을 당해 과학자들이 모두 사라졌었는데, 그들의 과학 지식이 서양으로 옮겨가 계승되다가 17세기 이후 다시 중국으로 흘러들어왔다는 것이다. 우리는 이 대목에서 지구설 옹호자들의 보수적 면모를 엿볼 수 있다. 우리가 과거 기대했듯이 지구설을 옹호했던 실학자들이 과거의 오래된 자연 지식을 부정하는 일은 역사적 사실과 달랐던 것이다.

　지구설을 설득하는 또 다른 방식은 성리학적 인식체계로 지구설을 설명하는 것이었다. 4원소설로 지구설을 설명하고, 그것이 인정받음으로써 신의 전능하고 완전한 섭리를 중국 지식인들이 깨닫기를 고대했던 서양 선교사들이 가장 바라지 않았던 길이었다. 18세기 중후반 그의 아들 서호수와 함께 조선의 관학계에서 천문학의 대가로 인정받았고, 누구보다도 지구설을 천문학적으로 완벽하게 이해했던 서명응徐命膺, 1716~1787의 예를 살펴보자. 그는 『비례준』髀禮準과 『선

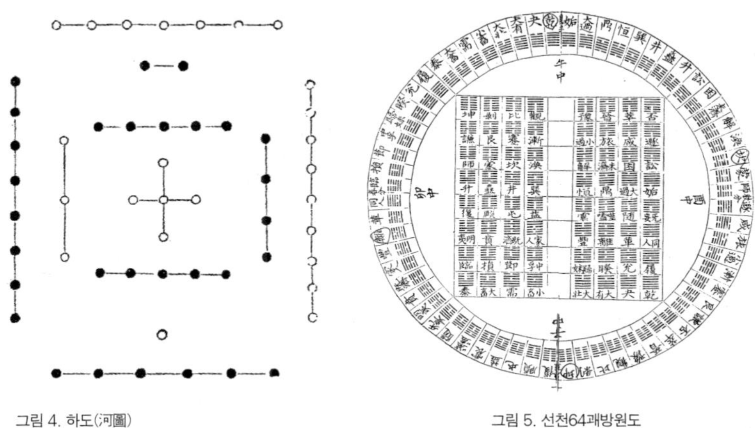

그림 4. 하도(河圖)   그림 5. 선천64괘방원도

구제』先句齊, 그리고 『선천사연』先天四演 등 그의 저서 여러 곳에서 지구설을 자세하게 입증했다. 그 중에는 장형의 혼천설이나 『대대례기』의 기록처럼 고전적 기록을 자의적으로 재해석해서 이미 지구설의 전거가 중국 고대에 있었다고 주장하거나 지구설을 입증하는 경험적 사실 등을 제시하는 것이 포함되어 있다. 그런데 서명응은 더 나아가 4원소설이나 12중천설과는 지적 맥락이 완전히 다른 성리학적 자연 인식 체계를 이용해 지구설이 타당함을 완벽하게 증명하고자 했다.

서명응이 지구설의 근거로 제시했던 성리학적 인식체계는 바로 '하도'河圖와 '선천64괘방원도'였다. 송宋대 이후 성리학자들은 이 도상들이 고대의 성인이 자연에서 찾아낸 자연의 원리를 그린 것으로서 이 그림들에 모든 자연현상을 설명하는 원리가 담겨 있다고 굳게 믿었다. 서명응은 지구설의 원리를 이러한 도상에서 찾아 제시했다. 즉 하도의 가운데 5점은 십자가 모양으로 종횡으로 각각 3점을 이루는 모양을 갖는데 바로 그러한 모양으로부터 땅의 구형이 도출되었다는 것이다. 그렇지만 지구설 반대자들은 선천방원도의 내도(즉 〈그림 5〉의 가운데 사각형 모양)가 정방형正方形인 것에 구애받아 땅이 네모나고 평평하다고 잘못 알고 말았으며, 고대 이래 당시에 이르기까지 모든 유가들마저도 계속해서 지구설을 수용하지 않았다. 그래서 서명응은 지구의 형체와 정방형인 선천방원도의 내도의 모양을 부합시키기 위해서 내도를 45°기울여 정방형이 아니라 마름모꼴로, 즉 대각선이 상하좌우로 똑바르게 교차하도록 수정했다. 마름모 모양으로 세워진 새로운 내도는 하도중궁의 5점의 형상과 부합하면서 그러한 내도로부터 땅의 구형이 도출될 수 있었던 것이다.

서명응의 지구설 독법이 자연의 원리가 담긴 도상을 활용한 것이라면 이익, 홍대용, 그리고 최한기 등의 유학자들은 기론적 인식체계를 이용한 지구설의 정당화 논리를 찾았다. 유명한 홍대용의 지구설과 지동설의 정당화 논리를 다음과 같은 서술에서 단적으로 읽을 수 있다.

"무릇 땅 덩어리는 회전 운동하길 하루에 한 바퀴 돈다. 땅의 둘레는 9만 리이고 하루는 12시이다. 9만 리나 되는 너비를 12시간 내에 도니, 그 운행의 급함은 번개만큼 빠르고 포탄보다도 빠르다. 땅이 이처럼 급하게 돈다면 허기虛氣가 물살이 솟구치듯이 움직여 허공 중에서 애 돌면서 땅으로 모여들고 만다. 이리하여 상하지세上下之勢가 있게 되니, 이것이 지면 위의 형세이고 지면에서 멀어질수록 이러한 형세는 없어진다." (홍대용의 『의산문답』毉山問答 중에서)

홍대용의 이 말은 땅이 구형일 때 지구의 사방에 위치해 있는 사물들이 밑으로 떨어지지 않고 지구 표면에 붙어 있을 수 있는 논리적 근거를 제시하는 대목이다. 이것을 보면 홍대용은 지구설과 함께 지동설을 동시에 주장하면서 문제를 풀고 있고, 중요한 논리적 근거가 '기氣의 상하지세上下之勢'라는 것임을 알 수 있다. 기의 상하지세란 땅을 에워싼 기가 땅의 회전 운동을 따라하면서 땅으로 향하는 세력이 생기는 현상을 말했다.

사실 중심과 주변으로 지구와 하늘의 관계를 설정한다면 굳이 지구 반대편에 있는 사물이 밑으로 떨어질 것을 걱정할 필요가 없다. 모든 무거운 사물들은 본성적으로 우주의 중심인 지구 중심으로 향하게 되어 있기 때문이다. 그러나 중심과 주변이 아닌, 상하관계로 하늘과 지구의 위치가 설정되어 있는 동아시아의 고전적인 관념하에서는 공간에 붕 떠 있는 사물이 아래로 떨어지지 않는 근거를 댈 수 있어야 했다. 이러한 문제는 사실 고대부터 존재했었다. 즉 평평한 땅이더라도 우주 공간 속의 허공 중에 떠 있을 수 있는 근거가 필요했기 때문이다. 이러한 문제를 고대인들은 『황제내경』黃帝內經에서 볼 수 있듯이 기氣의 메커니즘으로 풀었다. 즉 기가 무거운 대지를 들어준다는 것이다. 이러한 관념은 송대 성리학자들에 의해서는 기의 회전 메커니즘으로 더욱 세련되었다. 결국 홍대용의 '기의 상하지세'는 그러한 동아시아의 오래된 고전적 전통인 기의 메커니즘이라는 관념을 더욱 전개해, 지구 반대편 밑에 서있는 사물들이 떨어지지 않고 붙어 있을 수 있는 논리적 근거를 제시했던 것이다.

기의 메커니즘에 근거한 지구설 수용은 19세기 후반 최한기에게서는 더욱 세련되게 전개되었다. 홍대용이 지구설이라는 서양과학의 내용을 접하고 문제를 풀었다면, 최한기는 지구 하나의 운동만이 아니라 지구를 비롯한 태양계에 소속된 천체들 전체의 운동에 대한 문제를 풀었다. 그것은 지구와 달의 운동이 연관되어 나타나는 조석潮汐 현상이나, 중력으로 인해 발생하는 지구를 비롯한 다른 천체들의 여러 가지 불규칙 운동들에 대한 문제였다. 18세기 후반 홍대용이 접했던 서양과학이 과학혁명 이전의 것이라면, 최한기가 접했던 서양과학은 과학혁명 이후 뉴턴 역학과 케플러 천문학 단계의 것이라는 차이가 있었다. 그것을 최한기는 전통적인 과학의 패러다임인 기의 메커니즘으로 풀었던 것이다. 그것이 바로 유명한 '기륜설'氣輪說이었다.

이익이나 홍대용, 그리고 최한기 같은 몇 안 되는 조선 실학자들은 서양 천문학의 핵심적 내용인 지구설을 수용했다. 그러나 예수회 선교사들이 그렇게 기대했던 서양 우주론의 인식 체계인 4원소론과 운동이론에 근거해서 지구설을 수용한 것은 전혀 아니었다. 지구설은 동아시아의 전통적인 과학 패러다임에 기반해서 이해되었고, 그렇기에 수용될 수 있었다. 땅이 둥그렇다는 객관적 사실은 조선 실학자들에 의해서 기의 메커니즘으로 이해되면서 더 이상 서양과학의 지구설이 아니었다. 그것은 동아시아 과학의 고전적 패러다임하의 지구설이었다.

| 추천 도서 |

박성래, 『한국사에도 과학이 있는가』, 교보문고, 1998.
한국 과학사 전반에 대하여 다루고 있는 개설서이다. 고대 삼국시대부터 해방 이후 근현대에 이르기까지 각 시대별로 그간 얻어진 한국과학사의 핵심 주제들을 일목요연하게 잘 정리해 놓았다. 한국 전통과학의 역사적 전개과정은 물론이고, 조선 후기 이후 근대과학을 어떻게 수용했으며, 해방 이후 현대과학이 정착되는 과정에 대한 전반적인 흐름을 파악하고자 한다면 이 책을 먼저 읽을 것을 추천한다. 특히 조선 후기 지구설 논의와 관련해서는 소위 조선 후기 실학자들이 이질적인 서양과학을 처음 접하고 어떻게 이해했는지 다루는 12, 13, 14장을 읽으면 도움이 될 것이다.

국사편찬위원회 편, 『하늘, 시간, 땅에 대한 전통적 사색』, 두산동아, 2007.
하늘과 땅을 포함해 자연 전체를 동아시아인들이 전통적으로 어떻게 이해하고 있었는지 파악하는 데 가장 유용한 개설서이다. 머리말에서는 전통적인 우주론을 소개해 놓았고, 본문에서는 다섯 개의 장으로 나누어 각각 천문 현상의 관측, 시간의 측정, 천체 운행의 관측과 계산인 역법, 전통지도를 통해 살펴본 땅에 관한 과학인 지리학과 지도학, 그리고 역시 근대 지리학과는 다르지만 합리적인 땅에 관한 자연 지식인 풍수지리에 대해서 서술해 놓았다. 서양의 근대과학이 도입되기 이전 우리의 선조들이 하늘과 땅을 어떻게 이해했는지, 그리고 자연에 관한 전통 지식의 지형을 파악하고자 한다면 이 책을 읽을 것을 권한다.

연세대학교 국학연구원 편, 『韓國實學思想研究 4: 科學技術篇』, 혜안, 2005.
조선 후기 우리 선조들이 지니고 있었던 자연지식을 실학적 자연지식의 차원에서 분석한 연구서이다. 현재 활발하게 연구성과를 배출하고 있는 9인의 소장 과학사 학자들이 쓴 논문을 한데 모았다. 서술 내용은 크게 둘로 나누어지는데, 전반부는 조선 후기 유가지식인들의 전통 자연지식의 전반적인 지형과 역사적 성격, 그리고 서양과학에 대한 이해의 방식과 논리 등을 다루었다. 후반부는 조선 후기의 전문적인 자연지식들을 천문역산학, 천문 관측 기구, 농법, 의학, 그리고 지리학으로 각각 나누어 구체적으로 살펴보았다. 일반인들에게는 이해하기 쉽지 않은 전문적인 내용을 담고 있지만, 지구설을 통한 조선시대 유가지식인들의 구체적인 사색의 내용과 역사적 위상 등을 이해하려는 독자라면 이 책의 논문들을 읽으면 지적 호기심이 만족스럽게 해소될 것이다.

문중양, 『우리 역사 과학기행』, 동아시아, 2006.
과학이라면 일단 담을 쌓고 감히 다가가려고 하지 않는 일반인들에게 권하고 싶은 책이다. 고대부터 조선 후기에 이르기까지 한 번쯤은 들어 봤으나 정확히 이해하지 못했거나 잘못 알고 있었던 주제들을 많은 관련 사진을 동원해서 알기 쉽게 서술해 놓았다. 첨성대, 금속활자, 앙부일구 등 누구든 알 만한 주제뿐 아니라, 「혼일강리역대국도지도」나 「혼천전도」 등 다소 생소한 전통과학의 유산들을 포함해서 18개의 전통과학을 소개했다. 크게 네 개의 부분으로 나뉘어 있는데, 네번째 부분인 '전통과 서양의 만남'에서는 조선 후기 전통과학과 완전히 다른 새로운 서양과학이 유입되면서 유가지식인들이 그것을 어떻게 이해하면서 전통과학을 변화시켰는지 천하도를 포함해 다섯 개의 유산을 통해서 잘 살펴보았다.

『한중록』, 역사와 문학의 만남

정병설

『한중록』, 진실의 기록인가?

『한중록』은 사도세자의 죽음에 대해 쓴 글로 널리 알려져 있다. 작가는 사도세자의 부인인 혜경궁 홍씨이다. 부인이 남편 처형 사건의 경과를 남편이 죽은 지 40년도 지난 시점에 썼다. 일종의 회고록이다.

사실 『한중록』에 사도세자의 죽음에 대한 글만 있는 것은 아니다. 『한중록』은 혜경궁이 쓴 세 편의 글을 모은 책이다. 맨 처음 글은 환갑 때인 1795년에 썼다. 자신의 일생을 담담히 술회한 것으로 자서전에 가깝다. 두번째 글은 1802년에 썼는데, 이때는 동생이 독약을 받는 등 혜경궁의 친정이 죄에 몰려 큰 어려움에 빠진 때이다. 혜경궁은 자기 친정의 무고함을 알리기 위해 글을 썼다. 그러다 1804년부

* 정병설 | 서울대학교 인문대학 국어국문학과 교수. 서울대학교 국어국문학과에서 학사, 석사 과정을 졸업하고, 동 대학원에서 한국문학사의 최장편 소설인 『완월회맹연』을 연구하여 박사 학위를 받았다. 주요 관심 분야는 조선시대의 주변부 문화이다. 조선시대 소설 유통에 대한 연구와 조선의 문화적 위상에 대한 연구를 동시에 수행하고 있다. 저서로 조선시대 기생의 삶과 문학을 다룬 『나는 기생이다—소수록 읽기』와 그림과 소설의 관계를 연구한 『구운몽도—그림으로 읽는 구운몽』이 있다. 『한중록』과 조선의 음담패설집인 『기이재상담』에 대한 번역 해설서도 있다.

터 서서히 친정이 재앙의 그물에서 벗어나자 1806년에 이 글의 부록을 썼다.

사도세자의 죽음에 관한 글은 1805년에 쓴 것이다. 1802년에 초고를 썼다고 하지만 완성은 친정의 어려움이 어느 정도 풀린 상황에 했다. 혜경궁은 남편 사도세자와 같이 1735년생이니, 이 글을 쓸 때는 이미 70세가 넘은 고령이다. 옛날 사람들이 평균 수명이 채 40세도 되지 않을 정도로 짧았음을 감안하면 70세는 노인 중에도 상노인이다. 그런 상노인이 40년도 지난 일을 회고한 것이다. 그만큼 쓰지 않으면 안 될 절박함이 있었다. 『한중록』은 이 세 편의 서로 다른 글을 후대에 누군가가 편집한 것이다.

혜경궁은 왜 40년도 더 지난 일을 갑자기 쓰게 되었을까? 해답은 글 서문에 있다. 남편의 죽음에 대해 의혹이 많은데, 그 의혹으로 인하여 자기 친정이 큰 어려움을 겪었고, 아직도 의혹이 완전히 해명되지 않아 장래에 이것으로 인해 친정이 다시 화를 겪을 수 있겠기에 썼다. 특히 친정의 무고함을 손자인 순조 임금에게 알리고자 했다.

『한중록』의 이런 친정을 변호하려는 저술 동기로 인해 그 기록의 진실성에 대해 의심이 끊이지 않았다. 사도세자를 죽음에 이르게 한데 혜경궁 친정의 역할이 컸는데, 혜경궁은 그 과오를 덮으려고 거짓을 꾸몄다는 것이다. 혜경궁은 『한중록』에서 사도세자가 심각한 정신 질환에 걸려 사람들을 죽이고, 나중에는 임금까지 죽이겠다고 공언하는 상황이 되어, 이 때문에 죽을 수밖에 없었다고 했다. 그런데 실은 사도세자에게 그런 정신병이 없었다는 것이다. 사도세자의 아들인 정조가 임금이 된 다음에 쓴 아버지의 행장을 보면 훌륭한 덕성과 인품, 그리고 그에 걸맞은 행적만 기술되어 있고, 그런 정신병과 관련된 기록은 없다는 것이다. 그리고 정조가 쓴 행장은『정조실록』, 곧 정사正史에까지 올라 있으니, 의심의 여지가 없다고 보았다.

『한중록』에 대한 이런 의심은 역사학자 이은순 교수가 처음 본격적으로 제기했고, 이어 대중적인 역사서로 유명한 이덕일 선생이 널리 알렸다. 이제는 오히려 이덕일 선생의 논리처럼, 사도세자가 어릴 때부터 소론에 동정적이었는데 노론이 이를 알고 사도세자를 제거했으며, 혜경궁은 자기 친정과 친정의 당파인 노론을 위해 사건을 왜곡하기 위해『한중록』을 지었다고 보는 것이 일반의 통설이 되어 버렸다. 혜경궁은 노론을 배후에서 조종한 노회한 정객으로 비쳐졌고,『한중록』은 철저히 노론의 당파적 이익을 위해 서술된 악의적 왜곡으로 가득 찬 당론서가 되고 말았다.

그런데『한중록』에 대한 이런 부정적 시각의 이면에는 한 가지 전제가 존재한다. 개인의 사적인 기록은 개인의 이익을 변호하려는 목적에서 기술되며, 따라서 공식적인 기록만큼 객관적이거나 정확하지 않다는 것이다. 이런 시각에서 보면『한중록』은 그저 한 노인의 사욕이 반영된 악의적 왜곡에 가득 찬 문학작품에 불과하다. 그런데 이런 전제에 대해 최근에는 역사학계에서부터 반성의 목소리가 나오고 있다. 정사인『조선왕조실록』역시 편찬과 평가에 편찬자의 의견이 강하게 반영되어 있다고 하면서, 모든 사료는 그 저술의 배경을 감안하여 비판적으로 읽어야 한다는 주장이다. 문학적 성격이 강한 역사서나 역사적 성격이 강한 문학작품이나 모두 저자나 편자의 입장을 감안해서 읽어야 한다는 말이다.『사기』처럼 문학에서 고전으로 치는 역사서도 있고,『한중록』처럼 역사에서 중요하게 다루는 문학작품도 있다. 문학이든 역사든 그것이 어디에 속하든 그 저술의 배경 시각

또는 세계관을 염두에 두고 읽어야 하는 것이다. 이 글은 『한중록』을
『조선왕조실록』 등의 역사서와 비교하여, 문학과 역사가 만나는 지점
을 살펴보고, 이로써 18세기 조선 궁중의 이면사를 깊이 투시해 보고
자 한다.

기록의 한계, 영조 전위 소동의 원인

1752년 12월 초 영조가 갑자기 양위讓位를 선언했다. 당시는 이미 사
도세자가 대리청정을 하고 있었는데, 임금이 자기 일의 상당 부분을
세자에게 위임한 상태에서 다시 아예 임금 자리까지 내놓겠다고 한
것이다. 왕조 국가인 조선에서 임금이 바뀌는 것보다 중요한 일은 없
다. 그러니 그 까닭은 다른 무엇보다 자세히 기록되어야 할 것이다.
그러나 막상 『영조실록』을 보면 도대체 영조가 무슨 이유로 양위를
선언했는지 알 수가 없다. 영조의 양위에 변이 없는 것이 아니다. 그
러나 그 이유가 너무 모호하다. "내가 왕위에 오른 지 30년이 되었으
나 너희들에게 온전한 은혜와 정치를 베풀지 못했다"(1752년 12월 15
일조)라는 말이 고작이다. 다른 이유는 그 앞인 12월 9일에 보이는데,
영조는 이렇게 말했다.

어제 기회가 좋았는데 놓쳤다. 옛날 한세량韓世良이 '하늘에는 두
개의 태양이 없고 나라에는 두 임금이 없다'는 말을 했으니 대리하
는 세자가 어찌 임금이 되겠느냐? 왕위를 물려 준 다음에는 한 대
궐 안에 두 임금이 있을 수 없겠기에 내가 밖으로 나가 거처해야 할
것이다. 무자誣字에 대한 말은 어제 자전慈殿께 고하였으니 자전께

서도 아실 것이라. 그 말의 유래는 이미 오래라, 갑진년(1724) 대상
大喪 초기에 심유현沈維賢이 만들어 낸 말이 다시 대궐 안으로 흘러
왔으니, 어찌 통분치 않으리오.

도대체 무슨 말을 하는지 전후의 사건을 알지 못하면 알기 어렵
다. 한세량이나 심유현이나 모두 영조 등극 초기에 영조의 등극을 방
해했다고 지목된 사람들이다. 한세량은 이복형인 경종을 대신하여
대리청정을 하고 있던 영조를 겨냥해 한 나라에 두 임금이 있을 수
없다며 영조의 대리청정을 철회하라고 주장한 모양이다. 영조는 재
위 기간 중에 한세량의 말이 흉하다고 하면서 그 말을 몇 번이나 거
론하고 있다. 심유현도 사평史評을 보면 영조 왕위 계승의 정통성을
부정한 죄목이 있었다. 영조가 형인 경종을 제거하고 왕위에 오르려
고 했다고 의심했다는 것이다.

도대체 근 30년이 다 된 왕위 계승 과정에 있었던 일이 왜 자신
의 전위를 말하는 데 새삼 문제가 되었던 것일까. 당시는 사도세자가
대리청정을 한 지도 근 4년이 다 되어 가는 시점이다. 그렇다면 사도
세자의 대리청정 자체가 이유라고 할 수도 없을 듯하다. 자전에게 무
자誣字 곧 어떤 모함 사건에 대해 말한 모양인데, 이 사건에 대해서는
더 자세한 정보가 없다. 여기서 자전은 영조에게 어머니뻘이 되는 인
원왕후를 가리킨다. 영조의 생모는 일반에 널리 알려진 것처럼 궁녀
의 하인이라 할 수 있는 각심이 최씨이지만, 영조는 부왕 숙종을 이
어 왕이 되었으므로 계통상으로는 숙종의 왕비가 어머니가 된다. 인
원왕후는 숙종의 세번째 왕비로 영조가 왕위에 오르는 과정에 결정
적인 도움을 주었던 인물이다. 영조가 그 인원왕후에게 어떤 모함에

대해 무슨 말을 했던 모양이다.

어떤 모함에 대한 말이 양위의 결정적인 원인인 듯하나, 이에 대해서는 실록에서 더 자세한 정보를 찾을 수 없다. 『영조실록』은 왕의 양위라는 중차대한 문제에 대하여 아무런 실질적인 정보도 담고 있지 않은 것이다. 실제로 양위가 이루어지지는 않았지만 국가의 공식 기록으로서는 너무 무책임한 기술이라 하지 않을 수 없다.

『한중록』도 이 문제를 다루고 있지만, 핵심을 비켜가고 있다. 『한중록』에서는 영조가 무엇보다 당파를 싫어했는데, 그해 10월에 노론 홍준해가 소론 정승인 이종성을 탄핵하는 상소를 올리자, 영조가 당파 싸움이 재현된다며 크게 화를 내고 양위를 말했다고 했다. 그런데 홍준해의 상소를 양위의 이유로 보기에는 사건의 앞뒤가 잘 맞지 않는다. 무엇보다 10월에 있었던 사건 때문에 12월에 양위 문제가 생겼다는 것을 납득할 수 없다. 12월에는 홍준해의 상소는 이미 해결된 것이나 다름없었다. 그렇다면 영조 양위의 진짜 이유는 무엇인가.

사도세자의 죽음을 둘러싼 사건을 주로 소론 준론적 시각에서 편집 서술한 책인 『대천록』待闡錄에는 이 사건에 대해 다른 설명이 있다.[1] 영조는 당시 후궁 문씨를 총애했는데, 문씨는 임금의 총애를 믿고 방자하기 그지없었다고 한다. 더욱이 세상에는 사도세자의 병증에 대한 소문이 파다하게 퍼져 있어서 문씨가 아들을 낳으면 사도세자가 더 이상 세자 구실을 하기 어려울 것이라는 말까지 있었다고 한

---

1) 『대천록』의 성격에 대해서는 최성환, 「정조대 탕평정국의 군신의리 연구」, 서울대 박사논문, 2009, 56쪽 참조. 찬자는 박하원(朴夏源)이다.

다. 이런 상황에서 기세가 등등한 문씨가 사도세자의 생모인 선희궁에게 대들기까지 했다는 것이다. 선희궁은 같은 후궁이라 해도 엄연히 세자의 어머니고 또 그 세자가 실제로 나라의 국정을 대리하고 있는데 감히 일개 후궁이 임금의 총애를 입고 있다고 함부로 행동했다는 것이다. 인원왕후가 그 말을 듣고 궁중의 큰어른으로서 문씨와 세자를 불러 세자가 보는 앞에서 문씨를 회초리로 치게 했다고 한다. 『한중록』을 보면 인원왕후는 궁중 예법을 엄히 지킨 사람으로 그려져 있는데, 그런 인원왕후가 임금이 총애하는 후궁을 징벌한 것이다. 이 사건이 영조에게 알려지자 영조는 분을 참지 못해 궁궐을 나갔고 인원왕후한테 왕위를 내놓겠다고 말했다는 것이다.

『대천록』에서 전하는 양위의 경위를 듣고 보면 비로소『영조실록』의 내용들이 하나하나 풀리기 시작한다. 12월 5일 인조의 아버지인 원종이 살았던 옛집인 송현궁으로 간 것과, 『영조실록』과 『한중록』에 나오는 인원왕후와 영조가 주고받은 여러 말들이 비로소 납득이 되는 것이다. 여기서 볼 수 있는 것처럼『한중록』은 물론『조선왕조실록』또한 사건의 전후 경과를 모조리 자세하게 기록한 책이 아니다. 모두 기록으로서 사료로서 한계를 지닌 자료인 것이다.

위에서 언급한 세 자료를 통해 영조 양위사건을 재구성하면 다음과 같다. 당시 영조는 거의 환갑이 다 된 나이였다. 그 전해인 1751년 자기 큰며느리인 현빈이 죽자 그 상례에 갔다가 문씨를 보고 사랑하기 시작했다. 영조의 총애를 받은 문씨는 김상로 등의 정승을 끼고 권세를 부리기 시작했다. 양위 사건 당시는 문씨가 임신 육칠 개월 정도인 때로, 사도세자가 세자 노릇을 하기 어려운 상황에서 문씨가 아들을 낳으면 대권의 향배까지 어디로 향할지 모르는 상황이었다.

그만큼 문씨의 기세가 등등했던 것이다. 이런 상황에서 인원왕후의 문씨 징벌 사건이 터지고 연이어 영조가 양위를 선언한 것이다.

어긋난 진실, 영조는 자부인가 엄부인가

1758년 8월 1일의 일이다. 영조의 전위傳位 사건으로부터 6년이 흘렀다. 그날은 영조와 사도세자가 돌아가신 어머니의 무덤으로 참배를 가는 길이었다. 1757년 초에 한 달 간격으로 영조의 부인인 정성왕후와 양위 사건 때 매질을 했던 인원왕후가 죽었다. 왕이나 왕비는 죽고 네 달이 지나면 장례를 치르는데, 이때는 두 왕후의 장례를 치른 지 일 년이 되었을 때였다. 영조는 어머니와 아내의 무덤에, 사도세자는 할머니와 어머니의 무덤에 참배를 하러 가는 거둥이었다.

그런데 막 서울을 벗어나 본 행로에 오를 무렵 소나기가 쏟아졌다. 여기서 날짜는 모두 음력이니 8월 1일은 막 한여름이 지나고 초가을로 넘어가는 문턱이다. 추석 보름 전의 초가을 소나기다. 갑자기 비가 쏟아지자 서울에서 서대문을 나가서 지금의 독립문을 지나 무학재 고개로 오르는 것이 몹시 불편해졌다. 곳곳에서 물난리가 나서 길이 끊겼다는 보고가 들려왔다. 이때 영조가 돌연 세자에게 궁궐로 돌아가라고 명령했다. 그리고 세자는 궁궐로 돌아갔다. 여기까지가 『영조실록』과 『한중록』의 공통된 내용이다.

당시 사도세자는 24세, 영조는 65세였다. 고령의 임금은 비를 무릅쓰고 거둥을 계속하고 청년 세자는 비를 피해 편안한 궁궐로 돌아간 것이다. 도대체 무슨 사정이 있었던 것일까. 『영조실록』과 『한중록』은 각각 어떻게 설명하고 있을까. 『영조실록』에서는 사도세자가 비를 맞고 병이 들 것을 염려하여 영조가 돌려보낸 것으로 되어 있다. 부왕의 지극한 자애가 그려져 있는 것이다. 그런데『한중록』은 전혀 다른 설명을 하고 있다.

사도세자는 어릴 때부터 밖으로 나가는 것을 좋아했다. 그런데 부왕은 세자를 밖으로 데리고 나가려 하지 않았다. 세자는 할머니와 어머니가 죽은 뒤에도 그 무덤에 한 번도 다녀오지 못했다. 신하들은 세자가 어머니 무덤에 참배도 하지 않아서야 어떻게 자식된 도리를 다했다고 하겠냐는 논리로 임금이 무덤으로 가는 거둥에 세자를 데려 가게 임금을 설득했다. 이리하여 영조는 마지못해 사도세자를 데리고 갔다. 영조로서는 큰마음을 먹고 나섰는데 길에 오르자 바로 소나기가 쏟아져 크게 화를 냈다는 것이다.

영조는 평소부터도 미신적인 금기나 조짐을 강하게 믿었는데, 그 속에서 세자는 재수 없는 존재였다. 불길한 세자에게 동행을 허락했더니 세자가 동행하자 과연 뜻밖의 소나기를 만난 것이다. 영조는 소나기가 오자 기다렸다는 듯이 "날씨 이런 것이 다 세자 탓이라, 세자는 도로 돌아가라"고 명령했다. 이리하여 사도세자는 궁궐로 돌아오게 되었는데, 학수고대하던 외출이 수포로 돌아갔을 뿐만 아니라, 말도 되지 않는 이유로 자신을 내친 부왕 때문에 더욱 좌절했다. 세자는 숨이 막혀 제대로 움직이지도 못할 지경이었다. 몸을 가누지 못해 서대문 밖에 있던 경기도 감영의 창고에서 막힌 기를 풀고서야 궁궐로 돌아올 수 있었다.

『영조실록』은 공식 기록이지만『한중록』에서 그린 지존들의 관계에 대한 세세한 곡절까지 거침없이 다루지는 못했다. 그러다 보니 상식선에서 이해할 수 없는 서술까지 나타났다. 물론『한중록』이 진실을 그렸는지는 단언할 수 없다. 다만 그날 사건을 합리적으로 이해하게 하는 발판을 마련했을 뿐이다. 사적이고 문학적인 기록이 공적이고 역사적인 기록보다 때론 더 소중한 의미를 지닐 수도 있음을 보여 준다.

꼼꼼히 읽기, 진실을 찾아서

최근 정조가 노론 대신 심환지에게 보낸 수백 통의 비밀 편지가 공개되어 언론의 비상한 관심을 끈 바 있다. 이 편지에는 종전 정조의 이미지와는 상반된 모습이 드러나 있었다. 종전에 정조는 학자적 이미지의 개혁 군주로 알려져 있었는데, 여기서는 거칠고 흥분을 잘 하며 또 여러 정파의 수뇌들을 배후에서 조종하는 음모꾼 같은 모습까지 보여 준다. 『정조실록』 등의 공식적인 자료로 읽어 낸 이미지와 편지라는 일차 자료에 나타난 모습은 완전히 달랐다. 그런데 사실 정조의 새로운 면모는 『정조실록』을 꼼꼼히 읽었더라면 진작 읽어 낼 수 있는 것이다. 또 『한중록』을 조금이라도 유심히 읽었으면 더욱 선명히 알 수 있는 것이기도 하다. 『한중록』에는 혜경궁조차 그런 아들의 성격을 간파하고 의심의 눈초리를 거두지 않는 장면들이 있다.

　『한중록』에서 정조는 혜경궁에게 1804년에는 외가의 억울함을 모두 풀어 주겠다고 말하고 있다. 순조가 열다섯 살로 성인이 되는 1804년 곧 갑자년에 왕위를 순조에게 물려주고 자신은 상왕上王이 되어 수원 화성華城에 가 살면서 그렇게 하겠다는 것이다. 역사학계에서 말하는 이른바 갑자년 구상이다. 혜경궁의 아버지 홍봉한은 사도세자를 죽음으로 몰아간 주역으로 몰렸고, 특히 작은아버지 홍인한은 정조 등극의 방해 세력으로 몰려 사사賜死되기까지 했다. 정조가 이런 외가의 역모 혐의를 1804년에는 모두 풀어 주겠다고 했다는 것이다.

그런데 정조에게 장밋빛 미래를 들은 혜경궁은 덜컥 의심부터 한다. 왜 당장 하지 않고 사오 년을 기다려야 하느냐는 것이다. 그리고 만약 그때 가서 생각이 바뀌면 어떻게 하겠냐고 했다. 혜경궁의 말도 맞는 말이다. 혜경궁이 이렇게 의혹을 제기하자 정조는 돌연 정색을 하며 "설마 내가 칠십 노친을 속이랴"라고 답했다.

이 장면은 대수롭지 않게 넘길 수도 있다. 친정의 억울함을 풀고자 하는 다급한 마음에 아들의 말조차 믿지 못하고 확인한 것으로 이해할 수 있기 때문이다. 『한중록』에서 혜경궁은 자기 집안의 억울함을 푸는 데에, 정조의 말을 가장 중요하고 신뢰할 만한 근거로 사용한다. 그런데 정작 자신은 아들의 말을 의심하고 있다. 문제는 혜경궁의 아들 의심이 여기에만 보이는 것이 아니라는 사실이다. 심지어 '정조의 거짓말'에 가슴을 치며 안타까워하는 부분도 두 군데나 있다.

하나는 1769년 봄, 홍봉한이 세손인 정조를 만나 장차 사도세자를 추숭追崇하지 않으면 다른 임금을 추대할 수도 있다고 협박했다는 이른바 여시여시如是如是 사건과 관련된 일이다. 영조는 사도세자를 죽인 다음 사도세자의 아들 정조에게 죽은 이복 큰아버지인 효장세자를 아버지로 삼게 했다. 말하자면 가만히 있는 정조에게 아버지를 바꾸어 놓은 것이다. 영조로서는 자기가 죽인 아들의 아들이 임금이 되면 자연 자기가 아들을 잘못 죽인 것으로 귀결되기 쉬울 것이므로 왕통을 바꾸어 놓는 일을 벌였다. 하지만 두 번이나 아버지를 잃은 셈이 된 정조에게는 그것이 더욱 큰 한이 되었다. 그래서 정조는 즉위하자마자 "과인은 사도세자의 아들이다"라고 자신의 계통을 분명히 했다. 그러나 할아버지가 만들어 놓은 계통을 자신이 함부로 바꿀 수는 없었다. 그것은 곧 선왕의 명령과 왕통을 부정하는 것이기 때문이다. 사도세자의 장인인 홍봉한 역시 사도세자가 추숭되어 사후에라도 임금이 되면 임금의 처가로서 지위가 더욱 굳을 것이니 추숭을 원했을 것이나 영조가 살아 있을 때에는 추숭을 감히 입 밖에 낼 수 없었다. 다만 정조 즉위 후를 기대할 수 있을 것인데, 그래서 장래를 위해 동궁인 정조에게 사도세자의 추숭 문제를 말했고 정조가 머뭇거리자, 그렇게 추숭 문제를 미적거리다가는 '여시여시' 곧 이러이러할 수 있을 것이라고 말했다는 것이다. 이러이러하다는 것은 정조가 동궁에서 폐위되고 대신 다른 사람이 왕으로 추대될 수도 있을 것이라는 협박이라고 한다. 물론 이 혐의는 혜경궁의 친정을 끊임없이 공격한 정순왕후 측에서 제기한 것이다. 홍봉한이 감히 제기할 수 없는 추숭 문제를 말했을 뿐만 아니라 심지어 무엄하게 동궁인 정조에게 협박까지 했다는 것이다.

홍봉한이 정조를 협박했다는 자리에는 혜경궁도 함께 있었다고 한다. 그렇다면 적어도 당사자의 진술은 일치해야 할 것인데, 같은 사건을 두고도 혜경궁과 정조는 말이 갈린다. 혜경궁은 그 자리에서 홍봉한이 추숭하자는 말은 물론 추대하겠다는 협박은 더더욱 하지 않았다고 했다. 오히려 추숭을 하지 말라고 했다고 한다. 그런데 정조는 즉위 직후 정이환이 올린 홍봉한을 비판한 상소에 답하면서, 홍봉한이 '추대'라는 말을 써서 협박했음을 공식화했다. 홍봉한이 추숭을 말하면서 추숭을 하지 않으면 소론을 중심으로 한 불만 세력들이 다른 임금을 추대하려고 들지도 모른다고 협박했다는 것이다. 『정조실록』에 그렇게 나온다.

혜경궁은 『한중록』에서 정조가 뻔히 진실을 알면서도 이렇게 대답한 것을 답답해하면서, 그 이유를 외가의 약점을 잡아 외척이 쉬 발호하지 못하게 하려는 뜻으로 이해했다. 정조가 외척을 견제하기 위해 한 거짓말이 공연히 자기 친정을 죄에 빠트리게 되어 안타깝다는 것이다. 도대체 사건의 진실은 무엇일까. 살아 있다면 둘을 대질이라고 시켜 보겠지만 이제 그럴 방도는 없다. 그런데 아래 사건은 더 답답하다.

1776년 정조는 즉위하자 바로 대대적인 정치적 숙청 작업을 시작했다. 그 숙청 작업 가운데 가장 중요한 일이 외가를 쳐내는 일이었다. 외할아버지인 홍봉한은 차마 어쩌지 못했지만 작은외할아버지인 홍인한에게는 즉위하고 몇 달 만에 사약을 내렸다. 정조는 사약을 내리면서 이 일에 대해 혜경궁의 허락받았다고 했다. 『정조실록』에는 정조가 '혜경궁이 국법의 엄중함을 생각하여 사적인 아픔을 참고 작은아버지의 사사를 허락했다'고 말했다고 적고 있다. 정조는 작은외할아버지를 죽이면서 혜경궁을 핑계 댄 것이다. 그런데 정작 발언 당사자인 혜경궁은 내가 작은아버지를 죽이는데 어찌 허락했겠냐고 항변한다. 그러면서 정조의 그 전교는 홍인한은 물론 자기마저 죽인 것이라고 했다. 『한중록』에서 그렇게 말했다. 말하자면 정조는 혜경궁이 죽이라고 했다고 하고, 혜경궁은 그런 적이 없다고 말하고 있는 것이다. 둘 중 한 사람은 거짓말을 하고 있는 셈인데, 누구의 말이 거짓말인지는 오직 당사자들만 알 일이다.

『한중록』에도 나오듯이 정조는 측근 신하들에게 많은 편지를 보냈다. 심환지처럼 노론 벽파에게도 보냈고, 자기 외가를 포함한 노론 시파에게도 보냈으며, 노론이 아니라 남인 재상 채제공에게 보낸 것도 있다. 의견이 다른 여러 정파에 각각 비밀 편지를 보낸 것이다. 그런데 그 편지들은 모두 그쪽을 옹호하고 편드는 내용이다. 이해가 서로 다른 정파들에게 듣기 좋은 말을 들려준다는 것은 일정 부분 거짓말일 수밖에 없다. 마키아벨리는 『군주론』에서 '현명한 군주는 자기 이익과 배치되거나 약속 당시의 동기가 의미를 상실했을 때, 신의를 지킬 수 없으며 또 지켜서도 안 된다. 군주는 대단한 거짓말쟁이 또는 동시에 위선자가 되어야만 한다'고 했다. 정조 또한 맥락이 상통하는 "의리라는 것은 일정한 것이 없고, 때를 따라 달라진다"라는 말을 자주 했다. 정조는 어찌 보면 마키아벨리의 충실한 추종자인 셈이다.

　정조의 마키아벨리적 성격을 감안하면 정조와 혜경궁의 진실 게임에서도 정조의 거짓말이 의심된다. 하지만 진실은 알 수 없다. 혜경궁도 정조와 같은 성격일 수 있기 때문이다. 정조의 이런 성격을 알기 위해 꼭 『한중록』을 봐야 할 필요는 없다. 『정조실록』을 주연구 대상으로 삼은 『정치가 정조』(박현모, 푸른역사, 2001)와 같은 연구도 정조의 표리부동한 면모를 읽어 내고 있다. 『한중록』이 『정조실록』보다 정조의 성격을 더 분명하게 드러내고 있을 뿐이다. 사정이 이런데도 정조의 편지가 세상에 공개되기 전까지는 정조의 이러한 성격이 잘 알려지지 않았다. 어떤 자료를 읽느냐도 중요하지만 어떻게 읽느냐도 그에 못지않게 중요하다.

역사와 문학의 만남

역사와 문학을 통해 우리가 알고자 하는 것이 무엇인가. 인간의 삶, 곧 결국 인간이다. 역사와 문학은 인간을 이해하는 두 가지 방법일 뿐이다. 그러니 역사와 문학은 절대적으로 분리되기보다는 서로 뒤섞이는 일이 많다. 역사 기술이 일정 경지에 오르면 문학적 수사를 사용하기 일쑤고, 문학 역시 역사에서 통찰력을 얻는 일이 많다. 따라서 하나를 버리고 하나를 취하기보다는 각각의 한계를 직시하며 또 각각의 장점을 잘 파악하여 인간의 실상을 보다 잘 기술하도록 해야 한다.

역사는 그려진 역사가 있고 남겨진 역사가 있다. 그러나 그려지지 않은 역사도 있고 또한 사라진 역사도 있다. 예컨대 우리가 아는 역사는 남성 중심의 역사이지만 인류 역사의 절반은 여성의 것이다. 남겨진 것으로는 남성의 역사밖에 보이지 않지만, 우리는 남겨지지 않은 여성의 역사까지 읽어야 하는 것이다. 그것이 역사를 읽는 바른 독법이다. 이런 점에서 문학은 중요한 역할을 한다. 문학은 당장 긴요해 보이지 않는 인간의 일상적 행태와 감정을 많이 다룬다. 공식적이기보다는 개인적이며 공개적이기보다는 은밀한 세계를 다룬 것이 많다. 위에서 정사인 『조선왕조실록』이 『한중록』 등의 문학적 기록을 만나 비로소 이해되는 경우를 보았다. 역사와 문학의 만남을 통해 인간의 본질과 내면이 더욱 충실히 이해될 수 있는 것이다.

나는 한국고전문학 연구자이다. 시가詩歌 작품을 통해 지금은 잊어버린 기생의 삶을 복원했고, 『한중록』을 통해 조선 정치의 이면을 보았다. 지금은 공식적으로나 공개적으로는 거의 볼 수 없었던 조선의 음담패설을 연구하고 있다. 퇴계, 율곡 등의 성현 문집이나 역사에서는 드러나지 않은 조선인들의 일상의 이면을 보고 있는 것이다. 어떤 때는 내가 '문자의 고고학', 거칠게 말하면 문학의 쓰레기통을 뒤지고 있다는 생각을 한다. 쓰레기통을 뒤지면 그 속에 인간, 살아 있는 인간이 나온다. 살아 있는 인간을 만난다. 그리고 배운다. 보람되고 즐겁다.

| **추천도서** |

혜경궁 홍씨, 『한중록』, 정병설 옮김, 문학동네, 2010.
혜경궁 홍씨의 『한중록』을 완역한 책이다. 기존에 나온 번역본으로는 1961년 민중서관에서 간행한 이병기, 김동욱 두 선생의 역주본이 가장 우수하다. 이후 나온 수많은 번역본은 대부분 이 역주본의 풀이에 불과했다. 그런데 이 작업 이후에 1970년대 후반에 미국 버클리대학에서 『한중록』의 중요한 이본이 발견되었고, 또 혜경궁 홍씨 후손가에서 1806년 혜경궁이 쓴 「병인추록」이 새로 발견되기도 했다. 이 책은 새로 발견된 이런 중요한 자료들까지 모두 포괄하여 번역한 책이다. 또 종전의 번역본은 제대로 해석되지 않은 곳이 많았는데, 이 책은 엄밀한 원문 대교를 거치고 또 최근에 공개된 방대한 역사 문집 디지털 데이터베이스와 새로 발견된 각종 야사와 관련 문집을 활용해 해석의 완성도를 높였다. 더욱이 정확한 해석을 토대로 현대 독자들이 읽기 쉽게 번역했다. 아울러 작품 이해를 높이기 위해 수십 개의 해설 항목까지 두었다. 18세기 문학, 역사, 정치, 풍속 이해의 필독서인 『한중록』의 새로운 정본이라 할 수 있다.

안대회, 『정조의 비밀편지』(키워드 한국문화 2), 문학동네, 2010.
지금까지의 역사 연구, 특히 정치사 연구는 편찬된 사료를 중심으로 진행되었다. 『조선왕조실록』처럼 국가 편찬 역사서나, 아니면 그 중간 단계라 할 수 있는 『승정원일기』와 같은 일지류(日誌類)가 일차 사료가 되고, 이 밖에 당론서 등의 사찬 역사서를 조합하여 연구를 진행했던 것이다. 그런데 이들 역사서는 사건의 큰 흐름을 파악하는 데는 도움이 되지만, 사건의 이면과 실상을 알고 당시의 목소리와 감각을 느끼는 데에는 어려움이 있다. 이런 점에서 볼 때 편지를 통한 연구는 역사 연구의 중요한 변화 계기가 될 수 있다. 정조 편지는 일찍이 채제공 후손가에 소장된 것과 리움미술관 소장품 등이 소개되기도 했지만, 2007년 권두환 교수가 일본 야마구치 현립도서관 등에 소장된 혜경궁 홍씨 친정에서 편찬한 편지첩을 공개하면서 비로소 세상의 관심을 끌었다. 여기에는 사도세자를 비롯하여 영조, 정조 등의 임금 편지까지 있었다. 이후 2009년 초 정조가 심환지에게 보낸 근 삼백 통에 이르는 편지가 공개되면서 정조의 편지는 집중 조명되기 시작했다. 이후 정조의 성격과 통치 스타일, 그리고 죽음에 대해 새로운 견해가 제기되었다. 정조 편지가 세상의 주목을 받자 국립중앙박물관에 소장된 편지들이 새로 소개되었고 한국학중앙연구원에 소장된 것도 곧 소개될 것이라고 한다. 여기저기 흩어진 편지들을 모으면 18세기 정치사 연구에 새로운 국면이 전개될 것으로 기대된다. 이 책은 그 흐름의 선두에 있는 것으로 정조 편지의 의미와 가치를 쉽고 흥미롭게 서술하고 있다.

박현모, 『정치가 정조』, 푸른역사, 2001.
이 책은 전통적인 사료인 『조선왕조실록』과 정조의 개인 문집인 『홍재전서』를 중심으로 비판적인 사료 읽기를 통해 정조의 정치를 치밀하게 분석하고 있다. 종전에 정조는 스스로 학자군주〔君師〕로 자부할 정도로 부지런히 배웠고, 또 정약용 등 실학 경향의 개혁적 학자들을 선발하여 기존의 당쟁 구도와 부정부패를 척결하려고 한 개혁적 성향을 가진 것으로 알려졌는데, 이 연구는 정치가로서의 정조를 '열세적 세력관계 속에서 자신이 원하는 바를 뜻대로 행할 수 없었을 뿐만 아니라, 지지 세력조차도 당혹스러워할 정도로 기만과 독단을 부리곤 한 정치가'로 평가하고 있다. 또한 정조 개혁 정책의 실패 원인을 "과도한 조심성, 위기를 정치적 기회로 적극 이용하는 결단성의 부족" 등에서 찾았다. 같은 사료를 보더라도 읽기에 따라서는 얼마든지 해석이 달라질 수 있음을 이 연구는 잘 보여 주고 있다.

폭력에 대한 논의와 프랑스 현대문학

오생근

현대의 폭력과 폭력의 기원

폭력이란 무엇인가? 왜 인간의 삶에서 폭력은 끊임없이 문제가 되는가? 폭력이 야만적인 행위라면, 현대의 문명사회에서 폭력이 소멸되기는커녕, 오히려 거대하고 다양한 형태로 발전하고 확산된 현상을 어떻게 설명할 수 있을까? 한나 아렌트는 "20세기는 사실상, 레닌이 예견했듯이, 전쟁과 혁명의 세기가 되었으며, 그러므로 전쟁과 혁명의 공통분모라고 일반적으로 믿어지는 폭력의 세기가 되었다"(한나 아렌트, 『폭력의 세기』*On Violence*, 김정한 옮김, 이후, 1999, 24쪽)고 하면서 현대를 폭력의 시대로 규정지었다.

그러나 현대사회가 과거의 사회보다 더 폭력적이라거나 덜 평화

* 오생근 | 서울대학교 인문대학 불어불문학과 교수. 서울대학교 불어불문학과를 졸업하고 같은 대학원 석사를 마친 후 1983년 프랑스 파리 10대학교에서 박사 학위를 받았다. 저서로는 『그리움으로 짓는 문학의 집』, 『문학의 숲에서 느리게 걷기』 등의 비평집과 불문학과 불어권 아프리카 문학을 연구한 『프랑스어 문학과 현대성의 인식』이 있다. 또한 푸코의 『감시와 처벌』, 엘뤼아르의 『이곳에 살기 위하여』, 브르통의 『나자』 등의 번역서를 펴냈다. 초현실주의 문학과 미셸 푸코에 관한 연구를 주로 하고 있다.

적이라는 주장은 어떤 확실한 실증적 근거를 갖는 것이 아니다. 평화롭게 보였던 과거의 사회에서도 권력의 모습으로나 법의 이름으로 잔인한 고문과 가혹한 처벌이 성행하였고, 사람들은 법에 호소하기보다 폭력에 의존하는 경향을 보인 일이 많았기 때문이다. 이런 점에서 프로이트가 제1차 세계대전의 끔찍한 폭력적 현상을 목격하면서 그 이전까지 그가 줄곧 내세웠던 성적 욕망의 본능에 대한 관심을 떠나 공격적 성향과 죽음의 충동에서 인간적 욕망의 뿌리를 캐려 했던 것을 주목해 볼 수 있다. 프로이트는 죽음의 충동을 발견하기 전에 이미 인간이 동일한 사람에 대해 강렬한 사랑과 폭력적인 증오감이라는 양가감정을 가질 수 있다는 것을 알았고, 인간에게서 폭력의 욕망이 얼마나 뿌리 깊은 것인지를 설명하려 했다. 인간에게서 사랑의 감정이 증오로 변할 수 있는 것과 마찬가지로 폭력과 살인의 욕망이 사랑의 욕망을 대신할 수 있다는 것이 그의 정신분석의 한 논리이다. 다시 말해서 사랑의 욕망이 있는 한 증오의 감정도 있기 마련이라는 것이다.

그러므로 인간의 심리 속에 자리 잡은 증오와 파괴적 욕망의 원초적인 형태가 문명사회에서도 결코 소멸되지 않을 것이라는 그의 진단은 후기작인 『문명 속의 불만』에서 전개된 논의의 중심을 이룬다. 그는 인간에 의한 인간의 폭력적 착취를 야기한 것이 사유재산 제도가 도입되었기 때문이 아니며, 사유재산 제도가 도입되기 훨씬 전에도 인간 사회에 폭력이 존재했음을 증명하려 했다. 그는 '남을 죽이지 말라'는 종교적 계율과 같은 것은 이미 오래전부터 인간의 피 속에 살인의 욕망이 존재해 있었다는 증거를 반영하는 것으로 보았고, 사디즘과 마조히즘의 논리도 인간은 타인에 대해서뿐 아니라 자기 자신에 대해서도 파괴적 충동에 사로잡힐 수 있다는 가설에서 만들어진 것이었다.

이처럼 인간의 본성에서 폭력의 성향을 본 정신분석적 관점과는 달리, 사회학적 시각에서 보드리야르는 1985년 벨기에 축구 경기장에서 발생한 테러사건을 염두에 두면서 '어떻게 이런 야만적 사건이 20세기 말에 발생할 수 있는가?'라는 질문은 가짜 문제라고 말한 바 있는데, 이것은 어느 시대에나 폭력이 존재한다는 것을 전제로 한 말이다. 문제는 같은 폭력이 반복되고 부활하는 것은 아니라는 점에서 이 시대의 폭력은 어떤 폭력인가 하는 점이다. 그는 이 시대의 폭력을 대중매체에 의해 즉각적으로 보이는 폭력이라는 점에서 주목한다. "옛날의 폭력은 훨씬 더 열광적이고 훨씬 더 희생 제의祭儀적이다. 오늘날의 폭력, 즉 초현대식 형태로 발생되는 이 시대의 폭력은 테러이고, 모사적 폭력이다. 그것은 열정에서 나오는 것이 아니라 화면에서 나온 것이고, 이미지와 같은 성격을 갖는다."(J. Baudrillard, *La Transparence du Mal*, Galilée, 1990, p.82.) 그는 테러사건이 TV 화면을 통해 전 세계에 방영되는 시대의 사람들이 끔찍한 폭력 장면을 보면서 우선 그 현장에 자기가 있지 않다는 사실로 안도할 만큼 미디어가 테러의 폭력보다 우월한 위치에 놓여 있는 현대사회의 문제점을 지적한다. 현대사회에서 기호와 이미지의 힘을 강조하는 사회학자답게, 그는 현장에서 체험되는 테러보다 화면으로 보이는 테러에 더 익숙해진 현대인의 시각에서 폭력 사건의 심각한 개별적 특수성과 생생한 감정의 체험이나 차별성의 문제는 망각되고, 오직 간접적인 체험으로 화면의 사건을 구경하듯이 인식하게 되는 이 시대의 폭력과 인식의 문제점을 중요하게 환기시킨다.

이와 같은 논의에서 우리는 폭력이 근대문명의 산물이 아니라, 인류의 역사가 시작되면서 함께 등장한 것이고, 인간의 내면에 사랑의 욕망과 함께 존재한 것임을 알 수 있었다. 그렇다면 폭력은 어떻게 정의되고, 어떻게 구분될 수 있을까? 관점에 따라 다르겠지만 폭력은 개인적인 폭력과 집단적인 폭력, 혹은 범죄적 폭력과 비범죄적 폭력, 권력의 폭력과 권력에 대항하는 폭력으로 구분될 수 있을 것이다. 이렇게 구분된 주제들 중에서, 우리는 권력과 폭력의 문제에 초점을 맞추어 논의를 전개해 보려고 한다.

한나 아렌트는 『폭력론』에서 폭력과 정치, 폭력과 국가의 관계를 말하기 위해 라이트 밀스C. Wright Mills, 1916~1962와 막스 베버Max Weber, 1864~1920를 인용하고 있다. "모든 정치는 권력을 위한 투쟁이다. 그리고 권력의 궁극적인 본성은 폭력이다"라는 라이트 밀스의 말은, 이를테면 "정당한, 다시 말해서 정당하다고 주장되고 있는, 폭력 수단에 기초를 두는 인간에 대한 인간의 지배"라는 막스 베버의 국가에 관한 정의의 메아리와 같다는 것이다(한나 아렌트, 『폭력의 세기』, 62~63쪽). 우리는 국가와 권력은 정당화할 수 있는 수단으로서 폭력을 사용하기 때문에 공권력에 의해 사용된 폭력은 더 이상 폭력이 아닌 것으로 인식해 왔다.

그렇다면 민주 국가의 합법적 체제 아래서 시민의 자유를 억압하는 국가적 폭력이란 무엇일까? 현대사회에서 합법적인 방법으로 통용되는, 개인에 대한 국가의 경찰력과 같은 지배의 기술이 반드시 파시스트 국가가 아니더라도 훨씬 더 정교하고 은폐된 폭력의 형태를 갖추고 실행된다는 문제를 제기한 것으로 유명한 철학자는 미셸 푸코Michel Foucault이다. 그의『감시와 처벌』은 현대의 자본주의 사회가 팬옵티콘panopticon의 권력 경제학에 의해 개인을 통제한다는 것을 감옥의 역사를 통해서 규명한다. 그는 팬옵티콘의 감시 체제 안에서 수감자들이 어떻게 반응하는지를 문제 삼지 않고, 이러한 감옥 제도가 개인의 사소한 행동까지 빈틈없이 감독할 만큼 효율적이고 철저한 통제라는 것을 강조하려고 한다.『감시와 처벌』의 서두에서 묘사된 것처럼, 화려하고 거창한 위용을 앞세우면서 잔혹한 방법으로 신체에 고문을 가한 과거의 권력과는 달리, 현대의 권력은 자신의 모습을 감추고 보이지 않는 통제의 수단으로, 혹은 부드러운 폭력의 규율권력으로 개인을 체제에 순응시키는 효과를 거둔다. 오늘날 미시물리학적 권력의 정보화 사회가 감옥과 공장과 병원에서 생산된 다양한 규율체제를 전 사회적으로 확산하여 개인의 행동을 효율적으로 감시하고 통제하기에 이르렀다는 그의 논리는, 권력의 문제에 대한 지나치게 편중된 시각일 수도 있지만, 인간의 자유와 인권의 침해현상이 현대에 이르러 더욱 정교하게 발전해 왔음을 생각할 때 곰곰이 생각해 볼 가치가 있다.

그렇다면, 국가적인 폭력에 대항하는 시민의 폭력은 어떻게 정당화될 수 있는 것일까? 상황에 따라서 다르겠지만, 비민주적 독재권력에 대항하는 민주시민의 투쟁이나 식민지 체제에 저항하는 피식민자의 투쟁은 정당화될 수 있는 대항폭력counter violence의 방식이다. 대항폭력을 통해 피식민자가 폭력에 의존하는 것은 임의적인 선택이라기보다 식민지 상황에 의해 강요된, 필연적 행위일 것이다. 그것이 필연적 행위라는 것은 식민지 체제가 인간에 의한 인간의 억압과 착취가 폭력적으로 이루어진 체제이고, 식민주의가 바로 자연 상태에서의 야만적 폭력과 다름없는 것이기 때문이다. 그렇다면 식민주의에 의해서 강요된 불평등한 질서를 전복하고 피식민자의 해방과 자유를 쟁취하기 위해서는 폭력에 의존하는 방법밖에 없는 것이 아닐까? 이성적인 대화가 불가능한 상황에서, 식민자의 자발적인 양보를 기대한다는 것은 결국 식민지 상태의 영속화에 동의하고, 식민자의 명령에 복종하는 것이나 다름없다. 그런 점에서 식민자의 폭력에 대한 피식민자의 대항적 폭력은 정당화될 수 있다. 사르트르의 말처럼, 피식민자는 폭력을 통해서만 인간의 상태로 돌아가고 인간의 존엄성을 회복할 수 있기 때문이다. 합법적인 방법이 실현 불가능한 상황에서 피식민자가 폭력이라는 비합리적 수단을 사용할 때, 그것은 새로운 폭력적 범죄를 자행하는 일이 아니라 오직 식민지 권력을 파괴하려는 목적에서 이해될 수 있는 정당한 행위이다.

파농은 식민지 세계에서의 삶이 얼마나 긴장되고 불안한 삶인지를 이렇게 말한다. "피식민자는 늘 긴장 상태le qui-vive에서 살아간다. 왜냐하면 식민지 세계의 수많은 표지들을 제대로 판독하지 못해 그는 자신이 경계선을 넘었는지 넘지 못했는지 결코 알 수가 없기 때문이다. 식민자가 만들어 놓은 세계 앞에서 피식민자는 늘 범죄 용의자가 된다. 피식민자의 죄의식은 책임질 수 있는 죄의식이 아니라 일종의 불행한 운명malédiction 같은 것이다." (F. Fanon, *Les damnés de la terre*, Gallimard, 1991, p.83.) 피식민자는 이렇게 자신의 땅에서 지배자가 군림하는 세계의 긴장을 견디며 살아가지만, 그는 결코 그러한 체제와 상태에 자연스럽게 동화될 수 없다. 그는 자신의 삶을 주체적으로 관리하기는커녕 언제나 수동적이고, 무기력하고 무감각한 상태로 살아가면서 식민지의 신경증이라고 부를 수 있는 열등감이나 정서 불안, 신경 쇠약 등에 사로잡혀 지낸다. 파농은 식민지 치하의 이러한 정신 병적 증세를 여러 가지 콤플렉스의 용어들로 설명한다. 그는 식민지 상황에서 피식민자가 겪는 신경증의 불건강한 상태를 극복하기 위해서도 폭력적 대항의 필요성을 역설한다.

이런 의미에서 피식민자의 폭력은 두 가지 단계로 설명된다. 첫 번째 단계에서의 폭력은 자연 발생적이고 비조직적인 상태에서 식민자인 외국인 침략자들을 공격하는 행위이고, 두번째 단계에서의 폭력은 식민지적 신경증의 원인이 되는 식민주의 구조를 타파하는 조직적인 운동의 행위이다. 파농은 첫번째 단계의 폭력을 통해 피식민자는 무기력하고 무감각한 소외 상태를 극복하게 된다고 말한다. "개인의 차원에서, 폭력은 중독증을 치료한다. 그것은 피식민자를 열등 콤플렉스와 수심에 잠겨 있는 절망의 태도에서 벗어나게 한다."(F. Fanon, 앞의 책, p. 127.) 파농은 이렇게 폭력이 개인의 신경증을 해결해 줄 치료의 역할뿐 아니라 민중을 지도자의 차원으로 끌어올리는 교육적 역할까지 한다는 것을 강조한다.

그러나 파농의 이러한 주장은 매우 단순하고 성급한 논리의 반영으로 보일 수 있다. 전문적인 정신과 의사의 관점이 아니더라도 폭력이 신경증을 치료할 수 있다는 것은 위험한 발상처럼 보이고, 폭력의 효과라는 것도 일시적인 것이지 지속적인 것이라고 말할 수 없기 때문이다. 식민지 상황에서 폭력이 휴머니즘과 일치한다고 보는 파농의 견해와는 달리 폭력은 휴머니즘과 대립하거나 상충할 경우도 적지 않다. 폭력의 현장에서 '정당하고 필연적인' 폭력이 선의 행위가 아니라 악의 행위가 될 경우란 얼마나 많은가. 그리하여 파르마코

스처럼 약이 되기도 하고 독이 되기도 하는 폭력의 미묘하고 복잡한 인간적 갈등은 철학적인 이성의 논리보다 문학적인 분석과 해석으로 접근할 수 있는 문제라고 할 수 있다. 폭력의 현장에서 인간은 로봇처럼 기계적으로 행동할 수 없기 때문에 인간은 그 상황에서 많은 인간적 고뇌와 회의에 사로잡힐 수 있다. 그는 고민하면서 행동할 수도 있고, 행동한 후에 고민할 수도 있다. 그리하여 그의 행동이 간단히 신경증을 치료하기는커녕, 또 다른 정신 질환을 유발하고 정신적 상처를 초래하는 경우도 적지 않다. 아마도 이런 점에서 폭력을 주제로 한 문학의 당위성과 존재 이유가 있을 것이다.

문학에 나타난 폭력

우리는 문학과 폭력의 문제를 아주 좁혀서, 20세기 프랑스 문학에서 테러와 폭력의 구체적 현실 속에서 고민하는 인물들이 등장하는 세 편의 희곡 작품들을 검토해 보는 것으로 이 글을 마치고자 한다. 우리가 검토해 보려는 작품들은 카뮈Albert Camus의 『정의의 사람들』(1949)과 사르트르Jean-Paul Sartre의 『더러운 손』(1948), 에메 세제르 Aimé Césaire의 『그리고 개들은 침묵을 지키고 있었다』(1958)이다.

우선 카뮈의 『정의의 사람들』은 러시아의 한 사회주의혁명 단체에 소속된 테러리스트가 대공을 암살하려는 임무를 떠맡고 전개되는 갈등을 보여 준다. 그의 심리적 갈등은 테러리스트가 되느냐 안 되느냐의 문제가 아니라, 거사 당일 폭탄을 투척하려다가 그 자리에서 대공의 조카인 죄 없는 두 어린아이들이 희생될 것 같다는 생각에서 비롯되는 문제이다. 결국 그의 테러가 실패로 끝나자, 그는 또 다른 혁명가와 논쟁을 벌인다. 테러리스트인 칼리아예프는 아무리 혁명의 목적이 순수해도 그 수단이 순수하지 못하면 정당화될 수 없다고 주장한 반면, 광신적 혁명가인 스테판은 정의의 목표를 위해서라면 아이들의 죽음 같은 희생은 무시해도 좋다는 논리를 근거로 칼리아예프의 나약한 태도를 비난한다. 그에게는 오직 혁명의 역사적 승리만이 중요한 것이다. 그러니까 이 작품은 정의의 목적을 실현하기 위해 폭력을 수단으로 삼는 사람들의 대립되는 윤리적 문제를 보여 준다. 한 사람은 미래를 위해 어떤 폭력을 사용해도 좋고, 현재의 삶을 희생시켜도 좋은 것으로 생각한 반면, 다른 사람은 오늘의 삶을 위해 미래가 필요한 것이기 때문에 믿을 수 없는 그 미래와 '죽은 정의를 위해' 현재에 살아 있는 불의를 희생시켜서는 안 된다는 태도를 보인다. 칼리아예프의 관점에서 미래를 위해 현재를 희생시켜야 한다는 주장은 곧 그 미래에도 여전히 폭력과 희생을 필요로 한다는 것처럼 이해된다. 그는 테러리스트로서 대공을 살해했지만 자신의 행동에 대해 끊임없이 회의하고, 괴로워한다. 그가 살해한 대공은 과연 혁명과업을 완수하는 데 방해가 되는 죄를 저지른 사람일까? 그는 어떤 권리로 그 부부의 행복을 파괴할 수 있었던 것일까? 이러한 오랜 갈등과 회의 끝에 그는 죽음만이 해결책이라는 결론에 이르러 사면의 길을 거부하고 죽음을 선택한다. 그러니까 정의를 위하여 살인을 하고, 살인에 따른 고통과 죄책감을 감당하면서 죽음을 선택하는 것이 칼리아예프 같은 정의의 사람이 선택한 삶의 길이었다고 말할 수 있다.

카뮈의 『정의의 사람들』보다 1년 앞서 발표된 사르트르의 『더러운 손』은 공산당의 젊은 지식인 위고가 당의 명령에 따라 지부장 외드레르를 암살하는 과정에서 전개되는 복잡한 드라마이다. 위고는 당의 명령에 따라 암살하기 위한 목적으로 외드레르의 비서로 들어가서 그와 함께 많은 시간을 보내는 동안 그의 인간적인 포용력에 호감을 갖고, 그로부터 정신적인 영향을 받게 된다. 특히 위고와 외드레르의 논쟁이 전개되는 5막의 3장에서 외드레르가 "우리는 인간이나 정치와 싸우는 것이 아니라 그러한 정치와 인간을 만드는 계급과 싸우는 것"이라고 말할 때, 위고가 "당신이 계급과 싸우기 위해 찾은 최상의 수단이 결국 그 계급에게 당신의 권력을 나누어 주는 것인가요?"라고 묻는 장면은 두 사람 사이의 인간적인 대화와 논쟁의 깊이를 보여 준다는 점에서 매우 인상적이다(J. P. Sartre, *Les mains sales*, Gallimard, 1948, p. 199). 여기서 외드레르는 위고가 순수성을 지키려는 사람이기 때문에 '손을 더럽히는 일'을 쉽게 할 수 없으리라고 생각한다. 그는 위고의 아내 레시카로부터 위고가 자기를 살해할 임무를 받고 왔다는 말을 들었을 때, 전혀 당황해하지 않고 위고가 너무 생각을 많이 하는 사람이기 때문에 자기를 죽이지 못할 것이라고 말한다. 결국 위고는 암살의 임무를 실천하지만, 그러한 행동의 동기가 혁명적 이념에 투철한 공산주의자로서 정치적 신념에 의한 것이었는지, 아내와의 치정 장면을 목격하고 흥분한 상태에서 우발적으로 저지른 것인지를 계속 자문한다. 그는 감옥에서 자기의 행동을 돌아보고 고민한 끝에, 결국 사는 길보다 죽는 길을 택하는데, 이러한 결정은 외드레르와의 대화를 통해 배운, 자기가 한 행동의 이념적 정당성을 확신하고 자기의 사상과 원칙을 위해 죽을 수 있다는 것을 보여주기 위해서이다. 여기서 중요한 것은 결국 작중 인물의 자유와 혁명적 이념이 어떻게 화해하는가의 문제이며, 또한 죽음의 선택이 진정한 삶의 선택이라는 작가적 메시지이다. 이렇게 자기 자신의 신념을 확인하고 죽는 순간이야말로 사르트르가 앙드레 말로의 영웅적 주인공의 말을 인용하여 표현한 것처럼, "인간이 스스로 죽음을 선택하는 것은 오직 존재하기 위해서일 뿐이다"(P. Verstraeten, *Violence et éthique*, Gallimard, 1972, p.62)라는 논리와 일치하는 것으로 볼 수 있다.

사르트르의 『더러운 손』과 카뮈의 『정의의 사람들』은 혁명의 목표와 개인의 진실 사이에서 빚어지는 내면의 갈등을 다룬 주제가 비슷하고, 연극적 상황과 인물들의 유형이 동일하다는 점에서 종종 비교의 대상이 된다. 사르트르의 작품이 불안한 자유의 문제를 다룬 형이상학적 드라마로서 "행동의 효율성 속에서 순수성을 찾는" 것이라면, 카뮈의 작품은 혁명의 순수한 목표를 수행하기 위해서라도 "의식의 완벽성 속에서 순수성"을 찾아야 한다는 것이다. 피에르 앙리 시몽은 두 사람의 작품을 이렇게 비교하고 있다. "이상주의적인 가치 개념이라든가 고매한 영혼의 갈등 따위를 행동으로부터 추방하고 영원의 문제 따위에는 아랑곳없이 역사 속에 개입하여 행동하는 피 묻은 손의 영웅들을 찬미하는 사르트르 쪽은 훨씬 급진적이며 논리적이다. 반항이 오직 실패에 의하여 정당화되고 죽음 속에서 순화되는 것이기를 바라는 카뮈는 더욱 비극적이며 너그럽다. 그는 자신의 원칙에서 야기되는 모든 결과들을 아니 그 모순들을 흔쾌히 받아들인다."(피에르 앙리 시몽, 「연극의 길」, 김화영 편역, 『카뮈』, 문학과지성사, 1998, 86쪽.) 그의 이러한 비교는 사르트르가 마르크스주의적 변증법에 따른 혁명가들의 입장에 가깝다면, 카뮈는 칸트주의적 이상주의에 근접해 있는 반항인들의 입장에 가깝다는 점을 대비시킨 것이었다.

에메 세제르의 『그리고 개들은 침묵을 지키고 있었다』는 백인 노예 소유주를 살해한 죄목으로 체포되어 감옥에서 죽어가는 한 혁명가의 삶과 고뇌, 꿈과 열정, 좌절과 희망, 고독과 연대성을 시적 서정성과 초현실주의적 문체를 결합하여 보여 준 작품이다. 코러스가 등장하는 그리스 비극의 형식을 갖추고 있으면서 카뮈와 사르트르의 실존주의적 연극의 분위기를 연상시키면서, 또한 아방가르드적인 과감한 시도로 만들어진 이 작품의 중요한 대목은, 파농의 『대지의 저주받은 사람들』 속에서도 길게 인용되어 있다. "피식민자는 폭력 속에서 폭력에 의해서 해방된다. 이러한 실천은 행동의 주체에게 수단과 목적을 가르쳐 주기 때문에 분명한 깨달음을 준다. 세제르의 시는 폭력에 대한 분명한 입장에서 예언적인 의미를 보여 준다."(F. Fanon, 앞의 책, p.118.) 파농은 이 대목에서 『그리고 개들은 침묵을 지키고 있었다』의 주인공인 반역자가 어머니와 대화하는 감동적인 장면을 길게 인용하고 있는데, 이 부분은 파농의 폭력론과 세제르의 문학이 일치하는 것을 보여 주는 대목이기도 하다. 이 작품의 등장인물에게는 이름이 없다. 그들은 반역자·어머니·연인·내레이터 등으로 명명되어 있을 뿐이다. 작중 인물들에게 이름이 없다는 것은 이 작품이 서인도 제도의 흑인 노예와 백인 소유주 사이의 대립이라는 사회 역사적 상황을 암시하면서도 초역사적인 신화의 분위기로 전개된다는 것과 무관해 보이지 않는다. 주인공인 반역자는 백인 노예 소유주를 살해한 혐의로 체포되어 감옥에서 죽을 수밖에 없는 절망적 상황에 놓여 있지만, 그의 행동으로 촉발된 노예들의 반란 속에서 그는 마치 예수와 같은 선각자의 영웅적 모습으로 승화되어 그려진다.

반역자인 주인공의 모습과는 다르게 이 작품의 제목 속에 나타나는 개들은 누구일까? 그들은 주인공이 살해한 노예 소유주들을 비롯해서 압제자와 그의 공범자들이기도 하고, 침묵을 지키다가 '짖을 줄' 알게 된, 깨달음의 가능성이 있는 민중들이기도 하다. 개들이 소리를 내어 '짖을 줄' 알게 된 상태는 바로 민중의 해방과 독립, 자유와 권리를 되찾는 상황을 의미한다. 그러한 상태는 노예의 삶을 살던 사람들이 침묵을 거부하고 죽음을 부정하고, 새로운 삶을 꿈꿀 수 있게 된 때이기도 하다. 반역자는 자신이 죽으리라는 것을 알고, 그의 죽음은 카뮈와 사르트르의 작품에 나오는 인물들의 죽음처럼, 의미 있는 죽음이 된다. 어떤 점에서 그의 죽음은 수많은 사람들의 침묵을 깨뜨리게 한 계기가 되었다는 점에서 풍부한 울림의 여지를 보이기도 한다. 앞에서 말했듯이, 파농이 인용한 이 작품에서 어머니와 반역자 사이에 전개된 감동적인 대화의 한 대목은 다음과 같다.

어머니: 나는 내 아들이 엄마의 눈을 감겨 주길 꿈꾸었단다.

반역자: 저는 다른 태양이 떠오르는 세상을 향해 제 아들이 눈을 뜨게 하는 삶을 택했어요.

어머니: 내 아들아…… 불행하고 고통스러운 죽음인데……

반역자: 어머니, 행복하고 살아 있는 죽음이에요.

어머니: 너무나 많이 증오했기 때문에.

반역자: 너무나 많이 사랑했기 때문이지요.

어머니: 나를 용서해다오, 너와의 인연 때문에 숨이 막힐 것 같구나. 너의 상처 때문에 내 몸에도 피가 흐른다.

반역자: 세상은 저를 용서하지 않아요. 제가 죽지 않고, 치욕을 겪지 않을 때는 이 세상에서 불행하게 폭력을 당하는 사람이 없고, 불행하게 고문을 당하는 사람이 없게 될 그런 때이겠지요.

(A. Césaire, *Et Les Chiens se taisaient*, Présence Africaine, 1956, pp.69~70.)

죽음을 앞둔 아들과 어머니가 나누는 이 대화에서 아들인 반역자는 죽음을 받아들이는 삶이 바로 영원한 삶이라는 것을 말한다. 다음 세대의 미래를 위해서 자신의 삶을 희생하려 한 그는 자신의 죽음이 "다른 태양이 떠오르는 세상"을 이룩하는 데 기여할 수 있다면 그것이 바로 "살아 있는 행복한 죽음"일 것이라고 확신한다. 이런 점에서 에메 세제르의 폭력과 삶과 죽음은 실존주의 작가들처럼 자유와 행복에의 의지와 연결되고, 인간에 대한 사랑과 삶에 대한 의지와 관련시켜 이해될 수 있는 문제이다. 세제르의 주인공은 폭력에 대한 폭력의 투쟁 때문에 죽게 되지만, 그의 죽음이 보다 나은 세상을 꿈꾸고 만들려는 사람으로서 치러야 할 희생이며, 또한 그것에 대한 확신이 있는 것이기에 그는 기꺼이 죽음을 수락한다. 그의 죽음이 비극적인 죽음이면서 동시에 행복한 죽음인 것은, 그의 폭력이 인간에 대한 증오와 환멸 때문이 아니라 인간에 대한 사랑과 희망 때문에 감행된 것이기 때문이다.

결론을 대신하여

지금까지 우리는 폭력에 대한 다양한 논의들을 검토하는 흐름에서 프랑스 문학에 나타난 폭력의 문제를 보편화시켜 폭력 앞에서 우리는 무엇을 할 수 있고, 무엇을 고민해야 하는지를 생각해 보았다. 물론 폭력의 주제는 프랑스 문학뿐 아니라, 어느 나라의 문학에서건 중요한 테마들 중의 하나라고 말할 수 있다. 특히 20세기 문학에서 이러한 폭력의 문제가 중요하게 부각된 것은 수백만 명의 소중한 생명을 앗아가는 끔찍한 전쟁뿐 아니라 대규모의 테러가 과거의 그 어느 때보다 더 비인간적이면서 또한 정교하고 과학적인 방식으로 자행되었기 때문이다. 현대의 정보사회에서 폭력은 눈에 보이는 폭력적 행위뿐 아니라, 눈에 보이지 않는 조직화된 폭력의 다양한 형태에 이르기까지 계속 확산되어 왔고, 이런 현실에서 어떤 폭력의 행사가 정당한 것인지, 폭력 앞에서 우리는 어떤 태도를 취해야 할지의 문제도 훨씬 복잡해진 것이 사실이다. 또한 푸코의 말처럼, 팬옵티콘의 권력이 어느 곳에서나 작동하는 현실에서 인간의 자유는 계속 박탈되고 인권의 유린이 일상적 삶의 영역 속에서 끊임없이 발생하고, 인간이 어디서나 폭력적 상황에 쉽게 노출되어 있다면, 이 시대는 행복한 문명의 시대이기는커녕 불행한 야만의 시대일 것인데, 이런 시대에는 폭력에 대한 어떤 낙관적 전망도 불가능하다. 기술문명과 정보시스템이 아무리 발전해도 인간이 폭력적 권력에 예속되는 상황이 개선되지 않는 한, 인간은 결코 자유로울 수 없다. 그러나 분명한 것은 우리는 어느 상황에서건 폭력의 정당성과 부당성에 대해 언제나 깨어 있는 의식을 가지면서 절대로 폭력에 길들여지지 않는 인간으로 살아가도록 노력해야 한다는 것이다.

| 추천도서 |

한나 아렌트, 『폭력의 세기』, 김정한 옮김, 이후, 1999.
이 책은 1960년대의 세기적 사건들 ——베트남전쟁, 흑인 인권운동, 68년 학생운동 등——을 배경으로 저자가 20세기를 전쟁과 폭력의 시대로 규정하면서, 폭력과 정치, 폭력과 국가의 관계를 정치사상적 시각에서 쓴 에세이다. 아렌트에 의하면 폭력의 대립물은 비폭력이 아니라 권력인데, 그 이유는 폭력이 목적을 이루기 위한 수단이고 목적을 통해서만 정당화 될 수 있는 것이라면, 권력은 그 자체로 이미 정당성을 갖고 있는 것이기 때문이다. 그러므로 권력은 폭력에 의해 파괴될 수 있지만, 그렇다고 폭력이 권력으로 될 수는 없다는 것이 저자의 주장이다. 우리는 국가와 권력이 국민을 보호한다는 명분 아래, 공권력에 의거한 폭력, 즉 합법적인 폭력을 사용해야 한다는 논리에 익숙해지게 되었다. 이 과정에서 근대사회가 사람들에게 '이성' 이라는 이름으로 과학기술의 발전에 의한 무한한 '진보' 의 믿음을 확산시켰고, 이 믿음은 결국 인간의 창조적이고 자유로운 행동을 억압하고 폭력의 일반화를 조장해 온 것이다. 그러나 정당성으로 포장된 권력을 통해 인간에 대한 인간의 지배는 과연 어디까지 정당화될 수 있는 것일까? 이 책은 이 문제를 독자로 하여금 깊이 있게 성찰할 수 있는 단초를 제공한다.

조르주 소렐, 『폭력에 대한 성찰』, 이용재 옮김, 나남, 2007.

생디칼리슴 운동의 사상적 지주로 알려진 소렐의 『폭력에 대한 성찰』은 폭력에 대한 논의의 고전으로 평가되는 책이지만 동시에 '폭력예찬론' 이라는 좋지 않은 평판을 받은 책이기도 하다. 그 이유는 저자가 사회주의 사상가이면서 마르크스주의 이론가로서 당시의 부르주아 사회를 공격하고 새로운 사회의 주역으로 등장한 노동자계급의 혁명적 생디칼리슴의 철학적 이념을 제시한 지식인으로 이해되었기 때문이다. 문제는 저자가 폭력을 어떤 의미로 사용했는지를 아는 것이다. 저자는, 강자가 약자에 대해 가하는 물리적 강제와 같은 억압적 폭력과 기성의 지배체제가 휘두르는 제도적 강압에 대항하는 해방의 폭력을 나누어, 전자를 무력(force)으로, 후자를 폭력으로 구분해서 부를 것을 제안한다. "무력이 소수 지배자의 통치 질서를 강제하는 힘이라면, 폭력은 기존 질서의 파괴를 지향하는 힘이다." 저자는 이런 논리에서 프롤레타리아의 폭력은 "어떤 증오도 복수심도 불러일으키지 않으며" 영웅적으로 표출된 "계급투쟁 감정의 순수하고 단순한 형태"일 뿐이라고 주장하는데, 오늘날 이런 주장이 얼마나 설득력을 가질 수 있을지는 의문이다.

자크 엘룰, 『폭력』, 최종고 옮김, 현대사상사, 1994.

저자는, 아무리 정의와 평화의 이름으로 저질러진 것이라도 폭력은 결국 폭력을 낳는다는 역사적 진실에서 벗어날 수 없다는 논리를 바탕으로 어느 상황에서건 폭력을 단호히 거부해야 할 것을 주장한다. 그는 폭력의 법칙을 다섯 가지로 나눈다. 첫번째는 폭력의 계속성과 습관성이고, 두번째는 "칼을 쓰는 자는 칼로 망한다"는 예수의 말처럼 폭력의 사용은 반대편의 폭력을 불러일으킨다는 폭력의 상호성 법칙이다. 세번째는, 모든 폭력은 동일하다고 보는 동일성의 법칙이다. 네번째는 폭력적 운동의 세력이 권력을 잡으면 폭력을 권력의 법칙으로 만든다는 것이다. 끝으로 다섯번째는 폭력을 사용하는 사람은 항상 폭력과 자기 자신을 정당화하려고 애쓴다는 것이다. 저자는 폭력의 법칙을 이렇게 나누어 설명하면서 어떤 경우라도 폭력을 사용해서는 안 된다는 원칙을 철저히 강조한다.

볼프강 조프스키, 『폭력 사회』, 이한우 옮김, 푸른숲, 2010.

저자는, 문명과 기술의 발전은 폭력을 제어하고 폭력을 감소시키는 결과를 가져올 것인가라는 물음에 부정적으로 대답하려는 듯, 현대사회에서 자주 문제시되는 전쟁, 테러, 재앙, 폭력, 경제붕괴 등의 다양한 주제를 현대문명과 기술의 발전이라는 시각에서 접근한다. 그는 "사회를 생겨나게 만든 근원은 행동이 아니라 신체상의 고통이다"라고 말하면서, 폭력이 지배관계를 만들어 내고 인간을 종속시키는 원동력이었다고 설명한다. 인간에게 고통과 죽음에 대한 불안이 없다면, 힘이나 권력에 대한 권위는 생겨날 수 없다고 보는 것이 그의 주장이다. 거대한 역사의 맥락 속에 담긴 폭력의 문제를 냉정하고 치밀하게 접근한 저자의 문화비평적 시각이 돋보이는 책이다.

창조적 반복
― 과거와의 새로운 만남을 위해서

정항균

반복에 관한 어린 시절의 단상

어렸을 때 이런 생각을 한 적이 있었다. '왜 어른들은 트로트 같은 유치한 음악을 들을까. 한 세대가 지나고 나면 이런 낡은 음악은 틀림없이 사라질 거야.' 이처럼 어른들의 저급한 음악적 취향을 비판하면서 나는 어쩌면 그러한 음악을 좋아하는 어른들에 대한 가치평가도 동시에 하고 있었는지 모른다. 즉 낡은 음악과 함께 구세대가 사라지면 새로운 음악과 함께 신세대가 등장할 것이며, 그러한 세대교체가 바로 역사적 발전이라고 말이다. 그런데 내 머릿속 다른 한구석에는 이와 모순되는 생각, 즉 '문학이 어느 시점에 이르면 더 이상 새로운 이야기를 만들어 낼 수 없어 사라지지 않을까' 하는 생각이 자리 잡고

* 정항균 | 서울대학교 인문대학 독어독문학과 교수. 서울대학교 독어독문학과를 졸업하고 동 대학원에서 석사 학위를, 독일 부퍼탈대학교에서 박사 학위를 받았다. 전공 분야는 독일 현대소설이다. 저서로는 『Dialogische Offenheit. Eine Studie zum Erzählwerk Theodor Fontanes』, 『므네모시네의 부활』, 『시시포스와 그의 형제들』이 있고, 역서로는 『커플들, 행인들』 등이 있다. 논문으로는 「역전의 미학, 보토 슈트라우스에 관한 고찰」, 「미로 속 나비의 날갯짓: 포스트모던 시대의 카오스 이론의 문화적 의미 연구」 등이 있다.

있었다. 다시 말해 끊임없이 새로운 것을 창조해 내는 것이 과연 가능할지에 대한 의구심을 지녔던 것이다. 이러한 두 가지 상반된 생각, 즉 끊임없이 새로운 것을 추구해야 하며 그것이 진보를 의미한다는 믿음과 끊임없이 새로운 것을 창조하는 것은 불가능할 것이라는 회의가 서로 모순되게 공존하며 내 머릿속을 어지럽히고 있었다. 그 당시로서는 이러한 모순을 해결할 수 있는 해법을 찾아낼 수 없었다.

그 이후로 많은 시간이 흘렀고 비록 나의 학문적 관심이 다른 주제들로 옮겨가기는 했어도 위의 문제들이 내 뇌리를 완전히 떠나지는 않았다. 지금도 앞에서 제기한 물음에 대한 해답을 발견했다고 자신 있게 말할 수는 없지만, 시간이 흐르면서 몇 가지 의문은 자동적으로 풀렸다.

내가 어른이 되면 트로트는 사라지고 없을 것이라고 생각했지만, 그후 30년이 지난 지금에도 트로트는 여전히 존재한다. 아니 오히려 트로트는 대중가요의 한 축을 차지하며 새로운 부활을 맞이하고 있다. 오늘날 불고 있는 복고 열풍은 과거의 사회·문화적 현상들이 결코 한 번 흘러가면 돌아오지 않는 것이 아니라 언제든지 다시 반복될 수 있다는 것을 여실히 보여 준다. 역사도 마찬가지다. 1, 2차 세계대전은 세상이 우리 생각처럼 결코 단선적으로 무한히 발전하지 않는다는 것을 보여 주었다. 과학과 기술의 발달로 문명을 발전시키고 인류에게 풍요와 행복을 선사하리라고 우리가 믿어 왔던 이성은 인간을 죽이는 살상무기가 되어 돌아왔다. 이성에 의해 역사가 무한히 진보할 것이라는 생각은 허구로 밝혀졌으며, 인간은 여전히 상대방을 속이고 죽이며 이전에 갔던 길을 또 다시 걷고 있다.

시간이 지나면 소재 부족으로 문학이라는 장르가 위기를 맞고 언젠가는 소멸할지도 모른다는 우려 역시 아직까지는 우려로만 남아 있다. 물론 그것은 문학에 대해 아무것도 모르던 어린 시절 나만의 우려를 넘어 한때는 문학계 전체의 뜨거운 논의 대상이 되기도 했다. 오늘날 다양한 매체의 발전과 함께 활자매체에 기반을 둔 문학이 미래에 어떤 지위를 갖게 될지는 여전히 의문으로 남지만, 적어도 소재 부족 때문에 문학이 고사하지는 않으리라고 생각한다. 아니 정반대로 일부 작가들이나 문학이론가들은 원래부터 문학이 무에서 유를 창조하는 독창적인 창조행위가 아니라 이미 존재했던 다양한 텍스트들 사이를 오가며 그것들을 인용하고 서로 연결하는 과정에서 생겨난다는 주장까지 하고 있다. 다시 말해 문학텍스트는 천재적인 작가의 독창적인 사고의 산물이 아니라 기존의 텍스트들 간의 대화를 통해 생겨난 산물이라는 것이다. 우리는 이러한 상호텍스트성이라는 개념을 통해 이전의 것의 반복이 새로운 것을 창조하기 위한 전제조건이 되고 있음을 알 수 있다.

이로써 어렸을 적에 가졌던 의문점과 모순적인 생각은 어느 정도 해결의 실마리를 찾았다. 인류의 역사나 문화는 결코 단선적으로 발전하지 않으며, 끊임없이 반복되고 있다. 그러나 이러한 반복은 결코 부정적인 것만은 아니며 경우에 따라서 새로운 창조를 위한 필수적인 조건이 될 수도 있다.

기억의 위기와 허상의 반복

현대의 사회문화적 흐름을 올바로 이해하기 위해서는 반복에 대한 새로운 관점과 평가가 반드시 필요하다. 초월적인 신에 대한 믿음이 사라지고 이성을 통한 역사적 진보를 갈망하던 근대에 반복은 주로 부정적인 맥락에서 이해되었다. 이것은 일상적인 의미에서 기억과 반복 그리고 망각이 서로 맺고 있는 관계를 살펴보면 잘 알 수 있다. 반복은 일반적으로 기억과 대립되는 지점에 있는 반면, 망각과는 동일선상에 위치한다. 보통 기억은 도덕적 행동이나 자아 정체성 확립에 필요하다는 의미에서 긍정적 의미를 지니지만, 반복이나 망각은 자신의 실수를 잊고 반복한다는 데에서 드러나듯이 주로 부정적 의미를 지닌다. 바꾸어 말하면 인간은 자신의 잘못을 잊지 않고 잘 기억해 그것을 반복하지 않음으로써 도덕적인 행동을 할 수 있고, 이를 통해 미래에 보다 발전된 모습을 보여 줄 수 있다는 것이다.

그러나 최근 들어 기억과 망각 그리고 반복에 대한 이러한 기존의 평가는 서서히 변화하고 있다. 예를 들면 과거를 재구성하는 기억의 기능에 대한 회의가 점점 커지는 반면, 망각이나 반복의 긍정적 의미는 점점 부각되고 있다. 인간이 컴퓨터처럼 과연 과거에 일어난 일들을 현재에 그대로 불러내어 기억할 수 있는지는 여전히 논의 중에 있지만, 인간의 기억이 과거를 있는 그대로 재현하는 것이 아니라 허구적으로 구성해 낸다는 해석이 점차 설득력을 얻고 있는 것은 사실이다. 다시 말해 우리의 기억은 과거의 체험과 일치하지 않으며, 회상할 당시의 기분이나 자신이 가지고 있는 소망 또는 여러 가지 선입견의 영향을 받아 가공되며 현재의 기억으로 만들어진다는 것이다. 이러한 관점은 한 개인의 전기나 또는 집단의 역사를 해석할 때 이전과는 다른 입장을 취할 것을 요구한다. 현대철학은 과거, 현재, 미래로 이어지는 단선적인 발전과 이를 토대로 한 개인의 단일한 정체성이 존재하는지에 대해 회의적인 태도를 취한다. 이러한 새로운 철학적 입장에 따르면 확고한 정체성을 지닌 자아를 '망각'하고 다원적이고 열린 자아에 대한 상을 가져야만 한다. 우리가 믿고 있는 단일한 정체성을 지닌 자아로서의 '나'는 결코 존재하지 않으며, 그러한 자아에 대한 환상은 오히려 나의 무한한 잠재력을 펼쳐 나갈 가능성을 억압하게 될 것이다. 또한 역사에 대한 해석 역시 잘못된 역사의 반복을 피해야 한다는 도덕적 강박관념이나 이와 관련된 단일한 회상방식에서 벗어나 역사적 기억의 다원성을 인정하는 방향으로 변화해야 한다.

이처럼 과거의 진리를 재구성해 내는 기억의 기능이 점차 의심되면서, 진리 자체에 대한 인식도 변한다. 과연 유일무이한 절대적인 진리가 존재하는가에 대한 의심뿐만 아니라 심지어 그러한 진리를 추구하는 사람이 또 다른 견해를 지닌 사람을 억압할 수 있다는 우려도 나타난다. 과거에 사람들은 진리를 위해서라면 목숨까지도 바쳐야 한다고 생각했지만, 에코는 자신의 소설 『장미의 이름』에서 진리를 위해 목숨을 바칠 준비가 되어 있는 사람을 조심하라고 경고한다. 왜냐하면 그러한 사람은 자신의 생각만이 옳다는 교조주의에 빠져 다른 생각을 가진 사람을 이단으로 간주하고 그러한 사람을 단죄하고 억압할 것이기 때문이다. 그 때문에 진리에 대해 보다 개방적이고 다원적인 입장을 취할 필요가 있다.

반복이라는 범주 역시 이러한 맥락에서 새롭게 평가되어야 한다. 이전에 반복은 항상 동일한 것 내지 유사한 것의 반복을 의미했다. 그러나 오늘날 반복은 더 이상 기존의 것을 동일한 형태로 반복하는 재현적인 의미에서의 반복으로 간주되어서는 안 된다. 팝아트의 거장 앤디 워홀은 자신의 작품에서 차이를 만들어 내는 반복의 새로운 모습을 잘 보여 준다. 우리는 흔히 어떤 것이 반복되면, 반복의 시발점이 되는 원상을 설정하곤 한다. 동일한 방식 내지 유사한 방식으로 나타나는 원상은 진리를 보장하는 근거이기도 하다. 그 때문에 사람들은 그것을 정확히 모사하는 것이 필요하다고 생각한다. 그런데 앤디 워홀의 작품에서는 진리를 담보하는 원상이 사라지고 단지 복제물만이 남아 있다. 그의 마릴린 먼로에 관한 실크스크린 작품을 보면, 조금씩 다른 얼굴표정과 색으로 표현된 먼로의 모습이 반복적으로 나타난다. 그러나 우리는 여기에 표현된 먼로의 모습 가운데 어떤 것이 진짜 먼로의 모습을 재현하고 있는지 알 수 없다. 우리는 이 실크스크린 작품에서 더 이상 결코 먼로의 원상이나 그것의 충실한 재현을 볼 수 없으며, 단지 복제와 허상으로서의 다양한 이미지들의 유희만을 보게 된다. 이를 통해 우리는 우리가 대중매체에서 접하는 먼로의 모습이 먼로의 진정한 모습이 아니라 연출된 허상에 불과하다는 인식에 도달한다. 이러한 반복은 우리가 사는 세상에서 원상으로서의 진리를 찾는 것이 불가능하며 등가성의 법칙에 따라 서로 교환될 수 있는 허상들만이 반복되어 나타나고 있음을 보여 준다.

오늘날 불고 있는 복고 열풍은 먼로에 관한 워홀의 작품에서 볼 수 있는 허상들의 반복과 연관해 살펴볼 수 있다. 우리는 아직도 원상과 모상의 관점에서 세상을 바라보기 때문에 복고라는 현상도 원상이 되는 과거의 문화적 현상이 현재에 다시 나타나고 있는 것으로 해석하는 경향이 있다. 그러나 이러한 관점에서 복고를 바라보는 것은 사태의 본질에서 완전히 벗어난다. 왜냐하면 오늘날 과거에 대한 유희적 접근으로서의 복고는 과거의 진리를 복원하려는 시도와는 거리가 멀며 오히려 그것을 패러디하거나 유희적으로 다루는 방식을 취하기 때문이다. 조금 어렵게 표현하자면, 원상으로서의 기의가 사라진 곳에서 기표들이 자유롭게 유희하며, 깊이 없는 허상의 놀이를 보여 주고 있는 것이다. 그렇게 마주치게 되는 복고적인 현상들은 하나의 허상일 뿐 결코 과거(원상)의 재현이 아니다. 우리는 이처럼 원상이 사라지고 허상만이 남은 세계에 살고 있다. 이러한 세계에서 반복의 의미도 이전과 달라진다.

반복의 역사적 의미 변천: 고대에서 현대까지

통일된 정체성을 지닌 원상의 부재에서 출발할 때 반복은 비로소 새로운 의미를 획득할 수 있다. 반복이 동일한 것 내지 유사한 것의 반복으로 간주되거나 지루한 것으로 폄하된 것은 특정한 시대의 해석일 뿐, 결코 시대를 초월한 보편적인 해석은 아니다. 따라서 오늘날 우리 사회에서 반복이 지니는 의미를 제대로 이해하기 위해서는 반복이라는 범주의 역사적 의미변천을 살펴볼 필요가 있다.

　세계가 인간의 이성이 아닌 신에 의해 지배되는 것으로 간주되던 전근대에는 반복이 긍정적 의미를 지니고 있었다. 신화적인 세계관이나 원시적 종교에 대한 믿음이 지배하던 고대 원시사회에서 반복은 항상 초월적인 것과 연관을 맺고 있었다. 여기서 반복은 인간이 자신이 인간임을 잊고 자신의 행동을 초월적이고 신적인 맥락에 위치시키면서 신의 행동을 반복하는 것을 의미한다. 농사를 짓거나 집을 짓는 것과 같은 원시인의 일상적 행위는 오늘날과 전혀 다른 의미를 지니고 있었다. 그것은 결코 단순한 노동이 아니라 신의 우주 창조를 반복하는 행위였으며, 그러한 행위로서만 의미를 지닐 수 있었다. 물론 모든 원시인이 항상 신화적인 시간에 빠져 살고 신의 행동을 반복하는 의미 있는 시간을 보낸 것은 아니다. 그들의 행동은 초월적인 의미를 상실한 채 일상적인 역사적 시간에서 벗어나지 못하고 단순한 노동의 행위로 나타나기도 했다. 이러한 과오를 범할 경우 그들은 주술사를 찾아가거나 신에게 속죄의식을 하였다. 이러한 제의는 신화적인 세계를 일상적인 삶으로 다시 불러내어 그것을 반복함으로써 흘러가는 일상의 시간을 폐기하는 것을 목적으로 한다. 이처럼 원시인들은 신의 우주창조에 비견되는 최초의 원형적 행위들을 반복하며 흘러가는 시간을 멈추게 한다. 이들은 자신의 과거를 기억하고 정체성을 형성하기보다는 자신을 잊고 신의 삶을 재연하고 반복함으로써 더 실재적이 되고 진정으로 존재할 수 있었던 것이다.

　신의 행위를 반복하는 순간에 시간을 초월하여 신과 하나가 되던 원시시대는 역사적인 시간의 지속적인 침투에 의해 서서히 퇴각한다. 사람들은 점차 역사를 어느 정도 인정할 수밖에 없게 되었는데, 기독교는 이러한 역사적 시간의 흐름이 종교에 침투한 대표적인 경우이다. 기독교에서 구원은 삶의 매순간이나 신년제와 같은 주기적인 반복에 의해서가 아니라 아득한 태초의 신의 현현을 시간의 끝에 다시 한번 위치시킴으로써만 가능해진다. 이러한 기독교적인 모델은 돌이킬 수 없는 역사의 흐름을 어느 정도 인정하고 감내하면서 미래의 한 지점에서 그것을 폐기하려 했다는 점에서 원시사회의 순환모델과 차이를 보인다. 그렇다고 기독교적인 순환모델이 원시적인 순환모델과 완전히 결별한 것은 아니다. 왜냐하면 개개인의 신도는 메시아의 등장과 상관없이 그 이전이라도 신에 대한 믿음을 통해 자신이 처한 역사적인 조건에서 벗어나 초월적인 순간을 체험할 수 있기 때문이다. 그러나 인류 역사 전체의 차원에서 보면, 인류는 메시아의 출현을 통해서야 역사의 억압이라는 조건에서 벗어날 수 있다.

중세 기독교에서 역사적인 시간이 인정되기는 하지만 궁극적으로는 극복되어야 할 것으로 간주되었다면, 근대에 들어와서는 그러한 세속적 시간의 의미가 긍정적인 것으로 변한다. 근대인은 계몽주의적 역사관에 따라 진보에 대한 확신을 가지고 역사적 발전을 추구한다. 이러한 관점에서 보면 반복은 역사의 진보를 가로막는 부정적인 현상이자 극복의 대상이다. 단조로운 일상의 반복에서 심리학의 반복강박에 이르기까지 반복은 언제나 두려움의 대상이었다.

얀 아스만Jan Assmann은 구술문화와 문자문화에서 반복과 변형 가운데 어떤 범주가 우세하게 나타나는지를 연구한다. 이때 판단 기준은 텍스트 자체가 아니라 정보의 동일성 여부이다. 구술문화에서는 정해진 텍스트가 없기 때문에 신화의 내용은 이야기할 때마다 매번 달라지지만, 정보 자체는 항상 변함없이 같은 것으로 남아 있다. 반면 문자문화에서 활자화된 텍스트는 동일한 형태로 반복되지만, 생산되는 텍스트들은 이전의 텍스트와 내용적으로 구분된다. 이러한 현상은 삶에서 종교와 신화가 갖는 의미가 점점 줄어들면서 과거의 전통을 단순히 반복하고 전수하는 데 의미를 두는 것이 아니라, 오히려 근원텍스트가 사라진 상황에서 새로운 해석을 통해 근원텍스트를 대체할 텍스트를 양산하는 것이 중요하다는 것을 보여 준다. 종교적인 전통이 아직 남아 있는 시기에는 경전을 만들고 그것에 신성을 부여하려는 시도가 존재하지만, 점차 경전이 고전의 지위로 전락하고 고전의 지위마저 유동적인 것이 되고 만다. 오늘날 학교에서 필독서로 내세우는 고전목록이 대개 유사해 보이기는 하더라도, 개개인이 고전으로 생각하는 책의 목록은 천차만별일 것이다. 이러한 변화의 바탕에는 반복은 정체를 의미하는 반면, 새것을 통한 옛것의 극복은 진보 내지 발전을 의미한다는 생각이 깔려 있다.

근대 산업혁명이 시작되면서 인간은 본격적으로 생산의 주체가 된다. 이제 창조의 주역은 신에서 인간으로 넘어간다. 물론 이전에도 인간이 노동을 통해 물건을 만들어 내기는 했지만, 그것은 엄격한 의미에서 인간에게 귀속된 물건이 아니었다. 그러나 근대에 들어서면서 인간은 비단 상품뿐만 아니라 지식까지 생산해 내며, 이러한 기술과 지식의 무한한 축적을 통해 인류사회의 진보를 꿈꾼다. 이러한 진보에 대한 믿음은 비가역적인 시간에 대한 믿음으로 이어진다. 이러한 사회에서 반복은 단순한 정체라는 부정적 의미만을 갖게 될 뿐이다. 그러나 시간이 지남에 따라 역사적 진보에 대한 근대의 믿음은 환상으로 밝혀졌고 기술복제의 시대에 들어서면서 생산 대신 재생산이 지배적인 범주라는 것이 드러났다. 20세기 초반 아방가르드 예술가들은 다양한 실험을 통해 이전과 다른 새로운 것을 창조하려고 했지만, 그러한 시도는 또 다른 실험에 의해 곧 낡은 시도로 전락하고 만다. 프랑스의 시인 보들레르는 찰나적인 순간을 현대의 중요한 특징 가운데 하나로 언급하는데, 이것은 모든 것이 고정되고 변하지 않는 고대의 육중함에 비해 현대에는 속도의 미학이 지배하고 있음을 보여 준다. 근대의 연속적인 시간의 흐름은 현대에는 더욱 가속화되어 순간의 시간으로 변한다. 이와 마찬가지로 현대의 예술가들은 끊임없이 새로운 것을 추구하지만, 그러한 예술의 수명은 점점 짧아져 순간적인 것에 머물 뿐이다.

현대의 자기모순은 유행의 법칙을 살펴보면 잘 드러난다. 특히 패션의 영역에서 잘 드러나는 유행의 법칙은 모든 유행이 사실은 새로운 것의 출현이 아닌 이전의 것의 반복일 뿐이라는 사실을 잘 보여준다. 그리고 이러한 유행이 지속되는 시간은 계속해서 짧아지고 있다. 물론 아직도 사람들은 그러한 패션의 유행을 새로운 것을 추구하는 실험으로 간주하지만, 사실은 그것은 끊임없이 재생산되고 반복되는 한 모델의 변형일 뿐이다.

포스트모더니즘 시대의 창조적 반복

끊임없이 새로운 것을 추구하는 현대의 실험은 한계에 부딪힌다. 그러자 기술적인 발전은 있을지 몰라도 정신적인 영역에서 더 이상 새로운 것이란 없으며 이미 일어났던 것만이 계속 반복될 뿐이라는 탈역사주의적 인식이 등장한다. 이것은 혁신과 실험에서 반복으로의 패러다임 전환을 예고하지만, 주도적인 사회문화적 현상으로 간주된 반복은 여전히 부정적인 맥락에서 벗어나지 못하고 있다.

반복에 대한 부정적 인식이 사라지고 반복의 창조성이 강조되기 시작한 것은 포스트모더니즘 또는 포스트구조주의에 이르러서이다. 특히 들뢰즈는 동일성의 반복이 아니라, 차이 자체의 반복을 강조했고 반복이 차이를 만들어 낸다는 사실을 밝혀내려고 하였다. 언뜻 이해하기 힘든 이 말은 신디 셔먼Cindy Sherman의 사진작품을 통해 이해할 수 있을 것이다. 셔먼은 스스로를 모델로 삼은 사진을 찍었는데, 이 경우 자신을 서로 모순되는 다양한 모습으로 연출하였다. 이때 우리는 셔먼의 정체성을 여러 사진 중 하나의 사진에 드러난 모습으로 환원할 수 없다. 그녀는 결코 하나의 동일한 정체성을 가지고 있지 않다. 오히려 그녀의 정체성은 하나로 규정될 수 없는 차이 자체라고 할 수 있을 텐데, 그녀에게 내재된 잠재성은 그녀가 하나의 사건으로 매번 펼쳐질 때마다, 다시 말해 반복될 때마다 새로운 차이로서 그 모습을 드러낸다.

우리는 단일한 정체성에 대한 환상에서 벗어날 때 이러한 반복의 창조적 가능성을 발견할 수 있다. 그러나 이것만으로는 여전히 부족하다. 왜냐하면 창조적 반복을 통해 매번 새로운 차이로서 나타나는 것들은 실체가 아니라 허상에 불과하기 때문이다. 신디 셔먼이 연출한 다양한 모습은 결코 신디 셔먼 자신의 다양한 본질이 아니라 허상에 불과하다. 만일 이러한 사실을 잊는다면, 창조적 반복은 2차적인 차원에서 또 하나의 환상을 만들어 낼 뿐이다.

들뢰즈가 존재론적 차원에서 어느 정도 반복의 창조적 성격을 언급한다면, 통일된 정체성과 절대적 진리를 거부하는 포스트모더니즘의 시대에 우리는 창조적인 반복을 행동윤리로 삼을 수 있을 것이다. 첨단 과학과 정보의 시대를 살아가는 우리에게 과거의 전통이 여전히 소중한 의미를 지닐 수 있음을 창조적 반복의 윤리는 보여 준다. 과거와 단절하고 새로운 것만을 추구하는 현대의 실험정신은 한계를 드러냈으며, 새로운 것은 곧 진부한 것으로 변해 버렸다. 이로부터 우리는 한 가지 교훈을 끌어내야 한다. 우리는 과거와 좀더 많이 소통하고 과거로부터 많은 것을 배우되, 그것을 단순히 수용하고 보존하려고 하기보다는 창조적으로 결합하고 새롭게 해석하려고 노력해야 한다. 그리고 이때 잊지 말아야 할 중요한 사실은 과거의 전통은 결코 우리가 모방하고 재현해야 할 근원이 아니라 다양한 허상들 가운데 하나에 지나지 않는다는 것이다. 엄밀히 말하면 창조적 반복은 과거를 현재에 반복하는 것이 아니며, 과거나 현재 모두 사실은 똑같이 잠재성이 현실화되어 나타난 반복으로서의 허상에 지나지 않는다. 그 때문에 과거에 대한 현재의 접근은 유희적이면서도 패러디적인 거리를 취해야 하며, 그렇게 만들어진 현재의 상 역시 스스로를 허구로 폭로하고 자신을 유일한 진리로 내세우지 말아야 한다.

이러한 창조적 반복의 예로 쥐스킨트의 『향수』를 들 수 있을 것이다. 최고의 향수를 만들기 위해 25명의 소녀를 살해한 천재적인 향수 제조인이 부랑자들에 의해 갈기갈기 찢겨 죽는다는 '독창적인(듯한)' 이야기가 사실은 기존의 텍스트들의 교묘한 짜깁기에 지나지 않는다는 것을 안다면 어찌 놀라지 않을 수 있겠는가. 『향수』에서 이전의 텍스트들은 그대로 반복되지 않고 끊임없이 새로운 맥락에 놓이며 패러디된다. 그러한 상호텍스트성에 의해 생겨난 『향수』는 통일적인 정체성을 허구로 폭로하고 자신을 창조적 반복에 의해 만들어진 허상으로 드러낸다.

현대건축을 대표하는 바우하우스 건축가들은 2차 세계대전이 끝난 후 미국의 유수한 대학에서 건축학을 가르쳤다. 과거의 건축양식과 단절하고 완전히 새로운 건축스타일을 창조하려 했던 이들은 심지어 대학 커리큘럼에서 건축사를 제외하기도 하였다. 이처럼 철저히 전통을 도외시하였던 바우하우스 건축은 오늘날 어떤 의미를 지니고 있는가? 스스로를 인터내셔널 스타일로 내세우며 제국주의적 확장을 시도한 바우하우스 건축은 오늘날 기껏해야 우리가 주변에서 볼 수 있는 흉물스러운 아파트로만 남아 있을 뿐이다. 그렇다고 아파트를 짓기 위해 철거했던 과거의 전통한옥으로 돌아가 우리의 문화적 정체성을 되찾자는 것은 아니다. 그러한 단일한 문화적 정체성은 존재하지 않을 뿐만 아니라 바람직하지도 않다. 단순히 과거와 만나는 것이 중요한 것이 아니라 과거와 새롭게 만나는 것이 중요하다. 전통한옥은 물론 흉물스러운 아파트까지 포함해서 우리의 과거를 창조적으로 새롭게 만들어 나가야 한다. 그것은 과거의 단순한 복원이 아니라 상상력을 통한 과거의 새로운 창조이다. 그러나 그러한 창조적 반복은 현대의 바우하우스 건축과 달리 결코 스스로를 절대적인 모범과 진리로 내세우지 않는다. 왜냐하면 그것은 다양한 가능성 가운데 하나일 뿐임을 인식하기 때문이다. 통일된 정체성의 환상을 파괴하기 위해서 우리는 창조적 반복을 필요로 한다. 그러나 정체성의 파괴를 통해 생겨난 창조적 반복 자체가 허상의 지위를 가지고 있음을 간과해서는 안 된다. 창조적 반복이 지닌 이러한 양면성을 인식하고 그것을 비판적으로 활용할 때 비로소 허상의 반복적인 사슬에서 빠져나올 수 있을 것이다.

| 추천도서 |

미르치아 엘리아데, 『영원회귀의 신화』, 심재중 옮김, 이학사, 2003.
신화적인 세계관이나 종교적인 믿음이 지배하던 시대에 반복이 지녔던 긍정적 의미를 밝히고 있는 책이다. 역사적 진보를 믿고 비가역적 시간관을 지니고 있던 근대인과 달리 이 시대의 사람들이 어떻게 역사적 시간에서 빠져나와 초월적인 신의 행위를 반복하고 있는지 비교적 쉽게 설명하고 있다. 엘리아데에 따르면 현대인이 역사적인 시간의식을 지니고 개인의 전기를 만들어내며 정체성을 형성해 나가는 반면, 원시시대의 인간은 오히려 자신을 잊고 신의 삶을 재연하고 반복함으로써 더 실재적이 될 수 있다고 믿었다. 그는 이 책에서 이러한 신화적 반복이 단순한 과거의 현상이 아니며 오늘날에도 여전히 중요한 의미를 지니고 있음을 역설하고 있다.

프리드리히 니체, 『차라투스트라는 이렇게 말했다』, 장희창 옮김, 민음사, 2004.
포스트모더니즘의 선구자로 불리는 니체의 사상을 가장 잘 보여 주는 니체의 대표작이라고 할 수 있다. 이 책에서 니체의 철학을 가장 잘 설명해 주는 초인, 권력에 대한 의지, 영원회귀 등의 개념이 나온다. 흥미로운 것은 이러한 개념들이 추상적인 철학적 용어로 설명되는 것이 아니라 픽션과 은유라는 문학적 형식으로 표현되고 있다는 점이다. 이러한 서술방식이 이 책이 지닌 난해함의 원인이 되기도 하지만, 동시에 이 책이 지닌 매력이기도 하다. 반복이라는 테마와 관련해서는 그 중에서도 특히 영원회귀 개념이 중요한 의미를 지닌다. 이 책에서 영원회귀 사상이 내용적인 차원을 넘어 형식적인 차원에서 어떻게 형상화되고 있는지 살펴보는 것도 흥미로울 것이다.

질 들뢰즈, 『차이와 반복』, 김상환 옮김, 민음사, 2004.
포스트구조주의 철학자 들뢰즈는 반복을 더 이상 동일한 것의 반복이 아니라, 차이의 반복으로 간주함으로써 반복에 대한 새로운 이해의 지평을 열었다. 언뜻 보기에 대립되는 것처럼 보이는 차이와 반복 개념이 어떻게 연결될 수 있는지 철학적으로 규명하고 있는 책이다. 들뢰즈는 이 책에서 키르케고르, 프로이트, 니체의 반복 개념도 다루는데, 특히 니체의 철학을 자신의 이론적 발판으로 삼고 있다. 그러나 이 책은 이러한 기존의 철학들에 대한 지식을 전제로 하고 있어 철학적 배경지식이 없는 사람이 읽기에는 쉽지 않은 책이다. 이 책은 그 난해함에도 불구하고 반복의 이해에 획기적인 전환점을 가져와 반복의 현재성을 부각시켰다는 점에서 추천하고 싶은 책이다.

정항균, 『시시포스와 그의 형제들』, 을유문화사, 2009.

반복은 기억이나 망각과 같은 개념과 더불어 현대의 문화적 흐름을 설명하기 위한 주요 키워드로 간주되고 있다. 이러한 반복 개념이 지니는 현재적 의미와 그것의 역사적 변천과정에 대한 개괄적 이해를 얻고자 하는 독자에게 입문서로 추천할 수 있는 책이다. 이 책은 반복을 현대사회의 대표적인 문화적 현상으로 간주하며 다양한 철학과 문학 작품을 통해 반복의 역사적 의미 변천을 살펴보고 있다. 엘리아데의 영원회귀의 신화, 프로이트의 반복강박, 키르케고르의 반복, 니체의 영원회귀, 카뮈의 '시시포스의 반복', 들뢰즈의 '차이와 반복' 등 반복의 다양한 형식에 관한 철학적 담론을 정리하고 있다. 또한 이러한 철학적 담론이 어떤 미학적 형식으로 표현되고 있는지를 살펴보기 위해 슈트라우스, 프리쉬, 그라스, 옐리네크, 한트케와 같은 작가들의 작품을 분석한다.

3부

和人成文

함께 어울려 사람의 무늬를 이루다

공명하는 만남

和人成文

인문학을 만나 '나' 안에 새로운 것을 생성하고,
이를 바탕으로 갖가지 경계를 넘어서는 우리.
그렇게 친구를 만나 거듭나고 자신을 텍스트로 확장시킨 자리에서,
사람들은 '함께 어울림和'으로써 사람의 무늬人文를 새로이 구성한다.
그렇게 삶의 현장에서 '늘—함께—다시' 구성되는 인문학!
그 새로운 텍스트들은 다시 나의 삶으로 스며들어 '우리'와 함께 울린다.

* "和人成文"은 『논어』「자로」편에 나오는 "군자는 함께 어울리되 줏대 없이 남을 따르지 않는다(和而不同)"라는 말에서 '和'자를 따오고,
『순자』「악론」편의 "음악이란 함께 연주하여 무늬를 이루는 것이다(樂者, 合奏以成文者也)"라는 말에서 "成文"을 따와 조합한 것이다.

인문학적 소통이란 무엇인가?

변현태

지금은 그 어느 때보다 소통의 가치가 중요한 시대가 되었다. 프레젠테이션 강좌나 글쓰기 교실과 같이 소통의 기술이 '교육'의 대상이 될 정도로 소통이 중요해진 시대, 폭력과 강제가 아니라 협상과 타협을 통해 내 의사를 전달하고 상대의 의사를 조절하여 합의에 이르는 것이 중요해진 시대, 우리는 그런 시대를 살고 있다. 국민과의 소통이 부족하다고 대통령이 직접 마이크를 들게 되었다는 사실은 우리 시대에 소통이 가지고 있는 의미를 보여 주는 대표적인 예라고 할 수 있을 것이다.

지난 10~20년간 소통과 관련된 기술적 발전은 소통을 둘러싼 시간적·공간적 장애를 극복하게 해주었다. 인터넷과 통신기술의 발전은 소통을 말 그대로 '언제나 지금 여기'에서 실현할 수 있도록 해

* 변현태 | 서울대학교 인문대학 노어노문학과 교수. 서울대학교 노어노문학과를 졸업하고 모스크바 국립대학교에서 박사 학위를 받았다. 고대러시아문학을 전공하고 있다. 『반성과 지향의 해석적 패러다임』(공저), 『스쩨빤치꼬보 마을 사람들』(도스토예프스키) 등의 저·역서와 「바흐친의 소설이론」, 「17세기 러시아 '웃음 문학'의 희극성」, 「중세적 웃음의 이중적 의미론과 『주점에의 예배』의 희극성」, 「바흐친의 라블레론」, 「『원초 연대기』와 고대러시아적 역사 인식과 재현의 특수성에 대하여」 등의 논문을 썼다.

주고 있다. 흥미로운 사실은 즉각적인 소통을 가능하게 해주는 기술적인 발전과 함께 정작 소통에 대한 욕구는 더욱더 커졌다는 것이다. 흥미로운 사건 기사가 인터넷에 올라오는 순간 주렁주렁 달리는 수천, 수만의 댓글은 어떠한가? 지금 이루어지는 소통을 무시하고서라도 소통하고자 하는 욕망들, 가령 가족들이 함께 저녁을 먹는 자리 식탁 아래서, 혹은 강의실 책상 아래서 부지런히 문자를 보내는 손들은 또 어떠한가?

소통의 기술에 대한 '학습'만큼이나 소통의 본질을 묻는 작업이 필요한 대목이다. 1960~70년대 서구의 언어학 열풍을 이끌었던 기호학자 야콥슨Roman Jakobson의 소통에 대한 언급에서 출발해 보기로 하자. 그에 따르면 소통에 꼭 필요한 여섯 가지 요소가 있다. 발신자, 수신자, 전언message, 지시대상referent 혹은 관련 상황context, 접촉contact 그리고 약호code가 그것이다. 요컨대 발신자가 수신자에게 전언을 전달한다. 전언이란 구체적이고 물질적인, 일종의 텍스트라고 할 수 있다. 말일 경우 그것은 음성의 조합(구어 텍스트)이 될 것이고, 글일 경우 그것은 문자의 조합(문자 텍스트)이 될 것이다. 가령 문학 작품이나 인문학 고전의 경우, 발신자는 저자, 수신자는 독자, 그리고 전언은 바로 텍스트가 될 것이다.

전언은 발신자가 의도하는 바, 의사소통하는 목적을 전제한다. 야콥슨은 이를 '지시대상 혹은 관련 상황'이라고 부른다. 가령 지금 읽고 있는 이 글을 하나의 전언으로 본다면, '넓게는 소통, 좁게는 인문학적 소통'이 '지시대상 혹은 관련 상황'이 될 것이다. 지시대상, 즉 발신자의 소통의 의도가 구체적인 텍스트로서의 전언이 되기 위해서는 '언어 체계', 혹은 야콥슨이 약호라 부른 것이 필요하다. 야콥슨 자신의 말을 빌리자면, "발신자와 수신자(다른 말로 하면 전언을 약호화 시키는 자와 그 해독자)에게 완전하게 아니면 부분적으로 공통적인 **약 호 체계**code가 필요"[1]한 것이다. 여기서 약호란 일정한 사회적인(개 인적인 것이 아니라는 의미에서 사회적인) 체계다. 가령 자연언어로서 의 한국어가 이에 해당할 것이다(물론 약호는 자연언어로 제한되지 않 는다. 우리는 이후에 이 문제로 돌아갈 것이다). 마지막으로 접촉은 발 신자와 수신자 사이의 물리적 채널 및 심리적 연결이라는 요소다.

이러한 소통의 요소들은 소통과 관련해서 각각 자신의 기능을 가지고 있으며, 그 중에서 특히 언어의 '시적 기능'을 자세하게 검토 하자는 것이 야콥슨의 저 논문의 의도다. 우리의 관심은 야콥슨이 설 정한 소통 모델을 좀더 확장해서 검토함으로써 소통 일반에 대한, 좁 게는 인문학적 소통에 대한 검토를 하는 것에 있다. 야콥슨에 따르면 발신자는 '지시대상'(R1)을 특정한 약호의 도움을 받아 전언/텍스트 (T)로 만든다. 이 과정을 기호학적으로는 약호화encoding라고 부른 다. 전언/텍스트는 수신자에 의해 해독되면서 전달된다. 이 과정을 탈약호화/해독decoding이라 부른다. 그 결과 수신자의 뇌에 '지시대 상'(R2)이 만들어진다. 요컨대 소통에서 R1→약호화 → T→ 탈약호 화/해독 → R2의, 일종의 번역 과정이 만들어지게 된다(탈약호화/해 독은 일종의 번역으로 이해할 수 있다. 넓게 생각해 보면 R1→T의 과정 도 일종의 번역이다).[2] 이때 약호화와 탈약호화/해독에 사용되는 약 호체계는, "발신자와 수신자에게 완전하게 아니면 부분적으로 공통

---

1) 로만 야콥슨, 「언어학과 시학」, 『러시아 현대비평 이론』, 조주관 옮김, 민음사, 1993, 224쪽.
2) 유리 로트만, 『문화기호학』, 유재천 옮김, 문예출판사, 1998, 33~36쪽.

적인" 것이어야 한다. 이러한 틀에서 성공적인 소통이란 R1 =R2인 소통이 될 것이다. 이런 점에서 톨스토이의 『안나 카레니나』의 한 대목이 흥미롭다. "행복한 가정은 모두 고만고만하지만 무릇 불행한 가정은 나름 나름으로 불행하다"라는 문장으로 시작되는 이 소설은 '가정'에 대한 소설이라고 할 수 있다. 대조에 기반을 둔 플롯을 주로 이용하는 톨스토이답게 소설은 '비교적 부정적인' '안나 카레니나-브론스키'의 쌍과 '비교적 긍정적인' '레빈-키치'의 두 '가정'을 대조하며 전개된다. 인용하는 대목은 레빈이 몇 가지 문제를 극복하고 키치와의 사랑을 확인하게 되는 대목이다.

> "이런 겁니다." 그는 말하고 나서 각 단어의 머리글자만을 써 보였다. '언, 당, 나, 안, 된, 말, 영, 의, 아, 그, 의?' 그 뜻은 이런 것이었다. '언젠가 당신은 나에게 **그럴 수는 없다**고 말씀하셨는데 영원히라는 의미였습니까, 아니면 그때는이라는 의미였습니까?' 그녀가 이 복잡한 문구를 해득할 수 있으리라고는 도저히 바랄 수 없는 일이었다. 그러나 그는 그녀가 이러한 말들을 해득할 수 있을 것인가 없을 것인가에 자기의 온 목숨이 달려 있는 것 같은 표정으로 그녀의 얼굴을 찬찬히 지켜보았다. (……) "알았어요." 그녀는 얼굴이 홍당무가 되어 말했다. "그럼 이건 무슨 뜻이죠?" 그는 영원히를 뜻하는 머리글자를 가리키면서 말했다. "**영원히라는 뜻이죠?**" 그녀가 말했다.[3]

이 이후로도 소설은 한동안 문장을 구성하는 각 단어의 머리글자들로 약자화된 문자들로 서로서로 완벽하게 소통하는 레빈과 키치의 대화로 진행된다. 여기서 우리가 보고 있는 것은 톨스토이가 이상적인 관계로 파악하는 어떤 소통의 양상이다. 물론 톨스토이 자신도 이러한 두 사람의 완벽한 합일이란 이상적인 것이기에 또한 순간적인 것일 뿐이라는 사실을 지적하길 잊지 않는다. 『안나 카레니나』의 결말은 이제 결혼한 레빈과 키치의 관계에 대한, 더 나아가서 타자들과의 관계에 대한 레빈의 다음과 같은 생각으로 끝난다. "여전히 내 영혼의 지극히 거룩한 곳과 남들의 영혼 사이에는, 심지어 아내의 영혼과도 장벽은 쌓일 것이다."[4]

톨스토이가 지향한 관계란 영혼들 간의 '장벽'이 없는 관계, 그리하여 그 소통에서 R1이 완벽히 동일하게 R2로 전환되는 관계다. 그 일이 매우 어렵고 힘든 과정이라는 사실을 톨스토이는 잘 알고 있다. 흥미로운 사실은 그러한 '장벽'이 없는 관계란 바로 완벽하게 약호를 서로 공유하는 관계라는 것이다. 레빈과 키치의 대화에서 일종의 이중적인 약호가 사용되고 있다. 하나는 물론 자연어로서의 러시아어다. '언젠가 당신은 나에게……' 그런 다음 첫 단어로 약자화된 전언/텍스트가 등장한다. '언, 당, 나.' 첫번째 약호가 사회적인 체계로서의 약호라면 두번째 약호는 지극히 '사적인' 약호다. 이 대목에서 레빈과 키치는 이 '사적인' 약호를 서로서로 공유할 만큼 동일하기에 암호에 가까운 문장들을 서로서로 해독할 수 있다.

이 두번째 약호는 일종의 자가 소통self-communication으로, 가령 기억을 위한 메모를 할 때처럼 자기 스스로에게 보내는 소통에서 자

---

3) 레프 톨스토이, 『안나 카레니나 2』, 박형규 옮김, 문학동네, 2009, 317~318쪽, 강조는 톨스토이.
4) 레프 톨스토이, 『안나 카레니나 3』, 521~522쪽.

주 사용된다. 여기서 몇 가지 사실에 주목해 보자. 첫째, 톨스토이에게서 '완벽한 소통'이란 바로 약호를 완벽하게 공유하는 소통이다. 둘째, 약호란 '사회적인 체계/약속'일 뿐만 아니라 사적이고 개인적인 체계이기도 하다. 셋째, 그렇기 때문에 ──야콥슨의 생각과는 다르게 ──완벽하게 혹은 부분적으로 공통적인 '약호'의 문제는 간단하지 않다. 사적인 약호란 쉽게 공유되지 않기에 '사적'인 것이다. 가령 "언, 당, 나"를 "언젠가 당신이 나에게"로 해독하는 과정에서 작용하는 약호는 레빈과 키치 사이에서만, 그것도 어떤 순간에서만 공유되는 어떤 것이다. 또한 그렇기 때문에 '완벽한 소통'이란 ──톨스토이가 예리하게 파악하고 있듯이 ── 쉬운 문제가 아니다. 레빈과 키치의 경우 그 순간 서로에 대한 절박한 마음(레빈은 키치가 "이러한 말들을 해득할 수 있을 것인가 없을 것인가에 자기의 온 목숨이 달려 있는 것 같은 표정으로" 키치를 바라본다)이 이러한 '완벽한 소통'을 낳는다.

톨스토이에게 소통이 최종적으로 R1=R2에 의미를 두고 있다면, 의사전달뿐만 아니라 의사전달 행위 그 자체의 의미를 고민하면서 만들어지는 소통의 유형도 있다. 가령 조지 오웰의 소설 『1984』의 주인공 윈스턴 스미스의 고민이 바로 그렇다. 모든 것이 통제되는 사회, 기억마저도 통제되어 조작되는 사회에서 일기쓰기라는 금지된 행위를 시작하면서 윈스턴 스미스는 자신의 행위가 어떤 의미를 갖는지 고민한다.

누구를 위해서 이 일기를 쓰는지 별안간 의문이 일었다. 미래를 위해서인지, 아니면 아직 태어나지 않은 후세를 위해서인지. 처음으로 자기가 착수한 일이 얼마나 굉장한 것인지 실감이 났다. 사람이 어떻게 미래와 의사소통을 할 수 있단 말인가? 근본적으로 불가능한 일이었다. 미래가 현재와 흡사할 경우에는 사람들은 그의 말에 귀를 기울이지 않을 것이고, 다르다면 그가 겪은 곤경은 무의미해지고 말 것이다.[5]

저 미래라는 말 대신에 타자를, 현재라는 말 대신에 '나'를 삽입해 본다면, 우리가 읽은 문장은 의사소통의 근본적인 조건과 의미에 대한 통찰로 해석되어도 무방할 것이다. 여기서 윈스턴 스미스의 고민은 소통의 가능성/불가능성과 그 의미/무의미의 문제를 건드리고 있다. 나와 타자가 완전히 다르다면 내가 하는 말은 타자에게 이해될 수 없기에 불가능하다. 나와 타자가 동일하다면 내가 하는 말은 아무런 새로운 정보를 갖고 있지 않기에 무의미하다. 즉 나와 타자 사이의 일정 정도의 동일성(야콥슨은 이를 '완전하게 아니면 부분적으로 공통적인'이라는 말로 표현하였다)이 소통을 가능하게 해주는 조건이라면, 나와 타자 사이의 일정 정도의 차이는 소통을 의미 있는 행위로 만들어 주는 조건이다.

윈스턴 스미스의 고민, 즉 '근본적으로 불가능한 일'로서의 타자와의 소통이라는 고민에서 대화적 소통 혹은 인문학적 소통이 시작될 수 있다. 최종적으로 $R1=R2$를, 동일성을 지향하는 소통은 본질적으로 독백적이다. 독백적인 소통은 나의 사고가 어떤 약호를 통해 텍스트로 구체화되고 또한 바로 그 동일한 약호를 통해 해석됨으로써 너의 사고로 그대로 이식되는 모형을 전제한다. 대화적인 소통은

5) 조지 오웰, 『1984』, 김기혁 옮김, 문학동네, 2009, 14~15쪽.

그러한 소통이 무의미하다는 판단에서, 더 나아가 소통 자체란 언제나 불가능한 것일 수 있다는 고민에서 출발한다. 나와 타자의 동일성과 차이를 의식하는 소통, 이것이 대화를 낳는다. 바흐친Mikhail Bakhtin이 말한, 도스토예프스키의 '상대를 흘낏거리는 말'이 등장하는 것도 이러한 맥락이다.

> 나는 아픈 사람입니다……. 나는 악한 사람입니다. 나는 호감을 주지 못하는 사람입니다.[6]

『지하로부터의 수기』의 첫 문장이다. '수기'라는 말에서 볼 수 있듯이 이 소설은 주인공 지하생활자의 일종의 '독백'으로 볼 수 있다. 그러나 이 '독백'은 타자에 대한 대화적인 어조로 가득하다. 지하생활자는 한편으로 자신이 이해될 수 있기를, 자신에게 공감을 가져 주기를 바란다. '나는 아픈 사람'이라는 말은 이러한 맥락에서 등장한다('나는 아픈 사람이니 가엾게 여겨 주세요'). 다른 한편으로 지하생활자는 자신을 가여운 사람으로 보는 바로 그 시선에 저항한다. 너의 눈에 내가 패배자이고 열등한 사람으로 보일지 몰라도 나 역시 한 인간으로서 너와 동등한, 어떤 점에서는 더 나은 사람이라는 자의식, 이 자의식(자의식은 물론 언제나 타자를 전제한다)이 두번째의 말, '나는 악한' 사람이라는 말을 낳는다. 『지하로부터의 수기』는 바로 이 두 근본적인 어조가 씨줄과 날줄이 되어 만들어 낸 복잡한 텍스추어인 셈이다.[7]

---

6) 표도르 도스토예프스키, 『지하로부터의 수기』, 계동준 옮김, 열린책들, 2000, 11쪽. 번역은 일부 수정.

이러한 대화적인 소통, 타자/차이를 염두에 두는 소통에서는 야콥슨이 '접촉'이라는 요소로 축소해 버린 '맥락'context이라는 요소가 중요해진다.[8] 예컨대 '나는 배가 고프다'라는 문장을 생각해 보기로 하자. 이 말은 특정한 육체적 상태, 즉 위에 적절한 양의 음식물이 공급되지 않아 만들어진 어떤 상태를 가리킨다. 그런데 저 말을 가령 경제적인 이유로 서너 끼를 굶은, 그래서 지금도 음식을 만들거나 사먹을 수 없는 어떤 사람이 한 경우와, 그와 반대로 경제적인 여유가 있을 뿐만 아니라 심지어 미식가이기도 한 어떤 사람이 즐겁게 식사 시간을 기다리며 한 경우를 비교해 보자. 같은 말이지만 맥락에 따라 전혀 다른 의미, 전혀 다른 뉘앙스를 획득하게 된다. 바흐친은 이러한 점에서 사전적인 의미znachenie와 구별되는 말의 맥락적 의미smysl'를 중요시한다. 사전적인 의미znachenie가 말의 축자적인 의미를 가리킨다면 맥락적 의미smysl'는 그 말이 발화되는 맥락으로 충만하다. 가령 어조(슬픔과 기쁨)는 말의 맥락적 의미를 채우는 대표적인 요소의 하나가 된다.

맥락과 차이를 중요하게 여기는 소통, 이러한 관점에서 얼핏 모순적으로 보이지만 R1 =R2를 지향하지 않는 소통의 유형을 상정해 볼 수 있다. 텍스트로 한정해 보면 약호화 체계와 탈약호화/해독의 체계가 달라서 텍스트에 대한 차이를 발생시키는 소통, 인문학적인 소통은 이러한 소통을 지향한다. 앞서 소통이란 일종의 번역과정이라고 했다. 이때 R1→T의 약호화 과정이나 T→R2의 탈약호화/해독

7) 보다 자세하게는 미하일 바흐친, 『도스토예프스키 시학』, 김근식 옮김, 정음사, 1988을 참조.
8) 야콥슨이 관련 상황으로 설정한 맥락(context)과 이 경우의 맥락은 구별되어야 한다. 이 경우 맥락은 소통이 이뤄지고 있는, '나'와 '타자'를 포함하고 있는 구체적인 시공간, 상황 전체를 지칭한다.

과정이 바로 번역에 해당한다고 볼 수 있다. 소통이 일종의 번역이라
면 번역을 통해 소통이 가진 성격을 유추해볼 수도 있을 것이다. 가
령 서정주 시인의 「국화 옆에서」를 'Beside a chrysanthemum'으
로 번역하고 그 첫연을 "For one chrysanthemum to bloom/ the
nightingale/ must have wept like that since spring"으로 옮겨 보
기로 하자.[9] 그리고 이제 이 영역된 구절을 역으로 한국어로 옮기는
과정을 생각해 보기로 하자. 이러한 작업의 결과 우리가 "한송이의
국화꽃을 피우기 위해/ 봄부터 소쩍새는/ 그렇게 울었나 보다"라는
원래의 시 구절을 얻을 수 있을까? 아마도 불가능할 것이다.

　　여기서 예술작품, 특히 시의 번역 가능성 혹은 번역 불가능성에
대해 이야기하고자 하는 것은 아니다. 시 또한 일종의 소통이라는 사
실을 염두에 둔다면 시의 외국어로의 번역 가능성 혹은 불가능성이
라는 문제설정 자체가 예술적 소통, 더 나아가 소통 일반의 어떤 조
건을 말해 준다. 번역이 언제나 '오역'일 수밖에 없듯이 소통은 언제
나 '오역/오해'를 전제한다. 즉 '오해/오역'은 잘못된 소통이 아니라
소통의 필연적인 조건, 더 나아가 생산적인 조건이며, 이 '오해/오역'
은 무엇보다도 약호 혹은 약호화/탈약호화 과정과 연관되어 있다. 물
론 이때 약호나 약호화/탈약호화 과정이 자연어, 즉 한국어와 영어의
문제 혹은 두 언어들 간의 차이와 관련되어 있다고만 생각할 수는 없
는 일이다. 가령 어떤 문장은 영역과 국역의 재귀적인 과정을 통해서
도 거의 근사한 문장으로 수렴될 수 있기 때문이다(예컨대 '이 곱하기

이는 사' 와 같은 문장을 생각해 보라).

요컨대 어떤 소통은 R1=R2를 지향하는 것이 아니라 R1에 대한 다양한 대화적인 해석, 무수히 많은 변이체들을 지향한다. 그리고 여기서 작동하는 약호 체계는 바로 그러한 변이체들의 생성을 가능하게 해주는 것이다. 이러한 작가=발신자의 대화적 의도에 상응하는 것이, 그리고 대화적인 소통에서 더욱 중요한 것이 독자=수신자의 대화적 태도가 될 것이다. 대화적 태도는 고정된 말의 의미를 지향하는 것이 아니라 새로운 맥락에서 그 의미가 재맥락화될 수 있도록, 때로는 고정된 말의 의미가 새로운 맥락에서 새로운 모습으로 부활할 수 있도록 만들어 준다. 전언=텍스트를 나의 '사적인' 약호로 탈약호화/해독하는 작업('읽기')은 동시에 '재약호화' 의 작업('다시 쓰기')이기도 하다.

이러한 대화적인 소통은 전언=텍스트에 예기치 않은 자질, 우리가 인격이라고 부를 수 있는 자질을 부여해 준다. 인문학적 소통은 비유적인 의미에서가 아니라 축자적인 의미에서 '텍스트와의 대화'를 지향한다. 여기서 대화라는 말을 축자적으로 받아들인다면 텍스트는 단순한 대상적 객체가 아니라 나와 대화할 수 있는 어떤 주체가 된다(당연한 것이지만 대화는 언제나 쌍방향적이다). 이때 텍스트는 발신자와 수신자 사이에 놓인 매개체일 뿐만 아니라 스스로 말하는 주체다. 저자가 말할 뿐만 아니라 텍스트가 말한다. 독자와 대화하면서 텍스트는 그 대화를 스스로의 몸에 심어 넣고, 그로 인해 마치 인격이 성장하는 것처럼 스스로 증식한다.

예컨대 셰익스피어의 『햄릿』이라는 텍스트는 어떤 고정된 문자들, 문장들의 합이라는 의미에서 고정된 물리적 실체일 뿐만 아니라

『햄릿』 텍스트를 둘러싼 수많은 대화들, 해석의 시도들의 합이다. 『햄릿』이 탄생한 이후 오랜 시간이 흐르면서 셰익스피어나 그의 동시대인들에게 자명했던 어떤 것들이 사라지게 되었을 수도 있다. 하지만 우리는 어쩌면 셰익스피어나 그의 동시대인들도 알지 못했던 '햄릿'을 알고 있는 것은 아닌가? 분명한 것은 『햄릿』이라는 텍스트는 오늘날 하나의 거대한 도서관의 규모로 성장해 있다는 사실이다.[10] 대화적인 소통은 이 도서관으로서의 『햄릿』의 구석구석을 뒤지면서 스스로 도서관의 일부가 되는 소통이다.

인문학이 자주 '고전'이라는 단어와 결합되는 것도 이러한 맥락에서다. 정확성을 지향하는 지식, 요컨대 R1＝R2의 동일성을 지향하는 지식은 언제나 새로운 진리의 등장과 함께 과거의 지식을 폐기한다. 인문학적 지식은 정확성을 지향하는 것이 아니라 깊이를 지향한다. 예컨대 수천 년 전에 만들어진 플라톤의 저작이, 공자와 맹자의 저작이 여전히 읽힐 뿐만 아니라 지금에도 가장 중요한 철학 텍스트라는 사실이 이를 증명해 준다. 그 이상이다. 가령 헤겔의 등장은 칸트를 폐기하는 것이 아니라 칸트와의 또 다른 '대화'를, 칸트에 대한 또 하나의 '해석'을 가능케 해주며, 그럼으로써 칸트의 텍스트를 성장하게 해준다.

여기서 이런 의문이 제기될 수도 있겠다. 소통이 전언＝텍스트를 나의 '사적인' 약호로 재약호화하는 작업이라면, 그리고 이 과정에서 '오역/오해'가 필수적으로 개입한다면, 이것이 발신자＝작가의 원래 의도(R1)를 자의적으로 왜곡·수정하는 것과 어떻게 다른가? 대

---

10) 유리 로트만, 『문화기호학』, 유재천 옮김, 문예출판사, 1998, 40~41쪽을 참조하라.

화적 소통이란 전언=텍스트에 대한 무한히 자유로운 동시에 무책임한 해석의 다른 이름은 아닌가? 앞서 소통이란 일종의 번역이라고 지적했거니와 번역의 문제를 다루고 있는 발터 벤야민Walter Benjamin의 한 글(「번역자의 과제」)에서 이러한 질문들에 대한 답을 찾을 수도 있겠다. 벤야민에 따르면 번역을 가능하게 해주는 조건은 번역하고 번역되는 '언어들 사이의 근친성'이다. 그리고 이 언어들 사이의 '근친성'은 '순수언어' die reine Sprache에 근거를 두고 있다. 벤야민 자신의 말을 인용해 보기로 하자.

> 언어들의 초역사적 근친성은 각각의 언어에서 전체 언어로서 그때그때 어떤 똑같은 것이, 그럼에도 그 언어들 가운데 어떤 개별 언어에서가 아니라 오로지 그 언어들이 서로 보충하는 의도의 총체성만이 도달할 수 있는 그러한 똑같은 것이 의도되어 있다는 점에 바탕을 둔다. 그것은 곧 순수언어이다. 즉 서로 낯선 언어들의 모든 개별적 요소들, 단어, 문장, 구문들은 서로를 배제하는 반면, 이 언어들은 그것들의 의도 자체에서는 서로 보완한다.[11]

'순수언어'란 물론 구체적인 자연어가 아니다. 그것을 가령, '아담의 언어', 즉 바벨탑 이전의 언어였다가 바벨탑 이후에 이르러 모든 개별 민족어에 편재하게 된 어떤 보편적인 언어로 이해할 수도 있을 것이다. 중요한 것은 '순수언어'란 오직 번역하고 번역되는 두 언어가 번역이라는 사건을 통해 서로서로 보충할 때에만 드러나는 어

---

11) 발터 벤야민, 『발터 벤야민 선집 6』, 최성만 옮김, 길, 2008, 129쪽.

떤 것이라는 사실이다. 그리고 "진정한 번역은 훤히 비쳐나오는 번역으로서 원작을 덮지 않고 원작에게 빛을 가리지 않으며, 오히려 순수언어를 번역 자신의 매체를 통해 강화하여 그만큼 더 원작 위로 떨어지게" 하며 여기서 "낯선〔원작의〕언어 마력에 걸려 꼼짝 못하고 있는 순수언어를 번역자 자신의 언어를 통해 해방시키고 또 작품 속에 갇혀 있는〔순수〕언어를 그 작품의 재창작을 통해 해방시키는 것이 번역자의 과제"가 된다.[12]

저 '순수언어'를 말의 진정한 의미 혹은 보편적 의미로 이해해도 무방할 듯하다. 벤야민에 따르면 이 '순수언어'는 개별적인 언어 그 자체에서는 드러나지 않고, 심지어 그 언어에서는 '갇혀 있는' 어떤 것이며, 번역은 원작을 '덮지 않고', 원작의 '빛을 가리지 않으며', 더 나아가 원작에 갇혀 있는 순수언어를 '재창작을 통해' 해방시킨다. 인용된 벤야민의 원문에서 원작이라는 말에 발신자의 말을, 번역이라는 말에 수신자의 말을 대입해 본다면 벤야민의 번역론을 일종의 소통론으로 '번역'하는 일도 가능하다. '순수언어'가 두 자연어가 서로서로 조명을 비추어 줌으로써 등장하듯이 말의 진정한 의미도 발신자와 수신자의 말, 즉 '타자들의 말들' 상호 간의 작용하에서만 등장한다. 더 나아가 번역이 순수언어를 '더 원작 위로 떨어지게' 해주는 것처럼, 수신자의 말은 발신자의 말 속에 들어 있는 진정한 의미, 수신자의 말 하나로써는 드러내기 불가능한 보편적인 의미를 드러나게 해주어야 한다. 바로 이러한 과제설정이 대화적 소통을 전언=텍스트에 대한 자의적인 왜곡(사실 이러한 왜곡은 R1=R2를 지향하는 발

---

12) 벤야민, 앞의 책, 137, 139쪽.

신자의 독백과 마찬가지로 일종의 수신자의 독백이라고 할 수 있다)으로 부터 구출해 준다.

보편적인 의미의 드러냄이라는 '과제설정'은 바흐친이 '존재하는 것은 곧 소통하는 것'이라고 말하면서 등장시키는 '책임성'responsibility이라는 범주를 연상하게 해준다. 바흐친에 따르면 타자의 말에 '응답하는 것'response은 그것에 '책임성'responsibility을 가지고 관여하는 일이다. 즉 소통이란 말의 진정한 의미에 도달하기 위해 '책임성'을 가지고 타자의 말에 관여하는 것(=응답하는 것)이며 바로 여기에서 소통의 윤리가 시작될 것이다.

앞서 언급한 것처럼 지금은 일종의 '대화주의'의 시대라고 할 수 있다. 아마도 앞으로도 소통의 가치는 더욱더 커질 것이다. 소통의 기술(가령 프레젠테이션이나 글쓰기, 타인을 설득하기 등)을 습득하는 일은 물론 중요하다. 그러나 소통의 기술의 습득과 함께 소통의 본질에 대한 고민이 필요하다. 소통이 나와 타자 간의 대화를 의미한다면 그것은 동일성이나(이 경우 소통은 R1=R2를 지향하는 독백이 된다) 혹은 차이(이 경우 소통은 무한한 상대주의가 된다) 어떤 하나로 환원될 수 없다. 소통의 과정이 나의 '약호'로 구체화된 전언=텍스트를 너의 '약호'로 해독하는 것이라면, 소통의 시작은 소통을 가능하게 해주는 나의 '약호'와 너의 '약호'의 동일성과 차이의 경계를 확인하는 것에서 출발한다고 할 수 있을 것이다.

물론 이 과정은 조지 오웰의 말처럼 '근본적으로 불가능한' 것일 수 있다. 하지만 '존재하는 것이 곧 소통하는 것'이라면 '책임성'을 가지고 타자의 말에 응답하는 것이야말로 스스로의 존재 증명을 위한 필요조건이 아닐까. 아니 존재하고 있기 때문에 우리는 이미 소통에 관여하고 있는 것이다. 우리가 이미 관여하고 있는 소통을 고민해야 할 때다. '바로, 지금, 여기에서.'

| 추천 도서 |

미하일 바흐친, 『도스토예프스키 시학』, 김근식 옮김, 정음사, 1988.
이 책은 원래 1929년 공간된 『도스토예프스키 창작의 문제들』의 개정본으로 1963년 『도스토예프스키 시학의 문제들』이라는 제목으로 재발간되었다. 제목이 보여 주듯이 이 책은 도스토예프스키에 대한 연구서다. 1980년대 서구에서, 1990년대 러시아에서 '바흐친 붐'을 주도했던 책이기도 하다. 도스토예프스키에 대한 가장 훌륭한 연구서의 하나이자 대화와 소통에 대한 가장 뛰어난 연구서이다. 대화와 소통에 대한 일반이론, 도스토예프스키의 단편 소설 분석, 도스토예프스키의 장편 소설 분석으로 구성되어 있다. 기존의 도스토예프스키에 대한 철학적, 사상사적 분석을 시학적 분석으로 대체하면서 대화야말로 도스토예프스키 소설의 '여주인공'이라는 사실을 설득력 있게 보여 주고 있다. 물론 도스토예프스키에 대한 개략적인 지식을 갖추고 읽는 것이 좋지만, 책 자체가 도스토예프스키를 읽고 싶게 만들어 주는 미덕을 갖추고 있기도 하다. 국역본의 번역은 몇 가지 문제점이 있으며 가능하면 영역본과 대조하면서 읽는 것이 좋다.

미하일 바흐친, 『말의 미학』, 김희숙·박종소 옮김, 길, 2006.
바흐친 사후 그의 제자들이 바흐친의 논문을 묶어 낸 『언어 창조의 미학』의 번역본이다. 최근 바흐친의 연구에서 가장 중심이 되고 있는 그의 초기 철학의 대표작, 「미적 활동에서의 작가와 주인공」(1920~21)에서부터 70년대 그가 남긴 수고들을 포함하고 있다. 역자들이 선택한 '말의 미학'이라는 제목

은 바흐친의 주된 관심사가 구조주의의 '랑그-파롤'의 짝패에서의 '파롤'
(발화, 담론)이나 '랑그'(언어)가 아니라 그 짝패를 넘어서는 '말'이라는 점
에서 탁월한 선택으로 보인다. 바흐친 사유의 매력은 논리적인 일관성이 아
니라 그 논리적인 일관성을 넘어서는 모순과 역설인데, 후기의 미완성 수고
들은 그 모순과 역설을 날 것 그대로 보여 준다는 점에서 읽는 재미가 있다.
다만 바흐친에 대한 기본적인 지식이 없으면 「미적 활동에서의 작가와 주인
공」을 읽기는 다소 힘들다. 「담화 장르의 문제」, 「텍스트의 문제」, 「인문학
방법론을 위하여」와 같은 논문을 먼저 읽는 것이 좋다. 이 논문들의 제목이
보여 주듯이 『말의 미학』에서 바흐친이 주로 다루는 것은 '말', '텍스트',
'소통' 등과 같은 인문학 혹은 어문학〔필롤로기〕의 근본적인 개념들이다.
「미적 활동에서의 작가와 주인공」과 같은 논문은 바흐친 특유의 신조어활용
으로 번역이 어려운데 이를 감안해 본다면 번역의 수준은 적절하다.

유리 로트만, 『문화기호학』, 유재천 옮김, 문예출판사, 1998.
에코가 편집한 로트만의 논문집의 번역본이다. 원제는 『지(知)의 보편성』
(*Universe of Mind*)이며 '문화의 기호학적 이론'(A Semiotic Theory of
Culture)이라는 부제를 달고 있다. 국역본의 제목은 로트만 자신이 주장하였
고 영역본의 부제에 반영되어 있는 '문화기호학'에서 유래한다. 로트만의
문화기호학(혹은 역사기호학)은 기존의 기호학에 대한 비판에서 시작하는
데, 이를 위해 이 책에서 '언어', '기호', '텍스트' 등과 같은 기호학의 근본
개념들을 다시 검토하고 있을 뿐만 아니라 '주체', '문화', '역사'와 같은 인
문학의 근본 개념들도 건드리고 있다. 로트만의 문화기호학은 서구의 문화
연구(cultural studies)와 유사하게 기호학적 방법론으로 문화를 분석하고 있
지만 출발점이 다르다. 문화나 역사 자체가 일종의 언어 구성체라는 전제에
서 로트만이 출발하고 있기 때문이다. 에코가 편집한 영역본 자체는 로트만
자신이 다시 검토했던 것으로(심지어 영역과정에서 로트만 자신이 러시아어

논문을 개작하기도 했다) 이 영역본 자체가 다시 로트만의 러시아어 논문집으로 재편집될 정도로 구성이나 번역에서 뛰어나다. 러시아어 논문집은 '사유하는 세계들의 내부에서'라는 제목을 달고 있는데, 문화의 각 지점들을 스스로 '사유하는 세계들'로 파악하는 로트만의 관점을 반영하고 있다. 기호학 입문서로도 읽을 수 있다. 다만 번역에는 몇 가지 문제점이 있으며 영역본과 함께 읽는 것이 좋다.

유리 로트만, 『기호계 : 문화연구와 문화기호학』, 김수환 옮김, 문학과지성사, 2008. 로트만 이론의 초기에서 후기까지에 이르는 문화 관련 논문집이다. 로트만의 문화기호학의 핵심 개념인 '기호계'〔세미오스페라〕에서 책의 제목이 유래한다. 논문의 선별은 로트만 전공자인 역자 자신이 했으며 주로 러시아에서 발간되고 있는 로트만 선집 중의 한 권인 『기호계』(*Semiosfera*)에서 선별되었다. 다양한 시기에 발표된 로트만의 이론을 묶음으로써 로트만 이론의 진화와 변화를 잘 보여 준다. 첫 논문이 1968년에, 마지막 논문이 1992년에 발표된 것이니 약 25년간에 걸친 로트만 이론의 변화가 반영되어 있다. 로트만 기호학을 평가하는 데 있어서 중요한 문제 중 하나는 '구조주의'와의 연관이다. 즉 서구의 기호학이 그 철학적·사상적 토대로서의 구조주의와 밀접하게 연관되어 있다면, 로트만 기호학은 소쉬르와 야콥슨에서 출발한다는 점에서 불가피하게 구조주의에 연루되어 있으면서도 언어보다는 발화에, 체계와 구조보다는 반(反)체계와 탈구조에 관심을 둔다는 점에서 포스트구조주의적 경향을 가지고 있다. 후기에 이르면 이러한 경향이 보다 뚜렷하게 드러나는데, 이러한 변화를 추적하면서 읽는 재미가 있다. 로트만의 이론에 충실한 번역서이자 '잘 읽히는' 번역서이다. 군데군데 삽입되어 있는 역자의 주석은 사실 관계나 개념 설명에 그치지 않고 로트만 이론의 경향과 의의를 설명해 주고 있어 로트만에 대한 이해를 돕고 있다.

돈키호테, 산초를 만나 진리를 구하다
― 근대소설과 인문주의 그리고 문자소통문화

김춘진

르네상스 소통혁명과 정보화혁명

오늘날 정보화시대는 가히 소통의 혁명시대라고 할 수 있겠다. 최근 인터넷 기술 발달은 갈수록 속도를 더해 가며 세상을 한마당 소통의 장으로 바꾸어 가고 있다. 소셜네트워킹사이트SNS에서처럼 온라인 상에서 인맥을 구축하고 사회 활동과 기업 경영에서는 소통의 리더십이 회자되고 있다. 앞으로 인류 전체가 조밀한 연결망을 형성해 개인보다 개인 간 유대와 정보 연결이 더 중요해지고 시간과 공간의 제약을 넘어 소통이 무한히 확장되어 갈 것이다. 바야흐로 인터넷 기술 혁명과 함께 소통의 문화가 혁명의 시대에 접어들었음이 분명하다.

물론 소통의 문제가 어제 오늘 일만은 아니다. 사람은 홀로 유아독존 하는 것이 아니라 사람과 더불어 공존하는 사회적 동물이다. 인

* 김춘진 | 서울대학교 인문대학 서어서문학과 교수. 스페인 Universidad Autónoma de Madrid에서 문학박사 학위를 받았다. 스페인 고전문학을 주로 연구하고 있다. 『스페인 피카레스크소설』, 『차이를 넘어 공존으로. 스페인어권 세계의 문화 읽기』(공저), 『보르헤스』(편저) 등의 저서가 있으며, 논문으로는 「『라 셀레스티나』: '성'(Sexuality)의 근대성과 중세 스페인 리얼리즘 전통의 명암」, 「오르테가 가세트 사상과 예술 비평의 이념적 배경과 정치성」 등이 있다.

간은 개체로는 존재 이유를 찾을 수 없다. 세상에 아무리 사람이 많아도 모두가 개별적 존재라면 오늘날 같은 인류문명으로 진화할 수 없었을 것이다. 공동체를 이루고 언어를 통해 소통하고 소통을 통해 사회화되고 사회를 통해 문명을 창조할 수 있었다. 인류 역사는 그야말로 소통 확장의 역사라고도 할 수 있다.

서구 르네상스 시대도 소통 확장의 역사적 전기였다. 오늘날 소통혁명이 정보화 기술혁명에서 비롯되고 있다면 르네상스 시대의 소통혁명은 인쇄술 발명이라는 기술혁명을 바탕으로 한 것이다. 인쇄술 발달로 문자소통이 가능해지면서 사회적 소통은 중세의 구전 전통 사회보다 더 지적이고 개방적으로 확장될 수 있었다. 로마제국 붕괴 이후 진행되어 온 라틴 속어의 토착화 과정에서 속주였던 유럽 제 지방 언어가 문어로 정착될 수 있는 배경도 마련되었다. 종교개혁도 문자소통이 혁명의 토대가 되었다. 루터가 사제의 말을 통해서가 아니라 성경을 통한 신앙소통을 강조한 것은 중세교회의 구전소통보다 문자를 매체로 세상을 더 구체적이고 개인적인 관점에서 이해할 수 있게 된 인문주의 시대의 소통혁명을 반영하는 것이다.

문화사가 부르크하르트 Jacob Burckhardt(*Die Kultur der Renaissance in Italien*, 1860)는 이 시대를 '개인과 세상을 새롭게 발견한 시대'라고 정의했다. 기독교 중심적이고 인간의 삶이 신의 섭리에 의해 지탱되었던 중세에 비해 세속화된 르네상스 시대에는 신보다 개인의 이성이 그리고 섭리보다 사회적 소통 관계가 더 중요해졌음을 강조하는 말이다. 중세에 교회가 생활의 구심점이고 신과의 만남이 문화 창조의 근간이었다면 르네상스 시대는 도시 중심 생활문화로 인간과 인간 사이의 관계가 조밀해지고 만남과 소통이 혁명적으로 확대된 시기였다.

　　말하자면, 르네상스 인문주의는 인간 중심 사회의 소통이념혁명이자 소통 능력을 획기적으로 제고시킨 문화운동이었다고 할 수 있다. 그래서 신 중심의 중세 헤브라이즘 시대를 뒤로 하고 인간 중심의 헬레니즘 문화가 부활했다고 일컬어졌다. 그리스 로마의 고전문예를 모방해 근대 서구어로 현실을 재현하고 소통하는 시대가 열린 것이다. 문자소통의 확대로 이성이 발달하고 지적 능력이 강화되어 한결 더 개방적이고 역동적인 사회구조로 나아갈 수 있었다. 저술과 출판이 증가하고 중세 신학에서 해방된 세속적 사유와 학문이 발달할 수 있는 진취적 문화 배경이 준비되었던 것이다.

세르반테스의 소설과 인문주의

이 무렵 세르반테스Miguel de Cervantes, 1547~1616의 등장은 상징적 사건이다. 인쇄술 발달의 기술적 토대와 인문주의적 소통 문화의 역사적 인과관계를 소설로 웅변한 작가이기 때문이다. 『돈키호테』는 문자소통이 보편화하는 인문주의 시대를 대표하는 근대소설의 효시다. 책을 읽고 미치는 인물 돈키호테는 책의 시대 독자의 출현을 우화적으로 표상한다. 중세 기사소설을 탐독하는 기사를 근대적 서사형식으로 담아낸 것이다. 여기서 르네상스 시대의 새로운 문화양식에 대한 세르반테스의 탁월한 통찰력과 명료한 문제의식이 돋보이는 것이다.

　　그러한 세르반테스의 근대적 문제의식은 어떻게 현실을 사실대로 인식하고 재현할 수 있는가 하는 물음으로 귀결될 수 있다. 그 물음은 기사소설에 대한 비판에서 출발한다. 『돈키호테』 서문은 기사소설을 비판하고 추방해야 한다는 목표를 분명히 하고 있다. 기상천외

하고 사실성 없는 기사소설을 탐독하다가 허구와 현실을 혼동하게
된 주인공을 통해 당시 기사소설에 몰입하던 독자들에게 미칠 도덕
적 폐해와 지적 타락을 경고하고 있는 것이다. 그리하여 기사소설의
허무맹랑한 비현실성을 풍자하고 현실을 현실답게 그려내는 것을
『돈키호테』 서사의 목표이자 기법으로 삼게 되었다. 그것은 커다란
발상의 전환이었다.

　　무엇보다 역사와 픽션을 명확하게 구별하지 못했던 당대의 지적
현실을 고려하면 세르반테스의 새로운 발상은 유난히 돋보이는 것이
다. 소설 『돈키호테』의 원제목 *Historia del ingenioso hidalgo Don
Quijote de la Mancha*에서처럼 스페인어로 역사와 소설은 구별 없
이 'Historia'로 쓰이고 있었다. 아메리카를 탐험한 스페인 정복자들
의 여행기나 연대기에도 역사적 사실은 픽션과 뒤섞여 있었다. 미지
의 세계에서 접한 낯선 현실을 기술하는 데 모국어의 표현 범위는 턱
없이 부족했을 것이다. 스페인어로 표현하고 전달된 세상은 아무리
새로운 미지의 세상이라도 스페인 문화와 인식의 범주를 벗어날 수
없었을 것이다. 그래서 미지의 아메리카는 이미 알고 있는 서구의 말
과 문화로 각색되고 허구화될 수밖에 없었다. 이를테면 아메리카가
에덴의 낙원처럼 묘사되거나 깃털장식 의관을 한 인디언 추장이 새
처럼 깃털 달린 인간으로 전해졌던 것이다. 그렇게 의도하지 않은 허
구의 상상력으로 아메리카를 왜곡시키면서도 아직 서술의 사실성 여
부에 대해 분명한 문제의식은 갖지 못했다.

　　그에 비하면 세르반테스는 현실 재현의 사실성을 문제 삼으면서
기사소설이나 연대기 같은 당대 서사 장르와 명백히 구별되는 새로
운 서사형식을 창조해 냈다. 인간의 삶과 현실에서 진실을 찾고 사실

적으로 그려 내려는 세르반테스의 지적 탐구정신은 독창적이고 열정적이다(Edward Riley, *Cervantes's Theory of the Novel*, 1962). 그것이 『돈키호테』를 서구 근대소설의 효시로 보는 중요한 이유 중의 하나이기도 하다. 소설이 현실을 다루는 역사와 같을 수 없지만 적어도 어떻게 현실을 현실답게 재현할 것인가 하는 핍진성verisimilitude에 대한 문제의식은 근대 소설 쓰기의 핵심을 구성하는 것이다.

그러므로 소설은 구전문학 전통에서 문자문학 전통으로 이행하는 시대의 이야기 형식에 대한 진지한 반성 가운데 탄생한 인문주의적 서사 장르라고 할 수 있다. 세르반테스는 구전 전통 사회보다 정확하고 사실적인 의사소통이 요구되는 시대변화를 통찰하고 이야기의 사실성을 문제 삼는 이야기 형식으로 소설을 창조해 냈던 것이다. 그것은 소설을 쓸 때 세상을 보는 안목이 섭리의 관점에서 일상 관찰자의 관점으로 바뀌어야 한다는 것을 깨닫고 있었다는 뜻도 된다. 그런 문제의식이 나름대로 새롭고 혁명적이라는 사실도 주지하고 있었다. 열두 편의 단편 소설을 모은 『모범소설』 서문에서 자신이 스페인어로 소설을 쓴 최초의 창의적 소설가라고 자부하고 있는 것이다. 말하자면 세르반테스는 새로운 문자 소통 중심 시대에 새로운 인문주의적 문제의식으로 진리를 탐구하고 새로운 서사장르를 개척한 르네상스인이었다고 말할 수 있겠다.

그렇다면 르네상스 인문주의자 세르반테스에게 진리는 무엇이었는가? 무엇이 진실이고 진실은 어떻게 말과 글로 재현할 수 있는가 물으면서 소설로 어떻게 답할 수 있었는가? 첫번째 답은 '진리는 소통을 통해 구해진다' 일 것이다. 그것은 '말이 진리를 구성한다' 는 얘기이다. 대체 『돈키호테』에서 무엇이 진실이고 진리인가? 풍차는 풍차인가, 돈키호테가 믿는 대로 거인인가? 주막은 주막인가, 돈키호테가 믿는 대로 성채인가? 시골 아낙네 알돈사 로렌소는 알돈사인가, 돈키호테가 믿는 대로 연인의 이상 둘시네아인가? 『돈키호테』는 진실이란 사회적 소통과정에서 창조되는 것이지 인간과 사회를 떠나 초월적으로 존재하는 것이 아니라고 일깨워 준다. 그것은 소설 행위의 중심축인 돈키호테와 산초의 인물 관계에서 잘 드러난다. 두 인물 관계는 인생의 역경에 동행하는 휴머니즘의 백미로 인간이 어떻게 사회적 소통을 통해 비로소 존재 이유를 찾고 세상의 진실을 이해하게 되는가를 걸출한 유머로 설명해 주고 있다.

  소통 없이는 돈키호테가 믿는 세상은 그저 환영일 뿐이다. 돈키호테가 혼자 있는 동안 풍차와 주막과 알돈사 로렌소는 언제나 변함 없이 거인이고 성채이고 둘시네아일 뿐이다. 그것은 의미가 아니라 허상이다. 반면, 돈키호테 혼자 나선 첫 출정과 달리 산초와 함께 나서는 두번째 출정에 경험하는 세상은 전혀 새로운 것이다. 산초가 등장하면서 돈키호테는 사회적 소통을 시작한다(1편 6장). 이웃 마을 농부 산초가 제후를 시켜 주겠노라는 말에 구슬려 돈키호테를 따라나선 것이다. 무지하고 순박하지만 기지에 넘치는 산초의 현실주의가 환상과 독백에 갇혀 있던 돈키호테의 이상주의에 간섭하고 대화가 전개된다. 산초와의 시각 차이와 의견 대립 그리고 상호 연민과 교감 과정에서 돈키호테는 비로소 광대가 아니라 사람다워질 수 있다. 거기서 돈키호테는 불굴의 투지로 또 용기 있는 의인으로 갈채받기도 하고 사회적 불의와 맞서지만 무력하고 초라한 시대착오적 봉건 기사로 연민을 자아내기도 한다.

  요컨대 사람다워진다는 것은 혼자가 아니라 사회적으로 소통하고 교류한다는 뜻이다. 그렇게 소통이 있어야 세상은 의미를 갖게 된다. 비록 두 사람이 만들어 가는 작은 사회지만 돈키호테가 산초와 소통하면서 사물의 이름을 공유할 때 존재 이유를 찾게 되며 현실은 이해 가능해진다. 언어 소통은 더불어 진리를 구성해 가는 사회화 과정이다. 풍차를 풍차라고 얘기하는 산초 앞에서야 비로소 돈키호테는 "거인이라고 믿었던 것"의 의미를 깨닫는다. 그 거인이 신들려 산초에게 풍차가 되었다는 것을. 자신에게 "신들린 거인"이지만 산초에게는 풍차라는 것을. 그렇게 소통을 통해 사물의 이름을 공유하게 된다는 것을. 의미는 산초와 말로 공유하는 상징이지 사물 그 자체는 아니라는 것을. 혼자로는 과대망상에 불과했을 세상이 산초와 소통하면서 의미 있는 상징적 진실로 구성된다는 것을. 그래서 돈키호테의 기사편력은 진리란 초월적 실체로 존재하는 것이 아니라 사회적 소통 과정에서 만들어지는 것임을 깨달아 가는 과정이라고도 말할 수 있는 것이다.

둘째, 그러나 『돈키호테』에서 사회적 소통으로 구해지고 말로 구성된 어떤 진리도 항구불변일 수 없다는 것 또한 분명해 보인다. 진리가 말의 사회적 소통으로 얻어지는 것이라면 그 진리는 사회적 소통이 지속되는 동안만 유효할 일이다. 늘 풍차가 풍차이고 주막이 주막이고 알돈사가 알돈사인 것만은 아니다. 돈키호테에게만 거인일 수 있고 성채일 수 있고 둘시네아일 수 있는 것도 아니다. 산초와 돈키호테의 관점에 따라 사물의 정체성도 바뀐다.

1편에서 세상을 현실대로 보지 않는 것은 돈키호테였고 주인의 비현실적 상상을 교정하는 것은 산초였다. 풍차를 거인으로 상상한 것도 비스까야 부인 수행원들을 납치범으로 오해한 것도 앙떼를 불의의 무리라고 공격한 것도 돈키호테였다. 이웃 마을 또보소의 시골 아낙네 알돈사 로렌소를 둘시네아라고 우긴 것도 역시 돈키호테였다. 그러나 2편에서 상황은 달라진다. 돈키호테 앞에 나타난 세 여자는 분명 촌데기 아낙네들이었지만 산초는 난데없이 가운데 한 여자를 둘시네아라고 우겨대며 돈키호테에게 동의를 강요한다. 그리고 돈키호테는 점차 기사소설의 환상에서 깨어나 현실로 다가간다. 몬떼시노스 동굴에서 꿈꾸는 돈키호테 앞에 나타난 둘시네아는 영락없는 촌 아낙네 알돈사였으며 불과 몇 푼의 돈을 구걸하는 초라하기 그지없는 행색이었다. 돈키호테는 그 몽상적 체험을 통해 꿈과 현실이 다르고, 현실은 이상과 다르다는 것을 깨달아 간다. 마침내 소설 대단원에 이르러 절대미美 둘시네아는 영원히 현실 너머 꿈으로밖에 존재할 수 없다는 사실을 인정한다. 현실을 현실로 받아들이는 것이다. 이웃마을의 알돈사가 둘시네아일 수 없음을(2편 73장), 만차의 한 마을에 살았던 가톨릭 전통 가문의 후예이자 이미 몰락한 향사 신분의 알론소 끼하노가 돈키호테일 수 없음을(2편 74장) 깨닫는 것이다.

마찬가지로 산초도 늘 현실주의자만은 아니다. 돈키호테와 대화하고 교감하면서 갈수록 돈키호테의 이상주의를 닮아 간다. 백작의 성에서 목마를 타고 하늘을 날 때도 속는 것은 산초였고 그것이 백작이 연출한 장난에 불과하다는 것을 넌지시 산초에게 일러 주는 것은 오히려 돈키호테였다. 이제 현실을 현실대로 보고 있는 것은 산초가 아니라 돈키호테다. 마침내 임종을 앞두고 편력기사이기를 단념하는 돈키호테에게 산초는 죽지 말고 네번째 출정에 나설 것을 애원한다. 그렇게 돈키호테의 이상주의와 산초의 현실주의는 반전된다. 그렇게 돈키호테가 산초일 수 있고 산초가 돈키호테일 수 있는 역설적 상황이야말로 현실적이다. 그래서 돈키호테의 이상과 산초의 현실 사이의 경계가 허물어지는 것처럼 진리와 허위의 경계도 허물어진다. 현실은 정적인 실체가 아니라 쉬지 않고 변화하는 역동적인 것이기 때문이다. 산초와 소통을 통해 진리가 구성된다는 것을 깨닫는 것처럼 소통을 통해 또한 그 진리가 부인될 수 있다는 것을 깨닫게 할 때 『돈키호테』는 우리를 한걸음 더 가까이 현실로 다가가게 하는 것이다.

　　미학적 관점에서 보면, 세르반테스의 소설과 진리에 대한 인문주의적 문제의식은 르네상스와 바로크 양면의 미적 표현 양식으로 중첩되어 있다. 인간은 무엇인가, 우리가 직면하는 현실이란 어떤 것인가, 그것을 어떻게 진실로 얘기할 수 있는가에 대한 문제의식과 탐구 열정에는 르네상스 시대 인간 이성에 대한 낙관적 합리주의 정신이 두드러진다. 그러나 낙관적 이성이 실천적 현실과 만나는 궁극적 결말에 이르면 세르반테스의 태도는 모호하고 바로크적이다. 진실은 탐구하고 지향해야 할 이상이지만 현실은 모호하고 불확실하며 혼돈과 모순투성이일 뿐 진실을 드러내지 않기 때문이다. 그것이 문자 소통 시대에 직면하는 현실 인식과 재현의 한계이다. 소통과 재현으로 드러나는 것은 도리어 사물과 언어, 진실과 소설 사이의 메울 수 없는 간극이다(Michel Foucault, *Les Mots et les choses*, 1966).

　　사회사적 관점에서 보면, 『돈키호테』는 신의 섭리를 등진 세속적 현실 인식 태도로 불가피하게 회의주의적일 수밖에 없었던 근대 시민계급의 이야기 소통 수단으로 소설이 등장한 것임을 확인해 준다. 그러나, 역설적으로, 회의는 사유의 출발점이고 회의주의는 사상의 진보를 준비한다. 회의주의를 바탕으로 한 세르반테스의 소설도 문자소통문화의 지적 깊이를 반영하고 있을 것이다. 『돈키호테』의 독자에게 현실/소설과 진실/허구 사이의 거리를 문제 삼고 미적으로 즐기는 것은 전대미문의 지적 훈련을 의미했을 것이다. 세르반테스는 어떻게 현실을 현실답게 재현하느냐 하는 작가의 문제의식에 투철했으면서도, 독자가 소설에서 어떻게 진실을 읽어 내느냐 하는 수용 측면의 문제의식도 소홀히 하지 않았다. 『돈키호테』 서문은 소설의 의미를 해석하는 다양한 독자 수용을 개방적으로 권면하고 있다. 16세기에 번성한 듣는 연극이 스페인 관객을 지적으로 훈련시켜 소설 독자로 준비시켰다는 사실은 눈여겨 볼 일이다. 그러나 아직 소설을 연극 보듯 낭송으로 듣는 문맹 독자들이 많기는 했지만 세르반테스는 『돈키호테』를 통해 기사소설과는 지적으로 전혀 다른 차원의 소설 읽기를 요구하고 있었던 것이다.

결론적으로, 세르반테스의 소설 형식은 문자소통이 확장되는 르네상스 시대의 인문주의 정신과 지적 개방성을 웅변해 주는 것이다. 뿐만 아니라, 그의 산문은 근대 스페인어 발달사의 한 정점에 서 있다는 점에서도 르네상스 인문주의를 표상한다. 요즈음도 세르반테스의 산문은 스페인어 문장의 고전적 전범으로 존중받고 있을 정도이다. 『돈키호테』는 스페인어의 규범을 견고히 하고 교양 수준을 예술적으로 고양시킨 스페인 인문주의의 완결판이었다. 인문주의자 네브리하A. Nebrija가 처음 『스페인어 문법』*Gramática de la lengua castellana*, 1492을 출간한 지 한 세기가 지나고 나서의 일이었다. 그것은 로마제국 붕괴 이후 라틴어와 토착어가 섞여 지방화된 유럽의 로망스어 중에서 처음 등장한 문법서였다. 소통의 양적 확장에 인쇄술의 발명이 중요했다면 근대 스페인어 문법 확립은 읽기와 쓰기의 효율을 증대하고 소통을 질적으로 확장시키는 데 더없이 긴요했을 것이다.

서구 근대 500년과 포스트인문주의posthumanism 시대의 인문주의 정신

한편, 『스페인어 문법』이 출간된 1492년은 스페인이 아랍 세력을 축출하고 이베리아 반도에 근대적 통일국가로 등장하는 바로 그해였다. 신생 통일 스페인의 등장과 신생 스페인어 문법의 완성이라는 두 가지 근대적 사건이 때를 같이 했다는 것은 언어와 정치적 소통구조의 긴밀한 관계를 입증해 주는 것이다. 당대 가톨릭 군주 이사벨과 페르난도가 신흥 대학들을 중심으로 중세 교회 이념을 세속화시키고 중앙집권적 국가 권력을 강화하는 근대적 지배 이데올로기를 생산해 낼 수 있었던 것도 스페인어 문법 확립과 문자소통 혁명을 바탕으로 한 것이다. 그후 18세기 유럽 민족주의 확산과 민족국가 등장에 출판 자본주의와 민족 단위 언어 표준화가 기반이 되었다는 사실도 상기해 볼 필요가 있겠다(Benedict Anderson, *Imagined Communities: Reflections on the Origin and Spread of Nationalism*, 1991).

그리고 보면 『스페인어 문법』처럼 근대 유럽 문어규범이 확립되고 『돈키호테』 같은 근대소설이 시민계급의 문화적 소통 매체로 발전하는 한편, 출판 매체의 보편화를 통해 영토 내 언어통일을 달성해 민족국가 질서를 확립하고 제국주의로 발전해 갔으니 문자소통 체제가 서구 근대사의 토대였다고 할 만하다. 그 서구 근대사의 기점을 콜럼버스와 신대륙의 만남으로 삼는다면 대략 500여 년의 역사다.

인문학은 이와 같은 서양 근대의 역사적 발흥 과정에서 생겨나 중세 신학을 대체한 새로운 세계관이자 문화논리이며 소통을 혁명적으로 확장한 학문이었다. 인쇄술 발명과 근대 유럽어의 정착, 지리적 지평의 확장과 과학 발전, 그리고 문예부흥과 인본주의 세계관 등 물적 토대와 정신적 가치관의 일대 패러다임 변화를 동반한 근대 서구 문화의 근간이었다. 그러나 19세기 이래 실증 학문의 분화 발전은 인문학의 영역과 입지를 좁혀 나갔다. 결국, 오늘날 인문학은 가장 보편적 가치를 지닌 것으로 여겨지면서도 근대 서구라는 한 시대 한 사회의 학문적 수요를 배경으로 생겨났다는 점에서 필연 역사적일 수밖에 없는 것이다.

또한, 시대마다 인간에 대한 이해가 달라지고 인문 교양의 의미가 달라질 수밖에 없다는 것도 명백해 보인다. 계몽주의와 더불어 발전한 인문 교양이라는 말도 서구 중심의 제국주의적 문화 가치였다는 점에서 역사적이고 이념적이다. 아놀드(Matthew Arnold, *Culture and Anarchy*, 1869)는 문명과 야만을 대립시키고 식민지인들이 영국 역사의 교양 전범 즉 셰익스피어와 같은 고전문학을 통해 야만을 극복하고 교양을 습득해야 한다고 주장했던 것이다. 그것은 사이드(Edward Said, *Orientalism*, 1978)가 지적한 대로 영국의 식민지 사회에 대한 영국 민족과 문화의 우월감을 드러낸 것이며, 오늘날 보편화된 교양/문화 culture라는 말에 담긴 19세기 영국 제국주의 이데올로기의 역사적 연원을 되새기게 하는 것이다.

그렇게 스페인에서 개벽해 수세기 동안 서세동점西勢東漸하면서 세계를 선도하던 근대 서구문명의 패러다임이 20세기 말 이후 새로운 역사적 변화를 맞고 있다. 첫째, 소통의 확장은 혁명적이고 세계적이다. 디지털혁명은 인쇄술의 발명에 견줄 수 없을 만큼 빠른 속도로 엄청난 정보의 생산과 유통을 가능하게 했다. 둘째, 세상은 이제 민족국가 시대를 넘어 세계라는 더 큰 공동체를 향해 소통을 확장하고 있다. 서구 중심주의는 약화되고 중국과 동아시아 등 새로운 중심들이 부상하고 있다. 문명의 중심과 주변이 뒤바뀌고 뒤섞이면서 순혈주의나 동종성보다 혼종과 다양성 그리고 이종교배가 가치의 원천으로 각광받기 시작했다. 셋째, 인본주의 대신 생태환경이 주목받고 인공지능이나 유전공학의 발달로 인간의 정체성에 대한 근본적 반성과 진전된 성찰이 요구되기에 이르렀다.

그렇다 하더라도 인문학과 인문주의의 본질은 역사적인 만큼 보편적이라는 데 있을 것이다. 인류가 지속되는 동안 모든 문명의 창조 과정은 인간을 위한, 인간에 의한 인간의 행위와 그 결과일 것이기 때문이다. 인간이 중심인 인본주의를 대신해 생태환경주의를 내세워도 인류의 생존과 번영을 위한 것임에 틀림없다. 정보화혁명도 읽고 쓰는 인문주의 소통 방식과의 결별이 아니라 개량과 확대 그리고 속도화를 의미하는 것이며, 더 진전된 사유와 더 정확한 말과 글의 소통을 지향하는 것이다. 느슨한 종교적 유대를 기반으로 분산되어 있던 소규모 도시 단위 정치 공동체들이 민족국가라는 보다 큰 규모로 확대 결집되었던 것과 다를 바 없이 오늘날 세계화 시대는 온 인류를 하나의 정보망에 연결하는 소통의 확장을 통해 더 큰 공동체로 나아가는 것을 의미하는 것이다.

이제, 문제는 서구 근대의 패러다임이 이동하는 이 현란한 사회 변동기에 인간과 사회를 어떻게 이해해야 할 것인가 하는 실천적 궁리이다. 우리가 어떤 존재인가를 묻고 어떤 가치와 규범을 추구할 것인가 하는 것은 시대를 초월한 인류의 보편적이고 본원적인 문제인 것이다. 오늘날 민족국가 시대의 국민 교양을 넘어 세계시민사회의 교양을 추구하고, 인간 중심주의를 넘어서 포스트인문주의를 내세우는 이즈음에도 인문학과 인문 교양의 문제는 여전히 우리시대 문제의식의 한가운데 있어야 하는 것이다.

그래서 세계화·정보화 시대를 맞아 근대 스페인어를 확립하고 제국으로 팽창하는 한편 문자소통 시대를 풍미한 『돈키호테』를 창조하고 서구 민족주의와 제국주의 시대로 길을 열었던 스페인 인문주의 시대를 되돌아보게 된다. 문예부흥기의 세르반테스가 과거에 대한 반성보다 미래를 향한 전진에 몰두하는 바로 오늘날이라면 우리에게 무엇을 얘기할지 생각해 볼 일이다. 돈키호테가 문자소통 시대에 바른 것과 옳은 것, 아름다운 것을 찾아 나선 편력기사였다면 우리들은 정보화 시대의 진리와 정의 그리고 심미적 가치를 찾아 편력하는 디지털 노마드라고 부를 수 있지 않겠나. 아마도 세르반테스라면 오늘날에도 세상의 길은 인간과 인간 사이의 소통을 더 정확하고 바르고 아름답게 확장하는 데 있다고 말하지 않을까. 여전히 진실은 회의하면서 품어지고 소통하면서 구해지는 것이라고 말하지 않을까. 아마도 돈키호테가 산초를 만나 비로소 진리를 구했듯이 우리들 정보화 시대에도 수많은 돈키호테와 수많은 산초들이 무한히 서로 소통하면서 더 보편적이고 더 정치한 진리를 구하게 되리라고 말할 것이다. 그것이 진리가 상대화되고 지식이 파편화하는 디지털 노마드 시대의 역설적 진리라고 말이다.

한걸음 더 나아가, 인간을 인간답게 만드는 것은 인종과 문화 그리고 이념의 편견을 극복하고 타자에 대한 관용을 앞세우는 소통이라고, 그래서 경직된 교조적 사유의 틀을 벗어나 보다 자유롭고 유연하며 창의적인 인문주의 정신을 드높여 더 열린 소통 사회로 나아가야 한다고 말할 것이다. 왜곡된 오류와 허위는 드러내고 더 명징한 진실을 향하여 더욱 진정한 정의와 미적 가치를 향해 나아가라고 말할 것이다. 그렇게 대항종교개혁Counter-Reformation 시대 가톨릭교회의 교조주의가 지배하던 스페인 사회에서 진실을 묻고 회의하며 탐구할 줄 알았던 세르반테스의 지적 용기와 인문주의 정신을 가치의 패러다임이 변동하는 오늘날 소통의 혁명 시대에 되새겨 보아야 할 일이다. 시대와 역사의 맥락을 거스를 수 없는 '인문주의'와 '교양' 그리고 '인문학'의 온고지신溫故知新을 꿈꾸며 말이다.

| 추천도서 |

야코프 부르크하르트, 『이탈리아 르네상스의 문화』, 이기숙 옮김, 한길사, 2003.
1860년 출간되어 '르네상스' 패러다임을 보편화시킨 이탈리아 르네상스 문화연구의 고전이다. 14~15세기 이탈리아를 선형적 역사 발전과정으로 분석하기보다 반복되는 문화현상에 주목해 제반 사회 풍속과 종교, 예술과 사상을 고찰한 문화사 기술의 전범이 되었다. 무엇보다 현대 유럽인의 기원과 정체성을 문제 삼고 근대 유럽문화의 생성과정에서 '개인'을 문화사적 주체로 상정했다. '르네상스 인간' 개인은 혼란스럽고 자의적인 개념이라는 비판을 받기도 했지만 부르크하르트의 저술을 관통하는 핵심 개념이자 근대 서양문명을 지탱하는 근간 개념이 되었다. 15세기 후반에 만개했던 이탈리아 르네상스는 16세기 들어 이탈리아 도시국가들이 스페인, 프랑스 등에 정복당하고 프로테스탄트 세력 확장에 대항하는 반종교개혁 기류 속에 가톨릭 절대주의가 득세하면서 쇠락하기 시작했다. 그런 의미에서 이 책은 대항종교개혁을 주도하고 가톨릭 절대주의를 고착시키면서 유럽 르네상스 문명에 대항문화의 그림자를 드리운 스페인 근대 사회와 문화를 비교해 이해하는 데도 긴요한 서술이다.

존 H. 엘리엇, 『스페인 제국사 1469~1716』, 김원중 옮김, 까치, 2003.

이 책은 아라곤의 왕세자 페르난도와 카스티야 왕위 계승자 이사벨이 결혼한 1469년으로부터 부르봉 왕조가 들어서서 카스티야의 중앙집권적 아라곤 지배를 성문화한 1716년까지를 스페인 합스부르크 제국의 역사로 자리매김하고 있다. 동시에 스페인이 기독교 세계 최강의 나라이자 아메리카 식민제국으로 성장하는 15세기 말과 16세기 초 역동적 사회변동에 주목하고 흥기의 과정만큼 짧은 시간에 급격히 쇠퇴한 합스부르크 제국의 역사적 실패 원인과 배경이 무엇이었는가를 논의의 출발점으로 삼고 있다. 무엇보다 영국, 네덜란드, 프랑스 등 후발 근대국가들이 스페인 제국의 정치적 헤게모니 도전에 나서면서 선전 전략으로 앞세운 흑색전설(Black Legend)의 영향이 20세기까지 지속되었다는 것을 고려하면 존 H. 엘리엇은 편견에 기울어 있던 부정적 스페인 역사관을 극복하고 합스부르크 제국 흥망의 역사적 인과관계를 과학적 안목에서 고찰했다는 점에서 평가받을 만하다.

Edward Riley, *Cervantes's Theory of the Novel*, Clarendon Press, 1962.

세르반테스를 해박하고 정치한 소설 이론가로 부각시킨 세르반테스 소설론의 고전이다. 즐거움과 교훈, 예술과 자연, 수사학과 문체 등 서사 전반에 대한 세르반테스의 이론적 성찰 능력을 고찰하면서 당대의 주요한 문학이론가들을 두루 꿰뚫어 섭렵하고 있었음을 확인해 주고 있다. 무엇보다 진리에 대한 세르반테스의 탐구 열정에 주목하면서 역사적 진리와 시적 진리의 관계를 세르반테스 소설 이론의 핵심적 문제의식으로 파악했다. 『돈키호테』 서사구조의 근간을 경험적 가능세계와 당위세계를 조화시키려 부단히 서사에 개입하는 소설의 소설에 대한 반성적 자의식에서 찾았던 것이다. 작가가 서사 행위에서 의식적으로 이탈하고 소설 안팎으로 드나들면서 현실과 허구, 인물과 독자의 지위를 지속적으로 자리바꿈하게 하는 자기 반성적 서사 원리는 근대소설의 이론적 시금석이며 1600년대 유럽의 보편적 사유 경향과도 맥락을 같이 하는 것이라고 지적한 것은 주목할 만하다.

'내 안'의 상심傷心과 '세상 밖'의 무심無心이 만나는 곳
— 시조 속의 문門과 창窓

조해숙

옛노래가 들려주는 것들

'창문을 열어 주오~'로 시작되는 감미로운 연가戀歌의 추억, 그 풍경을 떠올리는 것만으로도 우리는 늘 설렌다. 인적은 드물고 달마저 시린 밤, 오직 환히 밝혀진 연인의 창을 향하여 몰입하는 열정의 몸짓은 보는 이의 가슴마저 흔들 만큼 감동적이다. 굳게 닫힌 창이 마침내 열리고 그리던 얼굴이 나타나 수줍게 끄덕이는 승낙의 표정은 창밖의 이를 얼마나 벅차게 하는가. 그 순간, 창밖을 서성대던 노래들은 열려진 창을 통해 놀라운 속도로 흘러들어가 행복한 연인의 방 안을 꼼짝할 수 없이 가득 채우는 것이다. 연인들을 감싸 주던 그 노래는 평생을 곱씹어 추억할 만한 고귀한 언약이 되리라.

* 조해숙 | 서울대학교 인문대학 국어국문학과 교수. 서울대학교 국어국문학과에서 학사, 석사, 박사 학위를 받았다. 조선 후기 국문시가에 나타난 시대적 변화의 추이와 문학양식의 시대적 대응 양상을 주된 연구 관심사로 삼고 있다. 저서 『조선 후기 시조한역과 시조사』, 『한국의 고전을 읽는다』(공저) 등과 「농부가에 나타난 후기 가사의 창작의식과 장르적 성격변화」, 「義城 金門의 時調 落穗 11首에 대하여」, 「시조에 나타난 시간의식과 시적자아의 관련양상 연구」, 「근대전환기 국문시가의 장르적 변환과 근대성」, 「대한민보 시조에 나타난 계몽기 시가의 전환과 대응 양상」 등의 논문이 있다.

나와 상대가 속한 각기 다른 공간을 분리하면서 동시에 이어 주는 또 다른 장치로는 문이 있다. 이쪽과 저쪽을 가르면서도 쌍방의 드나듦을 애초에 전제로 한다는 면에서, 창보다는 문의 역할이 더 적극적이다. 창을 여닫을 주도권이 방 안에 있는 이에게 속한 것이라면, 안팎이 똑같이 생긴 문의 손잡이는 밖의 이에게도 절반의 권리를 주는 셈이기 때문이다. 이처럼 창과 문은 안과 밖의 경계에 있으면서 나와 타인, 나와 세상을 구분해 놓기도 하고 만나게도 한다.

이것이 일상의 의미를 넘어 강렬하게 다가오는 순간은 언제인가. 그것은 그리던 연인의 모습이 등장할 때의 그 창처럼 눈부신 만남의 통로였던가. "차고 슬픈 것이 어른거"리는 유리창, 아니면 "석벽난간石壁欄干 열두 층계 위에 이제 검푸른 이끼가 앉았"는 돌문처럼 체념과 절망의 배경이었던가.

오늘날 우리 문학에서 찾을 수 있는 감수성이나 이미지가 지금 내 삶을 진실되게 비추고 있는 것이라면, 옛노래 속의 유사한 소재들이 발하고 있는 분위기가 과거 그들의 사유와 정감을 대변하고 있음 또한 분명할 것이다. 옛노래와 현대시 사이에 가로놓인 시간의 거리만큼이나 문과 창의 외형도 변하고 문화적 도구로서의 기능도 달라졌지만, 절실한 서정의 국면에서 이들이 부각되는 계기는 깊이 닿아 있을 터. 제대로 기울여 들을 밝은 귀만 갖는다면 옛노래의 탐색은 과거 저편의 그들을 지금 이편의 우리 속으로 불러 낼 기회이기도 할 것이다.

가장 흔한 옛노래라 할 고전시조 속에서 문이나 창이 등장하는 예는 드문 편이 아니다.[1] 오늘날의 시가 '읽히는 시'로서 결핍의 서정을 언어로 형상화하는 것과는 달리, 시조에서는 발화하는 이의 상황을 독자 혹은 청자와 공유한 채 절박한 정서를 거듭 '노래' 하므로 수사적 장치나 표현의 미묘함을 공들여 다듬지 않는다. 그 노래 속에 표현된 정감의 방향과 이미지를 통해 창과 문에 어린 그들의 표정을 읽어 낼 수 있을 것이다.

적막한, 그러나 빗장 걸지 않은 문

흔히 문은 안과 밖이 교차하는 대등한 만남의 통로라고 인식된다. 크거나 작거나 간에 문을 대하면, 동적動的이고 떠들썩하며 반가움의 표정이 오가는 장면이 연상되는 것도 이 때문이다. 이처럼 흔하디흔한 일상적 공간이 노래 속에 등장하는 경우는 어떠할까.

시조에서 문은 정적靜的이고 고요하며 외로운 풍경 속에 서 있다.

山村에 눈이 오니 돌길이 무쳐셰라
柴扉롤 여지 마라 날 츠즈 리 뉘 이시리
밤중만 一片明月이 그 벗인가 ᄒ노라.

— 신흠(申欽)

문이 지닌 이미지를 찾을 때 가장 먼저 떠오를 법한 작품이다. 사대부 관료로서 전성기를 누리던 상촌象村 신흠1566~1628이 계축년 1613년 옥사獄事에 연루되어 겨우 목숨만 부지한 채 쫓겨나 경기도 김

---

1) 텍스트로 삼은 정병욱의 『시조문학사전』(신구문화사, 1979)에 실린 시조 작품 2,376수 가운데 창, 문이 주요 소재로 등장한 것은 110여 수로, 비율이 5% 남짓 된다.

포 선영에서 창작했다는 「방옹시여」放翁詩餘 30수 중 하나이다. 처음 도착하고 살 집조차 없이 계부季父의 농막 두 칸을 빌려 임시거처를 마련했다 하니 그분이 느낀 자괴감이 어느 정도였을지 짐작된다.

때마침 내려 돌길을 지워 버린 눈은 한적하고 풍요로운 자연의 이미지로 다가오지 않는다. 외딴 곳에 고립된 스스로의 처지를 분명히 하여 세상 밖에 묻혀 버린 이의 심정을 증폭시키는 요소일 뿐이다. 이제 자신을 찾아 줄 이는 없을 것이라는 절망감이 사립문을 열지 말라는 금기의 진술을 만들었지만, 다시 스스로 방문을 열어 깊은 밤하늘에 떠오른 조각달을 맞아들이는 기다림의 자세를 취하는 것이다.

누군가 열고 들어와야 할 문이지만, 노래 속에서의 그것은 정작 '밖'에서는 열리는 법이 없다. 마침내 기다림이 극대화하여 방 '안'의 자신이 문을 열어젖힌 순간, 문 밖의 세계는 과장되거나 허세에 찬, 환상이 깨진 낯선 얼굴로 다가든다. 연정戀情의 노래들은 "……柴扉를 열고 보니 하늘이 챠고 달이로다/ 뎌 기야 空山 줌든 달을 즈져 무숨ᄒ리요," 또는 "……지게ᄃ門 半만 열고 밤드도록 기다리니/ 月移코 花影이 動ᄒ니 님이 오나 넉엿노라"고 하여 개 짖는 소리나 달·꽃의 움직임에다 기대의 저버림을 전가하는 방식을 종종 구사한다.

다음 작품은 님을 기다리는 이의 과장과 허세가 더욱 두드러지게 표현된 경우이다.

님이 오마ᄒ거눌 저녁밥을 일지어 먹고
中門 나서 大門 나가 地方 우희 치ᄃ라 안자 以手로 加額ᄒ고 오는
가 가는가 건넌 山 ᄇ라보니 거머횟들 셔 잇거눌 져야 님이로다 보
션 버서 품에 품고 신 버서 손에 쥐고 곰븨님븨 님븨곰븨 쳔방지방

지방쳔방 즌 듸 무른 듸 굴희지 말고 워렁충창 건너가셔 情엣말 ᄒ
려 ᄒ고 겻눈을 흘긧 보니 上年七月 사흔날 굴가벅긴 주추리 삼대
슬드리도 날 소겨다
모쳐라 밤일싀만졍 힝혀 낫이런들 눔 우일 번ᄒ괘라.

1728년에 김천택金天澤이 엮은 『청구영언』靑丘永言에 처음 등장하
는 사설시조이다. 작품의 주인공은 님 소식을 접하고 마음이 부풀어
황급히 마중 가는 참이다. 중문과 대문을 거침없이 잇달아 열고 나가
문지방에 올라서서 손으로 이마를 가리고 님의 존재를 가늠하다 거
뭇한 무언가를 발견하고 곧장 앞으로 내닫는다. 신도 버선도 다 벗어
들고 엎치락뒤치락 어쩔 줄 모르고 후다닥 건너가 마음에 품었던 말
을 막 건네려는 찰나, 지난해 벗겨 놓은 삼대 줄기를 님이라 믿고 깜
박 속고 만 것을 깨닫는다.

    여기까지의 묘사만으로도 이 장면은 우리의 일상을 넘어서는 곳
에 있지만, 더욱 파격적이라 할 것은 다음 순간 주인공의 반응이다.
고대하던 님의 형상이 자신의 착각임을 눈치챈 순간, 비탄에 젖는 대
신 허세로 짐짓 태연함을 가장한다는 점이다. 오지 않는 님을 기다린
다는 설정에도 불구하고, 이 노래를 향유하는 어떤 상황에서도 님은
관심사로 부각되지 못한다. 누군가를 살뜰히 기다리는 조바심에 찬
자신의 행위가 장황하게 구체화되었고, 혹 자신의 착각을 알아챌지
도 모를 타인이 의식되고 있을 뿐이다. 곧 이 작품은 님에 투사된 자
신이 아닌, 스스로의 감정과 행위 자체가 관심거리로 부각하게 된 세
계의 변화를 노래로써 표상하고 있는 것이다.

    노래 속에서의 문은 일상과는 달리, 안과 밖의 경계에 놓여 있으

면서도 밖에서 돌아올 누군가를 맞이하는 역할을 하지 않는다. 안과 밖의 대등한 통로가 되지 못하고 방 안에 처한 나의 희망과 기대를 상징하는 사물에 머무는 셈이다. 그럼에도 불구하고 문 밖에 존재하는 님, 혹은 나를 받아들이지 않았던 세상을 문의 빗장을 채워 거부하지는 않는 데서, 노래를 공유했던 이들의 소망을 되새겨 볼 만하다. 비록 착각이나 바람에 그칠지라도 문 밖에 대한 갈망과 그것들과의 조화로움을 여전히 꿈꾸었던 것이라 할 수 있지 않을까. 그런 비일상성의 포착이 시적 진술이 되고 그 간절함을 반복하여 되뇌면 노래가 된다. 곧 우리의 일상 속에 등장한 비일상적 순간과 심경을 적실하게 붙들어 매어, 어느 한때 그것을 겪어 갈 모든 이들의 정서를 보편성을 지닌 것으로 감당할 만하게 해주는 것이 바로 노래이다.

창, 위로와 위안의 틀

한편, 안팎 사이의 또 다른 소통체인 창은 보다 직접적인 애정시조들에서 자주 등장한다. 원치 않는 이별의 상황을 살고 있는 이에게 창은 그리움을 곡진하게 투사할 수 있는 특별한 도구이다. 때문에 서두에 등장한바 사랑의 세레나데가 울려 퍼지는 서구적 창문의 풍경에 비해 시조는 훨씬 덜 낭만적이다.

> 묏버들 갈히 것거 보내노라 님의 손디
> 자시는 窓밧긔 심거두고 보쇼셔
> 밤비예 새닙 곳 나거든 날인가도 너기쇼셔.
>
> — 홍랑(洪娘)

이 노래는 조선 중기 고죽孤竹 최경창崔慶昌과 정이 깊었던 기생 홍랑의 작이다. 선조 6년〔1573년〕 고죽이 북해평사北海評事로 경성鏡城에 가 있을 때 둘이 친해졌는데, 이듬해 고죽이 서울로 돌아오게 되자 홍랑이 영흥永興까지 배웅하고 함관령에 이르러 저문 날 비 내리는 속에서 이 노래와 버들가지를 함께 보냈다고 한다. 7언4구로 된 고죽의 한역시가 함께 전한다.

창을 사이에 두고 님과 나는 다른 처지이다. 창 밖의 '나'의 심정을 창 안의 님에게 전하려 한다는 점에서, 밖의 동향만을 주시하던 위의 문 노래들의 상황과는 사뭇 다르다. 님이 어디에 있는지 알면서도 그 안으로 들어설 수 없는, 보이지 않는 벽에 가로막힌 '나'는 그곳에 창을 만든다. 왜 문이 아니라 창이어야만 했던가.

얼핏 창 또한 문과 마찬가지로 님과 나 사이에 놓인, 안과 밖의 대등한 경계라 여겨질 수도 있다. 곰곰이 생각해 보면 창은 엄연히 님이 계신 저편 곧 방 안에 속해 있는 것이지, 밖에 있는 내가 이편에서 함부로 할 수 없는 성질의 것이다. 안팎에 통해 있으되 창을 열고 닫을 수 있는 것은 오로지 방 안의 님일 뿐이다. 투명한 창 너머로 밖에서 안을 들여다볼 수는 있을 테지만, 그 또한 대리물을 통해서나 가능하다. 님이 잠들어 있는 방의 창 밖에서 새잎을 키우며 서 있는 버드나무란 곧 나와 동일시된 사물이다. 비슷한 상황을 노래한 다른 작품을 더 들어 보면 "돌이야 님본다 ㅎ니 님보는 돌 보려 ㅎ고/ 東窓을 半만 열고 月出을 기드리니……"라든가, "이몸 싀여져셔 접동시 넉시 되여/ 님 자는 窓밧게 불면셔 우리과져……" 등이 있고, 이때 자신의 대리물은 달, 접동새 등으로 다양하게 나타난다.

홍랑처럼 애정노래 속 숱한 '나' 들은, 님과 나 사이에 가로 놓인 벽을 의식한 채 문을 열어 안으로 들어갈 수도 없는 처지에 있다. 그들은 거기에 창을 만듦으로써, 분리되어 있지만 단절되지는 않은 상황을 지속하고 싶어 하며, 대리물을 내세워 상대에게 다가가는 간접화의 방식으로 위안을 얻는다. 곧 창은 실현 불가능한 사랑을 위로하는 장치이자, 밖을 서성이는 이들에게는 위안을 가져다주는 틀인 셈이다. 창을 매개로 한 그만큼의 간격이야말로 님과 나 사이의 가장 적당한 거리가 아니겠는가.

매개물을 통하지 않고 님의 창에 직접 다가서고 싶은 소망은 말 그대로 꿈같은 것이었다.

꿈에 단니는 길이 ㅈ최 곳 나량이면
님의 집 窓밧기 石路ㅣ라도 달으련만는
꿈ㅁ길이 ㅈ최 업스니 그를 슬허 ᄒ노라.

『화원악보』花源樂譜를 비롯한 19세기의 가집들에 두루 실린 노래이다. 여기서 꿈도 창도 모두 현실에 부재한 님과 소통할 수 있는 이중의 간접적 장치이다. 어떻게든 함께 하고픈 절박함이 꿈속의 상황을 꿈꾸도록 하는데 님과의 직접 만남은 그곳에서마저 실현되지 못한다. 님의 창밖에 이르는 길을 숱하게 오가며 방안을 들여다보는 것이 허용되었을 뿐이다.

이런 노래를 가슴에 담은 이는 어떤 사람이었을까. 그는 돌길이라도 닳게 할 만한 간절함을 지녔으면서도, 자기 안의 상심을 세상 밖에다 버려두지는 않았을 터이다. 대신 꿈을 통하고 창을 세워 자신의 사랑이 가능한 거리를 만드는 이다. 그가 슬퍼하는 것은 님도 아니요 자신도 아니요 다만 꿈길이 흔적을 남기지 못한다는 것이니, 이 야말로 사랑의 진정한 주재자에게나 가능한 발화가 아닌가.

이 깊고도 의연한 사랑의 전언이 노래를 향유하는 이들에게 애틋하게 번져나간 사정은 10여 종이 넘는 가집에 실린 이 노래의 이본들이 증명해 준다. 그런데 시조 말고도 이 노래와 유사한 소재와 상황을 다룬 한시를 발견할 수 있어 퍽 흥미롭다.

近來安否問如何　요즈음 안부를 여쭈오니 어떠하신가요?
月到紗窓妾恨多　달빛이 사창에 어릴 때면 소첩의 한도 많답니다.
若使夢魂行有跡　만일 꿈속 넋일망정 다녀간 흔적이 있다면
門前石路半成沙　님의 문 앞 돌길은 반나마 모래가 되었을 테지요.

시를 쓴 이옥봉李玉峰은 16세기 후반기에 시작詩作 활동을 한 여류문인이다. 「몽혼」夢魂이라 이름붙인 이 작품은 그녀가 한때 소실이 되었던 조원趙瑗에게 보낸 것이라 한다. 시조와 비교할 때 사창을 비추는 달빛, 문 앞에 이르는 돌길, 꿈속의 행차 등 주요한 소재들은 물론, 현실에서 불가능한 사랑을 꿈속에서 실현하려는 설정까지 흡사하다. 조씨 가문의 문집인 『가림세고』嘉林世稿의 부록으로 32수의 한시가 실린 『옥봉집』이 남아 있고, 이수광李晬光도 『지봉유설』芝峯類說에서 '아름답다'는 평과 함께 그녀의 시 3편을 소개할 만큼 관심을 끈 작가였으니, 향유 시기를 고려한다면 한시가 유행한 뒤에 시조 형식을 빌려다가 노래로 다시 향유했을 개연성이 크다. 이 과정을 두고 단순히 선후의 문제라고 판단하거나, 더구나 유행 이미지의 표절, 변형 내지 표현의 상투성으로 이해하는 것은 적절하지 않다.

이미 문과 창을 소재로 한 시조들을 다루면서 지적하였듯이 시조의 창작은 공유할 만한 소재나 상황, 향유자들의 감성을 자유롭게 넘나들면서 이루어진다. 자신에게 다가온 특별한 어떤 순간의 정서가 누군가에게도 가능했던 것임을 아는 것, 그 절박한 서정을 매개할 익숙한 소재를 끌어 옴으로써 보편성에 기대는 것이야말로 자신의 내면을 노래로 풀어낼 근거가 된다. 신선하면서 낯익은 것들과의 공유, 이것이 노래의 가치이자 아름다움인 것이다.

자연을 읊은 노래에 대한 현재적 접근 태도를 지적한 다음 서술을 참고하면, 우리가 과거 노래들에 담긴 미학을 어떻게 이해해야 하는지를 분명히 할 수 있을 것이다.

그러나 그들의 미학에서 보면 상투성은 반대로 존중해야 할 덕목일 수 있다. 새로운 것보다는 이미 검증된 것, 신기한 것보다는 만인에게 익숙한 것이 오히려 그들의 미학적 덕목이기 때문이다. 세계는 발견되는 것이 아니라 이미 거기에 존재하고 있으며, 이상은 개성을 추구하는 데서 실현되는 것이 아니라 규범에 도달하는 데서 완성된다. '述而不作'의 정신은 道의 인식만 아니라 아름다움의 인식에서도 참인 것이다. 따라서 만인이 자연의 덕목으로 즐겨 관념하는 달·청풍·강산은, 만인이 관념하는 자연의 덕목이므로 나에게도 똑같은 즐거움의 덕목이다. 그토록 즐겨 사용했던 典故·用事 역시 그러하다. 서양의 패러디가 원텍스트와의 비판적 거리 조성을 통한 개별화의 미학을 지향하는 데 반해, 그들의 전고·용사는 원텍스트와의 친화적 거리 조성을 통한 동일화의 미학을 지향한다. 상투성의 심리학이란 그들에게 아예 존재하지 않는 심리학

인 것이다. I. A. 리챠즈식으로 말한다면 그들의 미학은 배제의 원리보다 포괄의 원리에 기댄다.[2]

구도와 성찰의 통로: 벽을 열면 길이 된다

시가 작품 속에 등장하는 창은 여성적 목소리의 연정시들에서만 찾을 수 있는 것이 아니다. 이상과 현실 사이의 조화를 지향하는 의지적 성찰을 감행해야 할 때 창은 대단히 효과적인 도구가 되기도 한다. 다음, 17세기 사대부 고산孤山 윤선도尹善道, 1587~1671가 창작한 『어부사시사』漁父四時詞 가운데 한 작품을 보자.

어와 져므러간다 宴연息식이 맏당토다
ㄱ는 눈 쁘린 길 블근 곳 훗더딘 디 흥치며 거러가셔
雪셜月월이 西셔峯봉의 넘도록 松숑窓창을 비겨잇쟈.

— (冬10)

만년의 작가가 전라남도 보길도에 은거할 때 지은 이 노래는, 봄, 여름, 가을, 겨울 네 편이 각각 10수씩으로 짜여진 연시조의 연작 형식으로 내용·형식 면에서 유기성을 잘 갖추고 있다. 그런데 "자연과의 합일에서 오는 기쁨을 기본 정조로 삼고, 아름다운 경치와 어부 생활의 흥취를 유려한 언어로 묘사"였다는 『어부사시사』 전편에 대한 평가가 이 마지막 수에도 그대로 들어맞는 것일까. 아니, 그러

2) 성기옥, 「宋純의 시조 한 수가 들려주는 시의 꿈 하나」, 『詩眼』 2호, 1998년 가을호.

한 기쁨이나 아름다움 자체에의 몰입과는 또 다른 정서가 이 마지막 수에서 느껴짐은 무슨 연유에서인가.

그 답은 종장이 주는 정서와 관련되어 있다. 날이 저물어 잔치를 파한 후, 싸락눈에다 동백의 붉은 낙화가 분분한 길 위로 흥을 돋우며 걸어 돌아가는 중장까지의 정서는 이전까지와 대체로 비슷하게 다가온다. 인간 세상과 단절하고 자연에 몰입하려는 의도적 유흥의 결과처럼 여겨지는 것이다. 이 정서의 연속선상에서라면 종장에서는 오늘을 잊고 혼곤히 잠을 청하는 주인공의 외양이 떠오를 법하다.

하지만 실제 종장은 주인공이 스스로 잔치를 걷고 돌아온 곳에서 달이 서쪽으로 이울 때까지 창 밖을 응시하는 내면의 모습을 그리고 있다. 그 정서는 '있는 것'에 안주, 자족하는 쪽이 아니라, 여전히 '있어야 할 것'에 대한 현실 속 간절한 염원을 표방하는 쪽에 기울어 있다. 그때 그가 바라본 것이 눈 속을 헤치고 나온 달이라는 것, 기대어 선 곳이 사철 푸른 소나무를 비낀 창이라는 것은 우연한 수사라 하기 어렵다. 그 창은 현실 속 내면을 성찰해 세상을 냉철하게 되비춤으로써 조화라는 이상을 향해 가는 구도의 틀이라 불러도 좋지 않을까.

현실 속의 우리들은 숱하게 결핍 혹은 부재의 순간과 맞닥뜨린다. 그 대상이 '님'이든 '이념'이든 혹은 '세계와의 조화'이든 간에 '있어야 할 것'을 갈구하는 욕망의 극적인 순간 우리의 자세는 태연하지 못하다. 더구나 기다림의 상황이 일정한 시간을 보내기만 하면 해결될 만한 것이 아니라 가망의 실마리마저 줄 수 없는 것일 때 겪는 상심의 깊이는 참으로 헤아리기 어렵다.

노래를 통해 창이나 문을 불러낸다는 것은 부조화한 '나'와 '세계' 사이에 맞춤한 통로를 확보해 두는 일이다. 만약 창이나 문이 없다면 지극히 상심한 나는 저 무심한 세상 한가운데 무방비한 상태로 내쳐지거나, 다시는 오도 가도 못할 두께의 단단한 벽을 둘러치고 그 속에 스스로를 꼭꼭 가두어 버리고 말지 모른다. 어느 경우이거나 곧 회복의 가능성을 잃는 셈이긴 마찬가지이다. 창을 통해 자신만의 눈으로 세상을 찬찬히 내다볼 수 있는 시간을 거치면서, 불완전한 '나'는 누구도 열어 주지 않을 거라던 문을 스스로 열고 나갈 수 있음을 언젠가 알게 될 것이다. 또 그렇게 자신을 객관화하여 다시 세상 속에 세울 수도 있을 것이다. 그러한 과정이야말로 인간다움을 실현해 가는 시간이 아닌가.

결국 내 안의 상심은 세상 밖의 무심에 되비치게 됨으로써 어루만짐을 얻을 수 있고, 깊이 팬 상흔도 무수히 넓은 매끈한 것들과 뒤섞여야만 새 살로 차오를 수 있는 것이다. 그것을 이루어 주는 틀로서의 노래, 그 속의 창과 문은 곧 자기 성찰 내지 사유의 재점검을 가능케 하는 도구이다. 이로써 끊임없이 세상과의 조화를 모색하도록 돕는다는 점에서 이는 문학의 본질이 드러나는 자리이기도 하다.

이제 지금 현실의 문제로 돌아와 보자. 창이나 문을 담은 노래 한 편을 공유한다는 것은 가장 암담한 순간 세상을 향한 맑고 푸른 창 하나를 내 안에 담는 일이다. 빗장 걸지 않은 문을 열어 탐탁지 않은 자신을 내보이고 기꺼이 세상을 받아들일 용기를 키우는 것이다. 이 모두는 얼마나 필요한 일인가.

우리의 일상에서 떼어 놓을 수 없는 인터넷은 흔히 세상을 향한 창, 혹은 열린 세계로의 필요불가결한 문이라 선전되곤 한다. 온라인 속의 공간은 우리에게 어떤 안과 밖의 경계인가 되물어 보자. 인터넷과 접촉하게 됨으로써, 과거와는 비할 수 없이 효과적으로 세상 밖과 소통할 수 있다는 우월감을 갖는다. 고정된 장소, 짧은 시간 안에 무한한 세상을 자기 안으로 받아들이고 있다는 믿음마저 키워 간다. 하지만 혹 문을 열면 깨고 말 착각과 허세에 지나지 않는 것은 아닐까. 온라인상에서 우리가 클릭하는 사건이나 인물, 그것이 속한 세상은 자신의 기호, 취향, 판단과 겹치는 것들로 한정된다. 비유컨대 자기만을 투사하는 여러 겹의 거울로 둘러싸인 좁은 방안에 있을 때처럼 끊임없는 자기복제만을 감행하고 있는 셈은 아닌지.

나로 하여금 타인을, 세상을 진정으로 응시할 수 있게 할 창은 어디쯤 있는가. 지금 이 순간 세상을 향한 문을 더듬어 힘껏 열어젖히고 그들 속으로 들어가 인간다운 용기와 온기를 듬뿍 나눌 일이다.

| 추천 도서 |

가곡 전수관 블로그(http://gagok.tistory.com)
시조 음악의 한 형태인 가곡(歌曲)을 직접 들어볼 수 있는 인터넷 사이트이다. 중요무형문화재 제30호 가곡 예능보유자인 영송당 조순자 선생이 관장을 맡은 가곡 전수관에서 운영하는 블로그로, 가곡과 시조 및 가곡 명인들에 대한 이해를 얻을 수 있으며 음원자료실에서 다양한 곡조의 음악을 직접 들어볼 수 있다.

정병욱, 『시조문학사전』, 신구문화사, 1979.
총 2,300여 수에 이르는 주요 시조 작품을 원전 표기대로 싣고, 상세하고 평이한 주석을 달아 작품 이해를 돕고 있는 고시조 작품집이다. 컴퓨터에 의한 정리·분류 작업이 불가능하던 시절, 시조에 대한 애정과 이해가 깊었던 편자가 국문학사상 시조에 관계된 전 문헌에 산재된 고시조를 망라해 일일이 자료 대교(對校)하는 오랜 과정을 거쳐 간행한 것이어서 시조 이해의 충실한 길잡이 구실을 한다. 작가 해설, 주요 가집 및 관련 문헌 해제, 전문적 풀이를 위한 보충 주석도 부록에서 찾을 수 있다.

성기옥, 「宋純의 시조 한 수가 들려 주는 시의 꿈 하나」, 『詩眼』 2호, 1998년 가을. 송순의 시조 '十年을 經營ᄒ여……'를 예로 들어 과거의 우리 시를 이해하는 바람직한 태도를 제시한 글이다. 과거의 시가 지닌 맛을 제대로 느끼기 위해서는, 현대시를 해석하는 잣대를 들이대지 말고 당시 시인들이 꿈꾸었던 세계와 미학을 그대로 인정하고 가능한 온전히 복원해 이해하는 것이 필요하다고 역설한다. 자칫 상투적 자연시로 간주될 법한 송순 시조의 경우, 현대의 텍스트지상주의적 문학론에 대한 맹신에서 벗어나 현장성을 중시하는 '상황의 언어'로 복원해 분석하면 시적 진실성과 세계의 깊이를 갖춘 경험의 노래임을 알게 된다는 것이다. 여기서 제시한 시조 이해 요소를 참고하면 고전 작품의 깊이 있는 해석, 감상 방법을 익힐 수 있다.

레오나르도 다빈치가 한글을 만들었다면

김성규

새로운 상상

한국 문화사에서 가장 자랑스럽게 내세울 수 있는 우리의 문화유산인 한글은 세종이 만들었다. 한글이 창제될 당시의 사료를 통해 볼 때 동궁(문종)과 진양대군(수양대군, 세조), 안평대군 등이 한글 창제 과정에 어떤 역할을 했을 가능성을 생각할 수 있다. 또한 후대의 자료를 토대로 정의공주의 역할이 컸다고 하는 주장이 있기도 하고, 집현전에서 한글을 만들었을 것이라고 추측하는 이야기들도 있다. 그러나 그 어떠한 주장도 세종이 한글 창제에 가장 핵심적으로 관여하였다는 사실을 부인할 수는 없다. 그런데 여기서 잠시 엉뚱한 상상을

* 김성규 | 서울대학교 인문대학 국어국문학과 교수. 서울대학교 국어국문학과에서 학사, 석사, 박사 학위를 받았다. 국어학(음운사)을 전공하고 있다. 저서로는 『소리와 발음』(공저), 『외국인을 위한 한국 문화 읽기』(공저) 등이 있으며, 주요 논문으로는 「어휘소 설정과 음운현상」, 「비자동적 교체의 공시적 기술」, 「빠른 발화에서 음절수 줄이기」, 「중세국어의 성조변화에 대한 연구」, 「중세국어의 쌍형어에 대한 연구」, 「계림유사와 15세기 국어의 성조비교」, 「15세기 한국어 성조의 성격에 대하여」, 「중세국어 음운론의 쟁점」 등이 있다.
** 이 글은 김성규, 「한글과 레오나르도 다빈치」(『새국어생활』 18권 3호, 국립국어원, 2008)를 수정하고 보완한 것이다.

해본다. 세종이 아닌 다른 사람, 그것도 서양에서 태어난 르네상스 시대의 천재적 미술가이자 과학자인 레오나르도 다빈치가 한글을 만들었다면 그 문자는 어떤 모습을 띠게 되었을까?

　다양한 분야에 전문적인 식견을 가지고 있었으며, 자신들의 역량을 토대로 문화의 흐름에 지대한 영향을 미친 세종世宗, 1397~1450과 레오나르도 다빈치Leonardo da Vinci, 1452~1519는 서로 만날 수 없는 존재들이었다. 그런데 세종과 레오나르도 다빈치 또는 한글과 레오나르도 다빈치, 이처럼 절대로 만날 수 없는 만남을 상상하는 이유는 무엇일까? 그것은 이제까지 서로 관계가 없다고 생각하던 사물이나 현상들 사이에서 어떤 관련성을 생각해 낼 때, 인문학적인 상상력의 공간이 열리기 시작하기 때문이다. "한글을 레오나르도 다빈치가 만들었다면 어떤 모습이 되었을까?"라는 가정 상황의 공상은 한글의 자형字形 속에 감추어져 있던 새로운 사실을 드러내 준다.

『훈민정음(해례본)』 '제자해'의 설명

새로운 문자 '訓民正音'은 그것이 만들어졌다 해도, 그 문자를 이해할 수 있는 사람들이 없었다. 그래서 이 새로운 문자를 설명하기 위해 만들어 낸 책이 『훈민정음(해례본)』이다. 이 『훈민정음(해례본)』의 '제자해'는 글자를 만든 원리를 설명하는 부분인데, 이 '제자해'의 설명에 의하면 한글의 자음은 발음 기관을 상형象形하여 만들어졌고, 모음은 하늘과 땅과 사람을 상형하여 만들어졌다. 예를 들어 'ㄱ'과 'ㄴ'에 대한 설명을 보면 어금닛소리 'ㄱ'은 혀의 뿌리가 목구멍을 막는 형상을 본떴고, 혓소리 'ㄴ'은 혀가 윗잇몸에 닿는 형상을 본떴

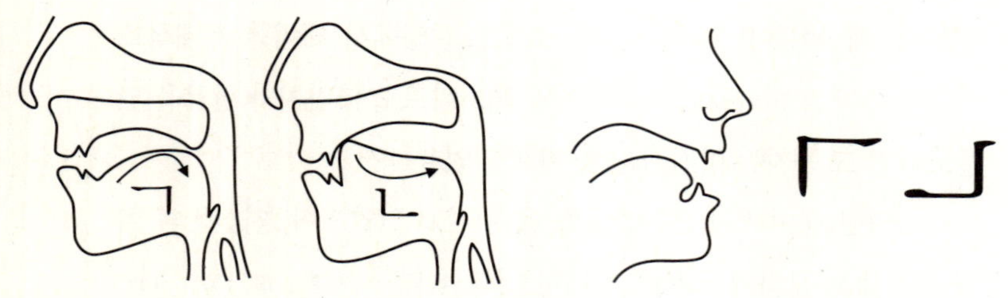

그림 1. '제자해'의 'ㄱ'과 'ㄴ'에 대한 설명　　　　　그림 2. 우안　　　　그림 3. 좌우가 뒤집힌 'ㄱ'과 'ㄴ'

다(牙音ㄱ 象舌根閉喉之形 舌音ㄴ 象舌附上齶之形)고 밝히고 있다. 그러한 설명을 그림으로 보이면 〈그림 1〉과 같이 된다.

그런데 〈그림 1〉을 토대로 한 제자해의 설명에는 그동안 관심을 끌지 못했던 흥미로운 비밀이 숨겨져 있다. 〈그림 1〉처럼 혀끝과 잇몸이 왼쪽에 있고 혀의 뿌리와 목구멍이 오른쪽에 있는 좌안左顔의 모습이 전제되어야 우리가 현재 사용하는 'ㄱ'과 'ㄴ'의 자형이 만들어지는 것이다.

만약 '제자해'에서 'ㄱ'과 'ㄴ'을 〈그림 2〉와 같은 우안右顔을 전제로 설명하였다면, 'ㄱ'과 'ㄴ'의 모양은 각각 〈그림 3〉과 같이 현재와 비교할 때 좌우가 뒤집혀 있어야 한다. 혀끝과 잇몸이 오른쪽에 있고 혀의 뿌리와 목구멍이 왼쪽에 있는 〈그림 2〉와 '제자해'의 'ㄱ'은 혀의 뿌리가 목구멍을 막는 형상을 본떴고, 혓소리 'ㄴ'은 혀가 윗잇몸에 닿는 형상을 본떴다는 설명을 결합시키면 그 결과로 만들어지는 문자의 모양은 당연히 〈그림 3〉처럼 될 수밖에 없기 때문이다.

문자 '훈민정음'의 창제가 어떻게 이루어졌는지에 대해서는 여러 가지 설이 있다. 그러나 '제자해'에서는 분명히 좌안을 상정하고 'ㄱ'과 'ㄴ'의 모습을 설명하고 있다. 훈민정음을 처음 고안할 때부터 그러했는지, 아니면 훈민정음을 완성한 후 글자를 다듬는 과정에서 그러한 발상을 했는지는 알 수 없지만, 한 가지 확실한 점은 'ㄱ'과 'ㄴ'에 대한 '제자해'의 설명이 좌안을 전제로 하고 있다는 사실이다. 그렇다면 '제자해'의 설명에서 좌안이 전제가 된 이유는 무엇일까? 그것은 바로 당시에 쉽게 떠오르는 옆얼굴 그림이 좌안이었기 때문이다. 그렇다면 우리가 옆얼굴을 떠올릴 때 좌안을 우선적으로 떠올리는 이유는 무엇 때문일까? 다음으로는 이 문제에 대해 생각해 보기로 하자.

초상화의 인물 방향과 오른손잡이 문화

최근의 언어학 관련 서적들에서 조음기관을 설명하는 그림들도 대개 좌안이지만, 훈민정음 창제 당시 우리나라에서 선호하던 옆얼굴 그림 역시 좌안이었다. 문화재관리국에서 나온 『전국초상화조사보고서』(1987, 37~38쪽)에 따르면 조선시대를 포함하여 1936년 이전에 제작된 448점의 초상화 중 좌안이 333점으로 전체의 3/4을 차지하고, 우안은 32점에 불과하여 좌안의 1/10 수준이며 나머지는 기타 정면상 등이다. 게다가 다른 조사 결과들을 보더라도, 동양이나 서양이나 예전이나 지금이나 좌안이 대세를 이루고 있다. 그렇다면 15세기에도 '옆얼굴' 하면 우선적으로 떠오르는 모습은 좌안이었음을 짐작할 수 있다.

　여기서 생각의 연결 고리를 한 단계 더 나아가 보기로 하자. 초상화 중 좌안이 이렇게 많은 이유는 무엇일까? 우선 주목할 수 있는 것은 오른쪽 뇌의 지배를 받는 왼쪽 얼굴에 사람의 감정이 더 잘 나

그림 4. 김명국, 〈달마도〉

타나서 왼쪽 얼굴을 선호하여 그린다는 설이다. 디지털 카메라로 찍은 자신의 왼쪽 얼굴과 오른쪽 얼굴을 비교해 보면 왼쪽 얼굴의 사진에서 친근감을 더 많이 느끼는 이유도 바로 여기에 있다고 한다. 그러나 역사적으로 볼 때, 우안보다 좌안의 초상화가 더 많은 이유를 여기에서만 찾는 것은 어딘가 부족한 면이 있다. 이러한 설명은 얼굴을 그리는 사람의 측면을 고려하지 않은 설명이며, 〈그림 4〉와 같이 직접 대상을 보고 그리지 않은 상상의 그림을 설명할 수 없기 때문이다.

대상을 바라보는 사람, 즉 초상화를 그리는 사람의 측면을 고려한다면 두뇌의 좌우반구가 기능상으로 다른 역할을 하며 시각 정보를 처리하는 방식에서도 차이가 난다는 설명이 설득력을 가질 수 있다. 이 경우 '오른손잡이'의 대뇌는 그림의 왼쪽을 더 주목하려는 경향이 있기 때문에 옆얼굴에서 중요한 요소인 눈, 코, 입 등이 왼쪽을 향하는 그림을 그린다고 설명할 수 있을 것이다.[1]

그런데 우뇌와 좌뇌의 기능 차이에 바탕을 둔 설명에서 눈여겨보아야 할 부분은 '오른손잡이'라는 표현이다. 오른손잡이는 사람의 옆얼굴을 그릴 때 우안보다는 좌안을 그리는 것이 자연스러운데, 이

---

1) 지상헌, 『뇌, 아름다움을 말하다』, 해나무, 2005, 50~53쪽.

현상은 손목의 운동 방향과 관련이 있다. 원을 그릴 때 왼손은 시계 방향으로 손목을 돌리는 것이 편하고, 오른손은 반시계방향으로 손목을 돌리는 것이 편하기 때문이다. 오른손잡이가 옆얼굴을 그릴 때는 반시계방향으로 얼굴의 윤곽을 그려 나가므로 그림의 왼쪽이 얼굴이 향하는 앞부분이 될 것이고, 그 방향으로 얼굴을 틀고 있는 초상화는 자연스럽게 좌안이 된다.[2]

주변에서 접하는 왼손잡이들에게 아무런 전제 없이 옆얼굴을 그려 보라고 하면 우안을 그리는 경우가 많다. 그러나 간혹 좌안을 그리는 사람도 볼 수 있다. 이러한 경우는 왼손잡이가 오른손잡이의 세계 속에서 살면서 오른손잡이들이 그리는 좌안의 얼굴 그림에 적응한 결과라고 해석된다. 오른손잡이가 사회의 대다수를 차지하는 상황에서 오른손잡이가 그리기 편한 좌안의 초상화가 사회를 지배하는 일종의 문화처럼 굳어진 것이다.

이 단계에 이르면 다음과 같은 의문이 떠오른다. "오른손잡이 문화는 언제부터 정착되었을까?" 이런 의문을 품고, 시기를 거슬러 올라가다 보면 결국은 선사시대의 벽화에 보이는 사람이나 동물의 얼굴 방향까지 생각하게 된다. 그리고 그 다음 단계에는 인간에게 오른손잡이가 많은 이유가 무엇인지 궁금해질 것이다. 그러나 생물학적으로, 역사적으로 이러한 궁금증을 풀어 줄 만한 정설은 아직 없는 것으로 안다. 이쯤에서 생각의 전개를 멈추어도 한글과 관련된 상상에는 문제가 없으므로, 레오나르도 다빈치의 이야기로 돌아가기로 하자.

---

2) 삐에르 미셸 베르뜨랑, 『왼손잡이의 역사』, 박수현 옮김, 푸른미디어, 2002, 268~269쪽.

왼손잡이 레오나르도 다빈치의 서사법

한글은 좌안을 토대로 만들어졌고, 그러한 좌안은 오른손잡이 문화의 결과이다. 바로 이 지점이 한글과 레오나르도 다빈치를 엮어 주는 접합점이다. 레오나르도 다빈치는 왼손잡이의 역사를 이야기할 때 항상 앞자리를 차지하는 위인이다.

어떤 사람이 왼손잡이인지 오른손잡이인지를 판별하는 기준은 여러 가지 있겠지만, 레오나르도 다빈치는 그림을 그릴 때나 글씨를 쓸 때 왼손을 자유자재로 사용할 수 있었던 사람이다. 이것은 우선 왼쪽 위에서 오른쪽 아래로 향하는 그의 붓질 방향(\\\\)으로 확인된다. 다음의 두 그림을 자세히 비교해 보자. 〈그림 5〉는 왼손잡이인 레오나르도 다빈치의 작품으로 음영을 위해 그은 선이 왼쪽 위에서 오른쪽 아래를 향하고 있다. 반면 〈그림 6〉은 오른손잡이인 미켈란젤로의 그림으로 음영의 선이 오른쪽 위에서 왼쪽 아래를 향하고 있다. 물론 왼손잡이라고 하여 항상 〈그림 5〉와 같은 방향으로만 선을 긋는 것은 아니지만 〈그림 5〉의 선의 방향은 왼손잡이가 그은 선의 일반적인 특징을 잘 보여 준다.

한편 레오나르도 다빈치가 왼손을 자유자재로 썼다는 사실은 〈그림 7〉처럼 글씨의 좌우를 뒤집으면서 우에서 좌로 써 가는 뒤집힌 글씨(거울 영상 서체)를 통해서도 확인된다. 역사적으로 볼 때 글씨의 좌우가 뒤집히는 서법이 없었던 것은 아니다. 고대 그리스 비문에서는 첫번째 행은 좌에서 우로, 그 다음 행은 우에서 좌로 소가 밭을 갈듯이 글씨를 쓰던 '우경牛耕식 서법Boustrophedon'이 발견된다. 이때 오른쪽에서 왼쪽으로 진행되는 짝수 행은 다빈치의 글과 동일한 방

그림 5. 레오나르도 다빈치, 〈다섯 명의 인물 두상〉, 1490년경

그림 6. 미켈란젤로, 〈리비아 무녀를 위한 습작〉, 1510년경

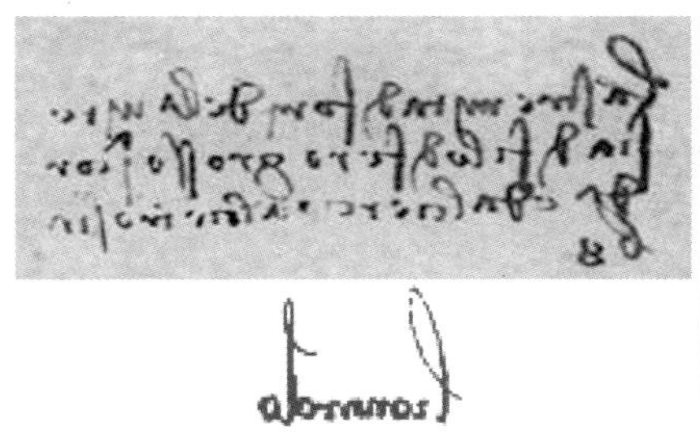

그림 7. 레오나르도 다빈치의 거울 영상 서체

그림 8. 고대 그리스 비문의 우경식 서법, 기원전 5세기

식으로 글자의 좌우가 뒤집혀 있다. 예를 들어 〈그림 8〉의 'E'를 보면
행이 바뀌면서 글자의 좌우도 뒤집혀 있다. 이처럼 우경식 서법과 레
오나르도 다빈치의 뒤집힌 글씨에 공통점이 있기는 하지만, 우경식
서법은 글을 쓰는 손의 여부와 상관없이 당시에 통용되던 서법이었
고, 다빈치의 경우는 왼손잡이로서 가지고 있던 개인적인 서법이라

그림 9. 좌우가 뒤집힌 한글 음절

는 점에서 차이가 있다.

뒤집힌 서체를 쓰던 왼손잡이 레오나르도 다빈치가 발음기관을 상형하여 한글을 만들었다면 어떻게 되었을까? 우선 좌안이 아닌 우안(《그림 2》)을 옆얼굴의 기준으로 떠올렸을 것이다. 그렇다면 'ㄱ'과 'ㄴ'의 방향은 앞에서 본 〈그림 3〉처럼 되었을 것이다. 또한 〈그림 9〉처럼 음절의 초성이 오른쪽에 오고 중성이 왼쪽에 오도록 합자合字하는 방법을 고안했을 가능성도 있다.

그러나 여기서 한 가지 고려해야 할 사항이 있다. 레오나르도 다빈치가 뒤집힌 글씨만 쓴 게 아니라는 사실이다. 그는 대개의 글씨를 뒤집어서 썼지만, 다른 사람이 읽어야 하는 글씨는 당시의 관행대로 표기를 하였다. 1502년 레오나르도 다빈치는 이탈리아 토스카나 지역에 있는 한 도시의 지도를 그렸다. 그런데 동일한 지도를 두 장 그리며 한 지도에서는 뒤집힌 글씨로 도시의 이름을 썼고, 완성본으로 여겨지는 지도에서는 '다시 뒤집힌' 일반적인 서법으로 도시의 이름을 썼다.[3] 레오나르도 다빈치의 뒤집힌 글씨를 두고 비밀을 유지하기 위한 조처라고 해석하는 사람도 있지만, 평소에는 뒤집힌 글씨를 쓰고 다른 사람에게 글의 내용을 보여 주려고 할 때는 일반적으로 통용되던 서체로 썼다고 거꾸로 해석하는 편이 온당한 것으로 보인다.

3] Chris McManus, *Right Hand, Left Hand-The Origins of Asymmetry in Brains, Bodies, Atoms and Cultures*, Harvard University Press, 2002, p.319.

이러한 레오나르도 다빈치가 문자를 만들었다고 가정해 보자. 처음에는 왼손잡이의 관점에서 왼손잡이에게 편한 문자를 만들었을 수도 있다. 그러나 그는 결국 자신이 만든 문자를 오른손잡이 사회에서 쓰기 편한 문자로 수정하였을 것이다.

세종이 왼손잡이였다면

여기서 상상의 방향을 레오나르도 다빈치가 아닌 세종에게 맞추어 보자. 만약 세종이 왼손잡이였다면 어떠했을까? 세종이 왼손잡이였다면 글자의 획을 우에서 좌로 쓸 때 편했을 것이다. 그렇다면 훈민정음도 〈그림 9〉와 같이 만들어졌을까? 이러한 질문에 대해서는 레오나르도 다빈치의 경우와 마찬가지로 아니라고 답할 수 있다.

세종이 훈민정음을 만든 이유 중 하나는 백성을 위한다는 '위민' 爲民이었다. 그러한 위민 정신은 세종이 사회의 약자에 대한 배려를 하며 펼친 시책들을 통해서도 확인할 수 있다. 예를 들어 세종은 한여름에는 궁궐에서 사용하던 얼음을 활인원活人院에 보내 열병을 앓는 사람들을 치료하게 하였으며(『세종실록』 16년 6월), 죄수들이 한여름에 옥중에 오래 갇혀 있는 것이 가엾다고 하면서 판결을 조속하게 내릴 것을 명하기도 하였다. 게다가 관청의 여자 노비에게는 이전에 주던 7일 동안의 출산 휴가를 100일로 늘리고 출산 1개월 전부터 산모의 복무를 면제해 주도록 하였으며(『세종실록』 12년 10월), 산모의 남편인 남자 종에게도 한 달간의 산후 휴가를 주어 산모를 보살피게 하였다(『세종실록』 16년 4월).

이처럼 사회의 한 편에 치우쳐 있는 약자들에게까지 관심을 기울인 세종은 문자를 만들고 그 운용법의 체제를 갖추는 과정에서도 자신의 편리함만을 고집하지는 않았을 것이다. 이것은 훈민정음이 만들어진 후 표기 방식이 정착되는 과정을 보아도 알 수 있다.

한글 사용의 역사를 보면 단어를 소리 나는 대로 쓰는 음소주의적 표기 방식과 현재의 맞춤법처럼 뜻을 밝혀 적는 형태음소주의적 표기 방식이 있어 왔다. '꽃'이라는 단어를 발음하면 [꼳]이 되므로 음소주의적 표기 방식을 따라 '꼳'으로 표기한다면 글을 쓰는 사람은 맞춤법을 어렵게 배우지 않아도 되므로 편리할 것이다. 반면에 '꽃'이라는 단어를 모음 앞에서 실현되는 발음까지 고려하여 현재처럼 '꽃'으로 적으면 맞춤법이 복잡하여 글을 쓸 때 약간의 불편함이 따를 수 있다. 그렇지만 이러한 형태음소적 표기법은 글을 보고 뜻을 알기 쉬워, 글을 읽는 사람에게는 편리한 표기법이다. 글을 쓰는 사람은 한 사람이지만 글을 읽는 사람은 여러 사람이므로 문자의 효용성이라는 측면에서 본다면 글을 읽는 사람에게 편한 맞춤법이 더 이상적인 글자의 운용방식이라고 하겠다.

이러한 상황은 15세기에도 동일하였다. 〈그림 10〉은 15세기에 간행된 『월인천강지곡』의 한 부분이다. 여기서 형태음소적 표기 방식으로 적힌 '낯'과 '빛'이 소리 나는 대로 표기되었다면 이것들은 각각 '낫'과 '빗'으로 표기되었어야 한다. 현대국어에서는 음절말의 [시가 발음되지 않지만 15세기에는 [ㄴᅀᅵ, [비ᅀᅵ와 유사하게(실제로 모음 [ᅳ]는 발음되지 않았음) 음절말의 [시가 발음되었기 때문이다. 그런데 이 자료에서 '낯'의 종성 'ㅊ'의 좌우를 가로지르는 선과 '빛'의 종성 'ᅀ'의 아래 부분의 선을 다른 부분의 먹과 자세히 비교해 보면 먹빛에 어딘가 차이가 남을 알 수 있다. 이 차이는 원래 '낫, 빗'으로

그림 10. 『월인천강지곡』의 교정 예

표기되어 있던 글자에 가로 획을 도장처럼 하나씩 찍어 놓았기 때문에 생겨났다. 이러한 사실은 이 자료가 원래는 음소적 원리에 의해 표기되었는데 출간 이후에 형태음소적 표기로 수정되었음을 알려 준다. 15세기의 문헌에서 이처럼 형태음소적 표기를 보여 주는 자료는 세종이 직접 관여한 『용비어천가』와 『월인천강지곡』에 한정된다. 이러한 사실로 미루어 볼 때 세종 자신은 형태음소적인 표기 방식을 선호하였다고 할 수 있다.

세종은 훈민정음 창제 당시부터 형태음소적 표기 방식을 전파하고 싶어 했을 수도 있다. 문제는 당시에 이러한 표기법을 교육할 기관이나 수단이 정비되어 있지 않았다는 점이다. 현대처럼 국민 보통 교육이 발달하고 대중매체도 발달한 시기조차 약 20년 전에 개정된 맞춤법이 전 국민에게 보급되었다고 할 수 없는데, 당시의 상황은 더욱 열악하였다. "슬기로운 사람은 아침을 마치기도 전에 깨우칠 수 있고, 어리석은 사람도 열흘이면 배울 수 있을"(故智者不終朝而會 愚者可浹旬而學, 정인지가 쓴 『훈민정음(해례본)』의 서문 중에서) 만큼 쉽게 배워 쓸 수 있는 새로운 문자가 만들어지기는 하였지만, 실제로 그 문자를 전국의 백성이 익혀 쓰는 데는 꽤나 오랜 시간이 걸렸던 것으로 추정된다. 1527년에 나온 최세진의 『훈몽자회』에는 지방에 한글을 모르는 사람이 많다고 기록되어 있는데(凡在邊鄙下邑之人 必多不解諺文), 이 기록을 통해 1443년에 완성되어 1446년에 반포된 '훈민정음'이 반포 후

레오나르도 다빈치가 한글을 만들었다면 377

80년이 지난 시기에도 아직 전국적으로 퍼져 나가지 못했음을 알 수 있다. 그러한 상황에서 형태음소적 표기를 채택하는 것은 무리한 처사였을 것이다. 결국 세종은 자신이 원한 형태음소적 표기만을 고집하지 않았다. 이후 모든 문헌에서는 일반사람들이 쓰기에 편한 음소주의로 흘렀다는 사실이 그러한 추론을 가능하게 한다.

이처럼 자신의 관점만을 내세우지 않고, 다수의 사람들을 생각했던 세종은 만약 자신이 왼손잡이여서 왼손잡이의 문자를 고안하였다고 하더라도, 결국에는 그 문자를 오른손잡이의 문화에 어울리는 문자로 조정하였을 것이다. 문자는 사회적인 의사소통을 위해 고안된 매개체이기 때문이다.

마치며

이 글은 『훈민정음』에서 한글의 창제를 설명하는 문구가 좌안을 토대로 이루어져 있다는 점에 착안하여 이루어졌다. 물론 당시에 좌안이 토대가 된 이유는 오른손잡이 문화에 있으리라는 해답은 쉽게 떠올릴 수 있었다. 어떤 현상을 발견하고 그 현상이 왜 일어났는지 고민을 하다가 5분 정도의 시간 안에 상식적인 수준에서 답을 생각해 낼 수 있다면, 그러한 궁금증의 해결 과정은 굳이 글로 남길 필요가 없을 것이다. 또한 자신의 상식 안에서 스스로 답을 생각해 낼 수는 없지만 다른 사람이 해결을 한 결과가 남아 있다면, 그러한 궁금증의 해결 과정 또한 자신이 글로 남길 필요는 없다. 그러나 쉽게 해답을 찾은 의문의 해결 과정을 여기에 굳이 글로 남기는 이유는 '훈민정음'의 창제가 좌안을 토대로 이루어졌다는 사실 자체에 대해 그동안 언급되거나 설명된 일이 없다고 생각하기 때문이다. 오른손잡이 문화 속에 사는 사람들에게는 좌안을 토대로 설명한 『훈민정음』의 기술 자체가 너무나 당연하기 때문에 그러한 의문을 가질 필요가 없었을지도 모른다. 그러나 당연한 것, 우리가 당연하다고 생각하는 것 속에 당연하지 않은 사실이 숨어 있을지도 모른다.

| 추천 도서 |

국립국어원 편, 『알기 쉽게 풀어 쓴 훈민정음』, 생각의 나무, 2008.
조선 제4대 임금인 세종은 우리말의 표기에 적합한 문자를 완성하고 이를 '훈민정음'이라 명명하였다. 세종의 명을 받아 정인지 등이 이를 설명한 한문 해설서를 발간하였는데, 이 책의 이름도 『훈민정음』이라고 하였다. 이 책에는 새로 만들어진 문자에 대한 해설이 붙어 있어서 흔히 『훈민정음(해례본)』이라고 한다. 이 책의 내용은 일반인들이 아는 것처럼 '나랏말쓰미'로 시작하지 않는다. 새로운 문자가 만들어졌을 때 그 문자를 읽고 이해할 수 있는 사람들이 없었기 때문에 이 책은 당연히 한문으로 이루어져 있다. 지상에서 사라졌다가 1940년에 경상도 안동에서 이 책이 발견됨으로써 문자 '훈민정음'이 창제된 원리를 명확하게 알 수 있게 되었다. 『알기 쉽게 풀어 쓴 훈민정음』은 그야말로 일반인들이 훈민정음의 내용을 쉽게 이해할 수 있도록 꾸며져 있다. '훈민정음'에 대한 이야기는 여러 경로를 통해 전해 들을 수 있지만, 실제로 그 원전을 전부 읽어 본 사람은 많지 않을 것이다. 이 책을 통해 그러한 기회를 가져 봄직하다.

안병희, 『훈민정음연구』, 서울대학교출판부, 2007.
"우리나라에 훈민정음 연구자가 꽤 있지만, 어느 학자에게 물어도 첫 자리에 우뚝 선 연구자는 안병희 선생이라고 대뜸 대답한다. 그만큼 이 분야에 관한 한, 아직도 우리 학계에 선생의 업적이 드리우고 있는 그늘이 아주 크다고 다들 인정하고 있는 것이다." 이 문구는 저자의 1주기에 『훈민정음연구』를 간행하면서 제자 중 한 사람이 쓴 내용이다. '훈민정음'을 이해하기 위해서는 저자의 글을 읽지 않으면 안 된다는 뜻으로 받아들여진다. 이 책의 제1부는 문헌 『훈민정음』에 대한 논문들로 이루어져 있는데, 『훈민정음』의 이본과 해례본의 복원 등과 관련된 일곱 편의 논문이 실려 있다. 제2부는 문자 '훈민정음'에 대한 논문들로 이루어져 있는데, '훈민정음' 사용의 역사를 비롯하여 한글 맞춤법의 역사 등과 관련된 아홉 편의 논문이 실려 있다. 여기 실린 글들은 국어학의 전공 논문이기는 하지만, 우리의 문화사에 대하여 관심을 가지고 있는 사람들은 꼭 한번 읽어 보라고 권장하고 싶다. 이 책을 읽으며 여기 실린 논문의 내용을 이해하는 일도 중요하지만, 인문학의 한 영역에서 평생을 바쳐 온 학자의 풍모와 학문의 태도를 이해할 수 있을 것이다.

주강현, 『왼손과 오른손』, 시공사, 2002.
"좌우 상징, 억압과 금기의 문화사" 이 문구는 이 책의 부제이다. 이러한 부제를 보아도 알 수 있듯이 왼손과 오른손은 인류 문화사에서 왼쪽과 오른쪽의 상징으로 자리매김하고 있다. 이 책은 인체의 관점에서 왼손과 오른손을 탐구하기 시작하여, 인류 문화사로 시야를 넓혀 간다. 철저한 고증을 거쳐 이루어진 이 책의 내용은 전체가 하나를 이루지만 부분적으로 자신의 관심을 끄는 부분만을 떼어 내서 읽을 수도 있도록 구성되어 있다. 이 책에서 다루어진 주제는 문화사뿐만이 아니라 현대사회의 문제까지 망라되어 있다. 그야말로 '왼손'의 관점에서 인간의, 그리고 우리의 문화와 사회를 다시 한번 돌아볼 수 있게 해주는 역할을 한다고 하겠다.

데이비드 올먼, 『호모레프트, 왼손잡이가 세상을 바꾼다』, 신현승 옮김, 황금나침반, 2007.

왼손잡이들 중에는 오른손 중심의 인류사회의 변화에 영향을 끼친 사람들이 많다. 물론 왼손잡이들만 그러한 영향을 끼친 것은 아니지만, 왼손잡이로서 인류에 영향을 끼친 사람들은 왼손잡이라는 '비평범성'으로 인해 왼손잡이라는 점이 더욱 부각되고는 한다. 이 책은 오른쪽으로 기울어진 세상에 영향을 끼친 왼손잡이를 위해 쓰였다. 왼손잡이 작가인 데이비드 올먼은 왼손잡이의 역사를 찾아 파리, 런던, 도쿄, 퀘벡 등지를 다닌다. 이 책의 내용은 인류 역사를 통해 바르지 않은 방향의 손으로 천대받아 온 왼손잡이의 근본을 파헤치려는 노력으로 이루어져 있다. 저자는 왼손잡이의 근원을 찾아 돌아다니면서 여러 가지 의문점을 던진다. "왼손잡이가 오른손잡이보다 더 창조적일까, 아니면 그것은 단순한 통념일까? 왼손잡이의 유전자는 존재할까?" 문화의 틀에서 해석되는 이러한 질문들의 궁극적인 답변은 없을 수도 있다. 그러나 이 책을 통해 인류의 문화와 역사를 되돌아 보며 왼손잡이를 추적하는 데이비드 올먼을 따라가면 그 자체만으로도 즐거울 수 있을 것이다.

역사 속 시간과의 만남
― 한국사 서술과 날짜 표기법

구범진

문제의 제기

오늘날 우리는 예수의 탄생 시점을 기준으로 삼는 기년법紀年法을 쓰고 있다. 말하자면 '예수 연호'를 사용하고 있는 셈인데, 우리는 그것을 보통 서기西紀 연호라고 부른다. 그러나 우리는 일상생활에서 다른 기년법도 쓰고 있다. 예컨대 '단군檀君 연호', 즉 단기檀紀도 가끔 사용한다. 이에 따르면, 2009년은 단군이 나라를 세운 때로부터 4342년째가 되는 해이다. 또한 '예수 연호'나 '단군 연호'와는 성격이 좀 다르긴 하지만, 간지干支 또한 우리에게 익숙한 기년법이다. 이 기년법에 따르면 2009년은 기축년己丑年으로 소의 해이다.

그런데 서기와 간지의 두 기년법은 달과 날을 표기할 때 서로 다

* 구범진 | 서울대학교 인문대학 동양사학과 교수. 서울대학교 동양사학과에서 학사, 석사, 박사 학위를 받았다. 명대, 청대의 경제와 재정에 관심을 갖고 중국 근세사를 연구하고 있다. 저서로는 『명청시대 사회경제사』(공저), 『쟁점으로 읽는 중국 근대경제사 1800~1950』(공역), 『국역 『同文彙考』 疆界 史料』(공역), 『국역 『同文彙考』 犯越 史料 1』(공역), 『장제스 일기를 읽다』(역서)가 있으며, 논문으로는 「淸의 朝鮮使行 人選과 '大淸帝國體制'」, 「淸 嘉慶~道光初 兩准鹽商 沒落의 原因」 등이 있다.
** 이 글은 구범진, 「한국사 서술과 역법문제」(『역사교육』 제94집, 2005년 6월, 271~292쪽)를 고쳐 쓴 것임을 밝혀 둔다.

른 달력을 쓴다. 전자는 서력西曆, 즉 양력陽曆을 사용하지만 후자는 음력陰曆을 쓰는 것이다. 일상 속에서 이 두 가지 달력을 함께 사용하는 탓에, 우리는 매년 새해 첫날을 두 번씩 맞이한다. 한동안 양력 1월 1일을 유일한 새해 첫날로 만들기 위한 시도가 있었지만, 이제는 양자의 공존을 인정한다. 사실 법정 공휴일이 단 하루뿐인 양력 1월 1일보다는, 사흘의 연휴를 즐길 수 있는 음력 정월 초하루가 우리의 일상에서는 오히려 더 소중하다.

양자의 공존에 대하여 '근대와 전통의 공존'이라는 그럴듯한 수사修辭를 붙일 수도 있겠지만, 이로 인해서 우리는 적잖은 혼란을 겪고 있다. 서기 2008년 12월 31일의 방송은 "무자년戊子年 한 해가 저물고 기축년己丑年이 밝아 온다"고 떠들썩했다. 새해의 상징으로 소가 새삼 각광을 받았다. 그런데 2009년 1월 말 설날 연휴가 다가오자, 또 다시 "무자년 한 해가 가고 기축년 새해가 밝는다"는 소리가 방송 전파를 가득 메웠다. 이 같은 혼란이 무지에서 비롯된 것은 결코 아니다. 다들 양력 1월 1일과 음력 정월 초하루의 차이를 너무나 잘 알고 있다. 무자년은 음력 섣달 그믐날까지이고 기축년은 음력 정월 초하루부터 시작된다는 사실도 잘 안다. 가령 2009년 1월 25일(무자년 섣달 그믐날)에 태어난 아이를 어느 누구도 소띠라고 하지 않는다. 그 아이는 분명 무자년에 태어난 쥐띠인 것이다. 이처럼 일반 대중이 다 아는 차이를 방송 관계자들만 모른다고 할 수는 없을 것이다. 따라서 이런 종류의 혼란은 방송 관계자들의 무지보다는 부주의에서 비롯된 것이라고 보아야 할 것이다.

그렇다면 방송 관계자들은 도대체 무엇에 부주의했던 것일까? 이 질문에 대한 대답은 간단하다. '예수 연호', 즉 서기를 쓰는 기년법

에는 그에 고유한 날짜 표기법이 짝을 이루고, 간지를 쓰는 기년법에
는 또 그에 고유한 날짜 표기법이 짝을 이루며, 이 두 가지가 다른 원
리에 입각한 날짜 표기법이라는 사실에 충분한 주의를 기울이지 않
은 것이다. 필자는 이런 종류의 부주의와 그로 인한 혼란이 방송만이
아니라, 한국사를 서술하는 논문이나 교과서 및 언론 매체 등에서도
어렵지 않게 찾아볼 수 있는 현상이라는 사실에 주목하고자 한다.

　　모두가 잘 알다시피, 조선의 인조仁祖 14년은 간지로 병자년丙子
年이었다. 병자년 음력 12월 우리나라는 청淸의 침략을 받았다. 이듬
해 정월 인조는 삼전도에서 청 황제 태종太宗에게 정식으로 항복했다.
우리는 이 사건을 병자호란丙子胡亂이라고 부른다. 몇 해 전 발표된 한
연구논문(한명기, 「병자호란 패전의 정치적 파장 : 청의 조선 압박과 인조의 대응을
중심으로」, 『동방학지』 119, 2003)은 이 사건을 다음과 같이 서술하고 있다.

1636년 12월, 청군의 침략으로 시작된 병자호란을 맞아 조선 조정
은 남한산성에 들어가 항전을 벌였다. 그러나 斥和派와 主和派 사
이의 논쟁 속에서 45일 동안 이어진 조선의 저항은 1637년 1월, 이
른바 '三田渡의 항복'으로 결말을 맺고 말았다.

만약 독자가 이 서술의 문면을 그대로 따라 읽는다면, 병자호란
은 '서기 1636년 12월'에 발발하였고, '서기 1637년 1월'에 끝이 났
다고 받아들일 것이다. 만약 독자에게 이 글을 영어로 번역하라고 한
다면, 아마도 '1636년 12월'은 'December 1636'으로, '1637년 1월'
은 'January 1637'로 번역할 것이다.

　　1950년에 발발한 6·25 전쟁에 대하여 북한의 인민군이 북위 38

도선을 돌파한 날짜를 전쟁의 발발 시점으로 간주하듯이, 병자호란의 개시 시점은 청 태종이 군사를 이끌고 압록강을 건넌 날짜로 잡아야 할 것이다. 청의 실록實錄 기록에 의하면, 청 태종이 압록강을 건넌 날짜는 '崇德 元年 丙子 十二月 庚辰'이었다. 여기서 숭덕崇德이란 청 태종이 제정한 연호이고, 병자丙子는 그해의 간지에 해당한다. 또한 경진庚辰은 12월 초십일初十日의 간지였다. 즉, 병자호란이 발발한 날짜는 '병자년 12월 10일'이었던 것이다. 그런데, 이 날짜를 서기의 날짜 표기법으로 환산해 보면, '1637년 1월 5일'(January 5, 1637)이 된다. 병자호란은 '서기 1636년 12월'이 아니라 '서기 1637년 1월'에 발발한 사건이었던 것이다.

아마도 위 인용문의 필자 역시 이러한 사정을 잘 알고 있을 것이다. 다만 '1636년 음력 12월'에서 서술의 편의상 '음력'을 생략했을 따름이다. 하지만 엄밀히 말해서 '서기 1636년'에는 '12월'December이 존재했지만, '음력 12월'은 없었다. 앞서 지적했듯이, 서기와 간지는 다른 원리에 입각한 날짜 표기법을 사용하기 때문이다. 병자호란이 발발했던 병자년은 서기 1636년 2월 7일부터 1637년 1월 25일까지였으므로, 이 사건을 병자호란이라고 부르는 것은 맞다. 그러나 이 사건이 1636년에 발발했다고 하는 것은 사실과 다르다. 그런데도 우리의 교과서는 병자호란을 1636년에 발발한 사건으로 못박고 있다.

기년법과 날짜 표기법

이 같은 혼란의 근본 원인은, 역사 속의 기년법과 날짜 표기법에 충분한 주의를 기울이지 않은 데에서 찾을 수 있다. 역사적으로 기년법과 날짜 표기법, 그리고 양자의 결합 방식은 실로 다양했다. 대체로 어떤 사회의 기년법은 그 사회의 종교적·정치적·사회적 성격 및 국제적 환경 등에 따라 정해졌다. 한편, 어떤 사회의 날짜 표기법은 그 사회가 처한 자연 환경과 그 사회가 보유한 천문학 지식의 수준으로부터 가장 큰 영향을 받았다.

인류는 천문 현상에 의거하여 시간의 길이를 측정해 왔다. 하루는 지구의 자전 주기와, 한 달은 달의 공전 주기와, 일 년은 지구의 공전 주기와 밀접한 관계가 있다. 그런데 이 세 가지 주기 사이의 관계는 정수의 배수로 표시되지 않는다. 그러한 까닭에, 인류는 이 세 가지 주기를 모두 이용하면서도 천문 현상 및 계절 변화와 정확하게 조응하는 역법——전통 시대의 역법이란 '천문학 이론, 관측, 계산법이 망라된 천문학 지식의 총체적 체계'이지만, 이 글에서는 서술의 편의상 '달력을 만드는 방법'을 가리키는 말로 쓰겠다——을 고안하기 위해 많은 노력을 기울여야 했다. 역사 속에 등장하는 다양한 역법은 모두 그런 노력의 산물이었다.

먼저 오늘날 우리가 사용하고 있는 기년법과 역법을 보자. 이 방식은 16세기 말 로마 가톨릭 교회가 채택한 기년법과 역법에서 유래한 것이다. 고대 로마사회의 기년법은 본래 로마 건국의 해를 원년으로 삼는 것이었고, 그 날짜 표기법은 음력을 따랐다고 한다. 그러나 카이사르가 이집트를 정복한 후 이집트의 태양력에 기초한 율리우스력Julian Calendar을 만들었다. 이에 따라 로마사회는 건국 연호에 양력인 율리우스력을 결합하여 쓰게 되었다. 기년법은 그대로였지만 날짜 표기법이 변하였던 것이다. 그러다가 크리스트교가 로마의 국교가 된 뒤인 서기 6세기에 이르러, 디오니시우스Dionysius Exiguus가 예수 탄생 이듬해를 원년으로 삼은 기년법을 고안하였다. 디오니시우스의 기년법은 11세기까지 서유럽에 널리 퍼지게 되었고, 로마의 건국 연호가 아닌 '예수 연호'가 크리스트교 세계의 보편적인 연호로 정착하였다. 이에 따라 율리우스력의 날짜 표기법은 서기와 불가분의 짝을 이루게 되었다.

그런데 율리우스력의 1년(365.25일)은 실제 지구의 공전 주기보다 길었다. 이 때문에 세월이 쌓여 감에 따라 달력과 계절의 차이가 점점 커지게 되었다. 이 차이를 바로잡기 위해서 로마 교황 그레고리우스 13세는 서기 1582년 10월 4일의 이튿날을 10월 5일이 아닌 10월 15일로 변경하는 한편, 1년을 365.2425일로 계산하는 역법을 제정하였다. 이것이 바로 그레고리력Gregorian Calendar으로, 오늘날 세계가 국제 표준의 역법으로 인정하고 있는 것이다. 단, 그레고리력이 20세기에 들어선 이후에야 국제 표준의 지위를 획득했다는 사실에 주의해야 한다. 예컨대, 로마 가톨릭의 영향권 밖에 있었던 러시아는 그레고리력의 제정 이후에도 율리우스력을 계속 사용하다가 볼셰비키 혁명 이후에야 그레고리력을 채택하였다. 그레고리력으로 1917년 3월과 11월에 발발한 두 차례의 혁명이 각각 '2월 혁명'과 '10월 혁명'으로 불리는 것은 서유럽과 러시아의 역법이 달랐던 데에서 비롯된 것이다.

한편, 우리나라를 포함한 동아시아에서 그레고리력, 즉 양력을 쓰기 시작한 것은 그리 오랜 일이 아니다. 우리나라가 그레고리력을 쓰기 시작한 것은 잘 알려진 바와 같이 서기 1896년부터였다. 일본의 경우는 우리보다 이른 1873년부터, 중국의 경우는 우리보다 늦은 1912년부터 양력을 공식 역법으로 사용하기 시작했다. 19세기 말에서 20세기 초에 걸쳐 그레고리력을 수용하기 전까지, 동아시아에서는 서양의 역법과 다른 독자적인 역법을 사용하였다. 이 글에서 전통 시대 동아시아 역법의 변화와 발전 과정을 구체적으로 서술할 여유는 없으므로, 중국의 명明과 청淸, 우리나라의 조선시대를 중심으로 기년법과 역법의 연혁을 간단히 살펴보기로 하겠다.

중국에서는 아주 오랜 옛날부터 간지를 써서 해와 달, 그리고 날짜를 표기하는 한편, 군주의 재위 연수를 기준으로 하는 기년법을 일찍부터 사용하였다. 그러다가 한漢에 이르러 황제가 연호를 제정하기 시작했고, 명明에 이르러서는 한 명의 황제가 재위 기간 동안 단 하나의 연호만을 사용하는 '일세일원' 一世一元의 관례가 확립되었다. 오늘날 명과 청의 황제를 지칭할 때 보통 시호謚號(가령 문제文帝, 무제武帝 등)나 묘호廟號(가령 태조太祖, 태종太宗 등)보다는 각 황제의 연호(홍무제, 숭정제, 강희제, 옹정제, 건륭제 등)를 더 자주 사용하는 것은 '일세일원'의 관례 덕분이다.

한편, 역법의 경우, 명은 대통력大統曆을 사용하였고, 청은 입관 직후인 순치順治 2년부터 시헌력時憲曆을 사용하였다. 대통력과 시헌력은 물론이거니와 고대 이래 중국의 역법은 태음태양력이었다. 태음태양력이란 달의 공전 주기를 기준으로 삼는 태음력의 날짜 표기법이 계절의 변화와 일치하지 않는다는 단점을 보완하기 위하여 고안된 것이었다. 달의 공전 주기는 29.53일이므로, 태음력에서는 한 달의 날짜 수를 29일 또는 30일로 조절한다. 그러나 열두 달로 이루어진 일 년은 보통 354일로, 지구의 공전 주기보다 약 11일이나 짧다. 이로 인해 삼 년마다 달력과 계절 사이에 약 33일의 차이가 나는 문제가 생긴다. 이런 문제를 해결하기 위해 동지冬至와 하지夏至 등 태양의 운행에 의거한 24개 절기節氣를 고안하여 매년 일정 간격으로 배치하는 한편, 19년을 주기로 일곱 번의 윤달을 두었던 것이다. 그러나 이 글에서는 날짜 표기법에 관한 한 동아시아의 태음태양력이 달의 공전 주기를 기준으로 한다는 사실을 중시하고, 지구의 공전 주기를 열두 달로 나누는 서양의 달력(그레고리력)과 대비시키기 위하여 태음태양력을 단지 음력이라고 부르도록 하겠다.

우리나라는 역사상 독자적인 연호를 사용한 적이 없지 않으나, 대부분 중국 황제의 연호를 사용했다. 중국의 왕조와 책봉·조공 관계를 맺었기 때문이다. 중국의 왕조와 책봉·조공 관계를 맺는 것을 가리켜 "정삭正朔을 받든다"고 표현하듯이, 연호는 물론이고 달력 또한 기본적으로 중국의 역법을 수용하여 만들었다. 조선시대의 경우 병자호란 이전에는 명의 연호와 역법을, 그 이후에는 청의 연호와 역법을 받아들였다. 따라서 중국과 우리나라가 이 시기에 사용한 기년법과 날짜 표기법은 기본적으로 일치한다고 할 수 있다. 그런데 명·청 교체기의 경우에는 상당한 주의가 필요하다. 앞서 언급했듯이, 청은 순치 2년부터 시헌력을 사용하였다. 이때 조선은 이미 청의 "정삭을 받드는" 처지가 되었음에도 불구하고 당장에 시헌력을 수용하진 않았다. 그 결과 순치 2년, 즉 인조 23년부터 효종 4년, 즉 순치 10년까지 두 나라는 서로 다른 달력을 써서 날짜를 표기하게 되었다.

이 기간 동안 두 나라의 달력을 비교해 보면 두 가지 차이가 있었음을 알 수 있다. 첫째는 어느 달을 큰 달(30일)로, 어느 달을 작은 달(29일)로 할 것인가 하는 차이가 있었다. 둘째는 윤달을 어디에 둘 것인가 하는 차이였다. 가령 인조 26년 조선에서는 3월 뒤에 윤달을 두었지만, 청에서는 4월 뒤에 윤달을 두었다. 또, 효종 1년의 경우 조선에서는 11월 뒤에 윤달을 두었으나, 청에서는 이 해에 윤달을 두지 않고 이듬해 2월 뒤에 윤달을 두었다. 이 두 가지 차이 때문에 두 나라의 정월 초하루가 달라진 적이 두 차례──조선에서 효종 2년의 정월 초하루는 청의 순치 8년 정월 초하루보다 30일이 늦었고, 효종 3년의 정월 초하루는 청의 순치 9년 정월 초하루보다 하루 늦었다──나 있었다. 이러한 차이는 두 나라의 실록 같은 연대기 자료를 동시에 이용하는 경우에 각별한 주의를 기울여야 할 문제이다. 그런데 두 나라의 날짜 표기법에 이 같은 차이가 존재하는 경우, 우리는 이런 차이 때문에 발생하는 문제를 어떻게 해소해야 할 것인가? 조선의 날짜 표기로 통일시키거나, 청의 날짜 표기로 통일시키거나, 아니면 제3의 표기 방법(가령 '서기+양력')을 써서 양자 모두를 변환시킴으로써 통일을 기하는 방법이 있을 수 있다. 이 중에서 어떤 방법을 취하는 것이 가장 바람직한지는 일단 논외로 하고, 여기에서는 전통시대에 기본적으로 동일한 날짜 표기법을 썼다고 할 수 있는 중국과 우리나라 사이에서도 역법의 문제는 여전히 주의를 요하는 문제라는 사실만 지적해 두겠다.

한편, 19세기 후반 이후 동아시아 여러 나라의 기년법과 날짜 표기법은 굴곡이 많았던 역사만큼이나 복잡다단한 변화를 겪었다. 특히 우리나라의 경우가 가장 복잡했다. 우리나라는 갑오개혁 때까지 공식적으로 청의 연호와 달력을 사용하였다. 단, 연호의 경우엔 대명의리론對明義理論에 입각하여 비공식적이나마 명의 숭정崇禎 연호를 계속 사용하기도 했다. 갑오개혁으로 청과 책봉·조공 관계를 단절한 이후엔, 잠깐 동안 조선의 개국開國 연호와 음력을 사용하였고, 서기 1896년에는 건양建陽이라는 독자 연호를 제정함과 동시에 양력, 즉 그레고리력을 공식적으로 채택하였다. 이로써 우리나라는 비록 기년법은 달라도 서양 여러 나라들과 같은 날짜에 한 해가 시작되고 또 끝이 나는 시대로 접어들었다. 서기 1897년에는 대한제국의 성립을 선포하고 광무光武 연호를 제정하였으며, 1907년부터는 융희隆熙 연호를 사용하였다.

1919년 대한민국 임시정부의 수립 이후에는 '대한민국 연호'를 쓰기 시작하였다. 대한민국 연호는 1948년 8월 15일의 정부 수립과 함께 우리나라의 공식 연호가 되었다. 그러나 제1공화국 정부는 1948년 9월 25일에 단기檀紀, 즉 '단군 연호'를 공식 연호로 정하였고, 이는 1961년까지 사용되었다. 우리나라에서 서기가 단기 대신에 공식 연호로 쓰인 것은 1962년부터였다. 따라서 우리가 양력을 사용한 역사는 이미 100년이 넘었지만, 서기를 사용한 것은 채 50년도 되지 않는 셈이다. 서기 1896년부터 줄곧 양력을 사용하였던 데 비해서, 기년법이 복잡한 변화를 겪었던 것은 기년법의 사용에는 정치적·종교적·사회적·국제적 요인 등이 복잡하게 작용하기 때문이라고 하겠다. 현재 북한이 양력을 쓰면서도 김일성이 태어난 서기 1912년을 원년으로 하는 '주체 연호'를 공식 연호로 채택하고 있는 것은 그 좋은 예이다.

중국에서는 신해혁명辛亥革命으로 청이 붕괴되면서 황제 연호와 음력을 사용하는 시대가 1911년을 끝으로 막을 내렸다. 이에 따라 1912년부터 양력을 채택하였으나, 연호의 경우엔 1912년을 원년으로 하는 민국民國 연호를 쓰기 시작했다. 지금도 대만臺灣의 공식 기년법은 민국 연호를 쓴다. 반면 대륙의 중화인민공화국에서는 서기를 국제 표준의 기년법으로 인정한다는 취지에서 '공원' 公元이라는 이름

으로 사용한다. 한편, 일본은 1872년까지 천황의 독자 연호에 음력을
결합시켰으나, 1873년부터는 양력을 결합시켜 쓰기 시작했다. 그러
나 연호의 경우에는 '일세일원'의 제도를 도입하였을 뿐, 천황의 독
자 연호를 그대로 유지하여 지금까지도 계속 사용하고 있다.

날짜 표기법에 보이는 혼란과 오류

역사상 우리의 조상이 사용했던 기년법과 날짜 표기법이 이상에서
서술한 바와 같은 변화를 겪었다고 할 때, 오늘을 사는 우리가 역사
를 서술할 때에는 어떤 종류의 기년법과 날짜 표기법을 사용해야 할
까? 달리 말해서, 어떤 원칙 위에서 역사 속의 날짜를 표기해야 하는
것일까?

　　역사 서술의 기본 재료가 되는 것은 사료라는 견지에서, 관련 사
료가 채용하고 있는 기년법과 날짜 표기법을 그대로 이용하는 방법
이 있을 수 있다. 이것은 역사를 서술하는 역사가의 입장에서는 가장
편리한 방법일 것이다. 그러나 역사를 읽는 독자의 입장에서는 가장
불편한 방법이 될 수 있다. 예컨대 조선시대(갑오개혁 이전)의 경우를
보자. 일단 역법의 경우는 연구자와 독자 모두 사료의 날짜 표기가
음력에 따른 것이라는 사실에 충분히 주의를 기울인다면 큰 문제는
없을 것으로 보인다. 그러나 기년법의 경우는 문제가 복잡하다. 사료
의 연호가 중국 황제의 연호일 경우, 이를 그대로 사용한다면 두 가
지 문제가 발생한다. 첫째, 한국사를 서술하면서 중국 황제의 연호를
그대로 사용한다는 문제이다. 둘째, 독자가 연호로 표시된 연도(가령,
'숭덕 원년')에 대한 시간 감각을 갖기 어렵다는 문제인데, 아마 연구

자들 또한 이 문제로부터 결코 자유롭지는 않을 것이다. 첫째 문제를 해결하기 위해, 조선시대 국왕의 묘호와 재위 연수(가령, '인조 14년')를 이용하는 방법을 생각해 볼 수 있다. 그러나 이 방법도 둘째 문제를 해결해 주지는 못한다.

갑오개혁 이후의 경우 또한 이런 문제를 안고 있다. 조선의 개국 연호이든, 건양·광무·융희 등의 독자 연호이든 다 마찬가지이다. 오늘날 우리가 사용하고 있는 연호인 서기를 이용한다면 이런 문제는 단숨에 해결된다. 때문에 대부분의 한국사 연구자들은, 때로는 암묵적으로 때로는 명시적으로, 서기 1895년까지는 음력을 써서, 1896년부터는 양력을 써서 날짜를 표기한다. 그러나 각종 한국사 서술의 실태를 자세히 들여다보면 문제가 결코 적지 않다. 앞에서 인용했던 한 연구논문의 경우처럼, 병자호란이 '1636년 12월'에 발발했다고 쓴다면, 보통의 독자는 이를 'December 1636'으로 받아들일 것이다. 이런 오해를 피하기 위해서 '1636년 음력 12월'이라고 적는다면, 애초부터 양력과 불가분의 결합을 유지해 온 서기 연호에 음력 날짜를 붙이는 모순이 발생한다. 즉, 병자호란이 발발한 '음력 12월 10일'은 1636년이 아니라 1637년에 속하는 날이었던 것이다.

이와 같은 지적을 지나친 원칙론 내지 이상론이라고 치부할지도 모르겠다. 그러나 서기의 기년법과 음력의 날짜 표기법을 편의적으로 결합시킴으로써 발생한 문제들은 편의성을 중시한다는 이유로 용인할 수 있는 한도를 넘어서는 경우가 적지 않다. 예컨대 2005년까지 고등학교에서 사용된 한국근현대사 교과서에서는 같은 사건이 일어난 날짜를 서로 다르게 적은 경우가 여러 있었다. 언뜻 보면, 교과서마다 다른 원칙——어떤 교과서는 '서기+음력'을, 어떤 교과서는

'서기+양력' ——에 따라 날짜를 표기한 것 같았지만, 같은 출판사의 교과서 안에서조차 음력과 양력이 혼용된 사례도 여럿 있었다. 따라서 교과서의 날짜 표기에 나타났던 혼란은, 각 교과서가 다른 원칙을 준수했기 때문이 아니라, 사건의 발생 날짜와 관련하여 양력과 음력의 구분에 주의를 기울이지 않았기 때문에 초래된 것이었다. 즉, 부주의에서 비롯된 혼란이었던 것이다. 다만 금성출판사의 한국근현대사 교과서는 음력 날짜를 쓴다는 원칙을 세웠던 것 같지만, 이용하는 날짜가 음력이라는 사실을 명시하지 않은 상태에서 서기 연도와 결합시켰기 때문에, 학생들은 이들 날짜를 양력 날짜로 받아들였을 것으로 추측된다.

한국근현대사 교과서는, 필자의 지적을 일부 반영하여 2006년부터 양력과 음력의 혼용으로 인한 오류를 바로잡는 한편, 1895년까지의 날짜가 '서기+음력'의 원칙에 의거한 것임을 범례에 명시하기 시작하였다. 그러나 이미 지적한 바와 같이, '서기+음력'은 기년법과 날짜 표기법이 호응하지 않는다는 근본적인 문제점을 안고 있다.

한편, 날짜 표기와 관련된 혼란과 오류는 교과서에만 국한된 것이 아니다. 일반 독자를 상대로 하는 교양도서나 언론사의 데이터베이스도 예외가 아닌 것이다. 교양도서의 경우 한 가지만 예로 들어 보겠다. 『아틀라스 한국사』(사계절, 2004)의 동학농민운동 관련 부분을 펼쳐 보면, 왼쪽에는 청일전쟁 관련 지도가, 오른쪽에는 동학농민운동 관련 지도가 그려져 있다. 두 지도 위에는 주요 사건들과 그 발생 날짜가 표기되어 있다. 그런데 이 날짜들을 자세히 보면, 청일전쟁 관련 지도 위의 날짜는 양력이고, 동학농민운동 관련 지도 위의 날짜는 음력임을 알 수 있다. 그러나 두 지도 모두 '1894.5.5'의 형식

표 1. 조선일보 데이터베이스 '오늘의 역사'에 보이는 음력과 양력의 혼용

날짜	사건	음력/양력	수정(오류의 경우)
1880.07.05	수신사 김홍집일행 일본 향발	**양력**	
1881.01.11	홍윤식, 어윤중 등 신사유람단을 일본에 파견	음력	
1881.03.25	이만손 등 만인소 상소	**양력**	
1882.06.05	舊軍 푸대접 — 임오군란 발발	음력	
1882.06.29	임오군란으로 청원받은 청군(淸軍), 인천 상륙	음력	음력 6월 27일
1882.08.30	제물포 조약체결	**양력**	
1884.10.21	갑신정변으로 우정총국 폐쇄	음력	
1884.12.04	갑신정변 발발	**양력**	
1884.12.06	갑신정변 실패	**양력**	
1894.01.10	전라도 고부 군민, 전봉준 영도하에 고부관아 점령	음력	
1894.04.28	동학군 전주 점령	음력	음력 4월 27일
1894.05.09	동학군 해산	음력	
1894.12.30	전봉준 체포	**양력**	양력 12월 28일
1895.04.23	동학혁명 지도자 전봉준 교수형	**양력**	

* 조선일보 데이터베이스의 '오늘의 역사' (http://focus.history.chosun.com/history/)에서 몇 가지 사건의 발생 날짜를 발췌하여 정리한 것이다.
** '음력/양력'과 '수정' 부분은, 각 사건의 날짜를 한국정신문화연구원, 『한국사연표』(동방미디어, 2004)와 대조하여 작성한 것이다.

으로 날짜를 표기하였을 뿐, 음력인지 양력인지는 밝히지 않았다. 아마도 독자는 이들 날짜를 모두 '서기＋양력'으로 받아들일 것이다.

언론사가 온라인으로 제공하는 데이터베이스는 상황이 더 심각하다. 〈표 1〉은 조선일보 데이터베이스의 '오늘의 역사'에 기재된 몇몇 사건을 뽑아 본 것이다. 그 명칭에서 알 수 있듯이, '오늘의 역사'

는 역사 속에서 특정 날짜에 발생한 일들을 '기념'하려는 것인데, 이런 종류의 데이터베이스는 온라인이나 방송 매체를 통해서 어렵지 않게 접할 수 있다. 날짜 표기의 형식(가령, '1880.07.05')을 보건대, 이 데이터베이스의 날짜는 모두 '서기＋양력'을 의미하는 듯하다.

그런데 〈표 1〉에서 보듯이, 어떤 사건의 경우엔 그 사건이 발생한 음력 날짜를 그대로 양력 날짜에서 '기념'하고 있다. 또한, 양력이든 음력이든 오류도 적지 않다. 오류도 문제이지만, 양력과 음력의 혼용도 실로 심각한 문제를 야기한다. '1884년 10월 21일'에 '갑신정변으로 우정총국이 폐쇄'된 사건을 적었는데, 정작 '갑신정변 발발'은 '1884년 12월 4일'의 일로 밝히고 있다. 아직 발생하지도 않은 갑신정변 때문에 우정총국이 폐쇄되었다는 것이다!

설사 이런 종류의 혼란이 없다손 치더라도, 조선일보 데이터베이스의 양력과 음력 혼용은 '기념'의 취지에서 볼 때에도 우리의 상식에 반한다. 가령, 어떤 사람이 음력 3월 5일에 태어나 음력으로 생일을 기념해 왔다고 하자. 한 친구가 양력 3월 5일에 이 사람의 생일을 축하한다면서 선물을 들고 나타난다면, 이 사람은 아마도 내 생일은 아직 오지 않았다고 대답할 것이다. 물론 친구가 애써 장만한 선물을 거부하지는 않겠지만 말이다.

문제의 해결 방안을 모색하며

지금까지 한국사 서술에서 기년법 및 날짜 표기법과 관련한 혼란과 오류의 실태를 지적해 보았다. 모든 연구자들이 이런 잘못을 저지르고 있는 것은 결코 아니지만, 이 같은 혼란과 오류를 마냥 방치해 둘

수는 없다. 그렇다면, 이러한 혼란을 어떻게 수습해야 할 것인가? 최종적인 해법은 학계의 광범위한 논의를 거쳐서 마련해야 하겠지만, 이하에서는 앞으로의 논의에 조금이나마 도움이 되었으면 하는 소망에서 좁은 소견이나마 필자가 생각하는 해법을 제시하는 것으로 이 글의 맺음말을 대신할까 한다.

기년법과 날짜 표기법을 구분하고, 특정 기년법에는 그에 조응하는 날짜 표기법을 결합시킨다는 원칙을 수립하는 일이 무엇보다 중요하다. 서기 연호를 쓸 때에는 양력만을 사용해야 하고, 중국 황제의 연호나 조선시대 국왕의 묘호로써 연도를 표시하는 경우엔 음력으로 날짜를 표기해야 할 것이다. 그 다음에는, 연구자와 독자의 편의를 고려하여 글의 성격에 적합한 조합을 선택하되, 어떤 조합을 쓰든지 간에 처음부터 끝까지 일관성을 유지하는 것이 중요하다.

그런데 어떤 조합이 어떤 글의 성격에 적합하다는 것인가? 먼저 글의 독자가 사실상 전문 연구자들로 제한되는 연구논문 내지 학술 서적의 경우를 보자. 이 경우엔 독자가 역사상 연호와 역법의 변화를 비교적 숙지하고 있으므로, 어떤 조합을 선택하든지 간에 주석이나 범례를 통해서 어떤 조합의 기년법과 날짜 표기법을 사용하는지 미리 밝혀 두는 것으로 충분할 것이다.

전통시대의 경우, 이용하는 사료의 날짜가 음력에 의거한 것이므로 연구자도 음력을 그대로 사용하는 쪽이 연구자의 수고를 덜 수 있을 것이다. 이 경우 연호는 서기가 아니라 국왕의 묘호를 이용하되, 독자에게 시간 감각을 전달하기 위해서 '적당한' 곳에서 괄호 안에 서기 연도를 밝힐 수 있다. 예를 들어 '인조 15년 정월'은 '인조 15년(1637) 정월'로 적을 수 있다. 단, '인조 14년 12월 10일' 같은 경우는 '인조 14년(1636) 12월 10일'로 적어서는 곤란하다. 왜냐하면 이 날짜는 서기 1636년에 속하지 않기 때문이다. 이런 경우엔 '인조 14년 12월 10일(1637년 1월 5일)'이라고 써야 할 것이다. 또한 앞서 지적했듯이, 청의 실록 사료를 이용하는 경우엔 순치 연간의 날짜 표기법이 한동안 조선과 달랐다는 사실에 유의해야 할 것이다.

연구자에 따라서는 모든 날짜를 서기와 양력으로 환산해서 표시할 수도 있다. 무척 번거로운 일이긴 하지만, 동아시아 전통사회나 이슬람사회의 역사를 연구하는 서양의 학자들은 이런 수고를 기꺼이 감수한다. 또한 누군가 영어로 글을 쓰려 한다면 역시 이런 수고를 감수해야 할 것이다. 이 경우, 연구자의 수고는 독자에게 날짜 표기와 관련하여 어떠한 혼란도 일으키지 않을 수 있다는 측면에서 보상을 받을 수 있다.

근대사의 경우엔 아무래도 모든 날짜를 '서기＋양력'으로 환산해야 할 것이다. 물론 서술 범위가 서기 1895년 이전으로 한정되어 모든 사료의 날짜가 음력으로 표시되어 있다면, 국왕의 묘호와 음력을 그대로 사용할 수도 있다. 단, 범례나 주석에서 어떠한 날짜 표기 원칙을 채택했는지 밝혀야 한다. 그러나 서술의 범위가 서기 1896년의 양력 채택 시점을 넘나드는 경우나 여러 나라의 사료를 동시에 구사하는 경우에는 '서기＋양력'으로 통일하는 방법이 최선책이 될 것이다. 또한 전통 시대와 근대를 아울러 서술하는 통사通史의 경우는 모든 날짜를 '서기＋양력'으로 통일하는 것이 바람직하다.

한편, 일반 독자를 위한 교양도서의 경우는 가급적 모든 날짜를 '서기＋양력'으로 통일하는 것이 좋다. 연구논문이나 학술서적과 달리 주석을 통해 사료를 적시하지 않아도 될 뿐만 아니라 본문에서도 연도나 날짜를 자주 언급할 필요가 없기 때문에, 모든 날짜를 '서기+양력'으로 환산한다손 치더라도 그로 인한 수고는 그리 크지 않을 것이다. 학생들을 위한 교과서의 경우도, 서술 범위로 보나 독자의 성격으로 보나, 역시 '서기+양력'으로 모든 날짜를 통일해 주는 것이 바람직할 것이다.

끝으로, 한국사를 서술할 때의 연호와 역법과 관련하여 어떤 원칙을 세우고 어떤 조합을 사용하기로 결정하든지 간에, 독자에게 어떤 원칙 위에서 날짜를 표기하는지 밝히고, 일단 채택한 원칙이나 조합을 일관성 있게 적용하는 일이 중요하다는 점을 지적해 두고 싶다. 몇 년 전에 출판되어 온라인으로도 이용할 수 있는 『한국사연표』(동방미디어, 2004)의 예를 들어 보겠다. 이 책은 '일러두기'에서 "1895년 12월 말까지는 음력으로 월일을 표기하였고, 그 이후는 태양력으로 표기하였다"는 원칙을 밝혔고, 한국사 부분에 관한 한 이 원칙을 일관성 있게 지킨 것으로 보인다. 그런데 외국 부분은 그렇지 못한 것으로 판단된다. '일러두기'에서는 상기 원칙을 밝힌 데 이어서 "다만, 외국의 내용은 그렇지 않다"고 하였다. 이 말이 정확히 무슨 뜻인지는 분명하지 않지만, 외국 부분에 서양의 여러 나라가 등장하는 것으로 볼 때, 한국사 부분과는 달리 일관되게 양력을 사용하겠다는 뜻으로 이해할 수밖에 없다. 그렇다면 우리보다 뒤늦은 1912년에 이르러서야 양력을 사용하기 시작한 중국의 경우는 어떻게 처리했을까? 『한국사연표』에 수록된 중국 관련 사건들의 발생 날짜들을 검토해 보면, 중국이 아직 음력을 사용하던 19세기 후반에 일어난 사건들은 모두 양력 날짜로 기입되어 있다. 그러나 시간을 좀더 거슬러 올라가면, 1840년경을 전후하여 음력과 양력을 혼용하더니, 그 이전에는 모두 음력 날짜를 쓰고 있다. 이렇듯, 『한국사연표』 역시 '일러두기'에서 밝힌 원칙을 일관성 있게 지키지 않고 있는 것이다.

| 추천 도서 |

국사편찬위원회 편, 『하늘, 시간, 땅에 대한 전통적 사색』, 두산동아, 2007.
제목에 고스란히 드러나 있듯이, 이 책은 하늘, 시간, 땅에 대한 우리 조상들의 생각과 지식을 다룬 것이다. 한국의 대표적인 과학사 연구자 다섯 명이 함께 저술한 이 책은, 우리나라를 중심으로 동아시아 전통시대 지식인의 자연 지식을 천문·기상, 시간, 역법, 지리, 풍수 등의 다섯 범주로 나누어 고찰하고 있다. 전통시대 동아시아에서 인간을 둘러싼 자연에 대한 생각과 지식은 오늘날의 과학과는 다소 거리가 있다는 사실을 강조하고 있다. 특히, 문중양이 쓴 제2장 「시간의 측정과 보시」는 전통사회에서 시간의 의미, 시간의 측정, 시계의 제작 등을, 전용훈이 쓴 제3장 「역과 역서」는 역법의 의미와 역사, 전통시대 역법과 천문학의 성격, 음력·양력·절기 등의 의미, 달력의 제작 방법 등을 쉬운 말로 요령 있게 소개하고 있다.

스튜어트 매크리디 엮음, 『시간의 발견』, 남경태 옮김, 휴머니스트, 2002.
The Discovery of Time(MQ Publications, 2001)이라는 제목의 원서를 우리말로 옮긴 것이다. 매크리디(Stuart McCready)를 비롯한 총 8명의 저자가 함께 썼다. 본문은 모두 11장으로 구성되어 있으며, 각 장의 서술을 통해 시간에 대한 여러 다양한 관점, 즉 역사적, 과학적, 심리적, 철학적 관점 등을 소개하고 있다. 특히, 로버트 한나(Robert Hannah)가 쓴 제4장 「달과 해와 별들: 날짜와 연도의 계산」과 클라이브 러글스(Clive Ruggles)가 쓴 제5장 「고대의 다양한 시간 개념: 색다른 달력들」은 다양한 날짜 계산법과 달력의 역사를 이해하는 데에 유용한 지식을 담고 있다. (이 책의 국역본 개정판이 2010년 4월 『시간에 대한 거의 모든 것들』이라는 제목으로 다시 나왔다.)

E. G. 리처즈, 『시간의 지도: 달력』, 이민아 옮김, 까치, 2003.

에드워드 리처즈(Edward G. Richards)의 *Mapping Time: the Calendar and its History*(Oxford University Press, 1999)를 우리말로 옮긴 것이다. 신석기시대부터 오늘날에 이르기까지 인류가 고안했던 모든 달력의 원리와 역사를 다룬 책이다. 달력의 이론적 배경을 고찰한 다음, 선사시대에서 근대에 이르기까지 세계 각 지역에서 만들어졌던 달력의 역사를 서술하였다. 고대문명의 중심지였던 메소포타미아, 이집트, 중국, 인도 등의 달력은 물론이거니와, 마야와 아스텍 같은 아메리카 원주민의 달력, 로마력과 율리우스력, 유대력, 이슬람력, 그레고리력, 프랑스의 혁명력 등 동·서양의 거의 모든 달력을 망라하여 그 역사를 소개하였다는 것이 가장 큰 장점이다.

데이비드 던컨, 『캘린더: 정확한 시간을 위해 투쟁한 위대한 사람들의 역사』, 신동욱 옮김, 씨엔씨미디어, 1999.

미국의 언론인 데이비드 던컨(David Duncan)이 쓴 *The Calendar: the 5000-year Struggle to Align the Clock and the Heavens and What Happened to the Missing Ten Days*(Fourth Estate, 1998)를 우리말로 옮긴 책이다. 1998년 출판된 던컨의 원서는 세계적인 반향을 얻어, 출판된 지 불과 몇 달 만에 유럽과 아메리카의 여러 나라는 물론 일본과 중국 등에서도 번역되었다. 이 책에서 던컨은 천문 현상과 일치하는 달력을 제작하기 위한 인류의 오랜 노력을 고찰하고 있다. 13,000년 전 크로마뇽인이 살았던 선사시대 이래 달력이 인류의 삶에 어떤 영향을 끼쳤으며, 인류의 시간에 대한 인식이 어떻게 형성되고 발전하였는지를 역사적 사실에 근거하여 추적하였다. 특히, 원서의 부제에 보이는 "잃어버린 열흘"이란, 서기 1582년 로마 교황 그레고리우스 13세가 종래의 율리우스력(Julian Calendar)을 대신할 그레고리력(Gregorian Calendar)을 제정하면서 그해 10월 4일의 이튿날을 10월 5일이 아닌 10월 15일로 변경함으로써 사라지게 된 열흘을 가리킨다.

사료 디아스포라와 한국 근현대사 연구

정용욱

민족 이산과 사료 이산

유배, 이산離散이라는 뜻의 디아스포라는 원래 유대 왕국이 패망하여 바빌로니아로 유배당한 뒤 이방인 사이에 흩어져 살게 된 유대인들, 또는 유배되어 팔레스타인, 곧 오늘날 이스라엘 지역 바깥으로 흩어진 유대인들이나 유대인 공동체를 총칭하는 말, 또는 유대인들과 이스라엘 땅의 특수한 관계로부터 유추한 종교적·철학적·정치적·종말론적 의미를 함축하는 용어로 사용된다. 하지만 최근에는 유대인의 경우에만 한정되지 않고, 아프리카인, 아시아인, 카리브인, 아일랜드인, 이스라엘이 독립한 뒤 정작 팔레스타인으로부터 쫓겨난 팔레스타인인 등 점차 전 세계적 범위의 이주, 이산을 가리키는 개념으로까지 확장되었다. 특히 문화연구cultural studies 분야에서는 순수하

* 정용욱 | 서울대학교 인문대학 국사학과 교수. 서울대학교 국사학과에서 학사, 석사, 박사 학위를 받았다. 『해방 전후 미국의 대한정책』, 『강압의 과학』 등의 저·역서와 「인식의 확대, 분절화와 세기말의 역사학」, 「제휴와 배제의 이중주: 한국현대사에서 민족주의, 공산주의, 그리고 좌우 대립」, 「6·25전쟁기 미군의 삐라 심리전과 냉전 이데올로기」, 「홍보, 선전, 독재자의 이미지 관리—1950년대의 이승만 전기」 등의 논문을 집필하였다. 현재 6·25전쟁기 심리전과 냉전 문화, 일기·편지에 나타난 민중의 해방과 전쟁 경험, 한국 현대 민족주의 등에 관심을 가지고 연구를 진행하고 있다.

고 자기충족적이며 통합된 것으로서의 민족 및 민족적 정체성 개념
과 긴장관계를 형성하는 개념으로서 차이·혼종성·혼합·크로스 오
버 등이 두드러지게 드러나는 비유적 개념으로 쓰인다.

　이렇게 확장된 의미 연관 속에서 최근 한국 학계에서도 식민지,
분단 등으로 점철된 한국인들의 이산 경험을 디아스포라로 호칭하는
경우가 왕왕 있다. 특히 재일조선인 작가인 서경식은 거주국인 일본
안에서만이 아니라 대한민국에서도 조선민주주의인민공화국에서도
국민적 기억으로부터 제외된 재일조선인들, 이른바 ‘자이니치’在日의
독특한 역사의식을 ‘난민적 자기인식’으로 지칭한 바 있다. 이것은
해방 이후 한반도와 일본의 관계에서 드러난 식민지 경험을 둘러싼
역방향의 인식, 동서 냉전의 틈바구니에서 한반도의 남과 북에 나타
난 이데올로기상의 반대방향이라는 두 개의 분열 사이에 처한 재일
조선인의 자기인식을 나타낸다. 서경식의 문제 제기는 공간적 상황
의 차이야 있겠지만 지구상의 어디에 있건 한국인들은 여전히 탈식
민지 문제나 분단 문제로부터 그리 자유롭지 않음을 보여 주고, 또
그 두 개의 문제가 서로 연결되어 있음을 암시한다.

　일제 식민지기 중국 동북지방, 러시아 연해주 지방, 일본, 미국
등지로의 이주와 6·25전쟁 전후 38선 이남으로 월남과 이북으로 월
북 등 20세기 한국인의 독특한 이산 경험은 한국 근현대사의 성격과
그 특징을 고스란히 반영하지만 이 시기에 이산된 것은 사람만이 아
니다. 망국亡國, 식민지, 해방, 점령, 분단, 그리고 전쟁 등 곡절 많은
한국 근현대사의 여정으로 인해 이 땅에서 생산된 많은 역사적 기록
과 자료들이 제 땅을 떠나 다른 나라를 떠돌게 되었다. 한국이 일제
로부터 해방되었을 때 일본에 거주하던 조선인들이 어림잡아 200만

이었고, 중국 동북지역에 거주하던 조선인들도 200만 이상으로 추산된다. 해방 당시 조선 전체 인구의 1/10 이상이 해외에 체류했고, 돌아오지 않은 사람들도 많다. 식민지 경험을 한 나라들의 주민들이 한결같이 이렇게 대규모 이산을 한 것은 아니었고, 이 정도 규모면 민족대이동, 디아스포라로 호칭해도 전혀 어색하지 않다. 그 땅의 주인들이 이렇게 곡절을 겪었다면 그들의 삶의 족적이 온전히 남았을 리가 없고, 설사 있다 하더라도 체계적으로 보존·정리되었을 리가 없다. 심지어 그들의 소중한 역사기록이 식민지 치하와 전쟁 과정에서 해외로 반출되는 것을 아무 말도 못하고 지켜볼 수밖에 없었던 것이 그 당시 한국인들의 삶이었고, 그들의 삶을 규정한 존재양식이었다.

프랑스군이 약탈한 외규장각 도서와 일제의 문화재, 사료 반출

프랑스 파리의 국립도서관에는 350여 종의 한국 고도서가 소장되어 있다. 그 중 조선왕조 왕실 의궤儀軌들은 본래 강화도의 왕실 서고에 소장되어 있었고, 1866년에 프랑스 극동함대 해군이 조선왕조의 천주교 탄압에 항의하여 이 섬을 점령했을 때병인양요丙寅洋擾 약탈한 것들이다. 파리 국립도서관의 외규장각 도서들은 반출과정부터 법적으로 문제가 된다. 병인양요 자체의 불법성은 논외로 하더라도 프랑스군은 강화도에서 방화와 파괴행위를 자행했으며, 왕실 서고인 외규장각의 6천여 권에 달한 책들 가운데 외형상 값져 보이는 것들을 반출대상으로 뽑은 다음 나머지는 모두 건물과 함께 불태워 버렸다.

　　프랑스군이 1866년 10월 16일 강화부에 입성했을 때, 지휘관 로즈Pierre-Gustave Roze 제독의 표현을 빌린다면 "아주 중요한 것으로 여겨지는 수많은 서적들로 가득 찬 도서실"을 발견하고 그 소장품들을 프랑스로 실어 갔다. 이때 프랑스군이 약탈한 서적의 대부분은 의궤 도서들이었다. 의궤가 약탈의 일차적 대상이 된 것은 그것들이 임금이 친히 열람하는 어람용 의궤로서 최양질 용지인 초주지草注紙와 고급 비단 등으로 제작된 호화로운 것들이었기 때문이다. 이때 약탈된 물품에는 도서 340여 권 외에도 지도 2점, 족자 7개, 대리석판玉冊 3개 등이 포함되어 있다. 이 도서들은 문화재로서의 가치 이외에 당시의 생활상을 살필 수 있는 사료들로서 귀중한 역사적 가치를 가지고 있다.

프랑스 국립도서관 한국본 목록에 의하면 이 도서관에는 외규장각 도서 외에도 「소학집성」小學集成, 「규장각지」奎章閣志, 「화성성역의궤」華城城役儀軌, 「풍고집」楓皐集, 「고려고비」高麗古碑 등이 소장되어 있는데, 이러한 책들은 그 소장 경위조차 불분명하다. 또 이 도서관에는 세계 최고의 금속활자로 확인된 「직지심체요절」直指心體要節, 1377년 淸州 興德寺 刊本이 소장되어 있다.

곡절 많은 한국 근현대사를 반영이라도 하듯 우리의 소중한 기록문화유산이 상당수 고국을 떠나 해외 각지를 떠돌고 있다. 임진왜란과 같이 전근대에도 각종 문화재와 기록물이 해외로 대거 유출된 적이 있지만, 유출이 본격화하기 시작한 것은 아무래도 제국주의 침략 이후의 일이다. 프랑스의 외규장각 도서 약탈이 초창기 사례에 해당한다면 일제 강점 이후에는 문화재와 기록물들이 조직적이고 체계적으로 반출되었다. 확실한 숫자를 파악할 수 없지만 임란壬亂과 일제 강점기에 일인들이 탈취해 간 문화재는 줄잡아 2만여 점으로 추산되고, 그 가운데에는 전적典籍이 상당수 포함되어 있다.

일본 내각문고內閣文庫의 조선시대 전적 250여 종을 비롯해서 도쿄박물관 소장의 각종 문화재와 고고자료, 도쿄대東京大의 평양왕왕대平壤王旺臺 출토유물 120여 점과 각종 기록물, 교토대京都大 소장 전적류 2백여 점, 텐리대天理大에 소장되어 있는 안견安堅의 「몽유도원도」夢遊桃源圖 등 일본의 박물관과 개인들이 소장한 한국의 기록물은 일일이 나열할 수 없을 정도로 많다. 이들 기록물의 대부분은 중요한 문화재일 뿐만 아니라 학술적으로도 매우 가치가 큰 것으로 평가되고 있다. 안견의 「몽유도원도」는 한국회화사의 기점이 되는 귀중한 문화재일 뿐 아니라, 신숙주, 박팽년, 서거정, 성삼문 등 당대 제일급의 문인, 묵객, 학자, 명신들 21명이 자필발自筆跋을 남김으로써 이들의 문장과 서예를 함께 즐길 수 있는 당대 제일의 기록문화유산이다.

일본에 소재한 우리 기록문화유산들이 언제 어떤 경로를 통해 반출되었는지 체계적인 조사가 되어 있지 않다. 일제 침략이 본격화된 1905년경부터 일본의 골동품상과 호리꾼(호리는 도굴의 일본말)이 일확천금을 꿈꾸고 한국 각지의 고분을 파헤치기 시작했으며, 이러한 문화재 약탈행위는 강점기 내내 계속되었고, 심지어 해방 이후에도 계속되었다. 한국 침략의 원흉으로 알려진 이토 히로부미伊藤博文는 대단한 고려자기 애호가로 알려져 있고, 닥치는 대로 골동품을 사들였던 것으로 유명하다. 또 조선총독부가 만든 조선사편수회朝鮮史編修會는 식민사관에 의해 체계적으로 한국 역사를 왜곡하였을 뿐만 아니라 조선사 편찬작업 과정에서 한국의 역사와 사회, 문화에 관한 자료도 계통적으로 수집하였다. 현재 일본에 있는 우리 기록문화유산들은 이와 같이 개인들과 일제 식민지 통치기관들에 의한 조직적인 반출의 결과일 것으로 추정된다.

미군이 노획한 북한군 문서들

프랑스 파리에 있는 국립도서관이 소장한 외규장각外奎章閣 도서圖書
가 프랑스 군대에 의해 '약탈' 된 경우라면 미국 매릴랜드Maryland주
컬리지파크College Park에 있는 미국 국립문서관National Archives II이
소장한 북한군 노획문서철은 미국 군대가 전투 중 '노획'한 경우에
해당한다.

가슴에 손을 얹고

살그먼-히 눈을 감으면

어느새 그내는 내 앞에 나타나

깊흔 잠속에서도

나는 그대를 잊지 않었고

그대도 나를 버리지 않었다

꿈, 꿈, 꿈일지라도

그대는 내 마음속에

꽃봉오리처럼 아름다히 피어올라

젊은 내 심장을 격분시키노니

오, 내 사랑이여

영원한 나의 애인이여!

그대의 반가운 소식을 들을 때

삼천리여, 나의 조국이여!

나는 하늘만큼 깃버하노라

그 긴 겨울밤이 물러가고

새벽의 고요한 짬에도

너는 내 눈앞에 어리어지드라

　　한 젊은이의 절절한 조국애祖國愛를 토로한 이 격정적인 시는 최원오崔元吾라는 이가 해방 직후 지었고, 그 제목은 '가슴에 손을 얹고'이다. 최원오는 최창익崔昌益의 손자로서 이 시를 지을 무렵인 1949년에는 중앙아시아에 있는 우즈베키스탄의 타시켄트에서 농대에 재학 중이었다. 이 시는 그가 평양의 할아버지에게 보낸 편지에 들어 있는데, 조부와 손자가 주고받았던 이 편지들이 현재 미국 매릴랜드 주 컬리지파크에 위치한 미국 국립문서관의 '북한군노획문서철'에 고스란히 남아 있다. 한 개인의 사사로운 편지가 머나먼 이국 땅의 한 문서고文書庫에서 잠자고 있을 때에는 예사롭지 않은 이유가 있게 마련이다.

　　최창익은 일제 강점기인 1920년대부터 민족해방운동에 투신한 사회주의자였다. 그는 조선공산당 사건으로 체포되어 감옥살이를 마친 뒤 중국으로 건너가 1936년부터 중국에서 활동하였고, 이후 옌안延安에서 활동하던 조선독립동맹의 부주석을 지냈다. 해방 이후 귀국하였고, 1948년 북한 정부가 수립된 뒤 재정상財政相을 지냈다. 그의 부인 허정숙許貞淑 역시 유명한 사회주의자였고, 그녀의 아버지는 저명한 변호사이자 민족운동가였던 허헌許憲이다. 위 시의 주인공은 아마 이러한 집안의 후광으로 당시 소연방의 일원이었던 우즈베키스탄 타시켄트에 유학했을런지도 모르겠다.

　　필자가 미국 국립문서관에서 이 편지가 들어 있는 편지 뭉치를 처음 대한 것은 지금으로부터 17년 전인데, 그가 지향하는 이념이 무엇이었건 간에 해방 직후라는 격동의 시기에 한 평범한 지식인이 품었음직한 조국애와 열정이 그대로 전해져 오는 것 같아 의자에 기대 한참 동안이나 상념에 젖었던 기억을 가지고 있다.

이 편지가 들어 있는 북한군노획문서철은 6·25전쟁 중 미군이 북한군, 중국군과 전투 과정에서 노획한 문서들을 하나의 문서집단으로 분류해 놓은 것이다. 미국 국립문서관은 이 문서철 외에 미국 군대가 해외에서 노획한 모든 문서들을 '해외에서 노획한 기록물, 1675~1983' National Archives Collection of Foreign Records Seized 1675~ 1983이라는 제목하에 하나의 문서집단Record Group 242으로 분류하였다. 이 문서집단은 분량이 6,689큐빅피트에 달하고, 그 중 대다수는 미국이 제2차 세계대전 직후 독일에서 노획한 나치스 정부의 문서들이다. 북한군노획문서철은 이 문서집단의 하나의 하위 문서군Records Seized by US Military Forces in Korea에 해당하는데, 소장 자료들은 문서, 책자, 신문·잡지, 포스터, 지폐, 사진, 설계도, 동판, 레코드판 등 매우 다양하다.

노획문서철은 위에서 인용한 것과 같은 개인 문서들 외에 각종 공문서, 책, 신문, 잡지 등을 포괄하고 있고, 수천 종의 문서가 원본 그대로 약 6천여 개 이상의 문서상자[1]에 보관되어 있다. 그 중 다수는 한국어로 되어 있고, 또 평양 주재 러시아 대사관에서 노획된 문서들이 다수 있다. 그 외에 중국어, 일본어로 작성된 문서들도 있고, 극소수의 영문 자료, 스페인어 자료도 있다. 한국어 문서들은 일제시

---

1) 문서상자(Archive Box)는 브리태니커 백과사전이 2권 반 정도 들어가는 0.3큐빅피트(cu. ft) 정도의 용적이다.

기 것, 해방 후 남한에서 온 것, 북한 것, 만주에서 온 것, 러시아에서
찍은 것 등이다. 일본어 문서들은 거의 책자들이고, 해방 전 총독부
에서 나온 책들이 주류를 이루지만 해방 후 일본에서 수입한 마르크
스주의 이론 책자들도 눈에 띈다. 러시아어 문서들은 주駐서울 러시
아영사관에서 흘러나온 일제시기 조선인 사증査證부터 모스크바에서
출판된 마르크스주의 관련 책자에 이르기까지 다양하지만 책자가 다
수다. 중국어 문서는 이른바 중국인민지원군中國人民志願軍의 문서, 소
책자, 신문, 잡지 등이 주종을 이룬다.

　　노획된 북한자료들 가운데 대다수는 해방 이후 북한에서 나온
각종 공문서, 책, 신문, 잡지 등이다. 이 자료들은 해방 직후에서부터
6·25전쟁에 이르는 시기 북한의 정치, 사회, 경제, 문화를 이해하는
데 없어서는 안 될 소중한 것들이다. 이 시기에 관한 한 아마 현재 북
한에서도 이만한 문서들을 소장하고 있을 것 같지 않을 정도로 방대
한 분량과 광범하고 다양한 종류를 자랑한다. 이 문서철은 한국현대
사 연구자들에게 북한 역사 또는 6·25전쟁 연구를 위한 보고寶庫로
통하고, 전세계 학자들의 주목을 끌고 있다.

　　미군은 6·25전쟁 중에 적의 문서들을 노획하기 위해 꽤나 용의
주도하게 움직였다. 노획문서의 대부분은 특히 미군의 평양 진주 시
노획되었다. 미군 방첩대Counter Intelligence Corps는 사전에 치밀한 작
전을 짠 뒤 대원들을 몇 개의 팀으로 나누어 전투부대보다 먼저 평양
에 들여보내서 체계적으로 정보수집 대상물을 장악하였다. 필자가
발굴한 「한국전쟁기 미군 방첩대사」에 의하면 미군은 평양 입성 이전
에 문서노획을 위해 인디언헤드 특별부대Task Force Indianhead를 구성
하였고, 이 특별부대의 작전은 대성공을 거둔 것으로 평가되었다. 이

작전의 개요가 밝혀지면 미군의 문서노획 경위를 구체적으로 알 수 있겠지만 「방첩대사」의 편사관編史官은 서문에서 그 작전은 기밀 해제되지 않은 상태라 내용을 밝힐 수 없음을 아쉬워하였다.

이산 사료와의 재회, 역사 복원, 그리고 식민성과 분단의식의 극복

역사가는 과거로부터 다양한 목소리를 듣는다. 그리고 사료는 역사가와 과거를 이어 주는 통로이자 매개이고, 이를 통해서 비로소 과거와 현재의 대화가 가능하다. 즉 역사가와 사료는 떼려야 뗄 수 없는 관계를 가지고 있고, 역사가는 사료와 만남을 통해 과거를 재구성한다. 그러나 한국 근현대사의 전개과정에서 일어난 사료 이산은 역사가와 사료의 일상적 만남을 불가능하게 만들거나 매우 어렵게 만들고 있다. 한국 근현대사 연구자들은 이산 사료와 만나기 위해서 미국, 일본, 중국, 러시아 등지로 수백 또는 수천 킬로미터를 날아가야 하고, 그 자료들 가운데 일부는 여전히 '노획문서' 등의 군사적 용어로 분류되어 있으며, 한반도는 분단 상태에서 헤어나지 못하고 있다. 한국은 정치적으로 독립했고, 한국사회는 산업화와 민주화를 동시에 수행한 세계사상의 드문 사례로 다른 나라의 주목을 끌었지만 정작 그 과정에서 한국사회가 겪은 고통과 좌절, 성공과 실패, 그리고 한국인의 역동성을 뒷받침할 수 있는 사료들의 다수가 여전히 이산 상태에 있다.

　해방된 지 60년이 지났지만 한국 근현대사를 연구하는 학자들은 근현대 한국사회 연구에 필요하고, 한국 근현대사 해명을 위해 중요한 1차 자료를 외국산 자료들과 외국에 이산한 토산土産 자료들에 의존하지 않으면 안 된다. 그런 면에서 이산 사료의 국내 이관은 한국 근현대사의 질곡을 극복하고, 역사를 복원하는 데 빼놓을 수 없는 과제이다.

해외에 흩어져 있는 우리 문화유산과 사료는 우리 민족의 문화 창조의 소산으로서 그것에는 한국인의 얼과 고뇌가 서려 있다. 그리고 그것들은 그것을 낳은 땅, 그 문화를 계승하고 있는 사회를 떠나서는 그 가치를 제대로 발휘하기 어렵다. 그 중에서 기록문화유산은 그 자체 우리 역사의 일부분으로서 예술적 가치와는 또 다른 차원의 높은 사료적 가치와 학술적 가치를 가지고 있다. 앞에서 살펴보았듯이 해외에 있는 우리 기록문화유산들은 '약탈', '노획', '부당거래', '밀반출' 등 불법적 경로를 통해 유출된 것이 대부분이다. 우리 민족의 정서는 해외에 산재한 우리 기록문화유산들을 무조건적이고 하루빨리 돌려 받기를 바라고 있고, 유네스코와 같은 국제기구도 과거 몇 차례에 걸쳐 불법적으로 반출된 문화재들을 원래의 소유국으로 되돌려 줄 것을 결의하는 등 국제적 규제가 강화되었지만 우리 기록문화유산들의 반환은 여전히 어려움을 겪고 있다. 지난 1991년 이래 외규장각 도서 반환을 위해 한국 정부와 프랑스 정부가 벌인 협상은 한번 약탈당한 문화유산을 제자리로 돌려놓는 것이 얼마나 어려운가를 잘 보여 주는 실물사례이다.

해외에 흩어져 있는 우리 기록문화유산들을 돌려받기 위해서는 지금부터라도 우리 사회가 계통적으로 대책을 마련해야 한다. 무엇보다 시급한 것은 해외에 산재한 한국의 기록문화유산에 대한 체계적인 조사와 연구 작업이다. 또 지금부터라도 해외 소재 기록문화유산의 조사·연구와 국내로의 반입을 담당할 전문기구를 설치하고, 전문가들이 이 문제를 담당할 수 있도록 정부가 앞장서야 한다. 해외의 우리 기록문화유산을 조사·연구하고, 제자리로 돌려놓는 작업은 일시적인 정치적 필요성이나 한 정권의 치적을 넘어서서 지속적으로 추진해야 할 '역사복원'의 성격을 가지고 있다. 그리고 그 작업은 일개 연구자나 연구기관이 감당할 수 있는 것이 아니다. 정부의 재정·인력 지원과 국민들의 지속적인 성원이 없으면 불가능한 작업이다.

조사작업이 진행되고, 국내에서 조사와 반환을 전담할 기구가 정비되면 해외의 기록문화유산을 반환하기 위한 정부 간 협상을 본격화해야 하고 그 이전에라도 이들을 활용하기 위한 학술적 교류가 시작되어야 한다. 해외로 반출된 문화유산의 국제적 반환운동에도 불구하고 제국주의 국가들에 의해 불법적으로 반출된 문화유산이 원래의 땅으로 돌아간 예는 일부에 불과하다. 하지만 불법으로 유출된 문화재를 반환해야 한다는 기본정신과 의의를 계속 살려나가고 현재 문화재를 소유한 국가의 양심과 도덕성의 회복을 계속 강조해야 한다. 이러한 기본정신이 관철되는 선에서 비로소 영구 반환, 장기 또는 영구 대여 등의 반환 유형을 현실적으로 고려할 수 있을 것이다.

해외의 우리 기록문화유산의 반환 작업은 해방 이후 일제 잔재의 청산이라는 역사적 과제 해결의 차원에서 진작 시작되었어야 할 일이다. 반환 작업은 한국인의 자기 역사에 대한 한층 높아진 주인의식에 걸맞게 지금부터라도 지속적으로 추진되어야 하고, 또 후세에 대해 당대 사회가 져야 할 책무이기도 하다.

한국 근현대사 연구자와 사료의 만남에서 문제가 되는 것은 사료이산으로 인한 역사가와 사료 사이의 공간적 거리감뿐만이 아니다.

일제 강점기 조선사회와 조선인 민족해방운동 연구는 조선총독부가 남겨 놓은 책자와 문서들, 또는 일본 경찰과 사법당국의 심문조서審問調書에 크게 의존한다. 식민지사회라는 불구성이 자기 역사를 집필하는 데 필요한 자료 편찬의 권한마저 허용하지 않았던 사정을 반영하는 것이리라. 하지만 나라의 독립을 찾기 위해 헌신했던 운동 주체들의 자료와 기록이 아니라 탄압자 측의 문서와 자료들에 의존하여 일제 식민지기 민족해방운동사를 재구성할 수밖에 없다는 상황은 역사가들에게 심각한 문제를 제기한다. 일본 경찰과 사법당국의 조서는 구속상태에서 피의자로 조사받은 것을 적어놓은 것이고, 심문자는 피의자에게 자백을 강요하는 강압적인 위치에 서게 된다. 아마 체포된 조선인 혁명가는 조직의 비밀을 지키고, 자신의 행위를 축소, 은폐하기 위해 심문자와 보이지 않는 전투를 하였을 것이다. 조서는 심문자가 수집한 정보와 수사자료, 수사방향, 일제의 사법적 처리 방침이 혁명가의 주장 또는 그가 감추려고 하는 사실들과 밀고 당기기를 거듭하다가 중간의 어느 지점에서 절충되어 나온 결과에 다름 아니다. 즉, 일제 관헌 자료들은 일제가 늘려 놓은 치밀한 정보망을 감안하더라도 부분적인 진실만을 반영할 뿐이고, 일제 관헌의 관점에서 작성되었다는 점을 염두에 둔다면 그 당시 민족해방운동의 전모를 밝히기에는 아무래도 한계가 있다.

　해외의 민족해방운동사 연구도 나름대로 어려움이 있다. 대한민국임시정부의 활동을 연구하기 위해서는 임정 인사들의 기록을 낱낱이 수집해서 분석해야 하지만, 임정이 객거국客居國으로 머문 중국 측 당안관檔案館에 소장된 임정 관련 자료 역시 수집해서 분석해야 한다. 또 태평양전쟁 발발 이후 임정 활동을 연구하기 위해서는 미국 정부와 정보당국의 자료 역시 중요하다. 마찬가지로 일제하 조선인 사회주의운동을 연구하기 위해서는 모스크바에 있는 코민테른 문서고를 뒤져야 한다. 또 북한노획문서는 그 쓰임새가 주로 북한 연구나 6·25 전쟁 연구에 한정되어 있지만 해방 직후 남한 연구에서도 국내 자료들보다 당시 미군정美軍政이 생산한 각종 자료들이 더 유용하게 쓰이고 있음은 잘 알려진 사실이다.

이러한 관련 사료들의 소장 실태는 단순히 한국 근현대사 연구의 물리적 어려움만을 얘기하는 것이 아니다. 일본 측 자료가 해당 사건에 대한 정보 외에 일제 식민 통치자의 입장과 관점, 해석을 그대로 반영하는 것이라면, 미국, 중국, 러시아 측 문서들 역시 관련 사안에 대한 각국의 입장과 관점, 그리고 해석을 담고 있다. 거창하게 얘기하자면 외국 자료를 통해서 한국사를 연구할 때에는 그 자료에 담긴 타자의 시선과 의식, 보다 구체적으로 일본 측 자료에 담긴 식민성과 주변 강대국들의 자료에 녹아 있는 대국주의, 그것의 냉전적 발현으로서 한반도에 이식된 분단의식 등을 극복하지 않으면 주체적인 한국 근현대사 인식은 불가능하다고 해도 과언이 아니다.

자료를 많이 접하다 보면 자료의 내용보다 형식과 외양이 더 많은 것을 알려 준다는 느낌이 들 때가 있다. 앞에서 인용한 시는 문학적으로 세련된 시가 결코 아니고, 한눈에 보아도 격정만 가지고 썼음을 알 수 있으나 한 장의 낡은 편지지에 식민지 상태로부터 갓 벗어난 사회의 젊은이들이 품었음직한 열정과 희망을 잘 담아 냈다. 북한군노획문서철 가운데 모스크바에서 출간한 레닌이나 스탈린 저술의 한국어 번역본은 매끈한 종이에다 인쇄상태도 양호하고 제본도 잘되어 있다. 반면 당시 고등교육기관들에서 사용한 과학기술 관련 교과서들은 금방이라도 바스라질 듯한 형편없는 지질에다 인쇄상태나 제본도 조악하다. 마치 당시 남한에서 발간된 미군정 홍보물과 한국인 출판물의 외양의 대비와 흡사하고, 식민지 상태에서 갓 해방된 나라와 그 나라에 주둔한 강대국 사이의 처지의 차이를 반영하는 듯하다. 당시 한반도 주민들에게 더 절실한 것은 좋은 지질에 인쇄된 외국 제도나 이념의 선전이 아니라 비록 과학기술 교과서처럼 '똥종이'에 인쇄되었지만 새나라 건설에 필요한 그런 지식들이 아니었을까.

　　북한군노획문서철 자료 목록을 만드느라 수년간 방학 때마다 대학원생들과 함께 미국 국립문서관에서 구슬땀을 흘렸다. 이 신세대 젊은이들이 보는 자료들은 증오로 얼룩진 분열의 기록들이지만 이 젊은이들이 앞으로 쓰고 만들어 가는 역사는 화해와 통일의 역사가 되기를 바란다. 1990년대 전반에 북한 '핵위기'가 발생한 이래 북한과 미국은 20년 가까이 핵협상을 둘러싸고 줄다리기를 계속하고 있다. 내가 만든 북한군노획문서철 목록을 토대로 남과 북의 학자들, 미국과 중국의 학자들이 한 자리에 모여 북한군 노획문서의 활용 방안을 논의하고, 그 회의에서 6·25전쟁에서 나타났던 반목과 증오의 역사 대신 평화와 화합을 위한 참신한 지혜를 만들어 내는 꿈을 꾸어 본다. 한반도와 동북아시아의 평화를 상징하는 행사로서 이것보다 근사한 것이 어디 또 있겠는가? 역사가가 만나는 사료는 과거로 통하는 입구이고, 그 사료의 존재양식은 우리 사회, 또 그 속에 있는 역사가가 처한 현실을 반영하지만 그 출구는 우리 사회가 만들어 나갈 미래와 통해 있다. 역사가는 일상적으로 사료와 만나지만 그 만남이 그리 예사롭지는 않은 것 같다.

| 추천도서 |

박원순, 「되찾아야 할 역사, 제국주의 열강의 문화재 약탈」, 『역사비평』 23호, 1993년 겨울호.

제국주의 국가들의 문화재 약탈 역사를 일별하고, 해외로 반출된 한국 문화재들의 반출 경위를 살펴보았다. 이어서 2차 세계대전 이후 독립한 제3세계 국가들의 문화재 반환 노력, 문화재 보호와 약탈 문화재의 반환을 위한 각국의 노력과 국제적 노력들을 서술한 뒤, 그 과정에서 마련된 각종 법적 조치들을 조사하였다. 이 논문을 집필한 배경에는 1866년 병인양요 당시 프랑스 해군 극동함대가 강화도를 점령하여 피탈한 외규장각 도서의 반환을 위해서 한국 정부와 프랑스 정부 사이에 벌인 협상과 그 과정에서 제기된 문제점들에 대한 고찰이 있었다. 해외로 반출된 한국 문화재들에 대한 개괄적인 정보와 그것들의 반환 노력에 필요한 국내적, 국제적 준거들을 이해하는 데 유용하다.

방선주, 「노획 북한필사문서 해제(1)」, 『아시아문화』 1, 한림대학교 아시아문화연구소, 1986.

미국 매릴랜드주 컬리지파크에 있는 국립문서관(National Archives II)에 소장된 6·25전쟁 당시 미군이 노획한 북한 측 문서들의 소장 경위와 전체적 개요를 소개하고, 그 자료들이 한국현대사 연구에서 가지는 중요성을 몇몇 사례와 자료 목록 등을 통해서 제시하였다. 이 문서철의 전체상을 이해할 수 있고, 또 이 문서철에 대한 연구의 시발점이 될 수 있는 논문이다.

정용욱, 『미군정 자료 연구』, 선인, 2003.

해방 전후 시기 연구의 가장 커다란 제약 요소는 자료적 제한이다. 식민지 상태로부터의 해방, 이어지는 전쟁과 분단 등 격변의 세월이 이 시기 연구를 위한 한국 사회의 체계적인 자료 수집과 정리를 방해하거나 불가능하게 했다. 이러한 자료의 부족과 공백을 메꾸기 위해서 미국이나 러시아, 일본, 중국 등 해외 소재 관련자료들이 주목을 받아 왔다. 이 책은 그 가운데 미국 국립문서관이 소장한 미군정 관련자료들에 관해서 유용한 정보를 제공한다. 주한미군사령부 문서철, 미소공동위원회 문서철, 국무부 한국 관련 문서철 등 이 시기 작성된 미국 측 자료들의 전체적 개요는 물론 부분적으로 자세한 문서 목록을 제시할 뿐만 아니라 미국 측 문서의 성격 분석과 사료 비판도 겸하였다.

서경식, 『난민과 국민 사이: 재일조선인 서경식의 사유와 성찰』, 임성모 · 이규수 옮김, 돌베개, 2006.
재일조선인으로서 디아스포라적 존재의 기억과 정체성에 대해 계속 연구해 온 저자가 1990년대 중반부터 발표한 시론과 시평들을 모아서 묶은 책이다. 저자는 이 책에서 식민주의와 제국주의, 재일조선인의 역사, 민족주의와 국민주의, 일본 우경화 문제 등에 관한 자신의 생각을 정리하였다. 일본에서 출간된 저자의 저서들 『분단을 살다』(分斷を生きる), 『반난민의 위치에서』(半難民の位置から), 『저울질하지 말라』(秤にかけてはならない)에서 고른 글들이 실려 있다. 재일조선인의 역사적 존재 형태와 그들의 인식을 이해할 수 있을 뿐만 아니라 해방 이후 50년이 경과한 시점에서 그들의 존재와 의식이 가지는 민족사적 · 세계사적 의미를 재성찰할 수 있는 기회를 제공한다.

불행한 만남과 위대한 전복
─ 대서양, 흑인, 혁명

최갑수

역사의 만남

역사 속에서 인간이란 어떤 유적類的 본질을 갖는 존재라기보다는 그 자체가 언제나 사회적 관계의 총체이다. 말하자면 사람이란 본디 착하거나 악한 존재가 아니라 어떤 사회적 관계에 처해 있느냐에 따라 선해지기도 하고 악해지기도 하는 법이다. '친구를 보면 그 사람을 안다'는 경구가 이를 말해 준다. 그러기에 인간의 삶이란 다양한 만남의 연속으로 이뤄지며, 이 무수한 인간들의 개인사를 토대로 역사의 흐름이 형성되는 것이다. 물론 역사학은 삶의 여러 층위를 포괄하고자 하기에 단수의 개인보다는 복수의 사람들에 주목한다. 특출한 개인들의 역할을 부정하려는 것이 아니라, 역사란 것이 온갖 차원의

* 최갑수 | 서울대학교 인문대학 서양사학과 교수. 서울대학교 서양사학과를 졸업하고 동 대학원에서 '생시몽의 사회사상'으로 문학박사 학위를 받았다. 서양근대사, 프랑스사, 프랑스혁명사, 서양사상사를 주로 연구하며, 최근에는 프랑스혁명기의 인권, 노예해방, 아이티혁명의 상관성에 관해 관심을 갖고 연구를 진행하고 있다. 지은 책으로는 『서양사강의』, 『유라시아 천년을 가다』, 『프랑스 구체제의 권력구조와 사회』, 『유럽중심주의 세계사를 넘어 세계사들로』(이상 공저) 등이, 옮긴 책으로는 『프랑스대혁명사』(2권), 『왕정의 몰락과 프랑스혁명』, 『프랑스의 역사』, 『1789년의 대공포』 등이, 엮은 책으로는 『굿모닝 밀레니엄』, 『황우석 사태와 한국사회』 등이 있다.

집단들의 만남과 부딪힘으로 이뤄지게 마련이어서 그야말로 온갖 종류의 '사회성'의 복합체로 나타나기 때문이다. 대부분의 역사 시기에 사람들은 문명의 차이와 관계없이 대개 복수의 정체성, 곧 혈연, 지연, 더 큰 단위의 종교, 문화, 정치 공동체 등에 근거한 교류망에 몸담고 있기에 참으로 다양한 만남의 교차로에 놓여 있는 셈이다.

만남의 종류 역시 다양하다. 청춘남녀가 맞선을 볼 수도 있고, 장터에서 가게주인과 손님으로 만날 수도 있다. 하지만 역사에서 주목하는 것으로 이런 의도적인 만남(외교사절, 의회, 정치집회, 유학, 성지순례 등) 이외에도 그야말로 우연히 서로 마주치는 온갖 종류의 '조우'遭遇가 있으며, 경우에 따라 조우에는 일련의 충돌이 발생하기도 한다. 모두가 서로 마주보는 것이로되 우의를 나누기보다는 경쟁, 긴장, 대립으로 이어지기 십상이고, 가장 불행한 경우로 일방이 다른 일방을 완전히 괴멸시키는 끔찍한 일이 벌어지기도 한다. 그러나 우리는 그 어떤 경우에도 결국은 양자 사이에서 어떤 주고받음이 일어나고 있음을 놓쳐서는 안 된다. 만남, 마주침, 충돌이 야기하는 호혜와 특히 아픔, 그리고 이에 대한 도덕적 책임이라는 문제를 외면해서는 안 되지만, 승자와 패자 사이의 엇갈림 속에서 역전과 전복의 계기가 끊임없이 작용하고 있음을 직시해야 한다. 우리는 승리를 영속화하려는 온갖 헤게모니 장치들의 틈새에서 균열의 조짐을 읽어 내야 하며, 과거를 침묵시키는 은폐된 역사에서 잊힌 행위자들의 목소리를 불러 낼 수 있어야 한다.[1]

1] Michel-Rolph Trouillot, *Silencing the Past: Power and the Production of History*, Beacon Press, 1995.

침묵의 카르텔과 혁명의 발견

인류 역사상 가장 불행한 만남의 하나를 꼽으라고 하면 단연 16∼19세기에 대서양을 무대로 하여 유럽 백인들이 아프리카 흑인들에게 가한 구조적 폭력의 절정인 노예제가 떠오른다. 구미의 연구자들이 노예제가 인류의 역사만큼이나 오랜 기원을 갖고 있다고 강변하고 사하라 이남의 아프리카에서 실제로 노예를 포획한 것이 유럽의 무장 상인이 아니라 아프리카의 토착 지배층이라고 지적한다고 해서, 대서양 가축노예제의 역사적 특수성(극단성)을 가릴 수는 없다. 이 시기에 최소한 1천 2백만 명의 흑인들이 노예로서 대서양을 건너 아메리카로 간 것으로 추산되는데, 노예무역의 절정기는 18세기 마지막 20년간이다.

이 대서양 노예제의 본질은 대농장에서 열대작물을 키워 수확하는 데 최소의 비용으로 노예노동을 극대화하여 최대의 이윤을 창출하려는 극단적인 노동착취와 이로 말미암은 인신파괴였다. 우리의 불행한 만남의 장소인 프랑스의 식민지였던 생도맹그Saint-Domingue의 경우, 노예의 평균 수명이 20세를 넘지 못했으니 이들의 여건이 얼마나 열악한 것이었는지를 미루어 짐작할 수 있다. 사정이 이러하니 노예들의 지속적인 수입이 불가피했을 뿐만 아니라 노예 가운데 아프리카 태생의 비율이 매우 높았다. 프랑스혁명 직전의 생도맹그에서 백인이 30,800명, 자유유색인은 24,800명인 반면에, 흑인노예는 전 주민의 90%에 육박하는 50만 명 정도였고 이 가운데 아프리카 태생은 60∼70%에 달했다. 생도맹그는 카리브해 지역에서 가장 번영하는 식민지여서 혁명 직전 프랑스 대외교역의 거의 2/3를 차지했

고, 설탕, 커피, 원면의 유럽 소비량의 절반을 공급했다. 높은 이윤─
상상을 절하는 노동 강도─계속적인 대규모 노예수입─아프리카 출
신 노예의 막대한 비중의 순환이 바로 18세기 생도맹그 노예제의 특
질이다. 노예의 높은 인구비중은 그 자체만으로 노예반란의 공포를
자아내 극단적인 폭력통제를 낳았으며 이에 수반하여 인종주의라는
헤게모니 장치가 맹위를 떨쳤음은 말할 나위도 없다.[2]

　　대서양 노예제에 대해선 이른바 '삼각교역'을 통하여 국내에도
꽤 알려져 있다. 하지만 이 노예제가 가장 혹독하게 작동했던, 가장
번영하는 식민지였던 생도맹그에서 흑인노예들이 대규모 반란을 일
으켜 노예제를 폐지하고 프랑스, 영국, 에스파냐의 군대, 최종적으로
막강한 나폴레옹의 군대를 물리쳐 새 나라인 '아이티'Haiti를 세웠다
는 사실은 거의 알려져 있지 않으며, 구미의 역사 개설사들은 언급조
차 하지 않는다. 더욱이 식민 본국인 프랑스 사학계에서 이 노예혁명
에 대한 연구는 극히 제한적이며, 프랑스혁명 200돌을 기념하여 나
온 주요한 프랑스혁명사 사전들에서 이에 대한 항목들은 아예 찾아
볼 수 없다. 프랑스혁명과 비교하여 조금도 뒤지지 않는 이 위대한
혁명인 '아이티혁명'Haitian Revolution, 1791~1803에 대해 서방학계는
왜 침묵으로 일관해 왔을까?[3]

　　근저에는 서구의 세계에서 인종주의, 노예제, 식민주의를 에워

---

2) 간단한 국내 소개로는 이광호, 「아이티혁명과 자급적 소농체제」(『사림』 29호, 2008, 287~308쪽)
　참조. 노예제 전반에 대해선 여전히 Eric R. Wolf, *Europe and the People without
　History*(University of California Press, 1982)가 유효함.
3) 아이티혁명에 관한 국내 소개로는 C. L. R. 제임스, 『블랙 자코뱅: 투생 루베르튀르와 아이티혁명』
　(우태정 옮김, 필맥, 2007)과 이에 대한 서평인 최갑수, 「프랑스혁명과 아이티혁명 그리고 투생 루베
　르튀르」(『프랑스사연구』 17집, 2007, 237~251쪽) 참조.

싼 침묵의 카르텔이 놓여 있다. 이 가운데 인종주의는 노예제의 현실을 가리고 식민주의를 정당화해 주는 구실을 한다는 점에서 최종 심급의 담론체계라고 할 수 있다. 흑인은 인간 존재의 대연쇄에서 최하의 위치를 차지한다. 흑인들은 나쁘게 행동하기 때문에 열등하며, 열등하기 때문에 노예화되었다. 이들은 정상적인 인간의 본성을 갖고 있지 못하며, 따라서 자유의 의지도, 저항의식도 갖고 있지 못하다. 이런 하찮은 노예들이 5만 명에 달하는 대규모 군대를 조직하여 당대 최강인 영국, 프랑스, 에스파냐의 군대를 물리쳤다니, 과연 이를 믿을 수 있겠는가!

　　과학의 외양을 한 인종주의는 19세기에 오히려 더 강화되면서 서구 인식의 포락선을 설정해 주었고, 아이티혁명은 사유 불가능한, 따라서 상상할 수 없는 사건이 되었다. 독일의 한 철학자는 제2차 세계대전이 끝나고 나치에 의한 유태인 대학살을 목도한 후에 "아우슈비츠 이후에 시를 쓰는 것은 야만"이라고 갈파한 바 있다. 문명 유럽의 야만행위를 통탄한 것이다. 하지만 그를 포함한 서구의 진보적 지식인들 가운데 참혹상에서 오히려 홀로코스트를 능가하는 대서양 노예제에 대해 그런 절규를 했다는 말을 들은 적이 없다. 왜냐하면 그들에게 진정으로 문제된 것은 야만행위 자체가 아니라 어떻게 문명화된 유럽인(나치 독일)이 같이 문명화된 다른 유럽인(유대인)을 대량학살할 수 있었느냐 하는 점이기 때문이다. 오늘날에 이르기까지 아이티 외부에서 아이티혁명의 역사서술은 크게 두 가지 특징을 갖는다. 하나는 배제의 전략이다. 이는 일반 개설서의 수준에서 나타나는데, 역사에서 노예혁명의 존재 자체를 삭제하는 것이다. 다른 하나는 평범화 전략이다. 이는 주로 전문연구자 집단에서 나타나는데, 사건의 특질과 급진성, 혁명성을 지워 버리는 구실을 한다. 하지만 이런 침묵은 역설적인 방식으로 동시대인들뿐만 아니라 후세대에게 아이티혁명이 얼마나 심중한 의미를 갖는가 하는 점을 웅변해 준다. 아이티혁명에 대한 침묵은 아이티나 노예제 자체보다는 바로 서구의 문제이기 때문이다.[4]

나는 아이티혁명의 존재를, 프랑스혁명을 '인권혁명'의 시각에서 탐색하는 과정에서 발견하였다. 주지하다시피 프랑스의 '국민공회'는 1794년 2월 4일에 노예제의 폐지와 노예무역의 금지 등 노예의 해방을 선언했다. "국민공회는 흑인노예제를 모든 식민지에서 폐지한다고 선언한다. 따라서 식민지에 사는 남성은 피부색의 차이에 관계없이 모두 프랑스 시민이며 헌법이 보장하는 모든 권리를 향유한다고 결정한다."

사실 당시 프랑스에서 식민지의 대농노예경영이 갖는 막대한 경제적 이해관계, 그리고 뿌리 깊은 인종주의의 편견에 비추어 볼 때, 위의 선언은 민중혁명의 예외적으로 낙관적인 분위기를 고려하더라도 참으로 감동적이다. 1789년 8월에 국민제헌의회가 '인권선언' 제1조를 통해 "사람들은 자유롭게 그리고 권리에서 평등하게 태어나며 또 그렇게 존속한다"고 선언했을 때만 해도 인간의 범주에서 흑인들은 제외되어 있었다. 이후 혁명의 진행과정에서 1794년 여름에 로베스피에르파가 몰락할 때까지 시민권의 개념이 확대되고 기본권의 내용이 풍부해지는 '급진화'가 이뤄졌고, 노예해방은 그 절정이라고 할

---

4) 배제와 통합의 담론 질서에 관한 구체적 연구로는 최갑수, 「홀로코스트와 기억의 정치적 이용 그리고 유럽중심주의」(홍성태 편, 『이스라엘과 미국의 중동정책』, 문화과학사, 2007, 207~263쪽)를 참조.

수 있다. 그리고 실제로 이는 프랑스인들이 영국혁명이나 미국혁명과 비교하여 프랑스혁명의 보편성을 자랑할 때에 흔히 내거는 증거의 하나이다. 영국의 '권리장전'(1689)이 기껏 영국인의 전통적 자유의 호소에 그쳤고 식민지 미국인들이 처음에는 영국의 입헌적 전통에 호소하다가 자연권을 내세워 '독립선언'(1776)을 했지만 흑인을 배제한 백인의 권리만을 주장하여 이를테면 건국의 아버지 가운데 꽤 진보적이라고 할 수 있는 제퍼슨Thomas Jefferson이 노예소유주였음을 고려한다면, 탄탄한 사실적 근거가 있음을 부정하기 어렵다.[5]

하지만 직핍하여 들여다보면, 실상은 사뭇 다르다. 농장소유주들의 이익을 대변하는 '마시야크 클럽'Club Massiac은 그렇다고 치더라도 흔히 노예해방에 앞장섰다고 알려진 '흑인우애협회'Société des amis des Noirs의 주장이란 극단적인 착취구조를 식민지에서 노예의 사회적 재생산이 가능하도록 개혁하자는 것에 불과했으며, 혁명기에 협회의 구체적 목표는 유산 자유유색인에게 시민권을 인정해 주자는 제한적인 것이었다. 실제 혁명의회는 이 제한된 목표와 관련해서도 갈팡질팡했다. 그만큼 식민지의 이해관계는 혁명가들조차도 사로잡았다. 급진민주파의 대명사인 로베스피에르Maximilien Robespierre조차도 이 문제에 무심했으니, 국민공회가 앞장서 노예제를 폐지하고 노예를 해방시킨 것은 아니었다.[6]

그렇다면 해방의 동력은 어디서 온 것일까? 우선 지적할 것은 생도맹그라는 최상의 먹잇감을 영국과 에스파냐가 노렸고 직접 개입

5] 최갑수, 「1789년의 '인권선언'과 혁명기의 담론」, 『프랑스사연구』 제4집, 2001년 2월, 5~43쪽.
6] Yves Benot, *La révolution française et la fin des colonies*, La découverte, 1988.

했다는 점이다. 이 국제적 갈등이 아이티혁명의 원경遠景을 이룬다. 여기에 왕당파와 공화파의 갈등이 겹쳐졌다. 생도맹그를 지키기 위해 혁명정부의 판무관으로 현지에 부임한 송토낙스Léger F. Sonthonax는 영국군과 왕당파에 맞서 먼저 자유유색인들에게 시민권을 부여하더니 곤경에 몰리면서 급기야 반란노예들에게 1793년 8월 29일에 자유와 해방을 약속하였다. 그러니까 국민공회의 결정이란 실상 판무관의 약속을 추진한 것에 불과했다. 생도맹그에서 결국 영국과 에스파냐를 몰아낼 수 있었음은 물론이다.

따라서 궁극적인 동력은 1791년 8월에 반란을 일으켜 이미 섬 안에서 독자적인 세력으로 존재했던 흑인노예군이다. 1794년 5월에 흑인군의 최고 군사지도자인 루베르튀르Toussaint Louverture가 프랑스군으로 합류하면서 전세가 결정적으로 뒤바뀌었음은 이를 반증한다. 요컨대 노예들이 직접 반란을 일으켜 해방을 얻어냈을 뿐만 아니라 '인권혁명'의 보편성이라는 것도 노예혁명이 없었더라면 프랑스인들이 주장하는 그런 수준에 결코 이를 수 없었던 것이다. '인권혁명'을 완성시킨 것이 아이티혁명임은 너무도 명백하며, 그렇다면 이는 이 참으로 보잘것없다는 노예들이 '근대성'의 형성에서 주체로서 능동적인 역할을 수행했음을 웅변한다. 이는 진정 근대세계의 형성에 대한 기본관점 자체의 수정을 요구하는 정도의 대사건이 아닐 수 없다.[7] '아이티혁명'의 경이로움과 새로움, 그리고 문제제기는 여기서 그치지 않는다.

---

7) 간단한 소개로는 Laurent Dubois and John D. Garrigus, *Slave Revolution in the Caribbean 1789~1804*(Bedford, 2006) 참조.

'검은 자코뱅'이라 불렸던 투생 루베르튀르(1743~1803). 그는 「인권선언」은 노예가 된 아프리카계 흑인들의 것이라고 생각했다.

첫째, 해방이 되어 프랑스의 시민이 된 이 흑인노예들은 해방령을 취소하여 식민지에 노예제를 재도입하고 이를 근거로 아메리카에 식민제국을 건설하려는 야심의 보나파르트 나폴레옹이 1802년 2월에 보낸 6만 명이 넘는 정예군에 맞서 싸워 승리를 거두고 결국 독립을 쟁취하였다. 이 과정에서 루베르튀르를 비롯한 걸출한 군사 지도자들이 나타나 독립의 기틀을 닦았다. 이들은 최대 5만 명의 군대를 지휘했는데, 이러한 지도력과 혁명의 성공을 어떻게 설명할 것인가?

둘째, 아이티혁명의 조숙성早熟性은 근대성의 형성에 대한 우리의 이해를 확대하고 심화시키는 데 기여할 것이다. 아이티는 흑인들이 혁명을 통해 나라를 세운 유일한 예일 뿐만 아니라 최초의 유색인 식민혁명이다. 아이티는 1804년 1월 1일에 독립을 쟁취하면서 대농장농업생산체제의 유산 위에서 자립경제를 세워야 했을 뿐만 아니라 새 국가건설을 꾀해야 했는데, 당시에는 2차 세계대전 이후의 신생국들과는 달리 본받을 만한 모범국가나, 적용할 만한 경제발전이론이 있었던 것도 아니다. 근대성 자체가 이제 막 형성 중이었던 것이다. 그런데 아이티는 노골적이고 무자비한 국제적 고립 속에서도 19세기에는 상당한 성취를 이루었다. 당시 유럽 중동부의 대부분의 나라가 여전히 전제정이라는 정치적 후진상태에 머물러 있었음을 고려한다면, 이 성취는 더욱 돋보인다. 무엇이 이를 가능하게 했을까?

셋째, 아이티혁명은 프랑스의 식민체제에 결정적인 타격을 가하고 독자적 정치체제와 소농경제에 입각한 새로운 사회구조를 이룩했을 뿐만 아니라 유럽-아메리카-아프리카를 연결하는 대서양 삼각무역체제를 심대하게 변모시켜 자본축적의 방식과 논리를 바꾸게 했다. 그것은 단지 주요 열대작물공급지로서 쿠바를 생도맹그의 대체지로 만드는 정도의 차원이 아니라 전 아메리카에 노예반란과 혁명의 기대감을 높여 노예제의 관리비용을 크게 증대시킴으로써 노예무역 및 노예제의 폐지를 불가피하게 했다. 그 결과는 참혹했다. 신생국 아이티는 백인 주도의 대서양 국제질서에서 '용서할 수 없는 대상'으로서 철저한 국제적 고립에 처하게 되었다. '피부색의 장벽' color line 너머의 존재라는 것이다. 프랑스는 1825년에 엄청난 액수의 보상금을, 그것도 돈이 없는 아이티에게 차관의 형식으로 빌려준 돈을 되받은 뒤에야, 미국은 '남북전쟁' 중인 1862년이 되어서야 아이티를 승인했다. 혁명적 탄생의 의미를 부정하기 위한 것은 물론이거니와 신생국 아이티는 출발부터 빚을 떠안게 되었고, 이는 두고두고 부담이 되었다. 아이티는 그래도 19세기에는 잘 버티어 냈지만, 미국은 결국 20세기 초반에 무력으로 아이티를 점령(1915~1934)하여 무너뜨렸다. 이 오래고 끈질긴 공세로 현재 아이티는 '실패국가' failed state의 한 전형이 되어 중남미 최빈국의 신세를 면치 못하고 있다. 우리는 이를 통해 구미 중심의 근대세계체제의 속성과 작동원리를 새롭게 이해하게 되며 구미 열강의 역량에 대한 더 섬세하고 정교한 감각에 이르게 된다.[8]

불행한 만남에서 역사의 주체로

우리의 문제의식으로 돌아가자. 생도맹그의 노예들은 어떻게 해서 '불행한 만남'을 업어치기 한판으로 뒤집어 당당하게 새 나라를 세우는 '위대한 전복'에 이를 수 있었을까? 비참한 지경에서 글자조차 모르는 노예들이 유럽인들이 설정한 '문명적 규준'에 이를 수 있었던 역량은 어디에서 온 것일까? 최근에 이루어진 일련의 연구들은 이에 대한 해답의 실마리를 제공한다.

사회과정으로서의 역사 속에서 모든 인간집단은 다음의 세 차원을 갖는다. 1) 우선 그들은 전체 사회 속에서 어떤 위치를 점한다. 이러한 위치는 언제나 그들이 지닌 사회적 관계의 총합으로 나타나며, 물질적 조건만이 아니라 의식을 규정한다. 그것은 참으로 이들의 삶의 포락선을 설정해 준다. 2) 아울러 이들은 특정의 역사적 상황과 끊임없이 만나면서 역사적 행위자가 된다. 위상적 존재로 모두 행위자가 될 수 있는 것은 아니다. 적어도 이론적으로 역사의 늪에서 헤어 나오지 못하는 집단을 상상할 수는 있다. 하지만 역사적 특수성은 언제나 꿈틀거리고 도약할 수 있는 행위의 잠재적 역량을 함축한다. 노예들이 언제나 탈주와 반란을 행할 수 있는 것은 아니지만 살아 있다는 바로 그 존재성으로 그럴 수 있는 잠재력을 갖는 법이다. 3) 모든 역사행위자가 그런 것은 아니지만 역사에 대해 자신의 목소리를 낼 수 있는 역량을 갖고 있다면, 그는 역사의 주체로 부상할 수 있다.

8) David P. Geggus ed., *The Impact of the Haitian Revolution in the Atlantic World*, University of South Carolina Press, 2001.

주체적 역량이란 역사과정에 참여할 수 있는 능력, 스스로 결정을 내리고 주인임을 인식하고 스스로의 역사를 서술해 낼 수 있는 능력을 말한다.

이런 분석의 틀을 우리의 주인공인 1780~90년대의 생도맹그의 노예들에게 적용해 보자. 우선 이들은 존재조건으로 말미암아 아무리 대농장에 고립되어 있다고 하더라도 대서양을 무대로 하는 거대한 관계망의 일부가 된다. 대서양이 유럽-아프리카-아메리카를 연결하는 삼각무역의 터전임은 강조한 바 있다. 상품의 오고감은 그것과 함께 인간들과 이들의 삶과 이념과 사상의 흐름을 수반하게 마련이다. 게다가 이 시기의 대서양에서 인간은 상품인 동시에 상품의 주인이 아니었던가! 이 세계가 균질적이었던 것은 아니다. 주된 행위자로서 유럽은 막 등장하는 근대국가를 통해 이 거대한 세계를 순치하려 했지만, 이들의 복수적인 '대서양 체제'는 구멍이 숭숭 뚫린 치즈와 같은 것이었다. 그리고 종속적인 행위자로서 아메리카 인디언들과 아프리카인들(현지의 지배세력과 함께 아메리카로 간 노예들)이 있었다.

최근의 연구는 이 대서양 공간, 특히 그 핵심적인 일부인 카리브해 지역이 출판물만이 아니라 소문이 엄청난 규모와 빠른 속도로 움직이던 '격동의 장'임을 잘 보여 준다. 이는 하버마스Jürgen Habermas가 당시 프랑스에 존재했다고 설정한 '공공영역' 만큼 조직화되고 밀도가 높은 것은 아닐지라도 적어도 좁고 응집된 공간적 특수성을 지닌 카리브해 지역에 낮은 차원이나마 어떤 '공공영역'이 존재함을 시사한다고 하겠다.[9]

그러면 생도맹그의 노예들이 처했던 역사적 특수성이란 무엇인가? 이들을 행위자로 만든 요인은 무엇일까? 생도맹그에는 크게 세 부류의, 자세하게는 적어도 여섯 부류의 위치자들이 존재했다: 총독과 해군지사를 정점으로 하는 본국을 대표하는 관료집단, 부유한 농장주와 대상인으로 이루어진 '대백인'大白人, grands blancs, 농장감독과 중소상인과 온갖 종류의 피고용인 및 기타 빈민으로 이루어진 '소백인'小白人, petits blancs, 물라토mulato 및 흑인자유민의 '유색인', 그리고 현지 태생의 노예créols, 아프리카 태생의 노예들bossales. 생도맹그의 특수성의 하나는 경제적 번영으로 인해 백인과 유색인을 포함하는 '문필적 공공영역'이 매우 역동적이었고, 본국정부의 '독점체제'로 인해 강한 정치적 성향을 지녔다는 점이다. 유념해서 볼 대목은 자유유색인들의 구실이다. 이들은 대부분 교양을 지녀 계몽사상을 흑인세계에 전해 주는 전도체의 역할을 했다. 그러기에 루베르튀르가 레날Guillaume Thomas Raynal의 저서에 나오는 '검은 스파르타쿠스'에 관한 구절에서 자극을 받았다는 신화가 만들어졌다.

하지만 노예들은 수신자에 그치지 않았다. 대서양을 통합된 지적 공간으로 이해하는 것이 곧 유럽을 모든 지적 생산의 중심으로 보는 것을 의미하지는 않는다. 사실상 이들은 글을 읽을 줄 몰랐고 오직 말을 통해 공공영역의 종속적 일원이 될 수 있었다. 유럽적 기준에서 보면 당연히 일원이 아니다. 그러나 이들은 역사적 특수성으로 식민지 공공영역의 한계를 넘어섰다. 흔히 계몽사상의 보편성을 운위한다. 실제로 계몽사상가들 가운데 급진적이라고 할 수 있는 레날,

---

9) Laurent Dubois, "The French Atlantic", Jack P. Greene and Philip D. Morgan eds., *Atlantic History: A Critical Appraisal*, Oxford University Press, 2009, pp. 137~161.

디드로Denis Diderot, 특히 콩도르세Marquis de Condorcet는 노예제와 노예무역을 신랄하게 비판했다. 한 연구는 이런 비판이 인종주의의 근저를 겨냥한 것이라기보다는 인간의 얼굴을 한 노예제를 위한 호소에 불과했음을 폭로한다. 마치 계몽사상이 진보와 함께 '후진성'의 개념을 만들어서 유럽의 우월주의를 정당화했듯이, 그 보편주의는 인종의 문턱을 넘어서지 못하고 특정의 '타자'가 자연권을 향유할 수 없는 무능력을 가지고 있다고 하여 배제를 정당화하는 것이었다.[10]

따라서 우리는 계몽사상의 영향을 지나치게 강조해서는 안 되며, 그것이 민주주의와 인간주의의 기반이 아니라 인종주의와 위계적 사고의 바탕으로 작용할 수 있음에 유념해야 한다. 최근 아프리카에 대한 연구가 진행되면서 아프리카 태생의 노예들이 유럽과는 다른 성격의 군주제적 공화주의라고 부를 수 있는 독자적인 정치문화를 이미 아프리카 현지(특히 콩고 지역)에서 체득했다는 주장이 제기되고 있다. 콩고 출신의 노예들이 생도맹그 노예들 가운데 18세기 후반에 과반수에 달했음에 비추어 단순한 가설로 치부할 수 없게 만들지만,[11] 이제까지의 증거만 갖고서도 우리는 유럽의 사상이 반란자들을 고무시켰다기보다는 오히려 이들이 그 공화주의를 활용하고 더 나아가서 변형시켰다는 점을 지적할 수 있다. 이런 점에서 우리는 '대서양 공공영역'에 더해 '흑인 계몽사상'Black Enlightenment 내지 '노예 계몽사상'enslaved Enlightenment의 가능성을 다음과 같이 탐색해 볼 수 있다.

이른바 '신대륙의 발견'으로 대서양에 인간성과 자연권을 새롭

---

10) Michel Duchet, *Anthropologie et histoire au siècle des Lumières*, Albin Michel, 1971.

게 생각할 수 있는 공간이 생겨났다. 아메리카 인디언, 아프리카인, 유럽인들의 마주침 속에서 정체성, 통치, 주체성, 시민권에 관한 새로운 사고방식이 출현했다. 이 새로운 사고방식은 유럽과 식민지에서 교육받은 엘리트들의 기록에 압도적으로 의존했지만, 또한 읽고 쓸 줄 모르는 이들을 통한 의미와 사상의 순환에도 힘입었다. 대서양 세계의 노예민들은 노동뿐만 아니라 저항을 통해 통치의 문제를 제기하고 존엄성을 주장하고 노예화의 정당화를 부정하면서 새로운 해결책을 제안했다. 유럽의 사상가들은 노예제에 대한 비판을 가능하게 하는 자연권을 주장했고, 노예들의 고통을 직접 목격한 식민지 관료들을 움직여서 농장주의 권력 남용을 제한하는 조치를 행하게 했다. 개혁가들의 활동은 제한적이었고 궁극적으로는 노예 후손들의 노동력과 식민지의 생산력을 보존하기 위한 것에 불과했지만, 변화의 가능성을 열었다. 대서양 양안의 아프리카인들의 공동체에서도 프랑스에 준하는 전략과 사상에 관한 논의가 존재했다. 이러한 논의들은 모두 1790년대에 카리브해에서 발생한 일련의 혁명적 사태의 밑거름이 되었다. 우리는 한걸음 더 나아가 흑인노예들이 바로 이러한 문제제기를 통하여 계몽사상의 진면목인 급진적 보편주의를 완성했다고 본다.[12]

11) 콩고 지역이 1665년 이래로 왕위계승문제를 둘러싸고 18세기 말에 이르도록 만성적인 내전 상태에 있었다는 점, 이 지역에서 송출된 노예들의 대부분이 전쟁포로로서 전사 출신이었다는 점, 이들이 혁명 직전 생도맹그로 들어간 노예들의 절반을 넘었다는 점, 혁명 직전 생도맹그 성인 노예들의 60~70%가 아프리카 태생이었다는 점 등은 노예반란자들의 뛰어난 전투능력을 설명해 준다. 현지 태생의 노예들이 프랑스의 전투 방식에 익숙했다면, 아프리카 태생의 노예들은 콩고에서 일반적이었던 소부대 위주의 게릴라 전술에 능했다. 사실 물라토 출신 지휘관의 지도력과 노예 병사의 뛰어난 전투능력이야말로 노예혁명 성공의 밑거름이었다. John K. Thornton, "African Soldiers in the Haitian Revolution", *Journal of Caribbean History*, 25(1991), pp. 58~80.

노예들이 역사의 주체로 새롭게 태어나는 데 프랑스혁명의 발발 자체와 그 일련의 과정과 조치들이 중요한 역할을 했음은 물론이다. 프랑스혁명은 식민지에서 관료집단, '대백인', '소백인', 자유유색인 사이에 복잡한 제휴와 충돌의 정치과정을 개시하여 한편으로는 노예들이 끼어들 수 있는 사회적 공간을 마련해 주어 행위자로 불러 내었고, 다른 한편으로는 노예들에게 정치적 도제수업의 기회를 주어 역사적 주체로 발돋움할 수 있게 했다. 하지만 흑인노예들에게 결정적인 교육장은 반란행위 자체였다. 이들은 절대 다수가 문맹이었고, 당시에 혁명은 너무도 발본적이어서 실제로 벌어지기 전에는 어느 누구도 상상할 수 없는 것이었다. 인종주의의 윤리적 부당함을 고발하고 모든 인간에게 자기결정권을 부여해야 한다는 주장은 오직 혁명의 발발 그 자체를 통해서 드러날 수 있었다. 혁명은 그 과정 속에서 스스로를 만들어 냈으며, 언제나 담론은 행동에 뒤처져 있었다. 아이티혁명은 궁극적으로 유럽이 설정한 존재론적 질서와 식민주의 체제에 행동으로 직접 도전한 것이었다. 아이티의 노예혁명가들은 프랑스의 혁명가들이 가진 이해관계와 이데올로기의 한계를 돌파하여 새로운 지평을 열고 '인권혁명'을 완성했다. 참으로 생도맹그의 흑인노예들은 역사적 특수성을 밑천 삼아 역사적 행위자로 일어섰고 반란과 혁명을 통해 역사적 주체로 우뚝 섰던 것이다.

12) John K. Thornton, "I am the Subject of the King of Congo: African Political Ideology and the Haitian Revolution", *Journal of World History*, 4(1993), pp. 181~214; Laurent Dubois, "An enslaved Enlightenment: Rethinking the intellectual history of the French Atlantic", *Social History*, 31(2006), pp. 1~14; Gene E. Ogle, "The Trans-Atlantic King and Imperial Public Spheres: Everyday Politics in Pre-Revolutionary Saint-Domingue", David P. Geggus & Norman Fiering eds., *The World of the Haitian Revolution*, Indiana University Press, 2009, pp. 79~96.

| 추천도서 |

C. L. R. 제임스, 『블랙 자코뱅: 투생 루베르튀르와 아이티혁명』, 우태정 옮김, 필맥, 2007.

아이티혁명의 중요성은 그것이 "근대 최초의 성공적인 노예반란이었다"는 점에 있다. 저자는 혁명의 이념과 아이티의 흑인들(처음에는 노예 그러나 곧 시민이 됨)의 정치적 움직임 사이에 심원한 연관성이 있음을 입증하여 아이티혁명이 프랑스혁명의 핵심적인 일부였음을 보여 준다. 하지만 그는 혁명의회에서 힘의 역학관계가 변함에 따라 아이티에서 정치적 세력 사이에 구성과 전선이 바뀌고 여기에 식민본국만이 아니라 식민지 현장의 논리가 작용하여 왕당파와 공화파의 구체적 의미가 프랑스에서와는 사뭇 다른 양상을 띠었음을 제시한다. 그 결과 우리는 아이티혁명에서 프랑스혁명과는 구별되는 자율성과 고유성을 발견하게 된다. 실로 이 책은 아이티혁명을 독자적인 개성을 가진 사회혁명으로 새롭게 태어나게 하는 데 성공하였다. 다만 투생 루베르튀르의 역할을 지나치게 강조하는 것이 눈에 거슬린다. 아이티혁명에 대한 계몽사상과 프랑스혁명의 영향을 또한 강조하는데, 하지만 70여 년 전에 쓰였음을 감안한다면 쉽게 이해할 수 있다.

김명섭, 『대서양 문명사』, 한길사, 2001 ; 주경철, 『대항해 시대』, 서울대학교출판부, 2008.

우리의 주제와 관련하여, 김명섭의 책은 만남의 장소로서 '대서양'을 이해하는 데, 주경철의 책은 근대초 시기의 노예무역을 이해하는 데(특히 289~359쪽) 큰 도움을 준다. 두 책 모두 '세계화'와 '세계사'의 문제의식을 갖고 또 주경철의 책은 '유럽 중심주의'의 극복을 노린다. 아쉽게도 김명섭은 '대서양'을 여전히 진정한 의미의 만남의 장이라기보다는 유럽의 패권이 관철되는 '표준적 공간'으로 제시하며, 주경철은 서방학계의 주류적 해석이 압도적이어서 그런지 적어도 '노예무역'에 관해서만은 유럽 중심주의를 완전히 탈피하지 못한다.

Michel-Rolph Trouillot, *Silencing the Past: Power and the Production of History*, Beacon Press, 1995.

저자는 역사에서 침묵이 네 차원에서 일어난다고 확인한다. 1) 사료의 제작: 과거에 일어난 모든 것이 기억되거나 기록되지 않는다. 이미 현실의 일부가 사건의 현장에서 망각된다. 2) 문서고의 구성: 역사 기록의 수집 및 보관의 과정에서 망각이 일어난다. 3) 사료의 선택: 이 과정에서 많은 당대의 증언들이 침묵을 강요받는다. 4) 역사 해석: 주류적 해석이 만들어지며 이에 어긋나는 소수의 목소리는 역사서의 주변부로 밀려나거나 아예 침묵을 강요받는다. 저자는 이런 역사의 침묵이 어떠한 방식으로 일어나는지 아이티혁명과 콜럼버스의 역사서술에 대한 검토를 통해 구체적으로 제시한다. 아이티혁명에 대한 서방학계의 침묵이 어떻게 행해지고 어떠한 이데올로기적 성격을 갖는지를 보여 주는 필독서이다.

비트겐슈타인 철학과의 만남

강진호

철학, 그리고 철학의 고전

나는 철학을 공부한다. 철학은 근본학이다. 세계와 인간에 대한 가장 근본적이고 보편적인 문제들을 탐구한다는 점에서 그렇다. 가령 물리학이나 화학과 같은 개별 과학에서는 일단 인과관계라는 것이 있다고 가정하고, 세계의 현상들이 맺고 있는 다양한 인과관계들을 드러내는 법칙들을 밝히고자 한다. 그러나 개별 과학에서는 인과관계라는 것이 정말로 존재하는지, 그리고 존재한다면 그 본성은 무엇인지에 대해 탐구하지 않는다. 그러한 탐구는 철학의 몫이다. 과학자가 이와 같은 질문을 한다면, 그는 철학적 질문을 하고 있는 것이다.

철학에서 다루는 가장 근본적이고 보편적인 문제들에 대한 답이 무엇인지는 합의가 이루어져 있지 않다. 이 문제들에 어떤 식으로 접

* 강진호 | 서울대학교 인문대학 철학과 교수. 서울대학교 철학과에서 학사와 석사, 미국 하버드대학교 철학과에서 박사 학위를 받았다. 언어철학과 분석철학사를 주로 연구하고 있다. 주요 논문으로 "On the Composition of the *Prototractatus*", 「『논리-철학 논고』의 '중대한 오류들'」, 「그림이론?」, 「촘스키와 비트겐슈타인의 지칭의미론 비판」 등이 있다.

근해야 답을 발견할 수 있는지도 합의가 이루어져 있지 않다. 이 문제들에 대해 과연 답을 발견할 수 있는지조차도 합의가 이루어져 있지 않다. 이러한 기묘한 상황은, 도대체 철학적 문제들이 어떤 특성을 갖고 있길래 그 답을 찾는 것이 이렇게 어려운가라는 물음을 낳는다. 그리고 이는 궁극적으로 "과연 철학이란 학문의 본성은 무엇인가?"라는 물음으로 이어진다. 이 물음들을 탐구하는 것 또한 철학의 몫이다. 그러므로 철학은 스스로의 정체성마저도 탐구한다. 철학은 자기 자신마저도 문제 삼는다.

철학적 문제들에 대해 합의된 답이 없으므로, 우리는 어느 철학자의 생각이 올바른지 모른다. 그러나 어느 철학자가 더 뛰어난지는 알 수 있다. 자신만의 독창적이고 통찰력 있는 생각을 치밀하고 설득력 있는 방식으로 전개한 철학자들이 있다. 이들을 우리는 위대한 철학자로 분류한다. 플라톤, 아리스토텔레스, 데카르트, 흄, 칸트 등이 바로 그러한 이들이다. 그리고 이들의 대표적 저서들을 우리는 철학의 고전들로 분류한다.

철학적 문제들에 대해 합의된 답이 없으므로, 철학의 고전들은 가령 자연과학에서의 고전들과 다른 의의를 갖고 있다. 예를 들어 물리학을 전문적으로 연구하기 위해 뉴턴Isaac Newton, 1642~1727의 『프린키피아』Principia를 읽을 필요는 없다. 뉴턴이 어떤 생각을 거쳐 뉴턴 역학을 발견하게 되었든, 물리학을 연구하기 위해 보다 중요한 것은 그가 발견한 역학의 법칙들 자체이기 때문이다. 그러나 철학을 전문적으로 연구하기 위해서는 철학의 고전들을 읽어야 한다. 철학적 문제들에 대해 합의된 답이 없으므로, 우리에게 중요한 것은 철학자들이 제시한 답 자체가 아니라 도대체 그들이 어떤 생각을 거쳐 그

답에 이르게 되었는가이기 때문이다. 철학의 고전들은 가장 뛰어난 철학적 생각의 전개 과정을 담고 있으며, 그렇기 때문에 이들은 단순히 지나간 역사적 유물이 아니라 오늘날의 철학적 논의에도 빛을 던져 줄 수 있다.

그러므로 철학자들이 가령 플라톤의 저서들을 읽는 이유는 단지 지성사知性史적인 문제의식 때문이 아니다. 오늘날에도 우리가 여전히 그 답을 찾기 위해 고민하는 철학적 문제들에 대해 역사상 가장 위대한 철학자 중 한 사람인 플라톤이 어떤 생각을 전개하였는지 이해함으로써, 해당 철학적 문제들에 대한 우리의 이해를 깊게 하기 위해서이다. 어떤 철학자들은 아예 플라톤의 철학을 연구하는 것 자체를 평생의 전공으로 삼기도 한다. 철학적 문제들에 대한 플라톤의 생각이 자신의 일생을 걸고 연구할 만큼 가치 있다고 확신하기 때문이다.

비트겐슈타인의 철학과 만나다

내가 특히 관심을 갖고 공부하는 철학자는 오스트리아 출신으로 주로 영국에서 활약한 철학자 루트비히 비트겐슈타인Ludwig Wittgenstein, 1889~1951이다. 비트겐슈타인은 20세기 분석철학을 대표하는 철학자이며 또한 많은 이들에 의해 20세기 최대의 철학자로 평가받고 있다. 『논리-철학 논고』(이하 ‘『논고』’)로 대표되는 그의 전기 철학과 『철학적 탐구』(이하 ‘『탐구』’)로 대표되는 그의 후기 철학은 각각 분석철학의 두 중심 사조인 논리실증주의와 일상언어학파의 태동에 결정적 영향을 끼치며 1960년대까지의 분석철학을 지배하였다. 1970년대부터 여러 가지 이유로 분석철학 내에서 비트겐슈타인의 철학은 그 영향력이 점차 약화되어 왔다. 그러나 다른 한편으로 그의 철학은 분석철학을 넘어서 대륙철학과 인문학 전반, 그리고 사회과학에 이르기까지 그 영향력을 넓혀 가고 있다.

나는 서울대학교 철학과 학부 2학년 때인 1990년, 우연히 『논고』를 읽으면서 비트겐슈타인의 철학을 처음 접하게 되었다. 나는 책 내용을 거의 이해하지 못했다. 그러나 이상하게도 감명을 받았다. 곧이어 그의 『탐구』를 읽었고, 비슷한 경험을 하였다. 나로서는 별난 일이었다. 평소에 나는 이해하지도 못한 글에 감명받는다는 것을 미심쩍어했고 심지어 유치하다고까지 생각해 왔다. 그러나 비트겐슈타인의 글은 다른 이해 못할 글들과 달랐다. 문장 하나하나로만 본다면 그의 글은 특별히 어려울 것이 없었다. 특히 『탐구』는 생소한 전문용어도 복잡한 구조도 갖고 있지 않은 쉽고 간명한 문장들로 이루어져 있었다. 그럼에도 나는 비트겐슈타인이 도무지 무슨 소리를 하고 있는지 알 수 없었다. 그러나 그가 뭔가 중요한 생각을 펼치고 있다는 직감은 들었다. 나는 그의 철학에 대해 좀더 공부해 보기로 마음먹었다. 군 복무를 마치고 돌아와 학부 3학년생이 된 1993년부터 본격적인 공부를 시작했고, 2년 후 비트겐슈타인의 후기 철학에 관한 논문을 쓰고 철학과를 졸업했다.

그러나 학부 논문을 쓰는 과정에서 나는 비트겐슈타인의 철학이 막연히 생각했던 것보다 훨씬 더 모호하고 어렵다는 사실을 발견하였다. 과연 그의 철학을 제대로 이해할 수 있을까라는 회의가 들었다. 이로 인해 대학원 석사 과정에서는 보다 명료하다고 생각한 현대 분석철학, 특히 과학철학과 심리철학을 주로 공부하였다. 명료함과 논증을 강조하는 분석철학의 글들은 나의 기질과 잘 들어맞았다. 그러나 다른 한편으로는 상당수의 분석철학 글들이 그 논증의 세련됨에도 불구하고 별다른 철학적 통찰이나 깊이를 갖고 있지 않다는 느낌을 받기도 했다. 어쨌든 나는 분석철학 공부를 계속했다. 내가 공부해 본 다른 철학들에 비해 그나마 분석철학이 가장 낫다고 생각했기 때문이었다. 재능의 한계를 자주 느꼈지만, 철학 공부를 그만둘 생각도 없었다. 고등학생 때 나는 열심히 공부하라는 말을 귀가 따갑도록 들었다. 그러나 나는 내가 왜 열심히 공부해야 하는지 그 이유를 몰랐다. 사람들은 열심히 공부해서 좋은 대학에 들어가면 내 꿈을 마음껏 펼칠 수 있다고 말했다. 그러나 내겐 펼칠 꿈이 없었다. 사실 나는 도대체 내가 왜 살아가야 하는지 그 이유를 찾을 수 없었다. 고등학생 때, 나는 살아가야 할 이유를 찾을 수 없었지만 특별히 죽어야 할 이유도 찾을 수 없어 그냥 어영부영 살고 있었다. 나는 이런 상황이 견딜 수 없었고 어떻게 해서라도 이로부터 벗어나고 싶었다. 철학이 삶의 의미를 비롯한 세계와 인간의 가장 근본적인 문제들을 탐구하는 학문임을 나는 어렴풋하게나마 알고 있었다. 대학입시에 떨어져 재수를 막 시작하던 때, 나는 철학을 공부하기로 결심했다. 그때야 비로소 나는 앞으로의 삶에 대한 희망을 가질 수 있었다.

그래서 나는 철학 공부를 계속했다. 내겐 선택의 여지가 없었다.

1997년, 나는 과학철학과 심리철학에서의 환원reduction 문제에 대해 쓴 논문으로 석사 학위를 받았다. 그리고 곧이어 미국 하버드 대학교 철학과의 박사 과정으로 유학을 가게 되었다. 행운인지 불행인지 나는 유학 기간 중 다시 비트겐슈타인의 철학과 씨름하게 되었다. 계기를 마련한 것은 골드파브Warren Goldfarb 교수의 강의였다. 나는 초기 분석철학 연구의 권위자인 그의 강의를 통해 비트겐슈타인과 더불어 분석철학의 창시자인 프레게Gottlob Frege와 러셀Bertrand Russell의 철학을 새롭게 이해할 수 있었다. 그의 강의를 들으면서, 이 두 사람의 철학에 대한 올바른 이해를 바탕으로 비트겐슈타인의 전기 철학부터 차근차근 공부한다면 그의 철학을 이해하는 실마리를 잡을 수 있을지도 모른다는 생각을 하게 되었다. 결국 나는 비트겐슈타인 전기 철학의 발전 과정을 박사 논문의 주제로 삼게 되었고, 2005년 3월에 논문을 완성하여 박사 학위를 받았다.

학부 2학년 때 『논고』를 통해 처음 비트겐슈타인의 철학을 접한 후 이제 20년이 지났다. 안타깝게도 그의 철학의 여러 부분은 여전히 내게 수수께끼로 남아 있다. 그러나 성과가 전혀 없는 것은 아니었다. 특히 그의 전기 철학에 대해서는 박사 논문을 통해 내 나름대로의 해석을 확립했다고 믿는다. 그의 후기 철학에 대해서도, 비록 아직 완전히 만족스럽지는 않지만 최소한 어떤 식으로 해석의 틀을 짤 것인지에 대한 관점은 수립했다고 믿는다.

아래에서 나는 비트겐슈타인의 철학에 대해 내가 발전시키고 있는 해석을 간략히 소개하려고 한다. 먼저 그의 철학에 대해 '표준적 해석'이라고 부를 만한 것을 살펴보고 이 해석의 문제점을 지적함으로써 논의를 시작하겠다.

표준적 해석과 그 문제점

표준적 해석에 따르면 비트겐슈타인은 철학적 문제들의 본성을 어떻게 이해할 것인가에 대해 전통적 철학의 입장을 완전히 뒤엎는 새로운 입장을 제시함으로써 철학의 혁명을 일으켰다. 전통적 철학이 철

학적 문제들에 대한 올바른 해답을 찾아냄으로써 이들을 해결하고자
한 반면, 비트겐슈타인은 철학적 문제들이 무의미하다는 것을 보임
으로써 문제 자체를 해소하고자 하였다. 철학적 문제들의 무의미성
에도 불구하고 우리가 이들을 마치 의미가 있는 것처럼 여기는 이유
는, 그에 따르면 언어가 우리를 미혹시키기 때문이다. 그러므로 철학
적 문제들은 궁극적으로 언어적 문제들이다. 비트겐슈타인은 자신의
전기 철학과 후기 철학 모두에서 철학적 문제의 본성에 대한 이러한
견해를 견지했다. 그러나 전기 철학과 후기 철학 각각에 있어 비트겐
슈타인은 언어적 의미에 대한 서로 다른 이론을 발전시켰고, 이에 따
라 철학적 문제들이 어떻게 무의미한지에 대해 서로 다른 설명을 제
시하였다.

　『논고』로 대표되는 전기 철학에서 비트겐슈타인은 의미에 대한
이른바 '그림이론'을 제시하였다. 그림이론에 따르면, 명제가 의미를
가질 수 있는 이유는 자신이 묘사하는 사태에 대한 논리적 그림의 역
할을 할 수 있기 때문이다. 명제가 사태의 논리적 그림이 될 수 있기
위해서는 그 사태와 논리적 형식을 공유하고 있어야 한다. 모든 사태
는 우연적이며, 따라서 존재할 수도 존재하지 않을 수도 있다. 명제
가 그 논리적 형식을 공유하는 사태가 존재할 때 그 명제는 참이며
그렇지 않을 때 그 명제는 거짓이다. 명제와 사태가 공유하고 있는
논리적 형식은 명제가 사태를 묘사하기 위한 토대이므로, 이 논리적
형식을 다시 묘사할 수 있는 명제는 없다. 그러나 논리학의 명제들은
바로 이러한 논리적 형식들을 묘사하고자 한다. 그러므로 이 명제들
은 의미가 없다sinnlos. 아울러, 형이상학적 명제들로 대표되는 철학
적 명제들 또한 무의미하다unsinnig. 왜냐하면 우리는 철학적 명제들

을 통해 우연적으로 존재하는 사태들을 넘어서 영원히 불변하는 사태들을 묘사하려고 시도하고 있기 때문이다. 우리가 논리적 명제들 및 철학적 명제들의 이러한 무의미성을 깨닫지 못하는 이유는, 우리 언어의 표층 문법이 언어의 논리적 구조를 제대로 반영하지 못하고 있기 때문이다.

반면 『탐구』로 대표되는 후기 철학에서 비트겐슈타인은 의미에 대한 '사용이론'을 제시한다. 사용이론에 따르면 언어적 표현의 의미는 곧 그 표현의 사용이다. 각 표현은 그 표현의 사용을 규제하는 규칙들, 즉 비트겐슈타인이 그 표현의 '문법'이라고 부르는 규칙들을 갖고 있다. 한 표현의 사용을 규제하는 문법적 규칙들이 그 표현의 의미의 한계를 설정해 준다. 철학적 명제들에 나타난 표현들은 자신의 문법을 위반하고 있고, 따라서 자신이 나타낼 수 있는 의미의 한계를 넘어서고 있다. 그러므로 철학적 명제들은 무의미하다. 우리가 철학적 명제들의 무의미성을 깨닫지 못하는 이유는, '지식', '존재', '대상', '자아' 등 철학적으로 문제가 되는 용어들의 문법이 우리 언어에서 일목요연하게 드러나 있지 않기 때문이다. 철학적 탐구의 임무는 바로 이러한 용어들의 문법을 일목요연하게 조망함으로써 철학적 명제들의 무의미성을 분명하게 드러내는 것이다.

지금까지 비트겐슈타인의 철학에 대한 표준적 해석이 무엇인지 간단히 살펴보았다. 나는 표준적 해석에서 일부 옳은 내용이 있다고 생각한다. 그러나 대부분의 내용은 잘못되었다고 생각한다. 그리고 이러한 잘못이 발생한 이유는, 표준적 해석이 비트겐슈타인 철학의 근본 핵심을 제대로 성찰하지 못하고 있기 때문이라고 생각한다.

내가 생각하는 비트겐슈타인 철학의 근본 핵심은 그의 반反이론적 철학관이다. 전기와 후기 시절 모두에 걸쳐 일관적으로, 비트겐슈타인은 철학적 탐구의 목표가 어떤 이론을 제시하는 것이 아님을 분명히 한다. 가령 그는 『논고』 4.112에서 "철학은 이론Lehre이 아니라 활동"이며, "철학의 결과는 '철학적 명제들'이 아니라 명제들을 명료하게 하는 것"이라고 말한다. 또한 그는 『탐구』에서, "우리는 어떤 이론Theorie도 세워서는 안 될 것이다. 우리의 고찰 속에는 어떤 가설적인 것도 있어서는 안 된다. 모든 설명은 사라져야 하고, 오직 기술記述만이 그 자리에 들어서야 한다"(『탐구』, §109)라고 말하고 있다. 그러나 표준적 해석에 따르면, 전기 비트겐슈타인과 후기 비트겐슈타인은 각각 언어적 의미의 본성에 대해 어떤 이론을 갖고 있고 (전기의 '그림이론', 후기의 '사용이론'), 바로 이 이론들로부터 철학적 명제들의 무의미성을 도출해 내고 있다. 그러므로 표준적 해석을 받아들일 경우 우리는 심각한 문제에 부딪히게 된다. 도대체 왜 전기 비트겐슈타인이 철학을 "이론이 아니라 활동"이라고 주장하며, 왜 후기 비트겐슈타인이 철학적 탐구에 있어서 "어떤 이론도 세워서는 안 될 것이다"라고 주장하는지 이해할 길이 없어지기 때문이다.

그렇다면, 비트겐슈타인의 반이론적 철학관을 진지하게 고려할 때 『논고』와 『탐구』로 대표되는 그의 전기 철학과 후기 철학은 각각 어떻게 이해될 수 있는가?

『논리-철학 논고』: 논리적 표기법을 통한 철학적 문제들의 완전한 해소

표면적으로 볼 때 『논고』의 명제들은 표준적 해석이 전제하고 있는 것처럼 세계, 언어, 논리와 같은 주제들에 대한 특정한 철학적 이론들을 제시하고 있는 것처럼 보인다. 앞에서 언급한 '그림이론' 이외에도 이른바 '논리적 원자론'과 '진리함수 이론' 등이 바로 『논고』에서 제시되고 있다고 받아들여지는 이론들이다. 그러나 『논고』를 이렇게 직설적인 방식으로 해석하는 것은 『논고』 마지막 부분의 6.54에 나오는 다음의 악명 높은 문단을 어떻게 이해할 것인가라는 문제와 관련해서 난점을 지니고 있다. 6.54에서 비트겐슈타인은 다음과 같이 선언한다.

나의 명제들은 다음과 같은 식으로 명료화를 수행하고 있다. 나를 이해하는 사람은, 만일 그가 나의 명제들을 거쳐서 ─ 그것들을 딛고서 ─ 그것들을 넘어 올라간다면, 결국 나의 명제들을 무의미 unsinnig한 것으로 인식한다. (그는 말하자면 사다리를 딛고 올라간 후에 그 사다리를 던져 버려야 한다.)
그는 이 명제들을 넘어서야 한다. 그러면 그는 세계를 올바로 본다. (『논고』, 6.54)

물론 비트겐슈타인의 이러한 선언은 매우 역설적이며 당혹스럽다. 『논고』의 명제들이, 따라서 이 책에 제시되고 있는 것처럼 보이는 세계와 언어, 논리, 그리고 그 밖의 주제들에 대한 이론들이, 정말로 모두 무의미한 것으로 인식되어야 한단 말인가? 6.54를 어떻게 이해할 것인가는 『논고』를 연구하는 학자들이 공통으로 안고 있는 커다란 숙제였다. 어떤 학자들은 비트겐슈타인이 선언하고 있는 『논고』 명제들의 무의미성이 『논고』의 다른 부분과 명백히 모순된다고 생각하여 그의 선언을 무시해 버렸다. 그러나 이러한 입장은 분명한 난점을 지니고 있다. 누구나 뻔히 알 수 있는 그런 초보적인 모순을 비트겐슈타인 자신은 깨닫지 못했단 말인가? 또 다른 학자들은 『논고』의 명제들이 비록 무의미하기는 하지만 여전히 '어떤 방식으로' 세계, 언어, 논리 등에 대한 자신의 이론들을 전달하는 데 성공하고 있다고 주장하였다. 그러나 이러한 입장 또한 받아들이기 어렵다. 도대체 무의미한 명제들이 어떻게 그런 일을 할 수 있으며, 설령 그럴 수 있다손 치더라도 그렇다면 무의미한 명제들과 일반 명제들 간에는 도대체 무슨 차이가 있단 말인가?

지금까지 언급한 난점들 때문에, 1990년대 초반부터 『논고』의 명제들이 무의미하다는 비트겐슈타인의 선언을 진지하게 받아들이고 이러한 전제하에서 『논고』에 대한 해석을 발전시켜 보려는 일련의 학자들이 등장하였다. 흔히 『논고』에 대한 '단호한 해석'Resolute Reading이라고 불리는 이러한 식의 접근법에 나는 기본적으로 공감한다. 비트겐슈타인 전기 철학의 발전 과정을 추적한 나의 연구를 통해, 나는 오직 『논고』 명제들이 진정으로 무의미하다는 비트겐슈타인의 선언을 단호하게 받아들일 때에만 비로소 『논고』가 올바르게 이해될 수 있다고 결론 내렸기 때문이다.

『논리-철학 논고』라는 제목이 암시하듯, 비트겐슈타인 전기 철학의 중심 과제는 무엇보다도 논리의 본성이 무엇인지를 밝히는 것이었다. 그는 러셀을 좇아 이 과제를 크게 두 부분으로 나누었다. 첫 번째로 러셀이 '논리상항'logical constant이라고 부르는 것들의 본성과 관련된 문제들이 있었다. 오늘날의 논리학에서 '논리상항'이란 용어는 자신의 의미가 모든 (논리학적 의미에서의) 해석에서 고정되어 있는 기호들을 뜻하며, 논리상항에 대표적으로 포함되는 것들로는 '아니다'(~), '또는'(∨), '그리고'(&)와 같은 진리함수 연결사들, '모든'(∀), '어떤'(∃)과 같은 양화사들, 그리고 동일성 기호('=')가 있다. 반면 러셀은 논리상항들을 언어적 기호들이 아니라 세계에 존재하는 존재자들로 간주하였다. 또한 러셀의 논리상항 목록에는 진리함수 연결사, 양화사, 동일성 함수 이외에도 〈대상〉이나 〈사실〉과 같은 존재론적 범주들이 포함되어 있었다. 그러나 러셀은 자신의 논리상항 목록이 어떻게 정당화될 수 있으며 이 논리상항들의 본성을 어떻게 설명할 것인지에 대해 만족스러운 대답을 제시하지 못했다.

논리의 본성에 대한 문제 중 두번째 부분은 논리법칙에 관한 것이었다. 어떠한 법칙들이 논리법칙들인가? 이들의 특징은 무엇인가? 논리법칙들은 다른 학문들의 법칙과 어떻게 다른가? 여기서도 마찬가지로 러셀은 만족스러운 답변을 제시하지 못했다. 특히 이 문제들은 러셀이 화이트헤드Alfred N. Whitehead와 공저로 1910년에 출판한 『수학원리』1권에서 수학을 논리학으로 환원하기 위해 이른바 '환원공리'나 '무한공리'와 같이 논리법칙이라고 보기 힘든 원리들을 어쩔 수 없이 도입함으로써 더욱 심각한 문제로 대두되었다.

전기 철학에서의 비트겐슈타인의 중심 관심사 또한 논리상항의 본성은 무엇이며 논리법칙의 본성은 무엇인가라는 문제들에 대해 답변을 제시하는 것이었다. 그러나 그가 『논고』에서 다다른 답변은 매우 독특한 것이었다. 비트겐슈타인에 따르면, 논리상항과 같은 것은 존재하지 않는다. 그는 언어적 방식으로 이를 보여 주는데, 그에 따르면 우리 언어에서 '대상', '사실', '아니다', '그리고', '또는', '만약 ~이면', '모든', '어떤', '같다', '참', '거짓'처럼 외견상 논리상항들을 가리키는 것처럼 보이는 표현들은 모두 논리적 표기법에서 완전히 제거될 수 있다. 이것이 바로 『논고』에서 비트겐슈타인이 자신의 '근본생각' Grundgedanke이라고 부르고 있는 것의 진정한 의미이다.

> 나의 근본생각은, '논리상항들' 은 표상하지 않는다는 것이다. 즉 사실들의 논리는 표상될 수 없다는 것이다.(『논고』, 4.0312)

비트겐슈타인은 자신의 TF-표기법을 통해 논리상항 표현들이 어떻게 제거될 수 있는지 보여 주고 있다. 예를 들어, 러셀식 표기법에서 $p \vee q$ 로 표현될 명제 p 또는 q 는 비트겐슈타인의 TF-표기법에서 다음의 문장으로 번역되며,

p	q	
T	T	T
T	F	T
F	T	T
F	F	F

따라서 러셀 표기법에서 마치 이항관계를 나타내는 것처럼 보이는 표현 'ᐯ' 는 TF-표기법에서 사라져 버린다.

더 나아가 비트겐슈타인은 논리법칙 또한 존재하지 않는다고 결론짓는다. 그는 이 또한 언어적인 방식으로 보여 주는데, 그에 따르면 소위 논리법칙들을 표현하는 이른바 '명제'들이란 모두 의미없는 sinnlos 동어반복 명제들로서, 논리적 표기법에서 완전히 제거될 수 있는 사이비 명제들이다. 그러나 논리법칙들이 없다면 어떻게 명제들간의 논리적 추론을 정당화할 수 있는가? 이에 대한 비트겐슈타인

의 답변은, 논리적 추론이 명제들의 의미 자체에 의해 정당화가 된다는 것이다.(『논고』, 5.132) 그에 따르면, 명제들 간의 논리적 추론관계는 우리가 이 명제들을 그의 TF-표기법을 사용해 완전히 분석된 형태로 바꾸어 쓰기만 하면 명제들 자신으로부터 직접적으로 파악해낼 수 있다. 가령 위에서 예를 든 명제 'p 또는 q'에 대한 TF-표기법 문장으로부터, 우리는 'p 또는 q'가 'p'로부터 논리적으로 따라나온다는 것을 직접적으로 파악해 낼 수 있다. 왜냐하면 위의 TF-표기법 문장은 'p'가 참일 때 'p 또는 q'가 거짓일 수 없다는 것을 보여 주고 있기 때문이다. 그러므로 결국 명제들 간의 논리적 추론관계를 파악하기 위해 필요한 모든 것은 단지 TF-표기법을 통해 각 명제들의 참-거짓 가능성들을 일목요연하게 표시하는 것이다. 비트겐슈타인에게 있어서 명제의 의미Sinn는 그 명제가 참일 수 있는 특정한 가능성과 거짓일 수 있는 특정한 가능성, 다시 말해 바로 그 명제의 특정한 참-거짓 가능성이다. 그러므로 우리가 TF-표기법으로의 번역을 통해 일단 명제들의 의미들을 분명히 한다면, 우리는 이 의미들로부터 그 명제들 간의 추론관계들을 직접 파악해 낼 수 있다. 이러한 식으로 비트겐슈타인은 논리를 전적으로 명제의 의미에 내재적이게끔 만든다.

이제 비트겐슈타인의 말대로 '아니다', '대상', '참'과 같은 이른바 논리상항 표현들이 실제로는 모두 사이비 표현들이라고 가정해 보자. 그렇다면 우리는 이로부터, "부정은 무엇인가?", "대상은 무엇인가?", "참은 무엇인가?"와 같은 논리상항들의 본성과 관련된 질문들이 아예 표현될 수조차도 없다는 결론을 끌어낼 수 있다. 다시 말해서, 만약 논리상항 표현들이 모두 사이비 표현들이라면, 논리의 본성에 대한 물음들 또한 모두 사이비 물음들이라는 결론이 따라나온다. 그리고 바로 **이것**이 논리의 본성에 관한 질문들에 대한 비트겐슈타인의 답변이다. 그가 내리는 결론은 이 모든 물음들이 잘못 제기되었다는 것이다. 우리가 이 점을 깨닫지 못하는 이유는, 우리 언어에 있는 '아니다', '그리고', '모든', '동일하다', '대상', '사실', '참'과 같은 사이비 표현들로 말미암아 우리가 이 물음들을 진정한 물음들로 잘못 생각해 왔기 때문이다.

이제 우리는 『논고』에서 논리의 본성에 대해 말하고 있는 명제들이 왜 무의미한 명제들인지에 대해 이해할 수 있다. 『논고』에서 비트겐슈타인의 진정한 목표는, 우리로 하여금 논리의 본성에 대한 질문들을 물어볼 수 있고 답변들도 찾아낼 수 있다는 바로 그 가정 자체가 환상이라는 점을 깨닫도록 하는 것이다. 그러므로 우리가 논리에 대한 『논고』의 명제들이 정말로 완전히 무의미하다는 것을 깨닫지 못하는 한, 우리는 비트겐슈타인이 논리의 본성에 대해 탐구한 결과가 무엇인지에 대해 조금도 이해하지 못하고 있는 셈이다.

그러나 그렇다면 『논고』에 등장하는 논리 이외의 여러 가지 철학적 주제에 관한 명제들, 즉 세계, 지식, 마음, 자연과학, 윤리학, 미학, 신, 삶의 의미 등에 대한 명제들은 어떤가? 이 명제들은 왜 무의미하다고 간주되어야 하는가?

그 이유는 다음과 같다. 비트겐슈타인에 따르면 철학적 명제들 모두는 이들이 만약 참이라면 **필연적으로** 참이어야 한다는 속성을 공유하고 있다. 사실 그에게 있어서는 철학적 명제들의 그러한 필연성이야말로 바로 이들을 일상적, 과학적 명제들로부터 결정적으로 구분 짓는 특성이다. 그러나 우리가 앞에서 본 비트겐슈타인의 논리 개

넘에 따르면, 명제의 의미는 다름 아닌 그 명제의 특정 참-거짓 가능성이며, 논리적 추론들은 바로 이 명제의 참-거짓 가능성에 그 토대를 두고 있다. 철학적 명제들은 필연적으로 참이고 따라서 거짓일 가능성이 없기 때문에, 이 명제들은 의미가 없으며 논리가 적용될 수 없다는 결론이 따라나온다. 예를 들어, 『논고』에 나오는 "세계는 사실들의 총체이지, 사물들의 총체가 아니다"(『논고』, 1.1)라는 명제가 필연적으로 참이고, 따라서 거짓일 수 없다고 가정해 보자. 비트겐슈타인의 논리 개념에 따르면, 그럴 경우 우리는 이 명제를 진정으로 부정하거나, 다른 명제와 선언으로 연결하거나, 또는 조건문의 전건으로 사용하거나 할 수 없다. 왜냐하면 그에게 있어서 어떤 명제를 진정으로 부정, 선언문화, 조건문화할 수 있는 가능성이 있다는 것은 다름 아니라 그 명제가 참-거짓 가능성이 있다는 것이기 때문이다. 그러나 만약 그렇다면, 『논고』 1.1의 명제는 다른 명제들과 추론 관계를 맺을 수 없으며, 논리를 적용할 수 없으며, 의미를 가질 수 없다. 철학적 명제들이 의미 있는 것처럼 보이는 이유는 논리가 명제의 의미에 내재적이라는 점을 우리가 분명하게 깨닫지 못하고 있기 때문이다. 그러므로 철학적 명제들의 무의미성을 깨닫게 하는 것 또한 『논고』에서 비트겐슈타인이 진정으로 하고 있는 작업, 즉 논리의 참된 본성을 올바르게 이해시키려는 작업의 핵심 중 하나이다.

이제 『논고』의 명제들을 살펴보면 우리는 이들이 논리상항 표현들 및 철학적 표현들을 포함하고 있음을 알 수 있다. 그러므로 『논고』의 명제들은 결국 무의미한 사이비 명제들이다. 『논고』에서 궁극적으로 남는 것은 이 사이비 명제들이 아니라, 이들에 나타난 논리상항 표현들을 구체적으로 어떻게 제거할 수 있는지를 보여 주는 논리적 표기법이다. 철학적 표현들과 관련해서는, 이들을 어떻게 제거할 수 있는지 『논고』의 표기법이 구체적으로 보여 주지 않지만, 최소한 이들이 제거되어야 한다는 점은 보여 준다. 전기 비트겐슈타인에 따르면 철학은 이론을 제시하는 학문이 아니라 『논고』식의 논리적 표기법을 사용하여 명제들의 논리적 형식을 분명히 드러내고 이를 통해 철학적 명제들의 무의미함을 보여 주는 활동이다.

그러나 여기서 다음과 같은 의문이 자연스럽게 제기된다. 지금까지의 해석이 옳다면, 비트겐슈타인은 도대체 왜 자신이 고안한 논리적 표기법을 곧바로 제시하지 않고 무의미한 명제들로 이루어진 『논고』를 썼는가? 또한 우리는 왜 그런 책을 읽고 있어야 하는가? 도대체 그가 『논고』를 쓴 목적은 무엇인가?

이에 대한 답변은 다음과 같다. 『논고』를 쓴 비트겐슈타인의 진정한 목적은 바로 『논고』를 읽는 이들이 그 명제들의 무의미성을 스스로 깨닫도록 하는 데에 있다. 대단히 정교하고 설득력 있는 철학적 이론들을 제시하고 있는 것처럼 보이는 『논고』 명제들 하나하나의 의미를 명료하게 하려고 씨름하는 과정에서, 『논고』를 진정으로 올바르게 이해한 사람은 결국 그 명제들에 아무런 의미도 부여할 수 없다는 깨달음을 얻어야 한다는 것이다. 그러나 왜 이런 깨달음을 얻어야 하는가? 그 직접적인 목적은 앞에서 이미 말한 것처럼 논리의 본성을 올바로 이해하기 위해서이다. 그러나 또한 나는 비트겐슈타인에게 더 깊은 목적이 있다고 생각한다. 그것은 역설적이게도, 철학적 명제들의 무의미성을 깨달음으로써 바로 철학적 탐구의 **중요성**을 올바른 관점에서 바라보도록 하게 하는 것이다. 왜냐하면 비트겐슈타인에게 있어서 철학적 명제들의 무의미성은 다름 아니라 우리가 이 명제들을 통해 가장 중요한 문제들에 대한 답을 추구함으로써 발생하는 것이기 때문이다.

여기서 우리가 주의할 점은, 비트겐슈타인이 철학적 명제들의 무의미성을 지적할 때 그가 '무의미'라는 말을 경멸적인 뜻으로 사용하고 있지 않다는 것이다. 내가 보기에 비트겐슈타인이 말하는 '무의미'는 두 가지 함의를 지니고 있다. 한편으로 철학적 명제들은 아무런 의미도 지니고 있지 않기 때문에 '무의미'하다. 그러나 다른 한편으로, 철학적 명제들은 그것들이 의미를 넘어서려고 하기 때문에 '무의미'하다. 여기서 왜 철학적 명제들이 무의미한지에 대한 앞서의 논의를 다시 한번 상기해 보자. 비트겐슈타인에 따르면 철학적 명제들이 무의미한 이유는 그들이 필연적으로 참이고 따라서 거짓일 가능성이 없어야 하기 때문이었다. 바로 철학적 명제들이 갖고 있는 이러한 필연성이 이 명제들의 중요성을 보여 준다. 왜냐하면 우리는 철학적 명제들이 다름 아니라 필연적으로 참이기 때문에 이들이 세계와 언어 및 사고의 불변하는 구조, 지식의 근본적인 토대, 선함과 아름다움의 영원한 본질, 행위에 있어서 우리가 반드시 따라야만 하는 법칙, 그리고 우리가 반드시 추구해야만 하는 삶의 의미를 제공할 수 있다고 믿기 때문이다. 그러나 앞에서 본 것처럼, 철학적 명제들은 또한 자신들이 추구하는 바로 이러한 필연성 때문에 논리를 위반하고 있고, 따라서 무의미할 수밖에 없다. 철학적 명제들을 중요하게 만드는 필연성이라는 바로 그 특성이, 동시에 이 명제들을 무의미하게 만드는 것이다.

『논고』에서와 같은 철학적 명제들을 통해 세계와 인간에 대한 가장 근본적 문제들의 해답을 추구하는 것은, 논리를 넘어서려는, 다시 말해 이성을 초월하려는 우리의 열망의 부산물이며, 이러한 열망은 스스로를 초월하고자 하는 인간 이성의 뿌리 깊은 열망을 반영한다. 그러나 우리는 『논고』 명제들이 무의미하다는 것을 깨달음으로써, 세계와 인간에 대한 가장 근본적 문제들의 해답을 추구하는 우리의 열망이 실은 인간 이성의 한계를 넘어서는 절대적이고 필연적인 지식을 찾으려고 하는, 이성의 충족될 수 없는 열망이라는 깨달음을 얻게 된다. 이러한 깨달음을 통해 우리는 비로소 "세계를 올바로 본다". (『논고』, 6.54)

『철학적 탐구』: 철학적 문제들과 더불어 살아가기

이제 비트겐슈타인의 후기 철학을 대표하는 저서 『탐구』에 대해 논의해 보자. 우선 비트겐슈타인이 『탐구』 머리말에서 자신이 『논고』에서 '중대한 오류들'을 범했다고 고백하고 있는 점에 주목하자.(『탐구』, p.17) 내가 제안한 대로 비트겐슈타인이 자신의 전기 철학에서 『논고』의 명제들이 진정으로 무의미하다고 생각했다면, 도대체 무엇이 그가 말하는 '중대한 오류들'이 될 수 있는가? 아무런 의미도 갖고 있지 않은 명제들을 통해 도대체 무슨 오류를 범할 수 있단 말인가?

답변은 다음과 같다. 『탐구』에서 비트겐슈타인이 염두에 두고 있는 『논고』의 오류들 중 하나는, 바로 『논고』의 명제들이 무의미하다는 그 생각이었다. 후기에 와서 그는 이 생각이 올바르지 않다는 사실을 깨닫게 되었다.

그렇다면 『논고』의 명제들이 무의미하지 않다는 말인가? 그것도 아니다. 『탐구』로 대표되는 후기 비트겐슈타인에 따르면 이 질문에 대한 절대적인 답은 없다. 이 질문에 대한 답은 『논고』의 명제들이 구체적으로 어떤 맥락에서 어떻게 사용되는가에 달려 있다. 어떤 맥락에서는 이 명제들이 의미가 있을 수도 있다. 즉 비트겐슈타인은 『탐구』에서, 철학적 명제 또한 완벽하게 합법적인 방식으로 사용되는 맥락이 있을 수 있다고 생각하게 된 것이다.

우리가 여기서 발견할 수 있는 점은 『탐구』가 철학적 용어들에 대해 『논고』와 매우 다른 태도를 취하고 있다는 사실이다. 『논고』에 따르면 (논리적 용어들을 포함한) 모든 철학적 용어들은 사이비 표현들이다. 그러므로 이들은 논리적 표기법에서 완전히 사라져야 한다. 우리는 이것이 바로 『논고』의 '근본생각'임을 보았다. 그러나 이제 후기 비트겐슈타인은, 참으로 역설적이게도, 『논고』가 바로 이러한 '근본생각'으로 인해 가장 깊은 수준에서 전통 철학과 동일한 전제, 즉 철학적 용어들이 어떤 식으로든 본질적으로 특별하다는 전제를 공유하고 있었다는 점을 깨닫게 된다. 물론 우리가 앞 절에서 논의한 바와 같이 『논고』에서 비트겐슈타인이 이 전제를 발전시켜 나간 방식은 전통 철학과 전혀 다르며, 바로 이 점에서 『논고』는 혁명적 성격을 띠고 있었다. 전통적 철학자들은 철학적 용어들이 세계의 절대적이고 필연적인 구조를 밝혀내는 학문, 즉 형이상학을 위한 개념들을 제공하기 때문에 이 용어들이 본질적으로 특별하다고 생각한다. 반면 『논고』에서의 비트겐슈타인은 철학적 용어들이 세계의 절대적이고 필연적인 구조를 묘사하려고 하는 바로 그 특성 때문에 적법한 표현들이 아니라고 생각한다.

그러나 이제 『탐구』로 대표되는 후기 비트겐슈타인은, (어떤 의미이론을 통해서가 아니라) 우리 언어에서 이른바 '철학적' 용어들의 사용에 대한 면밀한 관찰을 통해, 이 표현들이 전통적 철학자들의 의미에서건 『논고』에서의 의미에서건 본질적으로 특별하다는 바로 그 전제를 포기한다. 우리 언어의 모든 표현들은 동일선상에 놓여 있다. 철학적 문제들이 발생하는 이유는 완전히 사라져 버려야 하는 본질적으로 특별한 철학적 용어들이 있어서가 아니라, 단지 우리가 철학을 하는 과정에서 우리 언어에서 나름대로 완전히 합법적인 사용법을 가지고 있는 용어들을 잘못 사용하기 때문이다. 그러므로 비트겐슈타인이 후기 철학에서 시도하고 있는 것은 우리 언어에서 철학적 용어들을 제거하려는 것이 아니다. 그 대신 그가 시도하고 있는 것은 "단어들을 그들의 형이상학적 사용으로부터 일상적 사용으로 다시 돌려보내는 것"(『탐구』, §116)이며, 단어들에 대한 이러한 형이상학적 사용에서 "언어는 휴가 중이다"(『탐구』, §38)라는 사실을 우리에게 상기시키는 것이다.

이제 후기 비트겐슈타인에 따르면, 이른바 '논리상항' 표현들을 포함한 우리 언어의 모든 용어들은 무수히 다양한 방식으로 사용될 수 있으며, 우리는 이 용어들이 언제 일상적인 방식으로 적절하게 사용될지 그리고 언제 형이상학적 방식으로 적절치 않게 사용될지 미리 알지 못한다. 이것이 의미하는 바는 언제 철학적 문제들이 튀어나올지 우리는 미리 알지 못한다는 것이다. 우리에게는 철학적 명제들의 무의미성을 판단해 줄 수 있는 일반적 기준이 없다. 그러나 『논고』에서처럼 철학적 명제들의 필연성을 무의미성 판단의 일반적 기준으로 삼을 수는 없을까? 그럴 수는 없다. 왜냐하면 이제 『탐구』의 비트겐슈타인은 이른바 '철학적 명제들'을 포함한 그 어떠한 명제도 오직 어떤 맥락하에서만 의미가 있다는 점을 깨달았기 때문이다. 그러므로 참이거나 거짓일 수 있는 것은 맥락독립적인 명제 자체가 아니라 구체적인 맥락 속에서 발화된 명제이다. 이제 필연적으로 참이거나 거짓인 명제는 가정상 자신이 발화되는 모든 가능한 맥락에서 늘 참이거나 거짓인 명제인데, 우리는 그러한 명제가 존재한다는 것을 알 수 없다. 왜냐하면 우리는 명제가 발화되는 모든 가능한 맥락들이 무엇인지 선험적으로 알 수 없기 때문이다. 그러므로 필연성은 더 이상 철학적 명제의 무의미성에 대한 판단 기준이 될 수 없다.

이제 지금까지 말한 것이 옳다면, 표준적 해석에서 말하는 것과 달리 『탐구』에서의 비트겐슈타인은 철학자들이 제기하는 철학적 명제들을 그 무의미함을 보임으로써 완전히 제거될 수 있는 명제들로 생각하지 않는다. 철학적 탐구를 통해 우리가 할 수 있는 최대한의 것은 단지, 문제가 되고 있는 철학적 명제가 아직 우리가 알고 있는 어떠한 맥락하에서도 그 명제를 발화한 철학자가 의도한 의미대로 사용된 적이 없음을 지적하는 것이다. 이 지적만을 통해서는 철학적 명제 자체의 무의미성을 보여 줄 수 없다. 그러한 지적을 받은 철학자는 우리가 미처 생각하지 못한 어떤 가능한 맥락하에서는 그가 발화한 명제가 자신이 의도한 의미를 가질 수 있을지도 모른다고 생각할 것이기 때문이다. 그러한 맥락이 무엇일 수 있는지를 보임으로써 그가 발화한 철학적 명제들을 의미 있게 만들려는 시도는 끊임없이 이어질 것이다.

예를 들어, 『탐구』의 본문 첫머리에 나오는 철학적 견해, 즉 모든 낱말의 의미가 곧 그것이 지칭하는 대상이라는 이른바 '아우구스티누스적 언어관'(『탐구』, §1)에 대해 비트겐슈타인이 어떻게 논의하는지 살펴보자. 실제로 전기 시절 『논고』에서 비트겐슈타인은 "모든 적법한 언어적 단순 표현은 논리적으로 단순한 대상을 지칭함으로써 의미를 갖는다"는 것이 필연적으로 참이라고 믿었고, 그렇기 때문에 이 명제가 모든 가능한 언어에서 각 단순 표현이 어떻게 기능하는지에 대한 본질을 포착하고 있다고 믿었다. 바로 이러한 믿음 때문에 비트겐슈타인은 『논고』에서 이 명제 및 여기에 나타난 표현 '지칭', '대상'과 같은 용어들이 사이비 표현들로서 논리적으로 일목요연한 표기법에서 사라져야 한다고 결론 내렸다. 그러나 이제 『탐구』에서 비트겐슈타인은 집을 짓는 두 인부 간의 이른바 '석판 언어'를 묘사하면서, 이 언어에 대해서는 "아우구스티누스에 의해 주어진 기술이 **맞다**"(『탐구』, §2; 강조 추가)라고 말한다. 즉 이 '석판 언어'라는 언어놀이의 맥락하에서는 지칭이나 대상 개념이 완전히 적법한 의미를 갖고 있다는 것이다. 물론 철학자들은 "모든 낱말의 의미는 그것이 지칭하는 대상이다"라는 논제로 자신들이 진정으로 의미하는 바가 '석판 언어'와 같은 언어놀이를 통해 제대로 드러나지 못하고 있다고 주장할 것이다. 왜냐하면 그들은 단지 '벽돌', '기둥', '석판', '들보'와 같이 '석판 언어'를 이루고 있는 낱말들뿐 아니라 '다섯', '저기', '그리고' 등 우리 언어에 있는 모든 종류의 낱말들의 의미가 그것들이 지칭하는 대상들이라고 주장하고 있기 때문이다. 이러한 주장에 대해서 비트겐슈타인은, 아직 이들이 "우리 언어의 모든 낱말들 각각은 어떤 대상을 지칭한다"는 자신들의 주장을 의미 있게 만드는 어떠한 맥락도 제시하지 않았음을 지적한다.

> "언어의 모든 낱말은 각각 어떤 것을 지칭한다"고 우리가 말할 때,
> 우리가 **어떤** 구별을 하기를 원하는지가 정확히 설명되지 않는다면,
> 그로써 당장은 아직 **전혀** 아무것도 말해진 것이 없다. (『탐구』, §13)

위의 인용문에서 비트겐슈타인이 "언어의 모든 낱말은 각각 어떤 것을 지칭한다"라는 명제에 대해 단순히 무의미하다고 취급하고 있지 않음에 주목하자. 그가 지적하고 있는 것은 단지, 우리는 **아직** 이 명제가 의미 있는 맥락이 무엇일 수 있는지에 대해 아무것도 알지 못하고 있다는 것이다. 여기서 우리는 『탐구』의 비트겐슈타인이 '지칭'이나 '대상'과 같은 철학적 용어들에 대해 『논고』와 전혀 다른 방식으로 접근하고 있음을 볼 수 있다.

결국 비트겐슈타인은 『탐구』에 이르러, 『논고』에서 자신이 추구했던 철학적 용어들 및 명제들 전체에 대한 완전한 제거 또한 하나의 철학적 환상임을 받아들이게 된 셈이다. 모든 철학적 문제들이 본질적으로 완전히 해소될 수 있다는 『논고』의 생각은 전통 철학의 형이상학적 체계들과 마찬가지로 독단이며 오만이었던 것이다.

철학적 탐구를 통해 세계와 인간에 대한 가장 근본적 문제들의 해답을 발견하고자 하는 인간 이성의 열망이 비록 환상을 야기시킬 수밖에 없다고 할지라도, 인간 이성은 그 본성상 그러한 열망을 없앨 수 없다. 스탠리 카벨Stanley Cavell의 말을 빌리자면 인간임을 거부하고자 하는 욕망만큼 인간적인 것도 없기 때문이다. 『탐구』에서 비트겐슈타인은 우리가 어떻게 인간 이성이 그 본성상 스스로에게 끊임없이 야기하는 철학적 환상들에 굴복당하지 않으면서도 아울러 이러한 환상들을 초월하는 것이 아니라 이와 더불어 살아갈 수 있는지를 고찰하고 있다.

분석철학의 주요 저작 상당수가 아직 우리말로 번역되어 있지 않은 상황에서 비트겐슈타인의 저작들은 행복한 예외에 속한다. 부산대학교 철학과의 이영철 교수가 오랜 기간의 연구를 바탕으로 2006년 비트겐슈타인의 주요 저작들을 충실하고 꼼꼼하게 번역한 총 일곱 권의 '비트겐슈타인 선집'(책세상)을 내놓았기 때문이다. 『논고』와 『탐구』의 번역본은 선집의 1권과 4권을 이루고 있다. 본문에 나오는 『논고』와 『탐구』로부터의 인용은 약간의 수정을 제외하고는 기본적으로 이영철 교수의 번역본을 따랐음을 밝힌다.

분석철학자들 중 비트겐슈타인은 러셀과 더불어 대중적으로 가장 잘 알려져 있으며, 이에 따라 그의 철학에 대한 책들도 비교적 많이 번역되어 있는 편이다. 이 중 특히 권하고 싶은 책들은 다음과 같다.

레이 몽크, 『루드비히 비트겐슈타인: 천재의 의무』(전2권), 남기창 옮김, 문화과학사, 2000.

1차 세계대전에 참전하여 최전방의 전투를 겪으며 『논고』를 완성하였고, 오스트리아 최고의 철강 재벌인 아버지로부터 물려받은 막대한 유산을 포기하였으며, 『논고』를 통해 모든 철학적 문제를 해결했다고 확신하여 철학을 그만두고 시골 초등학교 교사를 지내는 등, 비트겐슈타인의 극적인 생애는 철학 전공자들 이외에도 많은 이들을 매혹시켰다. 비트겐슈타인에 대한 가장 정평 있는 전기인 이 책에서 저자 몽크는 풍부한 1차 자료들을 바탕으로 그의 생애를 생생하게 묘사하고 있다. 아울러 그 자신 비트겐슈타인 철학의 연구자이기도 한 몽크는 이 책에서 비트겐슈타인의 철학을 상당히 자세하게 논의하고 있다. 특히 실존적이고 윤리적이며 종교적인 문제들에 대한 정신적 고투로 점철되어 있는 비트겐슈타인의 생애가 얼핏 이 문제들과 아무런 관련이 없어 보이는 언어와 논리에 대한 그의 철학적 탐구와 어떻게 밀접한 연관을 맺고 있는지를 꽤 그럴듯하게 보여 주고 있다. 그러나 비트겐슈타인의 철학에 대한 몽크의 이해는 피상적이라고 생각된다.

스티븐 툴민 · 앨런 재닉, 『빈, 비트겐슈타인, 그 세기말의 풍경』, 석기용 옮김, 이제이북스, 2005.
몽크의 전기가 비트겐슈타인의 철학을 그의 생애와 연관시켜 조명하고 있다면, 툴민과 재닉의 이 책은 그의 철학 중에서도 특히 『논고』로 대표되는 전기 철학을 그의 조국인 19세기 말~20세기 초 오스트리아-헝가리 제국의 수도 빈의 역사적, 사회적, 문화적 배경과 연관시켜 조명하고 있다. 툴민과 재닉은 세기말 빈이 한편으로는 극단적으로 세련된 귀족 문화의 절정을 보여 주면서도 다른 한편으로는 온갖 윤리적 모순과 위선으로 가득 차 있었음을 지적하고, 『논고』의 궁극적 목표가 언어비판을 통해 윤리적 영역이 '말할 수 없는' 초월적이고 성스러운 영역임을 분명히 보여 줌으로써 이러한 윤리적 모순과 위선에 맞서는 것이었다고 주장한다. 나는 몇 가지 이유 때문에 툴민과 재닉의 주장에 동의하지 않지만, 그럼에도 불구하고 이 책은 비트겐슈타인의 철학에 대한 대부분의 '철학적' 해석이 놓치고 있는 사상사적 맥락을 훌륭히 드러내고 있다.

앤서니 케니, 『비트겐슈타인』, 김보현 옮김, 철학과현실사, 2001.
1973년에 출판되었지만 오늘날에도 여전히 비트겐슈타인 철학에 대한 가장 훌륭한 개설서 중 하나로 평가받고 있는 책이다. 저자인 케니는 특유의 명료한 문체로 『논고』와 『탐구』뿐 아니라 비트겐슈타인의 다른 주요 저작들의 내용을 소개하고 있으며 이를 통해 비트겐슈타인 철학을 체계적이고 포괄적으로 설명하고 있다. 케니는 비트겐슈타인 전기 철학과 후기 철학의 연속성을 강조하고 있고, 특히 일반적 통념과 달리 이른바 '그림이론'과 '사용이론'이 상호보완적인 하나의 이론이라는 대담한 주장을 제시한다. 그러나 비트겐슈타인의 반이론적 철학관을 그의 철학의 근본 핵심으로 보지 않는다는 점에서는 여전히 표준적 해석을 따르고 있다. 개설서라고는 하지만 내용이 만만치 않으므로, 보다 부담없는 입문서를 원하는 독자들에게는 몽크의 『How to Read 비트겐슈타인』(김병화 옮김, 웅진지식하우스, 2007)이나 해커의 『비트겐슈타인』(전대호 옮김, 궁리, 2001)을 권한다.

솔 크립키, 『비트겐슈타인: 규칙과 사적 언어』, 남기창 옮김, 철학과현실사, 2008.
저자인 크립키는 그 자신 분석철학을 대표하는 철학자 중 한 사람이다. 그는 이 책에서 『탐구』의 규칙준수 논의를 토대로 비트겐슈타인의 이른바 '사적 언어 논증'에 대한 독창적 해석을 제시하고 있다. 특히 후기 비트겐슈타인이 일종의 의미 회의주의를 받아들이고 있다는 주장, 그리고 비트겐슈타인에 따르면 규칙 준수의 옳고 그름은 오직 공동체를 통해서만 결정될 수 있다는 주장은 철학계의 폭발적인 관심과 논란을 불러일으켰다. 오늘날 대부분의 철학자들은 크립키가 비트겐슈타인을 잘못 해석하고 있다는 데에 동의하고 있다. 그러나 비트겐슈타인 해석의 문제와는 별도로, 크립키가 제시한 '의미 회의주의' 논증이 그 자체로 과연 타당한가에 대해서는 아직도 계속 논쟁이 벌어지고 있다.

Cora Diamond, *The Realistic Spirit: Wittgenstein, Philosophy, and the Mind*, MIT Press, 1996.
앞에서 말한 것처럼 비트겐슈타인의 철학에 대한 책들이 국내에도 비교적 많이 나와 있지만, 최근 20여 년간의 연구를 반영하고 있는 저서는 아직 국내에 소개된 적이 없다. 코라 다이아몬드는 비트겐슈타인의 철학에 대한 미국에서의 최근 연구 경향을 주도하고 있는 대표적인 철학자로서, 이 책에는 프레게와 비트겐슈타인의 철학에 대한 다이아몬드의 독자적 해석과 비트겐슈타인적인 윤리학에 대한 논의를 담은 15편의 논문이 실려 있다. 특히 논문

「사다리를 던져 버리기」("Throwing Away the Ladder")는 본문에서 언급한 『논고』의 이른바 '단호한 해석'을 가장 먼저 제안한 논문으로 잘 알려져 있다. 나 또한 박사 논문 연구를 진행해 나가는 과정에서 다이아몬드의 연구에 상당한 영향을 받았다. 특히 비트겐슈타인의 철학에서 그의 반이론적 철학관이 근본적 중요성을 갖는다는 생각은 다이아몬드에게서 얻은 것이다.

참고로 덧붙이자면, 나는 박사 논문의 내용을 수정·보완하여 2010년 말에 《논리–철학 논고》로 가는 길』이란 제목의 전기 비트겐슈타인 철학 연구서를 출간할 계획이다. 본문에서 간략하게 소개한 나의 해석에 좀더 관심이 있는 독자들은 이 연구서를 참조하기 바란다.